本書爲國家古籍整理出版專項經費資助項目

新編諸子集成續編

孔子家語校注

高尚舉
張濱鄭 校注
張　燕

中華書局

圖書在版編目(CIP)數據

孔子家語校注/高尚舉,張濱鄭,張燕校注. —北京:中華書局,2021. 8(2025. 4 重印)
(新編諸子集成續編)
ISBN 978-7-101-15310-1

Ⅰ. 孔… Ⅱ. ①高…②張…③張… Ⅲ. ①孔丘(前551~前479)-生平事迹②《孔子家語》-注釋 Ⅳ. B222. 2

中國版本圖書館 CIP 數據核字(2021)第 161761 號

責任編輯:石 玉
封面設計:周 玉
責任印製:陳麗娜

新編諸子集成續編
孔子家語校注
高尚舉 張濱鄭 張 燕 校注
*
中 華 書 局 出 版 發 行
(北京市豐臺區太平橋西里 38 號 100073)
http://www.zhbc.com.cn
E-mail:zhbc@zhbc.com.cn
三河市宏盛印務有限公司印刷
*
850×1168 毫米 1/32 · 21⅜印張 · 2 插頁 · 450 千字
2021 年 8 月第 1 版 2025 年 4 月第 3 次印刷
印數:6001-7000 册 定價:88.00 元

ISBN 978-7-101-15310-1

新編諸子集成續編出版緣起

新編諸子集成叢書，自一九八二年正式啟動以來，在學術界特别是新老作者的大力支持下，已形成規模，成爲學術研究必備的基礎圖書。叢書原擬分兩輯出版，第一輯擬目三十多種，後經過調整，確定爲四十種，今年將全部出齊。第二輯原來只有一個比較籠統的規劃，受各種因素限制，在實施過程中不斷發生變化，有的項目已經列入第一輯出版，因此我們後來不再使用第一輯的提法，而是統名之爲新編諸子集成。

隨着新編諸子集成這個持續了二十多年的叢書劃上圓滿的句號，作爲其延續的新編諸子集成續編，現在正式啟動。它的立意、定位與宗旨同新編諸子集成一脈相承，力圖吸收和反映近幾十年來國學研究與古籍整理領域的新成果，爲學術界和普通讀者提供更多的子書品種和哲學史、思想史資料。

續編堅持穩步推進的原則，積少成多，不設擬目。希望本套書繼續得到海内外學者的支持。

中華書局編輯部

二〇〇九年五月

目録

前言

孔子家語一書，是一部記録孔子及其弟子思想言行的重要典籍。此書命運多舛，長期被認爲是僞書（如宋王柏家語考、清姚際恒古今僞書考、范家相家語證僞、孫志祖家語疏證等），備受批評。隨着出土文獻的陸續面世，證實該書不僞：一九七三年，河北定縣八角廊西漢墓出土的竹簡儒家者言，内容與今本家語相近；一九七七年，安徽阜陽雙古堆西漢墓也出土了篇題與儒家者言相類的簡牘，内容同樣和家語近似。這些考古發現説明，今本孔子家語是有來歷的，早在西漢即已有原型存在和流傳，並非僞書。

關於家語的編者與成書，孔子後裔孔安國孔子家語後序如是説：「孔子家語者，皆當時公卿士大夫及七十二弟子之所咨訪交相對問言語也。既而諸弟子各記其所問焉，與論語、孝經並時。弟子取其正實而切事者，別出爲論語，其餘則都集録之，名之曰孔子家語。」據此，孔子家語也同論語一樣，出自孔子弟子之手。楊朝明在孔子家語的成書與可靠性研究一文中如此描述：「他們（孔子弟子）便聚彙孔子言論，集中孔子學説，最終在孔子裔孫子思的主持下，共同編輯

了孔子家語。」〔一〕

子思主持編輯的這部書，當時書名爲何，篇卷多少，不得詳知。孔安國孔子家語後序曰：「當秦昭王時，荀卿入秦，昭王從之問儒術，荀卿以孔子之語及諸國事、七十二弟子之言凡百餘篇與之，由此秦悉有焉。始皇之世，李斯焚書，而孔子家語與諸子同列，故不見滅。高祖克秦，悉斂得之，皆載於二尺竹簡，多有古文字。及呂氏專漢，取歸藏之，其後被誅亡，而孔子家語乃散在人間。好事者或各以意增損其言，故使同是一事而輒異辭。孝景皇帝末年，募求天下遺書，於時士大夫皆送官，得呂氏之所傳孔子家語，而與諸國事及七十二子辭妄相錯雜，不可得知，以付掌書，與曲禮衆篇亂簡合而藏之秘府。元封之時，吾仕京師，竊懼先人之典辭將遂泯滅，於是因諸公卿士大夫，私以人事，募求其副，悉得之，乃以事類相次，撰集爲四十四篇。」據孔安國所説，可粗知家語早期的大概流傳情況，也知今傳四十四篇本爲孔安國所整理。

此次整理，所據底本爲四部叢刊本，所用校本，主要有四庫全書本、玉海堂本、同文書局本、四部備要本、百子全書本。各版本具體情況簡述如下：

四部叢刊本，即明嘉靖三十三年（一五五四）吴郡黄魯曾刊本，民國間商務印書館輯入四部叢

〔一〕此文作爲「代前言」，載於楊朝明、宋立林孔子家語通解書首。

刊初編，書首題「上海涵芬樓借江南圖書館藏明翻宋本景印」。前有王肅孔子家語序，後有黄魯曾孔子家語後序。寧鎮疆今傳宋本孔子家語源流考略評價曰：「黄魯曾刊本雖偶有殘缺，但其源出甚早，版本學特徵也較純粹，故佳處往往出諸本上。」〔一〕所謂「偶有殘缺」，大概是指卷九、卷十某些篇節有些材料殘缺或錯亂。

四庫全書本，簡稱「四庫本」，據明崇禎毛晉汲古閣刊本鈔。四庫提要曰：「此本則毛晉所校刊，較之坊刻，猶爲近古者也。」崔富章在爲齊魯書社版景宋蜀本孔子家語撰寫的前言中説：「兩本（黄魯曾刊本、毛晉汲古閣刊本）比較，毛本稍優，主要是九、十兩卷，黄本篇節支離錯亂，而毛本秩然不紊。不過，毛本自有缺陷。天啓末崇禎初（一六二七），毛晉購得宋刊本，缺卷一、卷二（十六葉以前），毛氏『亟付剞劂』，衹有採用明本補足底本，而替補本訛誤頗多，遺傳汲古閣刊本，造成先天不足。」四庫本前有乾隆帝御題、王肅家語序，後有孔安國後序、毛晉識、何孟春識。

玉海堂本，即清光緒二十四年（一八九八）劉世珩玉海堂影宋本，據毛晉舊藏宋蜀大字本影刻，首題「玉海堂景宋䕫書之一光緒二十有四年太歲在戊戌二月貴池劉世珩以家臧汲古閣舊本付刻於武昌黄岡陶子霖鐫」。齊魯書社二〇一四年影印發行，書名爲景宋蜀本孔子家語，綫裝四册。

〔一〕此文載於中國典籍與文化，二〇〇九年總七十一期。

書前有崔富章前言、王肅孔子家語序；書後有孔安國後序、劉世珩孔子家語劄記、明毛晉識、明毛扆識。崔富章前言評價此本：「既能訂正嘉靖黄本卷九、卷十之支離錯亂，又足以彌補毛氏汲古閣刊本卷一、卷二諸多訛誤，後來居上，是名副其實的孔子家語傳世第一善本。」寧鎮疆今傳宋本孔子家語源流考略評價曰：「劉氏玉海堂本與汲古閣刊本雖同出毛氏舊藏，但亦不盡相同：劉本前半多將後人之校語或按語誤成王肅注文，而汲古閣刊本則多有據他書校改正文者。」

同文書局本，簡稱「同文本」，上海同文書局據内府藏本石印。此本每葉九行，行十七字。廖名春、鄒新明曾以此本爲底本，以四部叢刊本、玉海堂本爲參校本進行校勘標點，納入新世紀萬有文庫，遼寧出版社一九九七年出版。

四部備要本，簡稱「備要本」，據毛晉汲古閣本校刊，前有王肅孔子家語序，後有黄魯曾孔子家語後序，附録孔安國後序。中華書局一九八九年出版。就文字來看，此本與四部叢刊本差異最小。

百子全書本，簡稱「百子本」，掃葉山房一九一九年石印本。在文字方面，該本與他本多有不同，大概是據他書校改所致，且有妄改之嫌。在篇卷次序方面，卷一至卷八各篇與他本一致，卷九、卷十改變了篇目次序：他本卷九爲七十二弟子解、本姓解、終記解、正論解，卷十爲曲禮子貢問、曲禮子夏問、曲禮公西赤問，而該本卷九爲正論解、曲禮子貢問、曲禮子夏問、曲禮公西赤問，卷十爲本姓解、終記解、七十二弟子解。浙江人民出版社一九八四年據掃葉山房石印本影印發行。

另外，在校勘或注釋方面，我們還參考了以下整理本：

張樹業、王秀江點校孔子家語，以黄魯曾覆宋刊本爲底本，以玉海堂本、文淵閣四庫全書本爲參校本，收入儒藏精華編第一八〇册，北京大學出版社二〇一四年出版。

張濤孔子家語譯注，以四部叢刊本爲底本，以四庫全書本、同文書局本、玉海堂本、四部備要本、陳士珂孔子家語疏證爲參校本，對家語進行注譯，三秦出版社一九九八年出版。後又進行補益完善，二〇一七年由人民出版社出版。

楊朝明、宋立林孔子家語通解，以四部叢刊本爲底本，以四部備要本、四庫全書本、同文書局本、玉海堂本、陳士珂孔子家語疏證爲參校本，對家語進行校正、注釋和通解，齊魯書社二〇〇九年出版。

王國軒、王秀梅孔子家語（譯注），以四庫全書本爲底本，以四部叢刊本爲參校本，對家語進行譯注。中華書局將其納入中華經典名著全本全注全譯叢書，於二〇一一年出版。

底本原有之王肅注，今亦全部吸收，置於段後「校注」中，以供參考。

李學勤先生在給孔子家語通解寫的序言中曾説：「家語缺少精校佳注，不利於進一步工作的進行。」我們把李先生「精校佳注」的要求作爲努力的目標，雖然主觀上始終朝着這個目標盡心去做，但由於水平所限，難以達到李先生期待的高度。書中定存不少錯誤，祈方家不吝教正。

高尚舉　寫於二〇二〇年九月十日教師節

孔子家語卷第一

相魯第一

孔子初仕，爲中都宰[一]，制爲養生送死之節：長幼異食[二]，强弱異任[三]，男女別塗[四]。路無拾遺，器不雕僞[五]。爲四寸之棺，五寸之椁[六]，因丘陵爲墳，不封不樹[七]。行之一年，而西方[八]之諸侯則焉。

（此記載又見於禮記檀弓上、史記孔子世家）

【校注】

〔一〕中都宰：王肅注：「中都，魯邑。」史記孔子世家記載：「其後，定公以孔子爲中都宰，一年，四方皆則之。由中都宰爲司空，由司空爲大司寇。」中都，即山東汶上。宰，地方長官。孔子任中都宰的年份是魯定公九年，即公元前五〇一年，此時孔子五十一歲。

〔二〕長幼異食：王肅注：「如禮，年五十異食也。」長者到了五十歲，飯食要優於年輕人，以示孝老。

〔三〕强弱異任：王肅注：「任，謂力作之事。各從所任，不用弱也。」即根據能力的大小承擔不同的任務。

〔四〕男女別塗：男女走路分左右。吕氏春秋先識覽樂成：「男子行乎塗右，女子行乎塗左。」

〔五〕雕僞：王肅注：「無文飾雕畫，不詐僞。」

〔六〕椁：王肅注：「以木爲椁。」也作「槨」，音「果」，套在棺材外面的大棺材。古代棺材有兩重，内曰棺，外曰椁。左傳成公二年：「宋文公卒，始厚葬。……椁有四阿，棺有翰檜。」

〔七〕不封不樹：王肅注：「不聚土以起墳者也。不樹松柏。」即不聚土成墳，墓地不栽種松柏等樹木。

〔八〕西方：玉海堂本、同文本、四庫本、備要本同，百子全書、史記孔子世家作「四方」。王肅注：「魯國在東，故西方諸侯皆法則。」孫志祖家語疏證（下簡稱疏證）曰：「西方，史記作『四方』，是也。肅但求異於一字，改爲『西方』，而注云『魯國在東，故西方諸侯皆法則』，亦太近纖。」則：效法。

定公〔一〕謂孔子曰：「學子此法以治魯國〔二〕，何如？」孔子對曰：「雖天下可

乎！何但魯國而已哉？」於是二年，定公以爲司空〔三〕。乃别五土之性〔四〕，而物各得其所生之宜〔五〕，咸得厥所。

【校注】

〔一〕定公：魯定公，姬姓，名宋，昭公之弟，繼昭公爲魯君，公元前五〇九至前四九五年在位。

〔二〕以治：四庫本、備要本、百子本同，玉海堂本、同文本脱此二字。

〔三〕司空：主管建築工程、製造車服器械的官。司空在魯國是孟孫氏世襲之職，孔子所任，實爲小司空，即司空的副職。

〔四〕五土之性：王肅注：「五土之性，一曰山林，二曰川澤，三曰丘陵，四曰墳衍，五曰原隰。」孫志祖疏證曰：「此亦鑿空臆説。别五土之性，是司徒職，非司空職也。肅意不過欲孔子所歷之職皆有事跡，如後世人譔年譜所爲，而又别無證據，摭拾空談，殊可不必。」

〔五〕物各得其所生之宜：王肅注：「所生之物各得其宜。」

先時，季氏葬昭公于墓道之南〔一〕，孔子溝而合諸墓焉〔二〕。謂季桓子〔三〕曰：「貶君以彰己罪，非禮也，今合之，所以揜夫子〔四〕之不臣。」由司空爲魯大司寇〔五〕。

設法而不用，無姦〔六〕民。

【校注】

〔一〕季氏葬昭公於墓道之南：王肅注：「季平子逐昭公，死于乾侯，平子别而葬之，貶之，不令近先公也。」季平子：即季孫意如，魯大夫，專魯政。張撝之等中國歷代人名大辭典釋曰：平子與郈氏、臧氏不協，臧、郈告昭公，遂伐季氏，被困於宅。結連叔孫、孟孫，三家共攻公，得解圍。昭公出亡，赴齊、晉求助。意如抗齊賂晉，使昭公居乾侯。後因晉調停，乃隨晉使荀躒至乾迎昭公。昭公不返，死於乾侯，意如葬之於魯陵墓道南，不使與祖宗並列。

〔二〕溝而合諸墓：把昭公和魯國諸先公的墓地溝合爲同一墓域。陳士珂輯春秋傳曰：「定公元年秋七月，葬昭公於墓道南。孔子之爲司寇也，溝而合諸墓。」孫志祖疏證曰：「左定元年傳云：『葬昭公於墓道南。孔子之爲司寇也，溝而合諸墓。』孔穎達正義云：『孔子之爲司寇也，在定公十年以後，未知何年溝之。』王肅以孔子爲司寇，事實顯著，其爲司空無聞焉。意以溝合墓道，職近司空，遂以此事屬之爲司空時，與左傳違，非也。」

〔三〕季桓子：王肅注：「桓子，平子之子。」桓子：即季孫斯，季孫意如之子。魯定公五年嗣父爲大夫。

〔四〕揜：備要本、百子本同，四庫本、玉海堂本、同文本作「掩」。「揜」通「掩」，掩飾，掩蓋，掩藏。夫子：指季平子。

〔五〕魯：玉海堂本、同文本、備要本同，四庫本、百子本無此字。司寇：主管司法刑獄的官。

〔六〕無姦民：孔子治理的民風好，設立了法規也用不着，因爲没有姦民。

定公與齊侯會于夾谷〔一〕，孔子攝相事，曰：「臣聞有文事者必有武備，有武事者必有文備。古者諸侯並〔二〕出疆，必具〔三〕官以從。請具左右司馬。」定公從之。至會所，爲壇位〔四〕，土階三等〔五〕，以遇禮〔六〕相見，揖讓而登。獻酢〔七〕既畢，齊使萊人以兵鼓譟〔八〕，劫定公。孔子歷階而進，以公退，曰：「士以兵之！吾兩君爲好，裔夷之俘〔九〕敢以兵亂之，非齊君所以命諸侯也。裔不謀夏，夷不亂華，俘不干盟，兵不偪〔一〇〕好，於神爲不祥，於德爲愆〔一一〕義，於人爲失禮，君必不然。」齊侯心怍〔一二〕，麾而避之。有頃，齊奏宮中之樂，俳優侏儒〔一三〕戲於前。孔子趨進，歷階而上，不盡一等，曰：「匹夫熒侮〔一四〕諸侯者，罪應誅，請右司馬速刑〔一五〕焉！」於是斬侏儒，手足異處〔一六〕。齊侯懼，有慙色。將盟，齊人加載書〔一七〕曰：「齊師出境，而不以兵車三百乘從我者，有如此盟！」孔子使兹無還〔一八〕對曰：「而不返我汶陽之田，吾以〔一九〕供命者，亦如之！」齊侯將設享禮〔二〇〕，孔子謂梁丘據〔二一〕曰：「齊魯之故，吾子何不聞焉？事既成矣，而又享之，是勤執事〔二二〕。且犧象不出門〔二三〕，嘉樂不野合〔二四〕。享而既具，是棄禮〔二五〕。若其不具，是用粃粺〔二六〕。用粃粺，君辱〔二七〕；棄禮，名惡。子盍圖之！夫享，所以昭德也，不昭，不如其已。」乃不果享。齊侯歸，責其群臣曰：「魯以君子道〔二八〕輔其君，而子獨以夷狄道〔二九〕教寡人，使得罪。」於是乃歸所侵魯之四邑及汶陽之田〔三〇〕。

（此記載又見於左傳定公十年、史記孔子世家）

【校注】

〔一〕與齊侯會于夾谷：齊侯：指齊景公。夾谷：齊國地名，在今山東萊蕪夾谷峪。「夾谷會盟」事件，史記孔子世家也有記載：定公十年春，及齊平。夏，齊大夫黎鉏言於景公曰：「魯用孔丘，其勢危齊。」乃使使告魯爲好會，會於夾谷。魯定公且以乘車好往。孔子攝相事，曰：「臣聞有文事者必有武備，有武事者必有文備。古者諸侯出疆，必具官以從。請具左右司馬。」定公曰：「諾。」具左右司馬。會齊侯夾谷，爲壇位，土階三等，以會遇之禮相見，揖讓而登。獻酬之禮畢，齊有司趨而進曰：「請奏四方之樂。」景公曰：「諾。」於是旍旄羽被矛戟劍撥鼓噪而至。孔子趨而進，歷階而登，不盡一等，舉袂而言曰：「吾兩君爲好會，夷狄之樂何爲於此！請命有司！」有司卻之，不去，則左右視晏子與景公。景公心怍，麾而去之。有頃，齊有司趨而進曰：「請奏宮中之樂。」景公曰：「諾。」優倡侏儒爲戲而前。孔子趨而進，歷階而登，不盡一等，曰：「匹夫而營惑諸侯者罪當誅！請命有司！」有司加法焉，手足異處。景公懼而動，知義不若，歸而大恐，告其群臣曰：「魯以君子之道輔其君，而子獨以夷狄之道教寡人，使得罪於魯君，爲之奈何？」有司進對曰：「君子有過則謝以質，小人有過則謝以文。君若悼之，則謝以質。」於是齊侯乃歸所侵魯之鄆、汶陽、龜陰之田以謝過。

〔二〕並：玉海堂本、同文本、備要本、百子本同，四庫本無此字。

〔三〕具：配備，具有。司馬：官名。西周始置，春秋戰國沿用。掌軍旅之事。

〔四〕爲壇位：四庫本、備要本、百子本同，玉海堂本、同文本作「爲壇」。

〔五〕土階三等：土做的臺階三級。

〔六〕遇禮：王肅注：「會遇之禮，禮之簡略者也。」

〔七〕獻酢：主賓相互敬酒。

〔八〕萊人：齊國東部的萊國之人。楊朝明、宋立林注曰：「萊國在公元前五六七年爲齊所滅。」

譟：同「噪」，喧噪。王肅注：「萊人，齊人東夷（玉海堂本作「齊之東夷」）。雷鼓曰譟。」

〔九〕裔夷之俘：指萊人。王肅注：「裔，邊裔。夷，夷狄。俘，軍所獲虜也。言此三者何敢以兵亂兩君之好也。」

〔一〇〕偪：通「逼」，逼迫，威脅。

〔一一〕僁：玉海堂本、同文本、備要本同；四庫本作「愆」；百子本作「僭」，誤。僁：音「千」，同「愆」。廣韻仙韻：「僁，俗『愆』字。」玉篇心部：「愆，失也。」

〔一二〕怍：慚愧。

〔一三〕俳優：以樂舞演滑稽戲的藝人。侏儒：雜伎藝人。

〔一四〕熒侮：惑亂，侮辱。玉海堂本、同文本、四庫本、備要本同，百子本作「熒惑」。

〔一五〕速刑：備要本同，四庫本、玉海堂本、同文本、百子本作「速加刑」。

〔一六〕手足異處：四庫本、備要本、玉海堂本、同文本同，百子本無此四字。

〔一七〕載書：盟書。會盟時所訂的誓約文書。

〔一八〕兹無還：王肅注：「魯大夫也。」

〔一九〕以：四庫本、備要本、玉海堂本、同文本同，百子本作「所」。

〔二〇〕享禮：宴享之禮。

〔二一〕謂：四庫本、備要本、玉海堂本、同文本同，百子本作「以」，誤。梁丘據：王肅注：「梁丘據舊聞齊魯之故事。」張撝之等中國歷代人名大辭典釋曰：梁丘據，春秋時齊國人。景公時爲大夫，有寵。公病痁疾，一年不愈。據以爲乃祝固、史嚚之罪，事鬼神不效，請誅之。景公問晏嬰，諫止之。魯定公十年，齊魯夾谷之會時，據亦從景公赴會。

〔二二〕勤執事：辛勞辦事的官員。説文：「勤，勞也。」

〔二三〕犧象：牛形或象形的酒具。王肅注：「作犧牛及象於其背爲罇。」不出門：犧尊、象尊不出宮門。

〔二四〕嘉樂：鐘鼓之樂。嘉樂是享燕正禮，應當設在宮廷或宗廟，不得違禮而演奏於野。

〔二五〕棄禮：四庫本、備要本、百子本同，玉海堂本、同文本作「棄禮也」。

〔二六〕粃粺：四庫本、備要本同，玉海堂本、同文本作「粃稗也」。粺：通「稗」。王肅注：「粃，穀之不成者。粺，草之似穀者。」百子本作「粃糠」。

〔二七〕君辱：四庫本、備要本、百子本同，玉海堂本、同文本作「辱君」。

〔二八〕君子道：四庫本、備要本、玉海堂本、同文本同，百子本作「君子之道」。

〔二九〕夷狄道：四庫本、備要本同，玉海堂本、同文本作「夷翟道」，百子本作「夷狄之道」。「夷翟」同「夷狄」。

〔三〇〕四邑及汶陽之田：王肅注：「四邑，鄆、讙、龜陰也。洙有汶陽之田。本魯界。」孫志祖疏證曰：「齊人因夾谷之會，來歸鄆、讙、龜陰之田。杜預左傳注云：『三邑，皆汶陽田也。』蓋鄆也、讙也、龜陰也，是爲三邑。龜陰以龜山之陰得名。總言之爲汶陽，故孔子使茲無還對曰：『而不反我汶陽之田，吾以供命者亦如之。』析言之爲鄆、讙、龜陰，非鄆、讙、龜陰之外別有汶陽田也。今家語以鄆、讙、龜陰三邑爲四邑，誤本何休公羊注。又以汶陽田在四邑之外，並誤。」鄆：春秋魯地，在今山東鄆城縣東。讙：春秋魯地，在今山東肥城縣南。龜陰：若以杜預「龜陰以龜山之陰得名」之說，龜山在今山東新泰市南，與蒙山相近。

孔子言於定公曰：「家不藏甲〔一〕，邑無百雉之城〔二〕，古之制也。今三家〔三〕過制，請皆損之。」乃使季氏宰仲由隳三都〔四〕。叔孫不得意於季氏〔五〕，因費宰公山弗擾率費人以襲魯〔六〕。孔子以公與季孫、叔孫、孟孫入于費氏之宮〔七〕，登武子之臺。費人攻之，及臺側，孔子命申句須、樂頎勒〔八〕士衆下伐之。費人北，遂隳三都之城。强公室，弱私家，尊君卑臣，政化大行。

（此記載又見於左傳定公十二年）

【校注】

〔一〕家不藏甲：私家不得藏兵器。王肅注：「卿大夫稱家。甲，鎧也。」

〔二〕邑無百雉之城：卿大夫采邑的城牆不得超過百雉。一雉之牆高一丈、長三丈。王肅注：「高丈長丈曰堵，三堵曰雉。」

〔三〕三家：指魯大夫孟孫、叔孫、季孫三家。皆爲魯桓公後裔，又稱三桓。三家勢大，分領三軍，把持朝政。

〔四〕仲由：即子路，孔子弟子。隳三都：毁壞三家的都城。隳：音「輝」。三都：指季孫氏之費、叔孫氏之郈、孟孫氏之郕。費：地處今山東費縣。郈：地處今山東東平縣東南。郕：也作「成」，地處今山東寧陽東南。

〔五〕輒：叔孫氏之庶子。季氏：據左傳定公八年「叔孫輒無寵於叔孫氏」之記載，「季氏」當爲「叔孫氏」。即叔孫輒在叔孫氏家族中不得志。孫志祖疏證曰：「叔孫不得意於季氏，當作『叔孫輒不得意於叔孫氏』。下入於費氏之宫，『費氏』亦當作『季氏』。此並傳寫之譌。」

〔六〕因：依靠，憑藉。公山弗擾：即公山不狃。左傳定公八年所記公山不狃等人依靠陽虎「去三桓」之事，與此相合。

〔七〕季孫、叔孫、孟孫：備要本、四庫本、百子本、同文本同，玉海堂本作「季孫、仲孫、叔孫」。費氏之宫：備要本、百子本、同文本、玉海堂本同，四庫本作「季氏之宫」，是。左傳定公十二年作「公與三子入於季氏之宫」，可證。

〔八〕申句須、樂頎：魯大夫。勒：統帥，率領。

初，魯之販羊有沈猶氏者，常朝飲〔一〕其羊以詐市人。有公慎氏者，妻淫不制。有慎潰氏〔二〕，奢侈踰法。魯之鬻六畜者，飾之以儲價〔三〕。及孔子之爲政也〔四〕，則沈猶氏不敢朝飲其羊，公慎氏出其妻〔五〕，慎潰氏越境而徙。三月，則鬻牛馬者不儲價，賣羊〔六〕豚者不加飾，男女行者别其塗，道不拾遺，男尚忠信，女尚貞順。四方客至於邑〔七〕，不求有司〔八〕，皆如歸焉〔九〕。

（此記載又見於荀子儒效、吕氏春秋先識覽樂成、孔叢子陳士義）

【校注】

〔一〕飲：給牲畜喂水。此指給羊喂水增加重量。

〔二〕慎潰氏：四庫本、備要本同，玉海堂本、同文本、百子本作「慎潰氏者」。依上文「沈猶氏者」、「公慎氏者」之例，「慎潰氏」之下當有「者」字。

〔三〕鬻：賣。飾：裝飾，美化。儲：誇大，欺誑。儲價：哄擡物價。

〔四〕及孔子之爲政也：四庫本、備要本、玉海堂本、同文本同；百子本作「及孔之子爲政也」，誤。

〔五〕出其妻：即休其妻。

〔六〕羊：備要本同，四庫本、玉海堂本、同文本、百子本作「羔」。

〔七〕至於邑：備要本同，四庫本、玉海堂本、同文本、百子本作「至於邑者」。

〔八〕有司：古代設官分職，各有專司，故稱有司。王肅注：「有司常供其職，客不求而有司存焉。」

〔九〕皆如歸焉：猶賓至如歸。王肅注：「言如歸家無所之也。」

始誅第二

孔子爲魯司寇，攝行相事〔一〕，有喜色。仲由問曰：「由聞君子禍至不懼，福至不喜。今夫子得位而喜，何也？」孔子曰：「然，有是言也。不曰樂以貴下人乎？」於是朝政七日而誅亂政大夫少正卯〔二〕，戮之于兩觀〔三〕之下，尸於朝三日〔四〕。子貢進曰：「夫少正卯，魯之聞人也〔五〕，今夫子爲政而始誅之，或者爲失乎？」孔子曰：「居，吾語汝以其故〔六〕。天下有大惡者五，而竊盜不與〔七〕焉。一曰心逆而險〔八〕，二曰行僻而堅〔九〕，三曰言僞而辯〔一〇〕，四曰記醜而博〔一一〕，五曰順非而澤〔一二〕。此五者，有一於人，則不免君子之誅，而少正卯皆兼有之。其居處足以撮〔一三〕徒成黨，其談説足以飾褒（熒）衆〔一四〕，其强禦足以反是獨立〔一五〕，此乃人之姦雄者〔一六〕也，不可以不除。夫殷湯誅尹諧〔一七〕，文王誅潘正〔一八〕，周公誅管、蔡〔一九〕，太公誅華士〔二〇〕，管仲誅付乙〔二一〕，子産誅史何〔二二〕，是此〔二三〕七子，皆異世而同誅者，以七子異世而同惡，故不可赦也〔二四〕。詩云：『憂心悄悄〔二五〕，愠于群小〔二六〕。』小人成群，斯足憂矣。」

（此記載又見於荀子宥坐、説苑指武）

【校注】

〔一〕司寇：官名，主管刑獄。攝：代理。

〔二〕朝政：玉海堂本、同文本、備要本、百子本同，四庫本作「爲政」。玉海堂本注云：「聽朝政。」關於誅殺少正卯之事，孫志祖疏證曰：「孔子誅少正卯事，不見於論語、左傳，惟荀子宥坐篇、史記孔子世家、淮南汜論訓、説苑指武篇、白虎通誅伐篇言之，疑戰國好事者所爲。王若虚辨惑論之極詳。閻若璩四書釋地又續引陳幾亭曰：『聖人行誅，必其人有顯罪，與衆棄之，無出人不意，但爲其宿昔姦雄，案未具而遽行大戮者也，此穰苴、孫武行兵立威之法，豈聖人爲政之道耶！』」楊朝明、宋立林說：「與上述觀點相反，郭克煜先生等所著魯國史（人民出版社一九九四年版）認爲孔子誅殺少正卯當有其事。因爲春秋、左傳、論語、孟子等書的性質與孔子家語等書不同，其撰述體例各有取捨，論語等書不載之事未必没有發生；孔子一貫主張『爲政以德』，反對『齊之以刑』，乃是與『齊之以禮』相比較而言，孔子並不排斥刑殺，在左傳的記載中，孔子就是主張『寬猛相濟』的；春秋時代擅殺大夫實際上早已司空見慣。此時魯國内亂，孔子臨危受命，以卿位的大司寇身份誅殺少正卯是完全可能的。我們認爲，孔子誅殺少正卯之事應有所本，確有其事，郭克煜先生等魯國史的説法很有道理。在本篇中，孔子就明確表達了『不教以孝而聽其獄，是殺不辜』的教化觀念，主張『必教而後刑』，『其有邪民不從化者，然後待之以刑』。實際上，論語中也有類似表述，如孔子説『不教而殺謂之虐，不戒視成謂之暴，慢令致期謂之賊』。孔子一貫主張『德主刑輔』，正如家語的刑政篇中所言：『聖人之治，化也，必刑政相參焉。太上以德教民，而以禮齊之。其次以政焉導民，以刑禁之，刑不刑也。化之弗變，導之弗從，傷義以敗俗，於是乎用刑矣。』孔子的行爲與他的思想應該是一致的。」

〔三〕兩觀：王肅注：「兩觀，闕名。」今曲阜城東有朋路南立有兩觀臺石碑，此爲遺址。

〔四〕尸於朝三日：在朝廷陳列尸首三天。

〔五〕也：玉海堂本、同文本、備要本、百子本同，四庫本無此字。

〔六〕居：坐。以其故：四庫本、備要本、玉海堂本、同文本同，百子本無此三字。

〔七〕竊盜不與：竊盜不在其中。

〔八〕心逆而險：思想悖逆而險惡。

〔九〕行僻而堅：行爲邪僻而固執。

〔一〇〕言僞而辯：言語虚僞而詭辯。

〔一一〕記醜而博：記述非義的事情很廣博。醜：王肅注：「醜謂非義。」楊倞荀子宥坐注：「謂怪異之事。」

〔一二〕澤：四庫本、備要本、玉海堂本、同文本同，百子本作「飭」。順非而澤：順從錯誤言行且加以潤飾。禮記王制：「學非而博，順非而澤。」孔穎達疏：「順非而澤者，謂順從非違之事，而能光澤文飾。」王先謙荀子集解曰：「澤，有潤澤也。」

〔一三〕撮：四庫本、備要本同，玉海堂本、同文本、百子本作「掫」。王肅注：「撮，聚。」「撮」，音「搓」；「掫」，音「鄒」，皆是「聚集」義。

〔一四〕飾褒滎衆：四庫本作「飾衺熒衆」，玉海堂本、同文本、備要本作「飾褒瑩衆」，百子本作「飭褒榮衆」。當從四庫本，作「飾衺熒衆」。衺：同「邪」，邪惡。瑩：通「熒」，眩惑。

〔一五〕其强禦足以反是獨立：他的豪强足以反叛朝廷，獨立爲一派。反：四庫本、備要本、百子本同，玉海堂本、同文本作「返」。

〔一六〕姦雄者也：玉海堂本、同文本、備要本、百子本同；四庫本作「姦雄有」，誤。

〔一七〕殷湯誅尹諧：湯：子姓，名履。契之後裔，商朝開國之君。尹諧：不詳。

〔一八〕文王誅潘正：文王：姬姓，名昌。周族領袖。商紂時爲西伯。受崇侯虎所讒，被紂囚於羑里。周臣太顛、閎夭、散宜生等獻美女名馬於紂，得釋。解決虞、芮兩國爭端，兩國歸附之。後又攻滅黎、邗、崇等國，國勢逐步强大，爲武王滅紂、建立周王朝奠定了基礎。潘正：不詳。

〔一九〕周公誅管蔡：周公，姬姓，名旦，亦稱叔旦。文王第三子，武王之弟。輔佐武王滅紂，功勳卓著。武王死後，文王庶子管叔、蔡叔聯合紂子武庚叛亂，周公將其擊潰，殺掉管叔、武庚，流放蔡叔，完成了輔助成王平叛定國大業。

〔二〇〕太公誅華士：太公，姜姓，名尚，或説字子牙。輔佐武王滅商有功，受封爲齊君。誅華士，王肅注：「士之爲人虚僞，亦聚黨也。而韓非謂華士耕而後食，鑿井而飲。信其如此，而太公誅之，豈所以謂太公者哉？」

〔二一〕管仲誅付乙：管仲：名夷吾，字仲，潁上（今安徽潁上縣）人。由鮑叔牙推薦，被齊桓公任命爲卿。助桓公以「尊王攘夷」相號召，九合諸侯，一匡天下，使之成爲春秋時第一個霸主。付乙：不詳。

〔二二〕子産誅史何：子産：即公孫僑，名僑，字子産，一字子美。春秋時鄭國人，鄭簡公十二年爲卿，二十三年爲正卿，執政。史何：不詳。

〔二三〕是此：備要本同，玉海堂本、同文本、四庫本、百子本作「凡此」。

〔二四〕以七子異世而同惡，故不可赦也：四庫本、備要本、玉海堂本、同文本同，百子本脱此二句。

〔二五〕悄悄：形容憂傷，淒凉。

〔二六〕愠于群小：爲衆多小人所惱怒。此詩見於詩邶風柏舟。

孔子爲魯大司寇，有父子訟者，夫子同狴執之〔一〕，三月不别〔二〕。其父請止〔三〕，夫子赦之焉。季孫〔四〕聞之不悦，曰：「司寇欺余，曩告余曰國家必先以孝，余今戮一不孝以教民孝，不亦可乎？而又赦，何哉？」冉有〔五〕以告孔子。子〔六〕喟然歎曰：「嗚呼！上失其道而殺其下，非理也。不教以孝而聽其獄，是殺不辜。三軍大敗，不可斬也。獄犴〔七〕不治，不可刑也。何者？上教之不行，罪不在民故也。夫慢令謹誅〔八〕，賊也；徵斂無時，暴也；不試責成〔九〕，虐也。政〔一〇〕無此三者，然後刑可即也。書云：『義刑義殺，勿庸以即汝心，惟曰未有慎事，言必教而後刑也〔一一〕。』既陳道德，以先服之〔一二〕；而猶不可，尚賢以勸之；又不可，即廢之〔一三〕；又不可，而後以威憚之〔一四〕。若是三年，而百姓正矣。其有邪民不從化者，然後待之以刑，則民咸知罪矣。詩云：『天子是毗，俾民不迷〔一五〕。』是以威厲而不試，刑錯而不用〔一六〕。今世則不然，亂其教，繁其刑，使民迷惑而陷焉，又從而制之，故刑彌繁而盜不勝〔一七〕也。夫三尺之限〔一八〕，空車不能登者，何哉？峻〔一九〕故也。百仞之山，重載陟〔二〇〕焉，何哉？陵遲〔二一〕故也。今世俗之陵遲久矣，雖有刑法，民能勿踰乎？」

（此記載又見於荀子宥坐、説苑政理、韓詩外傳卷三）

【校注】

〔一〕同狴執之：關在同一個牢房中。狴：音「幣」。王肅注：「狴，獄牢也。」狴本爲獸名，因常畫於獄門，故以代稱牢獄。玉海堂本作「狴」，誤。

〔二〕別：荀子宥坐楊倞注：「別，猶決也，謂不辨别其子之罪。」

〔三〕止：終止訴訟。百子本作「正」，誤。

〔四〕季孫：王國軒、王秀梅注曰：「魯桓公子季友後裔，又稱季孫氏，三卿之一，司徒兼冢宰。自魯文公後，季孫行父、季孫宿等都是魯國實權人物。」

〔五〕冉有：即冉求，字子有，魯國人。孔子弟子，季氏家臣。

〔六〕子：四庫本、備要本、百子本同，玉海堂本、同文本作「孔子」。

〔七〕獄犴：四庫本、備要本、玉海堂本、同文本同；百子本作「獄行」，誤。獄犴（音「岸」）：牢獄。

〔八〕慢令謹誅：下令緩慢而刑殺嚴厲。誅：玉海堂本、同文本、備要本、百子本同；四庫本作「昧」，誤。

〔九〕不試責成：不經試行而只責令成功。

〔一〇〕政：四庫本、百子本同，玉海堂本、同文本、備要本作「故」。

〔一一〕義刑義殺，勿庸以即汝心：王肅注：「庸，用也。即，就也。刑教皆當以義，勿用以就汝心之所安，當謹之。自謂未有順事，且陳道德以服之，以無刑殺而後爲順，是先教而後刑也。」此語見尚書康誥，原文爲：「用其義刑義殺，勿庸以次汝封，乃汝盡遜曰時敘，惟曰未有遜事。」文字有出入。

〔一三〕既：四庫本、備要本、百子本同，玉海堂本、同文本無此字。服：行，施行。

〔一三〕廢之：王國軒、王秀梅譯曰：「還不行，才放棄種種説教。」楊朝明、宋立林解曰：「如果這樣還不行，就廢黜無能之輩。」

〔一四〕而後以威憚之：四庫本、備要本、玉海堂本、同文本同，百子本作「然後以威憚之」。以威憚之：以威勢使之畏懼。

〔一五〕天子是毗，俾民不迷：王肅注：「毗，輔也。俾，使也。言師尹當毗輔天子，使民不迷。」此詩引自詩小雅節南山。

〔一六〕威厲而不試，刑錯而不用：威勢嚴厲而不使用，刑法措置而不使用。試：使用。錯：通「措」，措置。

〔一七〕刑彌繁而盜不勝：刑法越繁而盜賊越多。

〔一八〕限：門檻。

〔一九〕峻：陡峭。

〔二〇〕陟：音「至」，登，由低處向上走。

〔二一〕陵遲：緩延的斜坡。王肅注：「陵遲，猶陂池也。」

王言解第三

曾子〔一〕閒居，曾參侍。孔子曰：「參乎，今之君子，唯士與大夫之言可聞也〔二〕，至於君子之言者希也〔三〕。於乎！吾以王言之，其不出户牖〔四〕而化天下。」曾子起〔五〕，下席而對曰：「敢問何謂王之言〔六〕？」孔子不應。曾子曰：「侍夫子之閒也難對〔七〕，是以敢問。」孔子又不應〔八〕。曾子肅然而懼，摳衣而退，負席〔九〕而立。有頃，孔子歎息〔一〇〕，顧謂曾子〔一一〕曰：「參，汝可語明王之道與〔一二〕？」曾子曰：「非敢以爲足也〔一三〕，請因所聞而學焉。」子曰：「居，吾語汝〔一四〕。夫道者，所以明德也。德者，所以尊道也。是以非德道不尊，非道德不明。雖有國之良馬，不以其道服乘之〔一五〕，不可以道里〔一六〕。雖有博地衆民，不以其道治之，不可以致霸王。是故昔者明王，内修七教，外行三至，七教修然後可以守，三至行然後可以征。明王之道，其守也，則必折衝〔一七〕千里之外；其征〔一八〕，則必還師衽席〔一九〕之上。故曰内修七教而上不勞，外行三至而財不費。此之謂明王之道也。」

（此記載又見於大戴禮記主言）

【校注】

〔一〕曾子：四庫本、備要本、玉海堂本、同文本、百子本作「孔子」，是。

〔二〕唯士與大夫之言可聞也：備要本同，四庫本、百子本作「惟士與大夫之言聞也」，玉海堂本、同文本作「唯士與大夫言聞也」。

〔三〕希也：「希」同「稀」。「也」，四庫本、備要本、玉海堂本、同文本同，百子本無此字。

〔四〕其不出户牖：四庫本、備要本、百子本同；玉海堂本、同文本作「其出不户牖」，誤。户牖：門和窗户。牖：音「有」。

〔五〕起：四庫本、備要本、玉海堂本、同文本同，百子本無此字。

〔六〕王之言：備要本同，四庫本、玉海堂本、同文本、百子本作「王者言」。

〔七〕難對：四庫本、備要本、百子本同；玉海堂本、同文本作「難」，是。大戴禮記主言作「得夫子之閒也難」，可證。

〔八〕自「曾子曰」至「孔子又不應」，四庫本、備要本、玉海堂本、同文本同，百子本脱此二十字。

〔九〕負席：大戴禮記主言作「負序」，是。負序：背靠着牆。序：隔開正堂東西夾室的牆。

〔一〇〕孔子歎息：四庫本、備要本、玉海堂本、同文本同，百子本無此四字。

〔一一〕顧謂曾子曰：四庫本、備要本、玉海堂本、同文本同，百子本作「孔子顧謂曰」。

〔一二〕與：四庫本、備要本、百子本同，玉海堂本、同文本無此字。

〔一三〕也：四庫本、備要本、百子本同，玉海堂本、同文本無此字。

〔一四〕居，吾語汝：百子本脱此四字。居：坐。

〔一五〕服：駕。義同「乘」，如「服牛乘馬」。

〔一六〕不可以道里：備要本同，四庫本、玉海堂本、同文本作「不可以取道里」，百子本作「不可以趣道里」。此語與下文「不可以致霸王」對應，「道里」前應有缺字。取，通「趣」，通「趨」，義「疾走」。韓非子難勢：「夫良馬固車，使臧獲御之則爲人笑，王良御之而日取千里。」南史齊武陵昭王曄傳：「冬節問訊，諸王皆出，曄獨後來。上已還便殿，聞曄至，引見問之，曄稱牛羸不能取路。」道里：道路。

〔一七〕折衝：王聘珍大戴禮記解詁：「淮南説山云：『國有賢君，折衝萬里。』高注云：『衝，兵車也，所以衝突敵城也。言賢君德不可伐，故能折遠敵之衝車於千里之外，使敵不敢至也。』」折衝，使敵人的戰車後退，即制敵取勝。衝：冲車。戰車的一種。

〔一八〕其征：備要本同，玉海堂本、同文本、四庫本、百子本作「其征也」。

〔一九〕還師：猶言「回師」。衽席：本指卧席、坐席，借指太平安居的生活。語出大戴禮記主言：「是故明主之守也，必折衝乎千里之外；其征也，衽席之上還師。」楊朝明、宋立林注「還師衽席」曰：「指平安還師。」王國軒、王秀梅譯此句曰：「對外征伐，也一定能得勝還朝。」

曾子曰：「不勞不費之謂明王，可得聞乎？」孔子曰：「昔者帝舜左禹而右皋陶〔一〕，不下席而天下治。夫如此，何上之勞乎？政之不平〔二〕，君之患也；令之不行，臣之罪也。若乃十一而稅〔三〕，用民之力歲不過三日，入山澤以其時而無征，關譏市鄽〔四〕皆不收賦，此則生財之路，而明王節之，何財之費乎？」

【校注】

〔一〕皋陶：音「高姚」。舜命作掌刑法之官，以正直稱。

〔二〕政之不平：備要本同，玉海堂本、同文本、四庫本、百子本作「政之不中」。

〔三〕十一而稅：即稅取十分之一。

〔四〕關譏市鄽：王肅注：「譏，呵也。譏異服，識異言，及市鄽皆不賦稅，古之法也。」關：關口，關卡。譏：呵察，喝止行人，稽查盤問。鄽：音「蟬」，市場上供商人存放貨物的房舍。

曾子曰：「敢問何謂七教？」孔子曰：「上敬老則下益孝，上尊齒〔一〕則下益悌，上樂施則下益寬，上親賢則下擇友，上好德則下不隱，上惡貪〔二〕則下耻爭，上廉讓則下耻節〔三〕，此之謂七教。七教者，治民之本也。政教定則本正也〔四〕。凡上者民之表〔五〕也，表正則何物不正？是故人君先立仁於己，然後大夫忠而士信，民敦俗璞〔六〕，男慤而女貞〔七〕。六者教之致〔八〕也，布諸天下四方而不怨〔九〕，納諸尋常〔一〇〕之室而不塞，等之以禮，立之以義，行之以順，則民之棄惡如湯〔一一〕之灌雪焉。」

【校注】

〔一〕齒：指年齡。尊齒：尊敬長者。

〔二〕貪：玉海堂本、同文本、四庫本、備要本、百子本作「貪」，是。

〔三〕耻節：以不講禮節爲耻。

〔四〕也：玉海堂本、同文本、四庫本、備要本、百子本作「矣」。

〔五〕表：表率。

〔六〕民敦俗璞：四庫本作「民敦而俗樸」，指民心敦厚，風俗淳樸。王肅注：「璞，慤愿貌。」慤愿：謹慎老實，淳樸善良。

〔七〕男慤而女貞：男子誠實恭謹，女子忠貞。慤：音「却」，恭謹，樸實。

〔八〕致：玉海堂本、同文本、備要本、百子本同，四庫本作「至」。「致」、「至」都有「極」的意思，謂極點，達到極點。

〔九〕怨：四庫本、備要本同，玉海堂本、同文本、百子本作「宛」。孫志祖疏證曰：「餘姚盧氏文弨曰：『怨當作宛，大戴宛非。』志祖案荀子哀公篇：『富有天下而無怨財。』楊倞注：『怨讀爲蘊。』禮記曰：『事大積焉而不苑。』古『蘊』、『苑』通。此因誤爲『怨』字耳。」楊朝明、王盛元、張濤注本皆從「宛」，注爲「間隙」、「空隙」。王國軒、王秀梅譯注本從「怨」，譯爲「這樣的教化施行天下四方而不會産生怨恨情緒」。

〔一〇〕尋常：本指長度單位，八尺爲尋，一丈六尺爲常。比喻短或小的事物。引申爲平常、普通。據此，「尋常之室」可以理解爲「普通百姓之家」。

〔一一〕湯：沸水，熱水。

曾子曰：「道則至矣，弟子不足以明之。」孔子曰：「參以爲姑止〔一〕乎？又有焉。昔者明王之治民也，法必裂地〔二〕以封之，分屬以理之，然後賢民無所隱，暴民無所伏，使有司日省而時考之，進用賢良，退貶不肖，然〔三〕則賢者悦而不肖者懼。

哀鰥寡，養孤獨，恤貧窮，誘孝悌，選才能。此七者修，則四海之内無刑民〔四〕矣。上之親下也〔五〕，如手足之於腹心〔六〕；下之親上也〔七〕，如幼子之於慈母矣。上下相親如此，故令則從，施則行〔八〕，民懷其德，近者悅服，遠者來附，政之致也。夫布指知寸，布手知尺，舒肘知尋〔九〕，斯不遠之則也。周制，三百步爲里，千步爲井〔一〇〕，三井而埒〔一一〕，埒三而矩，五十里而都封〔一二〕，百里而有國，乃爲福積資求〔一三〕焉，恤行者有亡〔一四〕。是以蠻夷諸夏，雖衣冠不同，言語不合，莫不來賓。故曰無市而民不乏，無刑而民不亂。田獵罩弋〔一五〕，非以盈宫室也〔一六〕。徵斂百姓，非以盈府庫也。慘怛〔一七〕以補不足，禮節以損有餘，多信而寡貌〔一八〕，其禮可守，其言可覆〔一九〕，其迹可履，如飢而食〔二〇〕，如渴而飲，民之信之，如寒暑之必驗。故視遠若邇，非道邇也，見明德也。是故兵革不動而威，用利不施而親，萬民懷其惠〔二一〕。此之謂明王之守，折衝千里之外者也。」

【校注】

〔一〕姑止：姑且。這裏是「僅此」之意。

〔二〕裂地：劃分土地。

〔三〕然：備要本同，四庫本、玉海堂本、同文本、百子本無此字。

〔四〕刑民：受刑之民，犯法之民。

〔五〕也：四庫本、備要本、百子本同，玉海堂本、同文本無此字。

〔六〕腹心：玉海堂本、同文本、備要本、百子本同，四庫本作「腹心矣」。

〔七〕也：四庫本、備要本、百子本同，玉海堂本、同文本無此字。

〔八〕行：四庫本、備要本、百子本同；玉海堂本、同文本作「刑」，誤。

〔九〕舒肘知尋：舒展雙臂可以知道一尋的長度。尋：八尺爲一尋。

〔一〇〕千步爲井：四庫本、備要本、玉海堂本、同文本作「千步而井」，百子本作「十步爲井」。王肅注：「此說里數不可以言井，井自方里之名。疑此誤。」孔廣森大戴禮記補注主言篇云：「『千步』，亦字誤。韓詩外傳曰：『方里爲一井，廣百步、長三百步爲一里，其田九百畝。』」孫詒讓大戴禮記斠補曰：「趙校云：『此井字當作鑿井之井解，千步字亦非誤，孔注失之。道上有井，所以便行者也，若解作井田，便與柔遠之意無關，此與周書大聚解「十里有井」正同。』案：趙說亦通。」「千步爲井」是對的。

〔一一〕埒：音「烈」，本義爲矮牆、圍牆。大戴禮記主言篇此語作「三井而句烈，三句烈而距」。孫詒讓大戴禮記斠補曰：「依上文井千步，則三井三千步積十里，三句烈積三十里。此疑即周禮遺人所云『凡國野之道，十里有廬，廬有飲食；三十里有宿，宿有路室，路室有委；五十里有市，市有候館，候館有積』。此句烈即十里有廬，距即三十里之宿也。『烈』與『列』通。周禮師氏云：『朝在野外則守内列。』肆隸云：『守野舍之厲禁。』鄭注：『厲，遮列也。』列，今本作『例』，此從釋文別本。山虞、典祀、墓大夫注並訓厲爲遮列，『厲』、『列』字亦通。十里之廬亦爲遮列之舍，故謂之句烈矣。距，疑當爲『遽』之借字。管子大匡篇云：『三十里置遽委焉。』尹知章注云：『遽，今之郵驛也。』蓋遺人三十里之路室兼爲傳遽之舍，彼五十里有候館，亦即在此五十里封之内。此經井句烈以下並説道路委積之事，與遺人義正相應，故下文云：『乃爲畜積衣裘焉，使處者恤行者有與亡。』通校上下文，足明其義矣。」

〔一二〕五十里而都封：大戴禮記主言作「五十里而封，百里而有都邑」，上句無「都」字，可從。封：王聘珍大戴禮記解詁曰：「封，起土界也。」説文解字曰：「封，爵諸侯之土也。公侯，百里；伯，七十里；子男，五十里。」當今多家注解本都將「封」字從下句，不可取。

〔一三〕福積資求：四庫本作「福積資裘」，同文本、玉海堂本、備要本、百子本作「稸積資聚」。大戴禮記主言作「畜積衣裘」。畜：同「稸」。畜積、稸積都是積蓄、積聚的意思。資聚，也是積聚的意思。就「稸積」「資聚」意義重複而言，當以大戴禮記主言「畜積衣裘」爲是。

〔一四〕恤行者有亡：備要本同，四庫本作「恤行者之有亡」，玉海堂本、同文本、百子本作「恤行者有無」。亡，義通「無」，音亦讀「無」。恤：周濟，救濟。行者：出行在外的人。有亡：偏指「亡」，指没有吃穿。

〔一五〕罩弋：王肅注：「罩，掩網。弋，繳射。」此指捕魚射鳥。

〔一六〕也：四庫本、備要本同，玉海堂本、同文本、百子本無此字。

〔一七〕憯怛：玉海堂本、同文本、備要本、百子本同；四庫本作「慘怛」，誤。憯怛（音「達」）：憂傷，悲痛。此指同情之意。

〔一八〕多信而寡貌：多一些誠信，少一些表面虚僞。逸周書芮良夫：「王貌受之，終弗獲用。」孔晁注：「貌爲外相悦而無實也。」左傳定公元年：「若從君者，則貌而出者，入可也；寇而出者，行可也。」楊伯峻注：「貌而出，謂表面從君而出，心未必忠於君。」

〔一九〕言可覆：「覆」也作「復」，義「回復」。論語學而：「有子曰：『信近於義，言可復也。恭近於禮，遠恥辱也。』」皇侃論語義疏曰：「信，不欺也。義，合宜也。復，猶驗也。……若爲信近於合宜，此信之言乃可復驗也。」「言可覆」，指諾言可得以復驗、實踐。左傳僖公九年：「吾與先君言矣，不可以貳。能欲復言而愛身乎？」楊伯峻注：「復言，是實踐諾言之義。」國語楚語：「周而不淑，復言而不謀身，展也。」韋昭注：「復言，言可復，不欺人也。」

〔二〇〕如飢而食：玉海堂本、同文本、備要本、百子本同，四庫本無此句。

〔二一〕萬民懷其惠：四庫本、備要本同，玉海堂本、同文本、百子本無此句。

曾子曰：「敢問何謂三至〔一〕？」孔子曰：「至禮不讓而天下治，至賞不費而天下士悦，至樂無聲而天下民和。明王篤行三至，故天下之君可得而知〔二〕，天下之士可得而臣，天下之民可得而用。」曾子曰：「敢問此義何謂？」孔子曰：「古者明王必盡知天下良士之名，既知其名，又知其實，又知其數，及其所在焉〔三〕。然後因天下之爵以尊之，此之謂至禮不讓而天下治。因天下之禄以富天下之士，此之謂至賞不費而天下之士悦。如此，則天下之民〔四〕名譽興焉，此之謂至樂無聲而天下之民和。故曰〔五〕：所謂天下之至〔六〕仁者，能合天下之至親也；所謂天下之至〔七〕明者，能舉天下之至賢者〔八〕也。此三者咸通，然後可以征。是故仁者莫大乎愛人，智者莫大乎知賢，賢政者莫大乎官能〔九〕。有土之君修此三者，則四海之内供命而已矣。夫明王之所征，必道之所廢者也〔一〇〕。是故誅其君而改其政，弔其民而不奪其財。故明王之政，猶時雨之降，降至則民悦矣。是故行施彌博，得親彌衆。此之謂還師衽席之上〔一一〕。」

【校注】

〔一〕三至：三項最好的法則。至，最。下文的「至禮」、「至賞」、「至樂」，可以分别理解爲「最高的禮法」、「最好的獎賞」、「最美的音樂」。

〔二〕天下之君可得而知：天下善於治國的國君就可得以知道。前人曾釋「知」爲「交」或「接」，欠妥。觀下文「知天下良士之名」、「知賢」等語，「知」字當理解作「知曉，瞭解」爲是。尚書皋陶謨曰：「知人則哲，能官人。」

〔三〕又知其數，及其所在焉：四庫本、備要本、玉海堂本、同文本同，百子本無此二句。

〔四〕民：備要本同，四庫本作「明」，玉海堂本、同文本無「民」字。百子本無「民」字，也無「明」字。楊朝明、宋立林通解本認爲「民」、「明」衍，皆删去。

〔五〕「故曰」後，大戴禮記主言有三個分句，即：「所謂天下之至仁者，能合天下之至親者也；所謂天下之至知者，能用天下之至和者也；所謂天下之至明者，能選天下之至良者也。」據下「此三者」之説，四部叢刊、四庫全書等本似脱「所謂天下之至知者，能用天下之至和者也」一句。

〔六〕至：四庫本、備要本、百子本同，玉海堂本、同文本無此字。

〔七〕至：四庫本、備要本、百子本同，玉海堂本、同文本無此字。

〔八〕者：四庫本、備要本、玉海堂本、同文本同，百子本無此字。

〔九〕賢：下一「賢」字疑爲衍文。官能：任用有才能的人做官。

〔一〇〕夫明王之所征，必道之所廢者也：聖明君主所征伐的，必定是道義廢棄的國家。所，四庫本、備要本、百子本同，玉海堂本、同文本無此字。

〔一一〕此之謂還師衽席之上：王肅注：「言安安而無憂。」指出征的軍隊能平安還師。

大婚解第四

孔子侍坐於哀公〔一〕，公問〔二〕曰：「敢問人道孰〔三〕爲大？」孔子愀然作色而對曰〔四〕：「君及此言也〔五〕，百姓之惠也，固臣敢無辭而對〔六〕。人道政爲大。夫政者，正也。君爲正，則百姓從而正矣。君之所爲，百姓之所從〔七〕。君不爲正，百姓何所從乎〔八〕！」公曰：「敢問爲政如之何？」孔子對曰：「夫婦別，男女親，君臣信，三者正則庶物從之〔九〕。」公曰：「寡人雖無能也，願知〔一〇〕所以行三者之道，可得聞乎〔一一〕？」孔子對曰：「古之政〔一二〕，愛人爲大。所以治愛人，禮爲大。所以治禮，敬爲大。敬之至矣，大婚爲大。大婚至矣！冕而親迎〔一三〕，親迎者，敬之也〔一四〕。是故君子興敬爲親，捨敬則是遺親也。弗親弗敬，弗尊也。愛與敬，其政之本與！」

【校注】

〔一〕哀公：魯國國君，姬姓，名將。在位二十七年。

〔二〕問：四庫本、備要本同，玉海堂本、同文本、百子本無此字。

〔三〕孰：玉海堂本、同文本、備要本同，四庫本、百子本作「誰」。人道：爲人之道，指一定社會中要求人們遵循的道德規範。

〔四〕孔子愀然作色而對曰：四庫本、備要本、玉海堂本、同文本同，百子本作「孔子對曰」。愀然，形容神色改變，神色變得嚴肅或不愉快。作色，臉上變色，此指神情變得嚴肅起來。

〔五〕君及此言也：四庫本、備要本同，玉海堂本、同文本、百子本作「君之及此言也」。

〔六〕固：四庫本、備要本、玉海堂本、同文本同，百子本無此字。固：猶「故」，因此。無辭：不辭讓，不推辭。

〔七〕百姓之所從：四庫本、備要本同，玉海堂本、同文本作「百姓之從」，百子本脱此句。

〔八〕君之所爲，百姓之所從。君不爲正，百姓何所從乎：四庫本、備要本、玉海堂本、同文本同，百子本無此四句。

〔九〕此數句，禮記哀公問作「孔子對曰：『夫婦別，父子親，君臣嚴，三者正則庶物從之矣』」；大戴禮記哀公問於孔子作「孔子對曰：『夫婦別，父子親，君臣嚴，三者正則庶民從之矣』」。庶物：衆物，萬物。庶：衆多。

〔一〇〕知：四庫本、備要本、百子本同，玉海堂本、同文本作「如」。

〔一一〕可得聞乎：四庫本、備要本、玉海堂本、同文本同，百子本無此句。

〔一二〕古之政：四庫本、備要本同，玉海堂本、同文本、百子本作「古之爲政」。

〔一三〕「冕而親迎」上，四庫本、備要本同，玉海堂本、同文本、百子本有「大婚既至」句。

〔一四〕敬之也：四庫本、備要本、玉海堂本、同文本同，百子本作「敬之至也」。

公曰：「寡人願有言也。然冕而親迎，不已重乎？」孔子愀然作色而對曰：「合二姓之好，以繼先聖之後，以爲天下宗廟社稷之主，君何謂已重焉〔一〕？」公曰：「寡人實固〔二〕，不固，安得聞此言乎！寡人欲問，不能爲辭，請少進。」孔子曰：「天地不合，萬物不生。大婚，萬世之嗣也，君何謂已重焉〔三〕？」孔子遂言曰：「内以治宗廟之禮，足以配天地之神〔四〕；出以治直言之禮，以立上下之敬〔五〕。物耻則足以振之〔六〕，國耻足以興之〔七〕，故爲政先乎禮，禮其政之本與？」孔子遂言曰〔八〕：「昔〔九〕三代明王，必敬妻子也，蓋有道焉。妻也者，親之主也；子也者，親之後也，敢不敬與！是故君子無不敬。敬也者，敬身爲大。身也者，親之支〔一〇〕也，敢不敬與！不敬其身，是傷其親。傷其親〔一一〕，是傷本也。傷其本，則支〔一二〕從之而亡。三者，百姓之象也〔一三〕。身以及身，子以及子，妃以及妃，君以修此三者，則大化愾乎天下矣〔一四〕。昔太王之道也〔一五〕如此，國家順矣。」

【校注】

〔一〕焉：備要本、百子本同，玉海堂本、同文本、四庫本作「乎」。王肅注：「魯，周公之後，得郊天，故言以爲天下之主也。」

〔二〕固：王肅注：「鄙陋。」

〔三〕焉：玉海堂本、同文本、備要本、百子本同，四庫本作「乎」。

〔四〕内以治宗廟之禮，足以配天地之神：王肅注：「言宗廟，天地神之次。」

〔五〕出以治直言之禮，以立上下之敬：備要本同，四庫本、玉海堂本、同文本、百子本下句作「足以立上下之敬」。王肅注：「夫婦正，則始可以治正言禮矣；身正，然可以正人者也（玉海堂本作「然後可以正人者也」）。」

〔六〕物恥則足以振之：王肅注：「恥事不知，禮足以振救之（玉海堂本、四庫本「救」作「教」）。」物，指事情。

〔七〕國恥足以興之：四庫本、備要本、百子本同，玉海堂本、同文本作「國恥則足以興之」。王肅注：「恥國不知，足以興起者也。」

〔八〕孔子遂言曰：四庫本、備要本、玉海堂本、同文本同，百子本無此句。

〔九〕昔：四庫本、備要本、百子本同，玉海堂本、同文本無此字。

〔一〇〕支：玉海堂本、同文本、備要本、百子本同，四庫本作「枝」。支，支系，支脈。

〔一一〕傷其親：備要本、百子本同，玉海堂本、同文本、四庫本無此句。

〔一二〕支：玉海堂本、同文本、備要本、百子本同，四庫本作「枝」。

〔一三〕百姓之象也：王肅注：「言百姓之所法而行。」象，取法，效法。

〔一四〕君以修此三者，則大化愾乎天下矣：以，玉海堂本作「能」。愾：音「慨」，去聲。王肅注：「氣滿。」「愾」字，音義有分歧：一音xì，到。通「迄」。禮哀公問：「身以及身，子以及子，妃以及妃，君以修此三者，則愾乎天下矣。」釋文：「愾，許乞反，又許氣反，至也。」一音kài，滿。禮記哀公問鄭玄注：「愾，猶至也。」王引之經義述聞禮記上：「愾訓爲滿，於義爲長……廣雅亦曰：愾，滿也。」此從後者。

〔一五〕昔太王之道也：備要本同，四庫本作「昔大王之道也」，玉海堂本、同文本作「昔者大王之道也」。大：「太」的古字。太王：即古公亶父，后稷第十二代孫，周文王的祖父。太王之道：王肅注：「太王出亦姜女，入亦姜女，國無鰥民。愛其身以及人之身，愛其子以及人之子，故曰太王之道。」

公曰：「敢問何謂敬身？」孔子對曰：「君子過言則民作辭〔一〕，過行則民作則〔二〕，言不過辭，動不過則，百姓恭敬以從命，若是，則可謂能敬其身，則〔三〕能成其親矣。」公曰：「何謂成其親？」孔子對曰：「君子者也〔四〕，人之成名〔五〕也，百姓與名，謂之君子，則是成其親，爲君而爲其子也〔六〕。」孔子遂言曰：「愛政〔七〕而不能愛人，則不能成其身。不能成其身，則不能安其土。不能安其土，則不能樂天〔八〕。」公曰：「敢問何能成身〔九〕？」孔子對曰：「夫其行己不過乎物，謂之成身，不過乎〔一〇〕，合天道也。」公曰：「君子何貴乎天道也？」孔子曰：「貴其不已也，如日月東西相從而不已也，是天道也。不閉而能久〔一一〕，是天道也。無爲而物成，是天道也。已成而明之，是天道也。」公曰：「寡人且愚冥〔一二〕，幸煩子之於心〔一三〕。」孔子蹴然〔一四〕避席而對曰：「仁人不過乎物，孝子不過乎親〔一五〕。是故仁人之事親也如事天，事天如事親，此謂孝子成身。」公曰：「寡人既聞如此言〔一六〕，無如後罪何〔一七〕？」孔子對曰：「君子〔一八〕及此言，是臣之福也。」

【校注】

〔一〕過言：説了錯的話。作辭：稱美其言辭。

〔二〕則：效法。此二句是説：君子即使言論不當，百姓也跟着稱美其辭；君子即使行爲不當，百姓也跟着效法。

〔三〕「則」上，玉海堂本、同文本、四庫本有「敬其身」三字，百子本、備要本無。

〔四〕也：備要本、百子本同；玉海堂本、同文本無此字；四庫本作「乃」，從下句。

〔五〕成名：盛名。「成」通「盛」。

〔六〕此數句，大戴禮記哀公問於孔子作「公曰：『敢問何謂成其親？』孔子對曰：『君子也者，人之成名也，百姓歸之名，謂之君子之子，是使其親爲君子也，是爲成其親名也已』」。楊朝明、宋立林解曰：「哀公説：『甚麽叫做成就他的父母呢？』孔子回答説：『君子是一個崇高的名稱，是百姓送給的一種稱號，叫做君之子，這樣就成就了他的父親爲君，而他是君之子。』」

〔七〕愛政：四庫本、百子本同，玉海堂本、同文本、備要本作「爲政」。

〔八〕樂天：王肅注：「天道也。」樂於順應天道。「樂天」下，玉海堂本、同文本、四庫本有「不能樂天，則不能成其身」二句。

〔九〕敢問何能成身：備要本、百子本同，四庫本作「敢問何能成其身」，玉海堂本、同文本作「敢問何謂能成身」。

〔一〇〕不過乎：四庫本、備要本同，玉海堂本、同文本、百子本作「不過乎物」。不過乎物：處世行事遵循事物發展的自然法則。

〔一一〕不閉而能久：王肅注：「不閉常通而能久，言無極。」

〔一二〕愚冥：王肅注：「言惷愚冥暗也。」

〔一三〕幸煩子之於心：四庫本、備要本、百子本同，玉海堂本、同文本作「幸煩子志之心也」。王肅注：「欲煩孔子議識其心所能行也。」幸煩：敬辭，有幸勞煩。

〔一四〕蹴然：警悚、恭敬狀。

〔一五〕仁人不過乎物，孝子不過乎親：仁人做事不超越事物的法則，孝子做事不超越父母的界限。

〔一六〕如此言：四庫本、備要本、百子本同，玉海堂本、同文本下有「也」字。

〔一七〕無如後罪何：無奈將來出了過錯，那該怎麽辦？

〔一八〕君子：百子本同；四庫本、備要本、玉海堂本、同文本作「君之」，是。

儒行解第五

孔子在衛〔一〕，冉求言於季孫〔二〕曰：「國有聖人而不能用，欲以求治，是猶却步而欲求及前人，不可得已。今孔子在衛，衛〔三〕將用之。己有才而以資鄰國，難以言智也，請以重幣迎之〔四〕。」季孫以告哀公〔五〕，公從之〔六〕。

（此下記載，又見於禮記儒行）

【校注】

〔一〕衛：春秋國名。周武王弟康叔封地，在今河北南部和河南北部一帶。

〔二〕冉求：四庫本、備要本、玉海堂本、同文本同，百子本作「冉有」。冉求：字子有，也稱冉有。孔子弟子，季氏家臣。季孫：魯大夫季孫肥，即季康子。季孫斯之子。魯哀公時爲正卿，專國政。齊屢伐魯，肥用冉有爲宰，率左師擊齊有功。後迎孔子自衛歸魯，敬而未能用。

〔三〕衛：四庫本、備要本、百子本同，玉海堂本、同文本無此字。

〔四〕請以重幣迎之：四庫本、備要本、玉海堂本、同文本同，百子本無此語。重幣：重金，重禮。幣：財物，貨幣。迎之：備要本同，四庫本作「求之」，玉海堂本、同文本作「延之」。

〔五〕哀公：春秋末魯國國君，名蔣（或作將），定公之子。

〔六〕公從之：四庫本、備要本、玉海堂本、同文本同，百子本作「哀公從之」。

孔子既至，舍哀公館焉〔一〕。公自阼階〔二〕，孔子賓階，升堂立侍。公曰：「夫子之服，其儒服與？」孔子對曰：「丘少居魯，衣逢掖之衣〔三〕。長居宋，冠章甫之冠〔四〕。丘聞之，君子之學也博，其服以鄉〔五〕，丘未知其爲儒服也。」公曰：「敢問儒行〔六〕？」孔子曰：「略言之，則不能終其物；悉數之，則留僕未可以對〔七〕。」

【校注】

〔一〕舍哀公館焉：住宿在哀公招待客人的館舍裏。舍：動詞，住宿。王肅注：「就孔子舍。」按王肅注，是哀公主動到館舍見孔子。陳士珂孔子家語疏證、王盛元孔子家語譯注在「舍」前斷句，儒藏本、王廣謀新編孔子家語句解、楊朝明孔子家語通解、張濤孔子家語譯注在

「舍」後斷句。孫志祖疏證曰：「鄭康成禮記注云：『哀公館孔子。』肅遂撰爲『孔子既至舍，哀公館焉。公自阼階，孔子由賓階升堂立侍』云云，蓋因鄭注而敷演之耳。正義亦云哀公至孔子之家，其實未必然也。」

〔二〕阼階：東階，即東面的臺階。賓主相見，主人立東階，賓自西階升降。阼：音「作」。

〔三〕逢掖之衣：王肅注：「深衣之褒大也。」即寬袖之衣。逢：寬大。掖：同「腋」。

〔四〕章甫之冠：緇布冠，即黑布帽子。

〔五〕其服以鄉：四庫本、備要本、玉海堂本、同文本同；百子本作「其服以鄉俗」，衍「俗」字。王肅注：「隨其鄉也。」王廣謀新編孔子家語句解曰：「所服之衣，則隨鄉俗。」

〔六〕儒行：儒者的行爲。

〔七〕則留僕未可以對：備要本同，四庫本、百子本、玉海堂本、同文本作「則留更僕未可以對」。王肅注：「留，久也。僕，太僕。君燕朝，則正位掌儐相更衣之（四庫本作「更衣之者」），爲久將倦，使之相代者也。」

哀公命席，孔子侍坐，曰〔一〕：「儒有席上之珍〔二〕以待聘，夙夜强學以待問，懷忠信以待舉，力行以待取〔三〕。其自立有如此者。

【校注】

〔一〕曰：玉海堂本、同文本、備要本、百子本同，四庫本無此字。

〔二〕席上之珍：坐席上的珍寶。比喻儒者美善的才學。王肅注：「席上之珍，能敷陳先王之道以爲政治。」

〔三〕力行以待取：王肅注：「力行仁義道德以待人取。」

「儒有衣冠中〔一〕，動作順〔二〕，其大讓如慢，小讓如僞〔三〕。大則如威，小則如媿〔四〕。難進而易退〔五〕，粥粥若無能也〔六〕。其容貌有如此者。

【校注】

〔一〕中：正，端正。

〔二〕順：四庫本、備要本同，玉海堂本、同文本、百子本作「慎」。順：和順。周易豫卦：「聖人以順動，則刑罰清而民服。」孔穎達疏：「若聖人和順而動，合天地之德，故天地亦如聖人而爲之也。」

〔三〕其大讓如慢，小讓如僞：他們面對大的利益辭讓，好像有些驕慢；面對小的利益謙讓，好像有些虚僞。其：四庫本、備要本同，玉海堂本、同文本、百子本無此字。慢：王肅注：

「慢，簡略也。」

〔四〕大則如威，小則如媿：做大事審慎，好像心懷畏懼；做小事恭謹，好像心懷愧疚。威：畏懼。媿：玉海堂本、備要本、百子本同，四庫本、同文本作「愧」。

〔五〕難進而易退：四庫本、備要本同，玉海堂本、同文本、百子本「退」下有「也」字。難於進取而易於謙退。

〔六〕粥粥若無能也：柔弱謙卑好像是無能的樣子。粥粥：音「育育」，柔弱無能貌。

「儒有居處齊難〔一〕，其起坐〔二〕恭敬，言必誠信，行必忠正〔三〕。道塗不爭險易之利，冬夏不爭陰陽之和。愛其死〔四〕以有待也，養其身以有爲也。其備預〔五〕有如此者。

【校注】

〔一〕齊難：莊敬。王肅注：「齊莊可畏難也。」齊，音義同「齋戒」之「齋」。

〔二〕起坐：四庫本、備要本、百子本同，玉海堂本、同文本作「坐起」。

〔三〕忠正：四庫本、備要本同，玉海堂本、同文本、百子本作「中正」。

〔四〕愛其死：珍愛其生命。

〔五〕備預：備要本、百子本、玉海堂本、同文本同，四庫本作「備豫」。「備預」同「備豫」，準備，防備。

「儒有不寶金玉而忠信以爲寶，不祈土地而仁義以爲土地，不求多積多文以爲富〔一〕。難得而易禄也，易禄而難畜也〔二〕。非時不見，不亦難得乎？非義不合，不亦難畜乎？先勞而後禄，不亦易禄乎？其近人情有如此者〔三〕。

【校注】

〔一〕多文以爲富：四庫本、備要本同，玉海堂本、同文本、百子本作「而多文以爲富」。文：文化知識。

〔二〕難得而易禄也，易禄而難畜也：儒者難得而容易禄養，容易禄養而難以順從或馴服。儒者不看重物質待遇，故易禄養；儒者堅持道義原則，故難以順從或馴服。

〔三〕其近人情有如此者：玉海堂本、同文本、四庫本、備要本同，百子本脱「有」字。

「儒有委之以財貨〔一〕而不貪，淹之以樂好而不淫〔二〕，劫之以衆而不懼，阻之以兵而不懾〔三〕。見利不虧其義，見死不更其守。往者不悔，來者不豫〔四〕，過言不再〔五〕，流言不極〔六〕。不斷其威〔七〕，不習其謀〔八〕。其特立有如此者。

【校注】

〔一〕財貨：備要本同，玉海堂本、同文本、四庫本、百子本作「貨財」。

〔二〕淹之以樂好而不淫：四庫本、備要本、玉海堂本、同文本同，百子本「淹」上有「而」字。淹：浸漬，浸泡。

〔三〕阻之：玉海堂本、同文本、備要本、百子本同，四庫本作「沮之」。「阻」與「沮」同義，都有「阻止」的意思。王肅注：「阻，難也。以兵爲之難。」詩邶風谷風「既阻我德，賈用不售」，毛傳：「阻，難。」懾：玉海堂本、同文本作「攝」。「攝」通「懾」，畏懼。

〔四〕往者不悔，來者不豫：四庫本、備要本同，玉海堂本、同文本、百子本「往」上有「鷙蟲攫搏不程其勇，引重鼎不程其力」之語。來者不豫：對未來的事不疑慮。

〔五〕過言不再：王肅注：「不再過言。」

〔六〕流言不極：王肅注：「流言相毁，不窮極也。」

〔七〕不斷其威：王肅注：「常嚴莊也。」

〔八〕不習其謀：王肅注：「不豫習其謀慮。」

「儒有可親而不可劫，可近而不可迫，可殺而不可辱。其居處不過，其飲食不溽〔一〕，其過失可微辯而不可面數〔二〕也。其剛毅有如此者。

【校注】

〔一〕不過：不奢侈。不溽（音「入」）：味道不濃厚。禮記儒行：「其居處不淫，其飲食不溽。」鄭玄注：「恣滋味爲溽。溽之言欲也。」孔穎達疏：「飲食不溽者，溽之言欲也，即濃厚也。儒性既剛毅有如此者，故飲食常質不濃厚也。」

〔二〕微辯：隱約而委婉地諷諭。面數：當面數説其過錯。

「儒有忠信以爲甲冑，禮義以爲干櫓〔一〕，戴仁而行，抱德而處〔二〕，雖有暴政，不更其所。其自立〔三〕有如此者。

【校注】

〔一〕禮義以爲干櫓：玉海堂本、同文本作「禮義爲干櫓」。王肅注：「干，楯也。櫓，大戟也。」小盾爲干，大盾爲櫓。甲冑：鎧甲和頭盔。

〔二〕抱德而處：四庫本、備要本同，玉海堂本、同文本、百子本作「抱義而處」。

〔三〕自立：玉海堂本、同文本、四庫本、備要本同，百子本作「自守」。

「儒有一畝之宫，環堵之室〔一〕，蓽門圭窬〔二〕，蓬户甕牖〔三〕。易衣而出〔四〕，并日而食〔五〕。上答之，不敢以疑〔六〕；上不答之〔七〕，不敢以諂。其爲士〔八〕有如此者。

【校注】

〔一〕環堵之室：王肅注：「方丈曰堵。一堵，言其小者也。」

〔二〕圭窬：玉海堂本、同文本、四庫本、備要本同，百子本作「圭竇」。王肅注：「蓽門，荆竹織門也。圭窬，穿牆爲之，如圭也。」圭窬（音「愉」），形狀如圭的牆洞，比喻貧寒人家的門户。

〔三〕蓬户甕牖：王肅注：「以編蓬爲户，破甕爲牖也。」牖：窗户。

〔四〕易衣而出：王肅注：「更相易衣而後可以出。」

〔五〕并日而食：王肅注：「并一日之糧以爲一食也。」

〔六〕不敢以疑：王肅注：「君用之，不敢疑貳事君也。」

〔七〕之：四庫本、備要本、百子本同，玉海堂本、同文本無此字。

〔八〕其爲士：備要本同，玉海堂本、同文本、四庫本作「其仕」，百子本作「其爲任」。

「儒有今人以居，古人以替〔一〕；今世行之，後世以爲楷〔二〕。若不逢世，上所不受〔三〕，下所不推，詭諂〔四〕之民有比黨而危之〔五〕，身可危也，其志不可奪也；雖危起居，猶竟信其志，乃不忘百姓之病也〔六〕。其憂思有如此者。

【校注】

〔一〕 替：相合，一致。王肅注：「稽同。」禮記儒行作「稽」。

〔二〕 楷：王肅注：「法也。」

〔三〕 上所不受：四庫本、備要本同，玉海堂本、同文本、百子本作「上所不援」。

〔四〕 詭諂：玉海堂本、備要本同，四庫本、同文本、百子本作「讒諂」。

〔五〕 有比黨而危之：四庫本、備要本同，玉海堂本、同文本、百子本句末有「者」字。

〔六〕 雖危起居，猶竟信其志，乃不忘百姓之病也：玉海堂本、同文本、備要本、百子本同，四庫本作「雖危猶起居，竟身其志，乃不忘百姓之病也」。王肅注：「起居，猶動静也。竟，終也。言身雖危動静，猶終身不忘百姓。」

「儒有博學而不窮，篤行而不倦，幽居而不淫，上通而不困〔一〕。禮必以和，優游以法〔二〕，慕賢而容衆，毁方而瓦合〔三〕。其寬裕有如此者。

【校　注】

〔一〕幽居而不淫，上通而不困：四庫本、備要本、玉海堂本、同文本同，百子本無此二句。幽居：獨處。淫：放縱。上通：通達於君。

〔二〕優游：悠閑自得，平和自在。以法：以法來約束自己。

〔三〕毁方而瓦合：王肅注：「去己之大圭角，下與衆人小合。」即削減自己的棱角而順從衆人。禮記儒行孔穎達疏：「方，謂物之方正，有圭角鋒芒也。瓦合，謂瓦器破而相合也。言儒者身雖方正，毁屈己之方正，下同凡衆，如破去圭角，與瓦器相合也。」

「儒有内稱〔一〕不避親，外舉不避怨。程功積事，不求厚禄〔二〕。推賢達能，不望其報。君得其志，民賴其德。苟利國家，不求富貴。其舉賢援能有如此者。

【校　注】

〔一〕稱：推舉，薦舉。

〔二〕程功積事，不求厚禄：玉海堂本、同文本、四庫本、備要本同，百子本作「程力積事，不求厚禄」。王肅注：「程猶効也，言功効而已，不求厚禄也。」程：度量，衡量。此語是説：度量功績，累積事蹟，不是爲了追求厚禄。

「儒有澡身浴德〔一〕，陳言而伏〔二〕。静言而正之，而上下不知也〔三〕。默而翹之，又不急爲也〔四〕。不臨深而爲高，不加少而爲多〔五〕。世治不輕，世亂不沮〔六〕。同己不與，異己不非。其特立獨行有如此者。

【校注】

〔一〕澡身浴德：王肅注：「常自潔淨其身，沐浴於德行也。」

〔二〕陳言而伏：王肅注：「陳言於君，不望其報（玉海堂本作「入告其君，不揚於外」）。」王國軒、王秀梅譯曰：「儒者沐身心於道德之中，陳述自己的意見而伏聽君命。」

〔三〕静言而正之，而上下不知也：四庫本、備要本同，玉海堂本、同文本、百子本作「言而正之，上不知也」。静言，平静地陳述。上下，楊朝明、宋立林注曰：「上，國君。下，據禮記爲衍文。」解曰：「安静不躁而謹守正道，君主有過失則委婉地加以提醒。」王國軒、王秀梅認爲「下」不是衍文，譯曰：「平静地糾正國君的過失，君上和臣下都難以覺察。」

〔四〕默而翹之，又不急爲也：四庫本、備要本同，玉海堂本、同文本、百子本作「默而翹之，又不爲急也」。王肅注：「言事君清靜，因事而止之，則君不知，默而翹發之，不急爲，所以爲不爲。」翹，啓發。連同上二句，可以如此理解：君主如果有錯誤，就平靜委婉地指正，如果君主不醒悟，就再悄悄地予以啓發，不要急於去做。

〔五〕不臨深而爲高，不加少而爲多：王肅注：「言不因勢位自矜莊。」即不面臨地位低下的人顯示自己高，不誇大少的功勞以爲多。臨深：面臨深淵，此指地位低者。加：誇大。

〔六〕世治不輕，世亂不沮：王肅注：「不自輕，不自沮。」沮：沮喪。

「儒有上不臣天子，下不事諸侯，慎靜尚寬，底厲廉隅〔一〕。强毅以與人，博學以知服〔二〕。雖以分國，視之如錙銖〔三〕，弗肯臣仕。其規爲有如此者。

【校注】

〔一〕底厲廉隅：四庫本作「砥厲廉隅」，玉海堂本、同文本、備要本、百子本作「砥礪廉隅」。廉隅：棱角。比喻人端方不苟的行爲、品性。

〔二〕博學以知服：四庫本、備要本同，玉海堂本、同文本、百子本下有「近文章」三字。玉海堂本、同文本注曰：「服，力行也。」

〔三〕視之如錙銖：四庫本、備要本同，玉海堂本、同文本作「視如錙銖」。王肅注：「視之輕如錙銖。八兩爲錙。」六銖等於一錙。二十四銖等於一兩。

「儒有合志同方，營道同術，並立則樂，相下不厭，久別則聞流言不信，義同而進，不同而退。其交有如此者〔一〕。

【校注】

〔一〕義同而進，不同而退。其交有如此者：四庫本、備要本、玉海堂本、同文本同，百子本作「義同則進，不同則退。其交友有如此者」。

「夫溫良者，仁之本也；慎敬者，仁之地也；寬裕者，仁之作也〔一〕；遜接者，仁之能也；禮節者，仁之貌也；言談者，仁之文也；歌樂者〔二〕，仁之和也；分散者，仁之施也。儒皆兼此而有之〔三〕，猶且不敢言仁也。其尊讓有如此者。

【校注】

〔一〕作：王肅注：「動作。」玉海堂本注曰：「作，爲也。」

〔二〕歌樂者：玉海堂本、同文本、四庫本、備要本同，百子本作「歌舞者」。

〔三〕儒皆兼此而有之：四庫本、備要本同，玉海堂本、同文本、百子本作「儒皆兼而有之」。

「儒有不隕穫〔一〕於貧賤，不充詘〔二〕於富貴，不溷君王，不累長上，不閔有司，故曰儒〔三〕。今人之名儒也忘，常以儒相詬疾〔四〕。」

【校注】

〔一〕隕穫：王肅注：「隕穫，憂悶不安之貌。」猶喪失志氣。

〔二〕充詘：王肅注：「充詘，踊躍參擾之貌。」猶得意忘形。禮記儒行鄭玄注曰：「充詘，喜失節之貌。」詘，音「曲」。

〔三〕溷：玉海堂本、同文本、備要本、百子本同，四庫本作「慁」。「溷」、「慁」音「混」。王肅注：「溷，辱。閔，疾。言不爲君長所辱病。儒者，中和之名。」閔：困迫。禮記儒行鄭玄注曰：「言不爲天子諸侯卿大夫群吏所困迫而違道。」對於此數句的理解，諸家有異，楊朝明、宋立林解曰：「儒者不因貧賤而愁悶不安，不因富貴而得意忘形，不因君主的侮辱、長官的負累、官吏的刁難而違背自己原有的志向，所以稱爲儒。」王國軒、王秀梅譯曰：「儒者不因貧賤而灰心喪氣，不因富貴而得意忘形，不沾辱君王，不拖累長上，不給有關官吏帶來困擾，因此叫做儒。」

〔四〕忘：玉海堂本、同文本、四庫本、備要本、百子本作「妄」，是。妄：虚妄不實。訴疾：王肅注：「訴，辱。」玉海堂本注曰：「訴，疑作『詬』，毁也。疾，惡也。妄竊儒名，故爲人之所毁惡也。」

哀公既得聞此言也〔一〕，言加信，行加敬。曰：「終殁〔二〕吾世，弗敢復以儒爲戲矣。」

【校注】

〔一〕既得聞此言也：四庫本、備要本同，玉海堂本、同文本、百子本作「既聞此言也」。

〔二〕殁：玉海堂本、同文本、備要本、百子本同，四庫本作「没」。「没」通「殁」，死。

問禮第六

哀公問於孔子曰：「大禮何如？子之言禮，何其尊也〔一〕？」孔子對曰：「丘也鄙人〔二〕，不足以知大禮也〔三〕。」公曰：「吾子言焉。」孔子曰：「丘聞之，民之所以生者，禮爲大。非禮則無以節事天地之神焉〔四〕，非禮則無以辯〔五〕君臣上下長幼之位焉，非禮則無以別男女父子兄弟婚姻親族踈數〔六〕之交焉。是故君子此之爲尊敬〔七〕，然後以其所能教順百姓，不廢其會節〔八〕。既有成事，而後治其文章黼黻〔九〕，以別尊卑上下之等。其順之也，而後言其喪祭之紀，宗廟之序，品其犧牲〔一〇〕，設其豕腊〔一一〕，修其歲時，以敬其〔一二〕祭祀，別其親踈，序其昭穆〔一三〕，而後宗族會醼〔一四〕，即安其居，以綴恩義。卑其宫室，節其服御，車不雕璣，器不彤鏤〔一五〕，食不二味，心不淫志，以與萬〔一六〕民同利。古之明王行禮也如此。」

（此記載又見於禮記哀公問、大戴禮記哀公問孔子）

【校注】

〔一〕也：四庫本、備要本同，玉海堂本、同文本、百子本無此字。

〔二〕鄙人：鄙陋之人，庸俗淺薄之人。

〔三〕也：四庫本、備要本同，玉海堂本、同文本、百子本無此字。

〔四〕節事：有節制地行事，合乎禮節地事奉。焉：四庫本、備要本同，玉海堂本、同文本、百子本無此字。

〔五〕辯：玉海堂本、同文本、備要本同，四庫本、百子本作「辨」。「辯」通「辨」。

〔六〕踈數：玉海堂本、同文本、百子本作「疏數」。「踈」同「疏」。踈數：疏密，遠近。

〔七〕此之爲尊敬：備要本同，四庫本作「此爲之尊敬」，玉海堂本、同文本、百子本作「以此爲之尊敬」。

〔八〕「不廢其會節」上，四庫本有「所能」二字，備要本、玉海堂本、同文本、百子本無。王肅注：「所能謂禮也，會謂男女之會，節謂親踈之節也。」會節：行禮的節期。禮記哀公問陳澔集説曰：「會節，謂行禮之節期。如葬祭有葬祭之時，冠昏有冠昏之時，不可廢也。」

〔九〕而後治其文章黼黻：四庫本、備要本同，玉海堂本、同文本、百子本作「然後治其雕鏤文章黼黻」。文章：指車服旌旗等。左傳隱公五年：「昭文章，明貴賤。」杜預注：「車服旌旗。」黼黻：音「輔服」，禮服上繪繡的花紋，此指禮服。

〔一〇〕品：品評，衡量，此指按一定的標準、等第安排。國語周語中：「品其百籩，修其簠簋。」犧牲：祭祀用的純色全體牲畜。

〔一一〕豕腊：音「史西」，指乾豬肉。

〔一二〕其：備要本同，四庫本、玉海堂本、同文本、百子本無此字。

〔一三〕昭穆：古代宗法制度，宗廟或墓地的輩次排列，以始祖居中，二世、四世、六世位於始祖的左方，稱昭；三世、五世、七世位於始祖的右方，稱穆，用來分别宗族内部的長幼、親疏和遠近。此指宗廟的輩次排列。

〔一四〕醮：四庫本、備要本同，玉海堂本、同文本、百子本作「宴」。「醮」同「宴」。

〔一五〕彫鏤：玉海堂本、同文本、備要本、百子本作「彫鏤」，四庫本作「刻鏤」。

〔一六〕萬：玉海堂本、同文本、備要本、百子本同，四庫本無此字。

公曰：「今之君子，胡莫之行也〔一〕？」孔子對曰：「今之君子，好利無厭，淫行不倦，荒怠慢遊，固民是盡〔二〕，以遂其心，以怨其政〔三〕，忤其衆〔四〕，以伐有道。求得當欲，不以其所〔五〕。虐殺刑誅，不以其治〔六〕。夫昔之用民者由前〔七〕，今之用民者由後〔八〕，是即今之君子莫能爲禮也。」

【校注】

〔一〕胡莫之行也：爲甚麽不這樣做呢？胡：何故，爲甚麽。莫：不，不能。

〔二〕固民是盡：一定使民衆財力竭盡。固：必，一定。

〔三〕以遂其心，以怨其政：以滿足自己的私欲，以招致百姓對國政的怨恨。

〔四〕忤其衆：備要本同，四庫本、玉海堂本、同文本、百子本作「以忤其衆」。忤：音「午」，逆，不順從。

〔五〕求得當欲，不以其所：王肅注：「言苟求得當其情欲而已。」楊朝明、宋立林注曰：「當，稱，符合。所，道，方式。」解曰：「只求個人的欲望得到滿足，爲此不擇手段。」

〔六〕虐殺刑誅，不以其治：王國軒、王秀梅譯曰：「殘暴地對待人民，肆意刑殺，不用正確的方式使國家得到治理。」

〔七〕由前：王肅注：「用上所言。」用前邊説的辦法。

〔八〕由後：王肅注：「用下所言。」用後邊説的辦法。

言偃〔一〕問曰：「夫子之極言禮也，可得而聞乎？」孔子言：「我欲觀夏〔二〕，是故之杞，而不足徵也〔三〕，吾得夏時焉〔四〕。我欲觀殷道，是故之宋，而不足徵也〔五〕，吾得乾坤焉〔六〕。乾坤之義，夏時之等〔七〕，吾以此觀之。夫禮初也，始於飲食。太古之時，燔黍擘豚〔八〕，汙罇杯飲〔九〕，蕢桴土鼓〔一〇〕，猶可以致敬鬼神〔一一〕。及其死也，升屋而號，告〔一二〕曰：『高！某復〔一三〕！』然後飲腥苴熟〔一四〕，形體則降，魂氣則上，是謂天望而地藏也〔一五〕。故生者南嚮，死者北首〔一六〕，皆從其初也。

【校注】

〔一〕言偃：言氏，名偃，字子游，又稱言游。孔子弟子，少孔子三十五歲。在孔門列「文學」科，屬十哲之一。籍貫，古籍記載有分歧，史記仲尼弟子列傳曰：「言偃，吴人。」孔子家語七十二弟子解曰：「言偃，魯人。」

〔二〕夏：備要本同，四庫本、玉海堂本、同文本、百子本作「夏道」。

〔三〕是故之杞：因此到杞國去。王肅注：「夏后封於杞也。」杞：周代諸侯國，開國君主是夏禹後裔東樓公。而不足徵也：王肅注：「徵，成。」玉海堂本注作「徵，證也」。徵，義當爲證明、驗證。廣雅釋詁：「徵，明也。」左傳昭公三十年：「公在乾侯。不先書鄆與乾侯，非公，且徵過也。」杜預注：「徵，明也。」廣韻蒸韻：「徵，證也。」尚書胤征：「聖有謨訓，明徵定保。」孔傳：「徵，證。」杞、宋不足徵，是説杞、宋二國缺乏先代典籍，不足以拿來驗證或證明夏商之禮。「也」字，備要本、四庫本、百子本同，玉海堂本、同文本無。

〔四〕吾得夏時焉：王肅注：「於四時之正，正夏數，得天心中（四庫本作「得天之中」）。」夏時：夏朝的曆法書。

〔五〕是故之宋：因此到宋國去。王肅注：「殷后封宋。」宋：宋國的開國君主是商紂的庶兄微子啓，建都商丘（今河南商丘）。以上這段話，近似論語八佾子曰：「夏禮，吾能言之，杞不足徵也。殷禮，吾能言之，宋不足徵也。文獻不足故也。足，則吾能徵之矣。」

〔六〕吾得乾坤焉：王肅注：「乾天坤地，得天地陰陽之書也。」

〔七〕乾坤之義，夏時之等：玉海堂本於「等」下注曰：「例也。」楊朝明、宋立林注曰：「意謂乾坤、夏時所體現的陰陽變化思想和禮的區分等次。」解曰：「我從乾坤中看到陰陽變化的道理，從夏時中看到時令周轉的順序，進而推測夏殷兩朝禮制的區分等次，並從中推出了禮制的起源。」王國軒、王秀梅注曰：「等：例。」譯曰：「我從坤乾的内容和夏時的規則中，可以看出，最初的禮，肇始於飲食。」

〔八〕燔黍擘豚：「燔」上，百子本有「其」字。王肅注：「古未有釜甑，釋米擗肉加於燒石之上而食之。」燔黍：燒烤黍子。擘：音「薄」，分開，剖裂。豚：小豬。指用手撕裂豬肉。

〔九〕汙罇杯飲：四庫本作「汙罇抔飲」，備要本作「汙罇抔飲」，玉海堂本、同文本、百子本作「汙罇而抔飲」。「抔」是。王肅注：「鑿地爲罇，以手飲之也。」玉海堂本注：「鑿地爲罇，掬手而飲。」汙：音義同「窪」，指凹陷的地方。

〔一〇〕蕢桴土鼓：備要本同，四庫本無此句，玉海堂本、同文本、百子本作「蕢桴而土鼓」，注曰：「蕢，艸。桴，椎也。」蕢桴：音「塊浮」，用草和土摶成的鼓槌。土鼓：用瓦作框，以皮革蒙面製成的敲打樂器。禮記明堂位：「土鼓、蕢桴、葦籥，伊耆氏之樂也。」晉袁宏後漢紀和帝紀上：「古者民人淳樸，制禮至簡，汙樽抔飲，可以盡歡於君親；蕢桴土鼓，可以致敬於鬼神。」

〔一一〕致敬鬼神：備要本、四庫本同，玉海堂本、同文本、百子本作「致敬於鬼神」。王肅注：「神饗德，不求備物也。」

〔一二〕升屋而號告：登上屋頂而呼號。古代爲剛咽氣的人招魂的習俗。告：四庫本、備要本同，玉海堂本、同文本、百子本無此字。

〔一三〕高！某復：玉海堂本注：「『高』作『皋』，引聲之言。某，死者之名。」王盛元孔子家語譯注：「高，通『嗥』。拖長聲音叫，相當於『啊』『唉』等大聲呼號的聲音。」某復：某某你回來吧！

〔一四〕飲腥苴熟：玉海堂本、同文本、備要本、百子本同，四庫本作「飯腥苴熟」。王肅注：「始死，含以珠貝；將葬，苞苴以遺，奠以送之。」古代送死送葬的風俗。人剛死，使口含珠貝或生稻之米，安葬前，包裹熟食祭奠死者。腥：本指生肉，此指生的東西。苴：音「居」，包，裹。

〔一五〕謂：四庫本、備要本同，玉海堂本、同文本、百子本作「爲」。王肅注：「魂氣升而在天，形體藏而在地。」玉海堂本注：「氣上，故望天而招。體降，故穴地而藏。」

〔一六〕死者北首：古人認爲南屬陽，北屬陰，所以死者下葬，頭要朝北。

「昔之王者，未有宫室，冬則居營窟，夏則居橧巢〔一〕。未有火化，食草木之實，鳥獸之肉，飲其血，茹其毛。未有絲麻，衣其羽皮。後聖有作，然後修火之利，範金合土〔二〕，以爲宫室户牖〔三〕。以炮以燔〔四〕，以亨以炙〔五〕，以爲醴酪〔六〕。治其絲麻，以爲布帛，以養生送死，以事鬼神。

【校注】

〔一〕橧巢：四庫本、備要本、玉海堂本、同文本、百子本作「橧巢」，是。橧：音「增」，上古時聚柴薪造的住處。橧巢：上古人聚柴薪所作的鳥巢形住處。王肅注：「掘地而居謂之營窟，有柴謂橧，在樹曰巢。」

〔二〕範金合土：玉海堂本、同文本、備要本、百子本同，四庫本作「治金合土」。王肅注：「治金爲器用刑範也，合和以作瓦物。」「治金」當爲「冶金」。玉海堂本注：「用刑範冶金爲器也，和合泥土爲陶器也。」

〔三〕以爲宫室户牖：四庫本、備要本同，玉海堂本、同文本、百子本作「以爲臺榭宫室户牖」。

〔四〕以炮以燔：王肅注：「毛曰炮，加火曰燔也（玉海堂本作「毛炙曰炮，熡火曰燔」）。」炮：把帶毛的肉用泥裹住放在火上燒烤。燔：烤，炙。

〔五〕以亨以炙：王肅注：「𤈦之曰亨，炮之曰炙。」

〔六〕以爲醴酪：王肅注：「醴，醴酒。酪，漿酢。」醴：音「李」，甜酒。酪：音「澇」，注家或釋作酢漿，調味品；或釋作酪酒。後者爲勝。

「故玄酒〔一〕在室，醴醆〔二〕在户，粢醍〔三〕在堂，澄酒〔四〕在下。陳其犧牲，備其鼎俎，列其琴瑟管磬鐘鼓，以降上神〔五〕與其先祖。以正君臣，以篤父子，以睦兄弟，以齊上下，夫婦有所，是謂承天之祐〔六〕。

【校注】

〔一〕玄酒：水，上古祭祀用水。王肅注：「玄酒，水也，言尚古，在略近。」

〔二〕醴醆：甜酒和白酒。王肅注：「醴，盎齊也。五齊，二曰醴齊，三曰盎齊。」玉海堂本注：「按禮辯酒之五齊：一曰泛齊，二曰醴齊，三曰盎齊，四曰醍齊，五曰沈齊。室内在北，太古用水，故尊尚之。户在室稍南，堂在室外。下則堂下矣。去古漸遠，故五者各以等降設之。玄酒即泛齊，醆即盎齊，澄即沈齊。」醆：音「展」，白水酒。

〔三〕粢醍：音「計提」，淺紅色的清酒。王肅注：「深醍，澄齊。」禮記禮運陳澔集説曰：「粢醍，即周禮醍齊，酒成而紅赤色也。」

〔四〕澄酒：一種淡酒。王肅注：「澄清，漏其酒也。」

〔五〕以降上神：四庫本、備要本、百子本同，玉海堂本、同文本作「以降其上神」。「以降上神」上，玉海堂本、同文本、百子本有「以其祝嘏」句。王肅注：「上神，天神。」

〔六〕承天之祜：承受天神的保佑。四庫本、備要本、玉海堂本、同文本、百子本作「祐」。

「作其祝號〔一〕，玄酒以祭，薦其血毛〔二〕，腥其俎〔三〕，熟其殽〔四〕。越席以坐〔五〕，疏布以冪〔六〕，衣其浣帛〔七〕，醴醆以獻，薦其燔炙。君與夫人交獻，以嘉魂魄〔八〕。然後退而合烹〔九〕，體其犬豕牛羊〔一〇〕，實其簠簋〔一一〕，籩豆鉶羹〔一二〕，祝以孝告〔一三〕，嘏以慈告〔一四〕，是爲大祥〔一五〕。此禮之大成也。」

（此記載又見於禮記禮運）

【校注】

〔一〕祝號：王肅注：「犧牲玉帛，祝辭皆異爲之號也。」玉海堂本注：「按禮，祝號有六，神、鬼、祇、牲、齍、幣也，皆美其辭以告神也。」孫詒讓周禮正義曰：「祝號即大祝、六祝、六號是也。」周禮春官大祝：「大祝掌六祝之辭，以事鬼神示，祈福祥，求永貞。一曰順祝，二曰年祝，三曰吉祝，四曰化祝，五曰瑞祝，六曰筴祝。……辨六號，一曰神號，二曰鬼號，三曰祇號，四曰牲號，五曰齍號，六曰幣號。」禮記孔穎達疏曰：「作其祝號者，謂造其鬼神及牲玉美號之辭，史祝稱之以告鬼神，故云作其祝號。」

〔二〕薦：進獻。血毛：四庫本、備要本、玉海堂本、同文本同，百子本作「毛血」。血毛：動物的血與毛，指祭祀時所用的犧牲。

〔三〕腥其俎：王肅注：「言雖有所熟，猶有所腥。腥，本不忘古也。」腥其俎，即獻上俎中生肉。

〔四〕殽：通「肴」，帶骨的熟肉。

〔五〕越席以坐：四庫本、備要本同，玉海堂本、同文本、百子本作「适席以坐」。适：音「活」，義同「越」。王肅注：「翦蒲席也。」楊朝明、宋立林注：「翦，通『踐』。蒲席，蒲草織成的草席。古代習俗，主人主婦要踩踏蒲席走上坐席。」王國軒、王秀梅注：「越席：蒲草編的席。」譯：「祭祀的人坐在蒲草結的席上……」

〔六〕疏布以冪：四庫本、備要本、百子本同，玉海堂本、同文本作「疏布以罿」。「冪」是。王肅注：「冪，覆酒巾也。質，故用疎也。」疏布：粗麻布。冪：音「密」，覆蓋。

〔七〕浣帛：四庫本、備要本、玉海堂本、同文本同，百子本作「浣布」。王肅注：「練染以爲祭服。」指經過煮練染色的絲織品。

〔八〕嘉：娱樂。王肅注：「嘉，善樂也。」「以嘉魂魄」下，玉海堂本、同文本、百子本有「是謂合莫」一句，並注曰：「契合於冥漠之中也。此以上至『熟其殽』，法中古禮也。」

〔九〕合亨：王肅注：「合其亨熟之禮，無復醒也（玉海堂本作「合其亨熟之體，無復醒腥也」）。」把半生不熟的犧牲合在一起亨煮。

〔一〇〕體其犬豕牛羊：王肅注：「體，解其牲體而薦之。」即把犬豕牛羊等牲體區分開。

〔一一〕簠簋：音「甫鬼」。王肅注：「受黍稷之器也。」祭祀時盛黍的器皿。

〔一二〕籩豆鉶羹：王肅注：「竹曰籩，木曰豆，鉶所以盛羹也。」玉海堂本注：「籩，竹器；豆，木器，以盛菓核俎醢。鉶，銅器，如鼎，和羹之器也。」

〔一三〕祝以孝告：王肅注：「祝，通孝子語於先祖。」祝：楊朝明、宋立林注曰：「祝，謂祝辭。」解曰：「祝告辭把主人的孝心告訴給先祖的神靈。」王國軒、王秀梅注曰：「祭祀時的執事人。」譯曰：「執事人讀祝辭把主人孝順的心情告訴先祖。」

〔一四〕嘏以慈告：王肅注：「嘏，傳先祖語於孝子。」古代祭祀，祝（執事人）爲尸（代理先祖受祭者）向主人致福叫嘏。嘏：音「古」。

〔一五〕祥：王肅注：「祥，善。」玉海堂本注：「祥，善也。『合亨』以下，此當世之禮也。」

五儀解第七

哀公問於孔子曰：「寡人欲論〔一〕魯國之士，與之爲治，敢問如何取之？」孔子對曰：「生今之世，志古之道，居今之俗，服古之服。舍此而爲非者〔二〕，不亦鮮乎？」曰：「然則章甫絇履〔三〕，紳帶縉笏〔四〕者，皆〔五〕賢人也。」孔子曰：「不必然也。丘之所言，非此之謂也。夫端衣玄裳，冕而乘軒者，則志不在於食焄〔六〕；斬衰管菲〔七〕，杖而歠粥〔八〕者，則志不在於〔九〕酒肉。生今之世，志古之道，居今之俗，服古之服，謂此類也。」

（此及以下記載又見於荀子哀公、大戴禮記哀公問五義、新序雜事四）

【校注】

〔一〕論：通「掄」，選取，選拔。

〔二〕舍此而爲非者：諸家所解有異，如楊朝明、宋立林譯曰：「這樣做了而非人才的，不是很少見嗎？」王國軒、王秀梅譯曰：「有這樣的行爲而爲非作歹的人，不是很少見嗎？」張濤譯曰：「這樣做了而又搞出不正確的事情，不也很少見嗎？」

〔三〕章甫絇履：王肅注：「章甫，冠也。絇履，履頭有鉤飾也。」章甫：緇布冠。絇（音「渠」）履：有絇飾的鞋。儀禮士冠禮：「屨，夏用葛，玄端黑屨，青絇繶純。」注：「絇之言拘也，以爲行戒，狀如刀衣鼻，在屨頭繶縫中。」

〔四〕紳帶縉笏：四庫本、備要本、玉海堂本、同文本、百子本作「紳帶搢笏」。王肅注：「紳，大帶。縉，插也。笏，所以執書思對命。」「縉」與「搢」義同，插。縉笏：插笏。古代君臣朝見時均執笏，用以記事備忘，不用時插在腰帶上。笏：音「互」。

〔五〕皆：四庫本、備要本同，玉海堂本、同文本、百子本無此字。

〔六〕端衣玄裳，冕而乘軒者，則志不在於食焄：王肅注：「端衣玄裳，齋服也。軒，軒車。焄，辛菜也。」焄：音義同「葷」，指葱韭之類。乘：他本同，百子本誤作「垂」。

〔七〕斬衰：喪服，五服中最重者，粗麻布製成，不縫邊。衰：音「崔」。管菲：四庫本、備要本、玉海堂本、同文本、百子本作「菅菲」，是。菅：音「間」，多年生草本植物，葉細長而尖，莖可作繩織履。菅菲：草鞋。

〔八〕杖：拄喪杖。歠粥：喝稀粥。歠：通「啜」，飲。

〔九〕於：四庫本、備要本同，玉海堂本、同文本、百子本無此字。

公曰：「善哉！盡此而已乎？」孔子曰：「人有五儀〔一〕，有庸人，有士人，有君子，有賢人，有聖人。審此五者，則治道畢矣。」公曰：「敢問何如斯可〔二〕謂之庸人？」孔子曰：「所謂〔三〕庸人者，心不存慎終之規〔四〕，口不吐訓格之言〔五〕，不擇賢以託〔六〕其身，不力行以自定〔七〕。見小闇大〔八〕，而不知所務〔九〕；從物如流，不知其所執〔一〇〕。此則庸人也〔一一〕。」

【校注】

〔一〕五儀：五等。王先謙荀子集解：「儀，猶等也。」

〔二〕可：四庫本、備要本同，玉海堂本、同文本、百子本無此字。

〔三〕所謂：四庫本、備要本、玉海堂本、同文本同，百子本無此二字。

〔四〕慎終：謹慎小心，始終如一。規：法度，準則。

〔五〕訓格之言：可以奉爲行爲準則的教誨之言。王肅注：「格，法。」

〔六〕託：依托，依靠。

〔七〕自定：自安。此語是説：不竭力行事，使自己生活得到安定。

〔八〕見小闇大：小事清楚，大事糊塗。

〔九〕而：四庫本、備要本同，玉海堂本、同文本、百子本無此字。不知所務：不知做甚麽。務：從事，致力，做。

〔一〇〕從物如流，不知其所執：凡事隨波逐流，不明白應執守甚麽，即没有主見。

〔一一〕「此則庸人也」句上，百子本有「五鑿爲正，心從而壞」二句。

公曰：「何謂士人？」孔子曰：「所謂士人者，心有所定，計有所守，雖不能盡道術之本〔一〕，必有率〔二〕也；雖不能備百善之美，必有處〔三〕也。是故知不務多，必審其所知〔四〕；言不務多，必審其所謂〔五〕；行不務多，必審其所由〔六〕。智既知之，言既道之〔七〕，行既由之，則若性命之形骸之不可易也〔八〕。富貴不足以益，貧賤不足以損。此則士人也。」

【校注】

〔一〕盡道術之本：四庫本、備要本、玉海堂本、同文本同，百子本作「盡通道術之本」。

〔二〕率：遵循。王肅注：「率，猶行也。」

〔三〕處：執持，操守。

〔四〕上「知」字：備要本、百子本、玉海堂本、同文本同，四庫本作「智」。此語是說：知道的不求太多，但一定要審察所知道的是否正確。

〔五〕言不務多，必審其所謂：王肅注：「所務者，謂言之要也。」言不求多，但一定要審察所說的是否表達清楚了意旨。

〔六〕由：經由，途徑。路不求走得太多，但一定審察所走的是否正道。

〔七〕智既知之，言既道之：王肅注：「得其要也。」智：四庫本、備要本同，玉海堂本、同文本、百子本作「知」。

〔八〕性命之形骸之不可易也：玉海堂本、同文本、備要本、百子本同，四庫本作「性命之於形骸不可易也」。形骸：軀體，軀殼。這幾句是說：知道自己所知道的是正確的，説出的話表達清楚了正確意旨，走的路是正道，那麼這些正確的原則就像性命、形骸一樣不可改變了。

公曰：「何謂君子？」孔子曰：「所謂君子者，言必忠信而心不怨〔一〕，仁義在身而色無伐〔二〕，思慮通明而辭不專〔三〕。篤行信道，自强不息，油然若將可越而終不可及者〔四〕。此則〔五〕君子也。」

【校注】

〔一〕怨：王肅注：「怨咎。」

〔二〕色無伐：王肅注：「無伐善之色也。」伐：自誇。

〔三〕專：專斷。

〔四〕油然若將可越而終不可及者：看上去舒緩從容，好像將要被超越，但終究不能趕上他。油然：舒緩的樣子。王肅注：「油然，不進之貌也。越，過也。」

〔五〕此則：備要本同，四庫本、玉海堂本、同文本、百子本無此二字。

公曰：「何謂賢人？」孔子曰：「所謂賢人者，德不踰閑〔一〕，行中規繩〔二〕。言足以法於天下而不傷於身〔三〕，道足以化於百姓而不傷於本〔四〕。富則天下無宛財〔五〕，施則天下不病貧。此則〔六〕賢者也。」

【校注】

〔一〕閑：王肅注：「閑，法。」

〔二〕規繩：規矩繩墨。比喻法度。規：畫圓的工具。繩：木匠用的墨綫。

〔三〕不傷於身：王肅注：「言滿天下無口過也。」

〔四〕以：玉海堂本、同文本、備要本同，四庫本、百子本無此字。本：王肅注：「本亦身。」

〔五〕宛財：積聚財物。王肅注：「宛，積也。古字亦或作此，故或誤，不着草矣。」玉海堂本注：「宛，古作『苑』，私積也。德惠而天下化之，不獨富也。」

〔六〕則：備要本同，玉海堂本、同文本、四庫本、百子本無此字。

公曰：「何謂聖人？」孔子曰：「所謂聖者〔一〕，德合於天地〔二〕，變通無方〔三〕。窮〔四〕萬事之終始，協庶品〔五〕之自然，敷其大道而遂成情性〔六〕。明並日月，化行若神〔七〕。下民不知其德，覩者不識其鄰〔八〕。此謂〔九〕聖人也。」

【校注】

〔一〕聖者：玉海堂本、同文本、四庫本、備要本同，百子本作「聖人者」。

〔二〕德合於天地：德與天地相合。易乾文言：「夫大人者，與天地合其德，與日月合其明，與四時合其序。」天地德大，無不覆載。

〔三〕變通無方：變通無常。易繫辭上：「變通莫大乎四時。」孔穎達疏：「謂四時以變得通，是變中最大也。」

〔四〕窮：推究，尋根求源。

〔五〕協：協調。庶品：衆物，萬物。

〔六〕敷其大道而遂成情性：玉海堂本、同文本、四庫本、備要本同，百子本無此句。敷：施，佈。

〔七〕化行若神：教化施行如同神明。

〔八〕覩者不識其鄰：看到他的人不知聖人就在自己的身邊。鄰：王肅注：「鄰以喻界畔也。」理解爲「比鄰」、「近鄰」爲勝。

〔九〕謂：玉海堂本、同文本、四庫本、備要本同，百子本作「則」。

公曰：「善哉！非子之賢，則寡人不得聞此言也。雖然，寡人生於深宫之内，長於婦人之手〔一〕，未嘗知哀，未嘗知憂，未嘗知勞，未嘗知懼，未嘗知危，恐不足以行五儀之教，若何？」孔子對曰：「如君之言，已知之矣，則丘亦無所聞焉〔二〕。」

【校注】

〔一〕長於婦人之手：由婦人撫養長大。

〔二〕則丘亦無所聞焉：玉海堂本、同文本、四庫本、備要本同，百子本無「則」字。王肅注：「君如此言，已爲知之，故無所復言。謙以誘進哀公矣。」聞：指使君主聽見，謂向君主報告。

公曰：「非吾子，寡人無以啓其心，吾子言也。」孔子曰：「君子入廟如右[一]，登自阼階[二]，仰視榱桷[三]，俯察机筵[四]，其器皆存，而不覩其人。君以此思哀，則哀可知矣。昧爽夙興[五]，正其衣冠；平旦視朝[六]，慮其危難。一物失理，亂亡之端。君以此思憂，則憂可知矣。日出聽政，至于中冥[七]。諸侯子孫，往來爲賓[八]，行禮揖讓，慎其威儀[九]。君以此思勞，則勞亦[一〇]可知矣。緬然長思，出於四門，周章遠望[一一]，覩亡國之墟，必將有數焉[一二]。君以此思懼，則懼可知矣。夫君者，舟也；庶人者，水也。水所以載舟，亦所以覆舟。君以此思危，則危可知矣。君既明此五者，又少[一三]留意於五儀之事，則於[一四]政治何有失矣。」

【校注】

〔一〕君子入廟如右：四庫本、備要本、百子本同，玉海堂本、同文本作「君入廟如右」。孫志祖疏證曰：「荀子作『君入廟門而右』。」

〔二〕阼階：東階。主人升降在東階，賓客升降在西階。

〔三〕榱桷：音「崔決」，屋椽。

〔四〕机筵：玉海堂本、同文本同，四庫本、備要本、百子本作「几筵」。玉海堂本注：「『机』、

『几』同。」几筵：猶几席。

〔五〕昧爽夙興：王肅注：「爽，明也。昧明，始明也。夙，早。興，起。」昧爽：黎明。夙興：早起。

〔六〕平旦：寅時稱平旦，指淩晨三點至五點。通常理解爲清晨或天剛亮。視朝：謂臨朝聽政。

〔七〕中冥：玉海堂本、同文本、百子本、四庫本、備要本作「中冥」。王肅注：「中，日中。冥，映中。」「映中」當爲「昳中」，日昃曰昳。「冥」非，「冥」是。中冥：午後，即日中偏西之時。昳：音「叠」，謂日過午偏斜。

〔八〕爲賓：玉海堂本、同文本、四庫本、備要本同，百子本作「如賓」。

〔九〕威儀：指禮儀細節。

〔一〇〕亦：玉海堂本、同文本、四庫本、備要本同，百子本無此字。

〔一一〕周章遠望：四庫本、備要本、百子本同，玉海堂本、同文本作「周章遠視」。周章：周游。

〔一二〕覩亡國之墟，必將有數焉：玉海堂本、同文本、四庫本、備要本同，百子本無「覩」字。王肅注：「言亡國故墟，非但一。」

〔一三〕少：玉海堂本、同文本、四庫本、備要本同，百子本無此字。

〔一四〕於：玉海堂本、同文本、四庫本、備要本同，百子本無此字。

哀公問於孔子曰〔一〕：「請問取人之法。」孔子對曰：「事任於官〔二〕，無取捷捷〔三〕，無取鉗鉗〔四〕，無取啍啍〔五〕。捷捷，貪也〔六〕；鉗鉗，亂也；啍啍，誕〔七〕也。故弓調而後求勁焉，馬服而後求良焉，士必愨而後求智能者焉〔八〕。不愨而多能，譬之豺狼不可邇〔九〕。」

（此記載又見於荀子哀公、說苑尊賢）

【校注】

〔一〕曰：玉海堂本、同文本、四庫本、備要本同，百子本無此字。

〔二〕事任於官：王肅注：「言各當以其所能之事任於官。」

〔三〕捷捷：貪食貌。引申指貪得。

〔四〕鉗鉗：妄語貌。王肅注：「鉗鉗，妄對，不謹誠。」

〔五〕啍啍：音「諄諄」。王肅注：「啍啍，多言。」

〔六〕捷捷，貪也：王肅注：「捷捷而不已食，所以爲貪也。」

〔七〕誕：王肅注：「誕，欺詐也。」

〔八〕者焉：玉海堂本、同文本、備要本同，百子本無「者」字，四庫本無「焉」字。這三句是說：弓弦調好之後再求其强勁，馬馴服好之後再求其精良，士人誠謹之後再求其才智。愨：音

「确」，誠實謹慎。

〔九〕不愨而多能，譬之豺狼不可邇：王肅注：「言人無智者，雖性愨信（玉海堂本作「雖不愨信」），不能爲大惡，不愨信而有智，然後乃可畏也。」

哀公問於孔子曰：「寡人欲吾國小而能守，大則攻〔一〕，其道如何？」孔子〔二〕對曰：「使君朝廷有禮，上下相親〔三〕，天下百姓皆君之民，將誰攻之？苟爲〔四〕此道，民畔如歸，皆君之讎也，將與誰守〔五〕？」公曰：「善哉！」於是廢山澤〔六〕之禁，弛〔七〕關市之税，以惠百姓。

（此記載又見於説苑指武）

【校注】

〔一〕國小而能守，大則攻：玉海堂本、同文本、備要本、百子本同，四庫本作「國小而能守，大則無攻」。孫志祖疏證曰：「説苑作『大則攻』。」玉海堂本注：「守，自守也。攻，攻人也。」

〔二〕孔子：玉海堂本、同文本、四庫本、備要本同，百子本無此二字。

〔三〕相親：備要本、百子本同，玉海堂本、同文本、四庫本作「和親」。

〔四〕爲：玉海堂本、同文本、四庫本、備要本、百子本作「違」，義勝。

〔五〕誰守：四庫本、備要本、百子本同，玉海堂本、同文本作「誰其守」。此數句是說：假如違背這種做法，民衆叛離你就像歸家一樣，都會成爲你的仇人，你還與誰一起守衛國家呢？

〔六〕山澤：玉海堂本、同文本、備要本、百子本同，四庫本作「澤梁」。

〔七〕弛：解除。此數句是説：於是廢除了禁止百姓上山打柴狩獵和到河流湖泊捕魚的禁令，解除了關卡和集市的税收。

哀公問於孔子曰：「吾聞君子不博〔一〕，有之乎？」孔子曰：「有之。」公曰：「何爲？」對曰：「爲其二乘〔二〕。」公曰：「有二乘，則何爲不博？」子曰：「爲其兼行惡道也〔三〕。」哀公懼焉。有間，復問曰：「若是乎君之惡惡道〔四〕至甚也？」孔子曰：「君子之惡惡道不甚，則好善道亦不甚；好善道不甚，則百姓之親上亦不甚。詩云：『未見君子，憂心惙惙〔五〕，亦既見止，亦既覯止，我心則悦〔六〕。』詩之好善道甚也如此。」公曰：「美哉！夫君子成人之善，不成人之惡。微吾子言焉，吾弗之聞也。」

（此記載又見於説苑君道）

【校注】

〔一〕博：博戲，一種棋戲，後泛指賭博。

〔二〕爲其二乘：備要本同，四庫本作「爲其有二乘」，玉海堂本、同文本、百子本作「爲其有二棄」。「棄」同「乘」。乘，義「欺淩」，指博戲雙方相互欺淩。

〔三〕爲其兼行惡道也：王肅注：「此具博三十六道也。」惡道：邪惡之道。

〔四〕君之惡惡道：備要本同，四庫本作「君子惡惡道」，玉海堂本、同文本、百子本作「君子之惡惡道」。惡惡道：厭惡惡行。

〔五〕憂心惙惙：四庫本、備要本、同文本、百子本同，玉海堂本作「憂心惙」。惙：音「輟」。

〔六〕覯：音「够」，相遇。止：語氣詞。詩見於詩召南草蟲。詩句的意思是：没見到君子，憂心忡忡。見到了君子，心中高興。

哀公問於孔子曰：「夫國家之存亡禍福，信〔一〕有天命，非唯人也？」孔子對曰：「存亡禍福，皆己而已，天災地妖不能加也。」公曰：「善！吾子之言〔二〕，豈有其事乎？」孔子曰：「昔者殷王帝辛〔三〕之世，有雀生大鳥於城隅焉，占之曰：『凡以小生大，則國家必王而名必昌〔四〕。』於是帝辛介雀之德〔五〕，不修國政，亢暴〔六〕無極，朝臣莫救，外寇乃至，殷國以亡。此即以己逆天時，詭〔七〕福反爲禍者也。又其先世殷王太戊〔八〕之時，道缺法圮〔九〕，以致夭蘖〔一〇〕，桑穀〔一一〕于朝，七日大拱〔一二〕，占之者曰：『桑穀野木而不合生朝，意者國亡乎？』太戊恐駭，側身修行，思先王之政，明養民之道，三年之後，遠方慕義，重譯〔一三〕至者十有六國。此即以己逆天時，得禍爲福者也〔一四〕。故天災地妖，所以儆人主者也；寤夢徵恠〔一五〕，所以儆人臣者也〔一六〕。災妖不勝善政，寤夢不勝善行，能知此者〔一七〕，至治之極也〔一八〕，唯明王達此。」公曰：「寡人不鄙固此，亦不得聞君子之教也〔一九〕。」

（此記載又見於説苑敬慎）

【校注】

〔一〕信：的確，確實。

〔二〕之言：四庫本、備要本同，玉海堂本、同文本、百子本作「言之」。

〔三〕帝辛：王肅注：「帝紂。」

〔四〕國家必王而名必昌：國家一定會稱王於天下，名聲一定會顯揚。王：成王業，稱王。昌：昌盛，顯揚。下「必」字，四庫本、備要本同，玉海堂本、同文本、百子本作「益」。

〔五〕介雀之德：王肅注：「介，助也，以雀之德爲助也。」

〔六〕亢暴：極其殘暴。亢：極，過甚。

〔七〕詭：違背。管子四時：「刑德合於時則生福，詭則生禍。」

〔八〕太戊：商王名。太庚子。時商朝衰微，太戊任用伊陟、巫咸等賢人，商朝復興。

〔九〕圮：音「匹」，毁壞。

〔一〇〕夭蘖：備要本、四庫本同，玉海堂本、同文本作「妖蘖」，百子本作「夭孽」。夭：指草木出生者。蘖：音「捏」，指樹木被砍而復生出的枝芽。國語魯語：「夫山不槎蘖，澤不伐夭。」「夭」還形容草木茂盛，與「蘖」（枝芽旁生）合用，似是表示「枝芽亂生」之象。

〔一一〕桑穀：百子本、備要本同，四庫本、玉海堂本、同文本作「桑穀」。當以「穀」爲正。桑：桑樹。穀：音「古」，穀樹，也稱「楮」，即構樹。古以桑、穀二木合生於朝爲不祥之兆。

〔一二〕大拱：形容粗大。拱：兩手合圍。

〔一三〕重譯：輾轉翻譯。指遠方國家的使者經過多重翻譯才能交流。尚書大傳卷四：「成王之時，越裳重譯而來朝，曰道路悠遠，山川阻深，恐使之不通，故重三譯而朝也。」顏師古注漢書曰：「譯謂傳言也。道路絶遠，風俗殊隔，故累譯而後乃通。」

〔一四〕得禍爲福者也：四庫本、備要本同，玉海堂本、同文本無「也」字，百子本「得」作「轉」。

〔一五〕 寤夢徵怔：夢見怪異徵兆。寤：指夢。逸周書寤儆：「嗚呼，謀泄哉！今朕寤有商警予。」孔晁注：「夢爲紂所伐，故警。」寤夢：半睡半醒，似夢非夢，恍惚如有所見。徵怔：怪異徵兆。怔：備要本同，四庫本、玉海堂本、同文本、百子本作「怪」。「怔」同「怪」。

〔一六〕 儆人臣者也：備要本、玉海堂本、同文本、百子本同，四庫本作「儆人臣也」。儆：王肅注：「儆戒。」

〔一七〕 能知此者：四庫本、備要本、玉海堂本、同文本同，百子本作「能如此者」。

〔一八〕 也：四庫本、備要本、百子本同，玉海堂本、同文本無此字。

〔一九〕 鄙固：淺陋，鄙陋。此語是説：我如果不是這麽淺陋無知，也就聽不到您這番教誨了。

哀公問於孔子曰：「智者壽乎？仁者壽乎？」孔子對曰：「然，人有三死，而非其命也，行己自取〔一〕也。夫寢處不時，飲食不節，逸勞過度者，疾共殺之；居下位而上干其君，嗜慾無厭而求不止者，刑共殺之；以少犯衆，以弱侮强，忿怒不類〔二〕，動不量力者〔三〕，兵共殺之。此三者死，非命也，人自取之。若夫智士仁人，將身〔四〕有節，動靜以義〔五〕，喜怒以時，無害其性，雖得壽焉，不亦可乎〔六〕？」

（此記載又見於韓詩外傳卷一、説苑雜言）

【校注】

〔一〕行己自取：猶咎由自取。行：四庫本、備要本同，玉海堂本、同文本、百子本無此字。

〔二〕不類：不合事理。

〔三〕者：備要本同，四庫本、玉海堂本、同文本、百子本無此字。

〔四〕將身：立身處世。王肅注：「將，行。」

〔五〕動静以義：楊朝明、宋立林解曰：「居處行動合乎時宜。」王國軒、王秀梅譯曰：「動静合乎道義。」

〔六〕可乎：備要本同，四庫本、玉海堂本、同文本、百子本作「宜乎」。

孔子家語卷第二

致思〔一〕第八

孔子北遊於農山〔二〕，子路、子貢、顔淵侍側〔三〕。孔子四望，喟然而嘆曰：「於斯致思〔四〕，無所不至矣〔五〕。二三子各言爾志，吾將擇焉。」子路進曰：「由願得白羽〔六〕若月，赤羽〔七〕若日，鍾鼓之音上震於天，旍旗〔八〕繽紛下蟠〔九〕于地。由當一隊而敵之，必也攘地〔一〇〕千里，搴旗執聝〔一一〕，唯由能之，使二子者從我焉。」夫子曰：「勇哉！」子貢復進曰：「賜願使齊楚合戰於漭瀁〔一二〕之野，兩壘相望，塵埃相接，挺刃交兵。賜著縞衣白冠〔一三〕，陳説其間，推論利害，釋國之患〔一四〕，唯賜能之，使夫〔一五〕二子者從我焉。」夫子曰：「辯〔一六〕哉。」顔回退而不對。孔子曰：「回來，汝奚獨無願乎？」顔回對曰：「文武之事，則二子者既言之矣，回何云焉？」孔子曰〔一七〕：「雖然，各言爾志也，小子言之。」對曰：「回聞薰蕕〔一八〕不同器而藏，堯桀不共國而治，以其類異也，回願得〔一九〕明王聖主輔相之，敷其五教〔二〇〕，導之以禮樂，使民城郭不修，溝池不越〔二一〕，鑄劍戟以爲農器，放牛馬於原藪〔二二〕，室家無離曠〔二三〕之思，千歲無戰鬭之患，則由無所施其勇，而賜無所用〔二四〕其辯矣。」夫子凜然曰〔二五〕：「美哉！德也。」子路抗手而對〔二六〕曰：「夫子何選焉？」孔子曰：「不傷財，不害民，不繁詞，則顏氏之子有矣。」

（此記載又見於韓詩外傳卷九、説苑指武）

【校注】

〔一〕致思：四庫本、備要本、百子本同，玉海堂本、同文本作「覩思」。

〔二〕農山：玉海堂本注：「山在魯地，一作景戌。」

〔三〕侍側：在旁邊陪着。

〔四〕於斯致思：四庫本、備要本、百子本同，玉海堂本、同文本作「於思致斯」。致思：集中精力思考。

〔五〕無所不至矣：王肅注：「言思無所不至。」

〔六〕白羽：軍中主帥所執的指揮旗。又稱白旄。

〔七〕赤羽：紅色旗幟。

〔八〕旍旗：即旌旗。旍：音「京」，同「旌」。

〔九〕蟠：音「盤」。盤伏，屈曲。王肅注：「蟠，委。」

〔一〇〕攘：奪取。王肅注：「攘，却。」

〔一一〕搴旗執聝：備要本、百子本同，四庫本、玉海堂本、同文本作「搴旗執馘」。「馘」同「聝」，音「國」。古代戰爭中割取敵人左耳以計數獻功。王肅注：「搴，取也，取敵之旍旗。聝，截耳也，以效獲也。」

〔一二〕漭瀁：音「莽養」。王肅注：「漭瀁，廣大之類。」

〔一三〕縞衣白冠：白色衣冠。縞：音「稿」，細白的生絹。指白色。王肅注：「兵凶事，故白冠服也。」

〔一四〕釋國之患：玉海堂本、同文本、備要本同，四庫本、百子本作「釋二國之患」。

〔一五〕夫：四庫本、備要本同，玉海堂本、同文本、百子本無此字。

〔一六〕辯：有辯才。

〔一七〕孔子曰：玉海堂本、同文本、備要本、百子本同，四庫本無此三字。

〔一八〕薰蕕：王肅注：「薰香，蕕臭。」薰：香草名，又名蕙草。蕕：音「由」，草名，似細蘆，蔓生水邊，有惡臭。

〔一九〕得：四庫本、備要本同，玉海堂本、同文本、百子本無此字。

〔二〇〕敷其五教：王肅注：「敷，布也。五教，父義、母慈、兄友、弟恭、子孝也。」

〔二一〕溝池不越：王肅注：「言無踰越溝池。」

〔二二〕原藪：王肅注：「廣平曰原，澤無水曰藪也。」藪：水淺草茂的澤地。

〔二三〕離曠：丈夫離家，婦人獨處。

〔二四〕用：四庫本、備要本、玉海堂本、同文本同，百子本作「施」。

〔二五〕夫子凜然曰：四庫本、備要本、百子本同，玉海堂本、同文本作「夫子凜然而對曰」。凜然：態度嚴肅，令人敬畏的樣子。

〔二六〕抗手而對：四庫本、備要本同，玉海堂本、同文本、百子本作「抗手而問」，並注曰：「抗，舉手也。」

魯有儉嗇〔一〕者，瓦鬲〔二〕煮食，食之自謂其美，盛之土型之器〔三〕，以進孔子。孔子受之，歡然〔四〕而悦，如受大牢之饋〔五〕。子路曰：「瓦甂〔六〕，陋器也。煮食，薄膳也。夫子何喜之如此乎？」子曰〔七〕：「夫好諫者思其君，食美者念〔八〕其親。吾非以饌具之爲厚，以其食厚而我思焉〔九〕。」

（此記載又見於説苑反質）

【校注】

〔一〕儉嗇：節儉。

〔二〕瓦鬲：陶製炊器，三足，形似鼎而無耳。王肅注：「瓦釜。」玉海堂本注：「鬲，曲脚鼎也。」鬲：音「立」。

〔三〕土型之器：四庫本、備要本同，玉海堂本、同文本、百子本作「土型」，無「之器」二字。土型：盛湯羹的瓦器。王肅注：「瓦甂。」

〔四〕歡然：四庫本、備要本同，玉海堂本、同文本、百子本無此二字。

〔五〕大牢之饋：王肅注：「牛羊豕。饋，餽也。」

〔六〕瓦甂：陶製的扁形盆類器物。甂：音「編」。

〔七〕子曰：四庫本、備要本同，玉海堂本、同文本、百子本作「夫子曰」。

〔八〕念：四庫本、備要本同，玉海堂本、同文本、百子本作「思」。

〔九〕吾非以饌具之爲厚，以其食厚而我思焉：意思是説：我不是看重餐具的好壞，而是因爲他吃到好東西時想到了我。饌具：盛食物的器具，餐具。

孔子之楚，而有漁者而〔一〕獻魚焉，孔子不受。漁者曰：「天暑市遠，無所鬻〔二〕也，思慮棄之糞壤，不如獻之君子，故敢以進焉。」於是夫子再拜受之，使弟子掃地，將以享祭〔三〕。門人曰：「彼將棄之，而夫子以祭之，何也？」孔子曰：「吾聞諸：惜其腐餘〔四〕，而欲以務施者，仁人之偶〔五〕也，惡有受〔六〕仁人之饋而無祭者乎？」

（此記載又見於說苑貴德）

【校注】

〔一〕而：四庫本、備要本同，玉海堂本、同文本、百子本無此字。

〔二〕鬻：音「育」，賣。

〔三〕享祭：祭祀。

〔四〕腐餘：四庫本、備要本、百子本同，玉海堂本、同文本作「務餘」。腐餘：變質的熟食。餘：音「忍」。

〔五〕偶：同類。

〔六〕惡有：怎有，哪有。「惡」音「巫」。受：四庫本、備要本同，玉海堂本、同文本、百子本無此字。

季羔爲衛之士師〔一〕，刖人之足〔二〕。俄而，衛有蒯聵之亂〔三〕，季羔逃之，走郭門，刖者守門焉。謂季羔曰：「彼有缺〔四〕。」季羔曰：「君子不踰〔五〕。」又曰：「彼有竇〔六〕。」季羔曰：「君子不隧〔七〕。」又曰：「於此有室。」季羔乃入焉。既而追者罷，季羔將去〔八〕，謂刖者〔九〕：「吾不能虧主之法而親刖子之足矣〔一〇〕，今吾在難，此〔一一〕正子之報怨之時，而逃我者三〔一二〕，何故哉？」刖者曰：「斷足，固我之罪，無可奈何。曩者君治臣以法令，先人後臣〔一三〕，欲臣之免也，臣知〔一四〕。獄決罪定，臨當論刑，君愀然不樂。見君顔色，臣又知之。君豈私臣哉？天生君子，其道固然。此臣之所以悦君也。」孔子聞之，曰：「善哉爲吏！其用法一也。思仁恕則樹德，加嚴暴則樹怨。公〔一五〕以行之，其子羔乎！」

（此記載又見於説苑至公、韓非子外儲説）

【校注】

〔一〕季羔：即高柴，字子羔。孔子弟子。士師：王肅注：「獄官。」

〔二〕刖人之足：砍掉人的脚。一種酷刑。

〔三〕蒯聵之亂：王肅注：「初，衛靈公太子蒯聵得罪，出奔晉，靈公卒，立其子輒。蒯聵自晉襲衛，時子羔、子路並位於衛也（玉海堂本、四庫本作「仕於衛也」）。」此是發生在春秋末年衛國的一次動亂。衛靈公太子因刺殺南子不成而出逃晉國，靈公死後，立蒯聵兒子輒爲國君。不久，得到晉國權臣趙鞅支持的蒯聵打回衛國，與子爭位。爲避動亂，出公奔魯。子路當時正在衛靈公外孫孔悝（掌握朝政）處效力，在解救被劫持的孔悝時，慘遭殺害，被剁成肉醬，時年六十四歲。

〔四〕彼有缺：那邊有個缺口（可以逃走）。「缺」同「缺」。

〔五〕踰：越。此指跳牆。

〔六〕竇：孔穴，洞。

〔七〕隧：地道。此處作動詞，指鑽地道。王肅注：「隧，從竇出。」

〔八〕季羔將去：四庫本、備要本、百子本同，玉海堂本、同文本作「羔將去」。

〔九〕謂刖者：四庫本、備要本同，玉海堂本、同文本、百子本作「謂刖者曰」。

〔一〇〕吾不能虧主之法而親刖子之足矣：我不能破壞君主的法令，因而親自下令砍斷了你的脚。矣：備要本同，四庫本、玉海堂本、同文本、百子本無此字。

〔一一〕此：四庫本、備要本、玉海堂本、同文本同，百子本無此字。

〔一二〕逃我者三：提供三次讓我逃走的辦法。

〔一三〕先人後臣：孫志祖疏證曰：「説苑、韓非俱無『人』字，疑衍。」

〔一四〕臣知：四庫本、備要本同，玉海堂本、同文本、百子本作「臣知之」。

〔一五〕公：公正無私。

孔子曰：「季孫之賜我粟千鍾也〔一〕，而交益親〔二〕。自南宮敬叔〔三〕之乘我車也，而道加行〔四〕。故道雖貴，必有時而後重，有勢而後行，微夫二子之貺財〔五〕，則丘之道殆將廢矣。」

（此記載又見於説苑雜言）

【校注】

〔一〕季孫：季康子，名肥，魯國大夫。鍾：容量單位，六石四斗爲一鍾。也：四庫本、備要本同，玉海堂本、同文本、百子本無此字。

〔二〕而交益親：王肅注：「得季孫千鍾之粟以施與衆，而交益親。」玉海堂本注：「季平子用孔子，由委吏至司空。千鍾，禄也。」

〔三〕南宮敬叔：名閱，孟僖子之子，魯國大夫。

〔四〕而道加行：王肅注：「孔子欲見老聃而西觀，周敬叔言於魯君，給孔子車馬，問禮於老子。

孔子歷觀郊廟，自周而還，弟子四方來習也。」楊朝明、宋立林解曰：「自從南宫敬叔幫我得到了乘坐的車子後，我的思想學説可以更好地推行了。」

〔五〕微：無，没有。貺：音「況」，贈送。財：四庫本、備要本、玉海堂本、同文本同，百子本無此字。

孔子曰：「王者有似乎春秋〔一〕，文王以王季爲父〔二〕，以太任〔三〕爲母，以太姒〔四〕爲妃，以武王、周公爲子，以太顛、閎夭爲臣，其本美矣。武王正其身以正其國，正其國以正天下，伐無道，刑有罪，一動而天下正，其事成矣。春秋致其時而萬物皆及〔五〕，王者致其道而萬民皆治〔六〕，周公載己行化〔七〕，而天下順之，其誠至矣。」

（此記載又見於説苑君道）

【校注】

〔一〕王者有似乎春秋：玉海堂本、同文本、備要本、百子本同，四庫本作「王者有似于春秋」。王肅注：「正其本而萬物皆正。」春秋：指春種秋收。

〔二〕文王：周文王，姬姓，名昌，周朝的奠基人。王季：周文王的父親，名季歷。

〔三〕太任：王季之妃，文王之母。

〔四〕太姒：文王之妃，生武王、周公等。

〔五〕春秋致其時而萬物皆及：玉海堂本注：「致，推極也。春秋，以二始舉四時也。」春夏秋冬按時變换，萬物的生長才能都追得上。

〔六〕皆治：都得到治理。

〔七〕載己行化：意爲以身作則來教化天下百姓。王肅注：「載亦行矣，言行己以行化，其身正，不令而行也。」

曾子曰：「入是〔一〕國也，言信於群臣，而留可也；行忠於卿大夫，則仕可也；澤施於百姓，則富可也。」孔子曰：「參之言此，可謂善安身矣。」

（此記載又見於説苑談叢）

【校注】

〔一〕是：四庫本、備要本同，玉海堂本、同文本、百子本作「其」。

子路爲蒲宰〔一〕，爲水備〔二〕，與其民修溝瀆〔三〕，以民之勞煩苦也，人與之一簞食〔四〕，一壺漿。孔子聞之，使子貢止之。子路忿不悦〔五〕，往見孔子，曰：「由也以暴雨將至，恐有水災，故與民修溝洫以備之，而民多匱〔六〕餓者，是以簞食壺漿而與之。夫子使賜止之，是夫子〔七〕止由之行仁也。夫子以仁教而禁其行，由不受也。」孔子曰：「汝以民爲餓也，何不白於君，發倉廩以賑之？而私以爾食饋之，是汝明君之無惠，而見己之德美矣〔八〕。汝速已則可，不則汝之見罪〔九〕必矣。」

（此記載又見於說苑臣術）

【校注】

〔一〕蒲宰：蒲邑長官。蒲：春秋衛地，在今河南長垣縣。

〔二〕水備：防止水患的設施。

〔三〕溝瀆：四庫本、備要本同，玉海堂本、同文本作「溝洫」，百子本作「溝壑」。瀆：水溝，水渠。

〔四〕一簞食：玉海堂本、同文本、備要本、百子本同，四庫本無「一」字。王肅注：「簞，笥。」簞：盛飯的圓形竹器。

〔五〕忿不悦：備要本同，四庫本、百子本作「忿然不悦」，玉海堂本、同文本作「忿然不説」。

〔六〕匱：玉海堂本注：「乏也。」

〔七〕夫子：四庫本、備要本、玉海堂本、同文本同，百子本無此二字。

〔八〕見：音「現」，表現，顯示。矣：四庫本、備要本、百子本同，玉海堂本、同文本無此字。

〔九〕見罪：被認爲有罪。見：音「建」，相當於「被」。

子路問於孔子曰：「管仲之爲人何如〔一〕？」子曰：「仁也〔二〕。」子路曰：「昔管仲説襄公〔三〕，公不受，是不辯〔四〕也；欲立公子糾而不能，是不智也〔五〕；家殘於齊〔六〕而無憂色，是不慈也；桎梏而居檻車〔七〕，無慙心，是無醜也〔八〕；事所射之君〔九〕，是不貞也；召忽死之〔一〇〕，管仲不死，是不忠也。仁人之道，固若是乎〔一一〕？」孔子曰：「管仲説襄公，襄公不受，公之闇〔一二〕也；欲立子糾而不能，不遇時也；家殘於齊而無憂色，是知權命〔一三〕也；桎梏而無慙心，自裁審也；事所射之君，通於變〔一四〕也；不死子糾，量輕重也。夫子糾未成君，管仲未成臣〔一五〕，管仲才度〔一六〕義，管仲不死束縛〔一七〕而立功名，未可非也。召忽雖死，過與〔一八〕取仁，未足多也。」

（此記載又見於説苑善説）

【校注】

〔一〕管仲：名夷吾，字仲。齊桓公之相。何如：同文本、備要本同，四庫本、玉海堂本、百子本作「如何」。

〔二〕仁也：王肅注：「得仁道也。」

〔三〕説：音「稅」，游説，勸諫。襄公：齊襄公，名諸兒，在位十二年，被臣下所殺。

〔四〕辯：有口才。

〔五〕欲立公子糾而不能，是不智也：王肅注：「齊襄立無常，鮑叔牙曰：『君使民慢，亂將作矣。』奉公子小白出奔莒。公孫無知殺襄公。管夷吾、召忽奉公子糾奔魯，齊人殺無知。魯伐齊，納子糾。小白自莒先入，是爲桓公。公乃殺子糾，召忽死之也。」公子糾：又作「公子糾」，齊襄公之弟，公子小白之兄。襄公死後，管仲、召忽欲輔佐公子糾從魯國回齊國爭奪君位，但公子小白從莒國搶先入齊，做了國君，後又派人殺了公子糾。

〔六〕家殘於齊：管仲離開齊國到外國求仕時，父母被殺。

〔七〕桎梏而居檻車：公子糾被殺後，管仲戴着鐐銬被關在囚車裏。檻（音「監」）車：押運囚犯的車。

〔八〕是無醜也：王肅注：「言無耻惡之心。」醜：羞耻。

〔九〕事所射之君：玉海堂本注：「初，魯聞無知死，發兵送公子糾入齊，而使管仲别將兵遮莒道，以拒公子小白。管仲射小白，中帶鉤。」在攔截公子小白入齊時，管仲曾箭射小白，因射中帶鉤，小白未死。小白即位後，鮑叔牙勸諫小白任用管仲爲相，小白不記一箭之仇，欲用管仲。管仲在鮑叔牙的勸説下，接受了任命。

〔一〇〕召忽死之：公子糾被殺後，召忽爲主子殉身。召：音「哨」。

〔一一〕仁人之道，固若是乎：四庫本、備要本同，玉海堂本、同文本、百子本無此二句。二句意爲：做仁人的方法，難道是這樣嗎？

〔一二〕闇：昏昧，糊塗。

〔一三〕權命：審度時命。

〔一四〕變：權變。

〔一五〕管仲未成臣：四庫本、備要本、同文本同，玉海堂本、百子本作「而管仲未成臣」。

〔一六〕才度：四庫本、備要本、玉海堂本、同文本同，百子本作「裁度」。「才」通「裁」。才度：度量而定取捨。此數句表達的意思是：管仲經過衡量輕重，不像召忽那樣爲子糾去死，而是取其大義，以齊國的國家命運爲重。後來的事實也證明了這一點。在管仲的輔佐下，齊桓公（小白）九合諸侯，一匡天下，成爲霸主。

〔一七〕不死束縛：不死於小仁小義的束縛。

〔一八〕與：四庫本、備要本、百子本同，玉海堂本、同文本作「於」。

孔子適齊，中路聞哭者之聲，其音甚哀。孔子謂其僕曰：「此哭哀則哀矣，然非喪者之哀矣〔一〕。」驅而前，少進，見有異人〔二〕焉，擁鐮帶素〔三〕，哭者不哀〔四〕。孔子下車，追而問曰：「子何人也？」對曰：「吾丘吾子也。」曰：「子今非喪之所，奚哭之悲也〔五〕？」丘吾子曰：「吾有三失，晚而自覺，悔之何及。」曰：「三失，可得聞乎？願子告吾，無隱也。」丘吾子曰：「吾少時好學，周遍天下，後還，喪吾親，是一失也；長事齊君，君驕奢失士，臣節不遂〔六〕，是二失也；吾平生厚交，而今皆離絶，是三失也。夫樹欲靜而風不停，子欲養而親不待，往而不來者年也，不可再見者親也〔七〕，請從此辭。」遂投水而死。孔子曰：「小子識〔八〕之，斯足爲戒矣。」自是弟子辭歸養親者十有三。

（此記載又見於説苑敬慎）

【校注】

〔一〕喪者之哀：喪失親人的哀痛。矣：同文本、四庫本、備要本、百子本同，玉海堂本作「也」。

〔二〕異人：奇異之人，不同一般的人。

〔三〕素：備要本同，四庫本、玉海堂本、同文本、百子本作「索」。索：繩索。

〔四〕哭者不哀：備要本同，四庫本作「哭者不哀」，玉海堂本、同文本、百子本作「哭音不哀」。當從四庫本。不哀：不停地哭。

〔五〕非喪之所，奚哭之悲也：不是喪葬之地，爲甚麽哭得如此悲傷？

〔六〕遂：完全，盡。此句指未盡到臣節。

〔七〕此三句是説：子女想贍養而父母親却不能等待，過往而不會再回來的是年歲，死了而不可再見到的是雙親。

〔八〕識：音「志」，記住。

孔子謂伯魚〔一〕曰：「鯉乎，吾聞可以與人終日不倦者，其唯學焉〔二〕。其容體不足觀也，其勇力不足憚也，其先祖不足稱也，其族姓不足道也，終而有大名，以顯聞四方、流聲後裔者，豈非學之効也〔三〕？故君子不可以不學，其容不可以不飭〔四〕。

不飭無類，無類失親〔五〕，失親不忠〔六〕，不忠失禮〔七〕，失禮不立〔八〕。夫遠而有光者，飭也；近而愈明者，學也。譬之汙池〔九〕，水潦〔一〇〕注焉，雚葦〔一一〕生焉，雖或以觀之，孰知其源乎〔一二〕？」

（此記載又見於說苑建本、尚書大傳）

【校注】

〔一〕伯魚：孔子的兒子，名鯉，字伯魚。

〔二〕焉：玉海堂本、同文本、備要本、百子本同，四庫本作「乎」。

〔三〕學之効也：四庫本、備要本同，玉海堂本、同文本、百子本作「學者之效也」。

〔四〕飭：通「飾」，修飾。

〔五〕無類失親：王肅注：「類，宜爲貌。不在飭，故無貌，不得言不飭無類也。禮貌矜莊，然後親愛可久，故曰無類失親也。」

〔六〕失親不忠：王肅注：「情不相親，則無忠誠。」

〔七〕不忠失禮：王肅注：「禮以忠信爲本。」

〔八〕失禮不立：王肅注：「非禮則無以立。」此語可與論語季氏所記「鯉趨而過庭，曰：『學禮乎？』對曰：『未也。』曰：『不學禮，無以立也。』鯉退而學禮」相參讀。

〔九〕汙池：水池。汙，也作「污」。

〔一〇〕水潦：雨水，積水。

〔一一〕雚葦：四庫本同，備要本、玉海堂本、同文本、百子本作「萑葦」。「萑」同「雚」，音「桓」，即「荻」。

〔一二〕孰知其源乎：王肅注：「源，泉源也。水潦注於池而生雚葦，觀者誰知其非源泉乎？以言學者雖從外入，及其用之人，誰知其非從此出也者乎？」

子路見於孔子曰：「負重涉遠，不擇地而休；家貧親老，不擇禄而仕。昔者由也事二親之時，常食藜藿之實〔一〕，爲親負米百里之外〔二〕。親歿〔三〕之後，南遊於楚，從車百乘，積粟萬鍾〔四〕，累茵〔五〕而坐，列鼎〔六〕而食，願欲食藜藿，爲親負米，不可復得〔七〕也。枯魚銜索，幾何不蠹〔八〕，二親之壽，忽若過隙〔九〕。」孔子曰：「由也事親，可謂生事盡力、死事盡思者也。」

（此記載又見於說苑建本）

【校注】

〔一〕藜藿之實：指藜藿之類的粗劣飯菜。藜：即灰藋（音「吊」）、灰菜，嫩葉可食，老莖可爲杖。藿：音「霍」，豆葉，嫩時可食。實：四庫本、備要本、玉海堂本、同文本同，百子本作「食」。

〔二〕爲親負米百里之外：爲養活父母，到百里之外背來穀米。此事被收進二十四孝。

〔三〕親歿：四庫本、備要本、玉海堂本、同文本同，百子本作「親喪」。歿：音「墨」，死。

〔四〕鍾：容量單位，受六斛四斗。

〔五〕茵：四庫本、備要本、玉海堂本、同文本同，百子本作「絪」。「絪」通「茵」，褥墊。累茵：多層坐墊。言其奢華。

〔六〕鼎：烹煮飯食的器物，三足兩耳。列鼎：排列多個大鼎。言飯菜豐盛。

〔七〕得：四庫本、備要本、百子本同，玉海堂本、同文本作「德」。「得」是，言再想負米養親，而得不到那種機會了。

〔八〕枯魚銜索，幾何不蠹：繩索串起來的乾魚，能用多長時間不生蠹蟲呢。比喻存日不多。玉海堂本注：「言不可復生也。」

〔九〕隟：同「隙」。

孔子之郯〔一〕，遭程子於塗〔二〕，傾蓋〔三〕而語終日，甚相親。顧謂子路曰：「取束帛以贈〔四〕先生。」子路屑然〔五〕對曰：「由聞之，士不中間〔六〕見，女嫁無媒，君子不以交，禮也。」有間，又顧謂子路，子路又對如初。孔子曰：「由，詩不云乎：『有美一人，清揚宛兮，邂逅相遇，適我願兮〔七〕。』今程子，天下賢士也，於斯不贈，則終身弗能見也，小子行之。」

（此記載又見於韓詩外傳卷二、說苑尊賢）

【校注】

〔一〕之郯：到郯國去。王肅注：「郯，國名也。少昊之後，吾之本縣也（玉海堂本作「魯之郯縣也」）。郯子達禮，孔子故往諮問焉。」郯：時爲魯國屬國，在今山東郯城北。

〔二〕遭程子於塗：在路上遇到程子。程子：不詳。塗：同「途」。

〔三〕傾蓋：孔子、程子兩車的傘蓋相互傾靠，停在一起。王肅注：「傾蓋，駐車。」

〔四〕贈：王肅注：「贈，送。」

〔五〕屑然：顧惜，介意。指子路不願送束帛。

〔六〕中間：介紹。王肅注：「中間，謂始介（玉海堂本作「紹介」）也。」

〔七〕有美一人，清揚宛兮，邂逅相遇，適我願兮：有一位美女，長得眉清目秀，不期而遇，正合我願。此詩見於詩鄭風野有蔓草。王肅注：「清揚，眉目之間也。宛然，美也。幽期而會，令願也。」適：正，恰巧。

孔子自衛反魯，息駕于河梁〔一〕而觀焉。有懸水三十仞〔二〕，圜流〔三〕九十里，魚鱉不能導〔四〕，黿鼉〔五〕不能居。有一丈夫方將厲之〔六〕，孔子使人並〔七〕涯止之，曰：「此懸水三十仞，圜流九十里，魚鱉黿鼉不能居也，意者難可濟也。」丈夫不以措意〔八〕，遂渡而出。孔子問之曰：「子乎〔九〕，有道術乎？所以能入而出者，何也？」丈夫對曰：「始吾之入也，先以忠信。及吾之出也，又從以忠信。忠信措〔一〇〕吾軀於波流，而吾不敢以用私，所以能入而復出也。」孔子謂弟子曰：「二三子識之，水且猶可以忠信成身親之，而況於人乎〔一一〕！」

（此記載又見於列子説符、説苑雜言）

【校 注】

〔一〕息駕于河梁：停車於河梁。河梁：有二説，一説橋梁，一説石梁。王肅注：「河水無梁，莊周書説孔子於閭梁，言事者通渭水爲河也。」玉海堂本注：「河水有石，絶處曰梁，非謂河有梁也。」王國軒、王秀梅注曰：「説苑雜言篇作『吕梁』。水經泗水注：『泗水之上有石梁焉，故曰吕梁也。懸濤湍湃，實爲泗險。孔子所謂魚鱉不能游。』此河梁，指巨石或山阻擋河水形成瀑布處，據水經注，當在泗水上。」

〔二〕懸水三十仞：王肅注：「八尺曰仞，懸二十四丈者也。」

〔三〕圜流：王肅注：「圜流，迴流也，水深急則然。」

〔四〕導：四庫本、備要本、百子本同，玉海堂本、同文本作「道」。王肅注：「道，行。」「道」又通「蹈」，赴。列子黄帝：「吕梁懸水三十仞，流沫三十里，黿鼉魚鱉所不能游。向吾見子道之，以爲有苦而欲死者。」張湛注：「道，當爲蹈。」

〔五〕黿鼉：音「元駝」，大鱉和豬婆龍（鱷魚）。

〔六〕厲之：王肅注：「厲，渡。」玉海堂本注：「以衣涉水曰厲。又度也。」

〔七〕並：玉海堂本注曰：「蒲浪切，近也。」

〔八〕措意：放在心上。

〔九〕子乎：備要本同，四庫本作「巧乎」，玉海堂本、同文本、百子本作「子巧乎」。

〔一〇〕忠信：四庫本、備要本同，玉海堂本、同文本、百子本無此二字。措：置。

〔一一〕識：音「志」，記住。此數句意爲：你們記住，水尚且可以使忠信者成就自身，讓人親近，更何況是人呢！

孔子將行，雨而無蓋〔一〕。門人曰：「商〔二〕也有之。」孔子曰：「商之爲人也，甚悋〔三〕於財，吾聞與人交，推其長者，違其短者〔四〕，故能久也。」

（此記載又見於說苑雜言）

【校注】

〔一〕蓋：車上的傘蓋。

〔二〕商：王肅注：「子夏名也。」弟子子夏，姓卜名商，與子游並列於孔門四科之「文學」科。

〔三〕甚悋：王肅注：「悋嗇甚也。」

〔四〕推其長者，違其短者：推重他的長處，避開他的短處。

楚王渡江〔一〕，江中有物，大如斗，圓而赤，直觸王舟，舟人取之，王大怪之，遍問群臣，莫之能識。王〔二〕使使聘于魯，問於〔三〕孔子。子曰〔四〕：「此所謂萍實〔五〕者也，可剖〔六〕而食之，吉祥也，唯霸者〔七〕爲能獲焉。」使者反〔八〕，王遂食之，大美。久之，使來以告魯大夫，大夫因子游問曰：「夫子何以知其然乎〔九〕？」曰：「吾昔之鄭，過乎陳之野，聞童謠曰：『楚王渡江得萍實，大如斗，赤如日，剖而食之甜如蜜。』此是楚王之應〔一〇〕也。吾是以知之〔一一〕。」

（此記載又見於說苑辨物）

【校注】

〔一〕楚王渡江：備要本、百子本同，四庫本作「楚昭王渡江」。

〔二〕王：四庫本、備要本同，百子本無此字。

〔三〕於：四庫本、備要本同，百子本無此字。

〔四〕子曰：四庫本、備要本同，百子本作「孔子曰」。

〔五〕萍實：萍草的果實。王肅注：「萍，水草也。」

〔六〕剖：四庫本、備要本同，百子本作「割」。

〔七〕霸：四庫本、備要本同，百子本作「伯」。「伯」通「霸」。霸者：諸侯霸主。

〔八〕反：備要本、百子本同，四庫本作「返」。

〔九〕乎：備要本同，四庫本、百子本無此字。

〔一〇〕應：應驗。

〔一一〕自「楚王渡江」至此這段文字，玉海堂本、同文本無。

子貢問於孔子曰：「死者有知〔一〕乎？將無知乎？」子曰：「吾欲言死之有知，將恐孝子順孫妨生〔二〕以送死；吾欲言死之無知，將恐不孝之子棄其親而〔三〕不葬。賜不欲知〔四〕死者有知與無知，非今之急，後自知之。」

（此記載又見於說苑辨物）

【校注】

〔一〕知：知覺。

〔二〕妨生：傷害生者。

〔三〕而：四庫本、備要本、玉海堂本、同文本同，百子本無此字。

〔四〕賜不欲知：四庫本同，玉海堂本、同文本、備要本、百子本作「賜欲知」。賜，子貢名。

子貢問治民於孔子。子曰：「懔懔焉若持腐索之扞馬〔一〕。」子貢曰：「何其畏也？」孔子曰：「夫通達御皆人也，以道導之，則吾畜也；不以道導之，則吾讎也。如之何其無畏也〔二〕。」

（此記載又見於說苑政理）

【校注】

〔一〕懔懔焉若持腐索之扞馬：孫志祖疏證曰：「『扞馬』上當有『御』字。案説苑作『懔懔焉如以腐索御奔馬』。」王肅注：「懔懔，戒懼之貌。扞馬，突馬。」懔懔：緊張恐懼的樣子。腐索：腐朽的繮繩。扞（音「旱」）馬：勇猛的馬。扞，通「悍」。

〔二〕通達御：備要本同，四庫本作「通達御之」，玉海堂本、同文本、百子本作「通達之御」。吾：四庫本、備要本、百子本同，玉海堂本、同文本無此字。楊朝明、宋立林解此語曰：「駕車御馬能否順暢通達皆取決於人，用正確的方法引導它，它就會聽我的話；不用正確的方法引導它，它就是我的仇敵。這樣哪能没有畏懼呢？」王國軒、王秀梅譯曰：「在交通要道上駕馭馬，到處都是人。用正確的方法引導馬，那麽這馬就像我馴養的家畜一樣聽話；用不正確的方法引導它，它則會成爲我的仇敵。怎麽能不畏懼呢？」

魯國之法，贖人臣妾于諸侯者〔一〕，皆取金於府〔二〕。子貢贖之，辭而不取金〔三〕。孔子聞之曰：「賜失之矣。夫聖人之舉事也，可以移風易俗，而教導可以施之〔四〕於百姓，非獨適身之行也。今魯國富者寡而貧者衆，贖人受金則爲不廉，則何以相贖乎？自今以後，魯人不復贖人於諸侯〔五〕。」

（此記載又見於呂氏春秋先識覽察微、説苑政理、淮南子齊俗）

【校注】

〔一〕贖人臣妾于諸侯者：四庫本、備要本同，玉海堂本、同文本、百子本作「魯人有贖臣妾於諸侯者」。

〔二〕府：府庫，國庫。楊朝明、宋立林解此語曰：「按照魯國法律的規定，從其他諸侯國贖回做奴僕的魯國人，都可以從魯國府庫裏領取錢財。」

〔三〕子貢贖之，辭而不取金：四庫本、備要本同，玉海堂本、同文本、百子本作「子貢贖人于諸侯而還其金」。

〔四〕之：四庫本、備要本同，玉海堂本、同文本、百子本無此字。

〔五〕此語是説：國家以錢財鼓勵從諸侯國贖回奴僕（人們都願這麽做），而你端木賜帶頭自掏腰包贖人（很多人貧窮，掏不起），那麽從今往後，人們就不會再從諸侯國贖人了。

子路治蒲〔一〕，請〔二〕見於孔子曰：「由願受教於夫子。」子曰：「蒲其何如〔三〕？」對曰：「邑多壯士，又難治也。」子曰：「然，吾語爾：恭而敬，可以攝勇；寬而正，可以懷〔四〕强；愛而恕，可以容困〔五〕；温而斷〔六〕，可以抑姦〔七〕。如此而加之，則正不難矣〔八〕。」

（此記載又見於説苑政理）

【校注】

〔一〕蒲：蒲邑，春秋衛地，今河南長垣。

〔二〕請：四庫本、備要本、百子本同，玉海堂本、同文本無此字。

〔三〕何如：四庫本、備要本、玉海堂本、同文本同，百子本作「如何」。

〔四〕懷：懷柔。

〔五〕容困：容納困窮的人。王肅注：「言愛恕者能容困窮。」

〔六〕斷：果斷。

〔七〕抑姦：抑制姦人。

〔八〕如此而加之，則正不難矣：四庫本、備要本、百子本同，玉海堂本、同文本作「如此而正，不難矣」。加之：上述幾項併加，合併而行的意思。

三恕第九

孔子曰：「君子有三恕〔一〕，有君不能事，有臣而求其使〔二〕，非恕也；有親不能孝，有子而求其報〔三〕，非恕也；有兄不能敬，有弟而求其順，非恕也。士能明於三恕之本，則可謂端身矣〔四〕。」

（此記載又見於荀子法行）

【校注】

〔一〕恕：仁恕。説文：「恕，仁也。」即推己及人。論語衛靈公：「子貢問曰：『有一言而可以終身行之者乎？』子曰：『其恕乎，己所不欲，勿施於人。』」

〔二〕使：役使。

〔三〕報：報恩。

〔四〕士能明於三恕之本，則可謂端身矣：四庫本、備要本、百子本同，玉海堂本、同文本無此語。端身：正身，行爲端正。

孔子曰：「君子有三思，不可不察也。少而不學，長無能也；老而不教，死莫之思也〔一〕；有而不施，窮莫之救也〔二〕。故君子少思其長則務〔三〕學，老思其死則務教，有思其窮則務施。」

【校注】

〔一〕老而不教，死莫之思也：年老者不教導年輕人，死後就没人懷念。

〔二〕有而不施，窮莫之救也：富有時不施捨，窮困時就没人救濟。

〔三〕務：致力於。

伯常騫問於孔子〔一〕曰：「騫固周國之賤吏也〔二〕，不自以不肖，將北面〔三〕以事君子。敢問正道宜行，不容於世〔四〕；隱道宜行，然亦不忍〔五〕；今欲身亦不窮，道亦不隱，爲之有道乎？」孔子曰：「善哉！子之問也。自丘之聞，未有若吾子所問辯且說〔六〕也。丘嘗聞君子之言道矣，聽者無察，則道不入〔七〕；奇偉不稽，則道不信〔八〕。又嘗聞君子之言事矣，制無度量〔九〕，則事不成；其政曉察，則民不保〔一〇〕。又嘗聞君子之言志矣，剛折者不終〔一一〕，徑易者則數傷〔一二〕，浩倨者則不親〔一三〕，就利者則無不弊〔一四〕。又嘗聞養世之君子矣，從輕勿爲先，從重勿爲後〔一五〕，見像而勿强〔一六〕，陳道而勿怫〔一七〕。此四者，丘之所聞也。」

（此記載又見於晏子春秋内篇問下）

【校注】

〔一〕伯常騫：春秋時齊國人。晏子春秋作「柏常騫」。孫志祖疏證曰：「晏子春秋問下篇作『柏常騫』，『伯』與『柏』通。是問晏子，非孔子也。」

〔二〕騫固周國之賤吏也：晏子春秋内篇問下記曰：「柏常騫去周之齊，見晏子曰：『騫，周室之賤史也。』」

〔三〕北面：面向北。古以坐北朝南爲尊位，面向北爲卑位。臣拜君，卑幼拜尊長，皆面向北行禮，因而居臣下、晚輩之位曰「北面」。此指以臣下之禮去事齊君。

〔四〕正道宜行，不容於世：晏子春秋内篇問下此語作「正道直行，則不容於世」。王肅注：「正道宜行，而出莫之能貴，故行之則不容於世。」

〔五〕隱道宜行，然亦不忍：四庫本、備要本、玉海堂本、同文本同，百子本作「隱道能行，然亦不忍」。王肅注：「世亂，則隱道爲行，然亦不忍爲隱事。」王國軒、王秀梅譯「敢問」以下幾句曰：「請問按照正道而行，不能被世道容納；不按正道而行，却能行得通，然而我不忍心走歪門邪道。現在我既想被世道容納，又不想違反正道，有甚麽辦法嗎？」

〔六〕辯且說：王肅注：「辯當其理，得其説矣。」即善於辯論且説得有道理。

〔七〕聽者無察，則道不入：王肅注：「言聽者不明察，道則不能入也。」

〔八〕奇偉不稽，則道不信：王肅注：「稽，考也。聽道者不能考校奇偉，則道不見信，此言苟非其人，道不虚行。」奇偉：奇特怪異。

〔九〕度量：限度，標準。

〔一〇〕其政曉察，則民不保：王肅注：「保，安也。政大曉了分察，則民不安矣。」曉察：苛細。指政治制度定得太細，百姓會感到約束太嚴而不安。

〔一一〕對折者不終：備要本同，四庫本、玉海堂本、同文本作「剛折不終」，百子本作「剛折者不終」。王肅注：「對則折矣，不終其性命矣。」對，同「剛」。

〔一二〕徑易者則數傷：王肅注：「徑，輕也。志輕則數傷於義矣。」楊朝明、宋立林解曰：「剛强不阿的人往往不能壽終，輕易改變志節的人屢屢損害道義。」王國軒、王秀梅譯曰：「太剛直的人不會善終，簡捷平易的人會多次受到傷害。」

〔一三〕浩倨者則不親：王肅注：「浩倨，簡略不恭。如是則不親矣。」浩倨：怠慢不恭貌。

〔一四〕就利者則無不弊：王肅注：「言好利者不可久也。」弊：敗落。

〔一五〕從輕勿爲先，從重勿爲後：王肅注：「赴憂患，從勞苦，輕者宜爲後，重者宜爲先，養世者也。」

〔一六〕見像而勿强：王肅注：「像，法也。見法而已，不以强世也。」像：法式，榜樣。楚辭九章橘頌：「年歲雖少，可師長兮，行比伯夷，置以爲像兮。」王逸注：「像，法也。」蔣驥注：「比橘於伯夷而師法之。」强：王肅注爲「强世」，「强世」是「勸勉世人」的意思。我們認爲，「强」在這裏讀「彊」音爲好，是倔强、不順從的意思，與下句「咈」（違逆）義相諧，即面對法令不要倔强固執。

〔一七〕陳道而勿咈：王肅注：「咈，詭也。陳道而已，不與世相詭違也。」咈：違反，悖逆。

孔子觀於魯桓公〔一〕之廟，有欹器〔二〕焉。夫子問於守廟者曰：「此謂何器？」對曰：「此蓋爲宥坐之器〔三〕。」孔子曰：「吾聞宥坐之器，虚則欹，中〔四〕則正，滿則覆，明君以爲至誡，故常置之於坐側。」顧謂弟子曰：「試注水焉。」乃注之水，中則正，滿則覆。夫子喟然歎曰：「嗚呼！夫物惡〔五〕有滿而不覆哉！」子路進曰：「敢問持滿有道乎〔六〕？」子曰：「聰明睿智，守之以愚；功被天下，守之以讓；勇力振世，守之以怯〔七〕；富有四海，守之以謙。此所謂損之又損之之道也。」

（此記載又見於荀子宥坐、韓詩外傳卷三、説苑敬慎、淮南子道應訓）

【校注】

〔一〕魯桓公：魯惠公之子，名軌。在位十八年。

〔二〕欹器：一種傾斜易覆的盛水器，水少則傾，中則正，滿則覆，國君置於座右以爲戒。王肅注：「欹，傾。」欹：音「欺」。

〔三〕宥坐之器：楊倞注荀子宥坐曰：「『宥』與『右』同，言人君可置於坐右以爲戒也。」玉海堂本注：「宥，一作『右』，與『宥』同，勸也。皇帝有勸戒之器。」

〔四〕中：適中，不多不少，恰到好處。

〔五〕惡：音「烏」，疑問代詞，相當於「哪」、「何」、「怎麽」。

〔六〕「持滿有道乎」下，百子本有「孔子曰：『持滿之道，挹而損之。』子路曰：『損之有道乎』」之語，他本皆無。持滿：指保持滿盈而不傾覆。

〔七〕守之以怯：玉海堂本、同文本、備要本、百子本同，四庫本作「守之以法」。「怯」是。此語是説：勇力振世的人，就用怯懦來持守。

孔子觀於東流之水。子貢問曰：「君子所見大水必觀焉，何也？」孔子對曰〔一〕：「以其不息，且遍與諸生而不爲也〔二〕。夫水似乎德〔三〕：其流也，則卑下倨邑必修其理，似義〔四〕；浩浩乎無屈盡之期，此似道；流行赴百仞之嵠〔五〕而不懼，此似勇；至量必平之，此似法〔六〕；盛而不求概〔七〕，此似正；綽約微達〔八〕，此似察；發源必東，此似志；以出以入，萬物就以化絜〔九〕，此似善化也。水之德有若此，是故君子見必觀焉。」

（此記載又見於荀子宥坐、説苑雜言）

【校注】

〔一〕孔子對曰：玉海堂本、同文本、備要本、百子本同，四庫本作「孔子曰」。

〔二〕遍與諸生而不爲也：遍潤萬物而又以爲甚麽也没做。不爲：不做，不干。王肅注：「遍與諸生者，物得水而後生，水不與生，而又不德也。」

〔三〕夫水似乎德：四庫本、備要本同，玉海堂本、同文本、百子本作「夫水有似乎德」。水似乎有德性。

〔四〕倨邑必修其理，似義：四庫本作「倨邑必循其理，此似義」，玉海堂本、同文本、百子本作「倨拘必循其理，此似義」，備要本「倨拘必修其理，似義」。「倨邑」當作「倨拘」（音「勾」）。「倨拘」也寫作「倨句」、「倨佝」），彎曲。彎度小的稱倨，大的稱拘。修：循，遵循。此語是説：水流到低下彎曲處，一定循着地面的條理，這種品性好像義。

〔五〕嵠：四庫本、備要本、玉海堂本、同文本同，百子本作「蹊」。「嵠」是，指嵠谷。

〔六〕至量必平之，此似法：注入到一定水量，自身本性就能達到均平，這種品性好像法度。

〔七〕盛而不求概：玉海堂本注：「概，平斛木也。言水盈而不概，自平也。」概：量粟麥時刮平斗斛的木條。

〔八〕綽約：柔弱的樣子。微達：通達於細微之處。

〔九〕萬物就以化絜：四庫本、備要本同，玉海堂本、同文本、百子本作「萬物就此化絜」。玉海堂本注：「絜與潔同。易曰：『言萬物之潔齊也。』潔齊，謂物之洗潔而盡出也。」此語是説：萬物靠它洗滌而變得清新潔淨。

子貢觀於魯廟之北堂，出而問於孔子曰：「向〔一〕也賜觀於太廟之堂，未既輟，還瞻北蓋，皆斷焉〔二〕。彼將有説〔三〕耶？匠過之也〔四〕？」孔子曰：「太廟之堂，宫致良工之匠〔五〕，匠致良材，盡其功巧〔六〕，蓋貴久矣〔七〕，尚有説也〔八〕。」

（此記載又見於荀子宥坐）

【校注】

〔一〕向：剛才。

〔二〕未既輟，還瞻北蓋，皆斷焉：王肅注：「輟，止。觀北面之蓋，斷絶也。」玉海堂本注：「蓋，胡閤切，扇户也。觀北面之蓋，皆斷也。」未既輟：未看完。輟：停止，完畢。

〔三〕說：說法，道理。

〔四〕匠過之也：四庫本、同文本同，玉海堂本、備要本、百子本作「匠之過也」。兩句的意思是：那種做法是有一定的道理呢？還是工匠的過失造成的呢？

〔五〕宮致良工之匠：四庫本、玉海堂本、同文本、備要本、百子本作「官致良工之匠」。「官」是。

〔六〕功巧：四庫本同，玉海堂本、同文本、備要本、百子本作「工巧」。

〔七〕貴久矣：玉海堂本注：「貴文也。荀子曰：『因鄙節文也。』」「貴久」是，注重的是長久。

〔八〕尚有說也：王肅注：「尚猶必也，言必有說。」

孔子曰：「吾有所齒〔一〕，有所鄙，有所殆〔二〕。夫幼而不能强學，老而無以教〔三〕，吾耻之；去其鄉，事君而達〔四〕，卒遇故人，曾無舊言，吾鄙之〔五〕；與小人處而不能親賢，吾殆之〔六〕。」

（此記載又見於荀子宥坐）

【校注】

〔一〕齒：四庫本、玉海堂本、同文本、備要本、百子本作「耻」。「耻」是。

〔二〕殆：玉海堂本注：「殆，危也。」

〔三〕老而無以教：年老時無法教育子孫。

〔四〕達：顯達，做了大官。

〔五〕卒遇故人，曾無舊言，吾鄙之：王肅注：「事君而達，得志於君（玉海堂本無「於君」二字），而見故人，曾無舊言，是棄其平生之舊交而無進之之心者乎。」卒：突然。

〔六〕與小人處而不能親賢，吾殆之：王肅注：「殆，危也。夫踈賢而近小人，是危亡之道也。」

子路見於孔子。孔子曰：「智者若何？仁者若何？」子路對曰：「智者使人知己，仁者使人愛己。」子曰：「可謂士〔一〕矣。」子路出，子貢入，問亦如之。子貢對曰：「智者知人，仁者愛人。」子曰：「可謂士矣。」子貢出，顏回入，問亦如之。對曰〔二〕：「智者自知，仁者自愛。」子曰：「可謂士君子〔三〕矣。」

（此記載又見於荀子子道）

【校注】

〔一〕士：指有道德修養的讀書人。

〔二〕對曰：四庫本、玉海堂本、同文本、備要本同，百子本作「顏回對曰」。

〔三〕士君子：士中君子。

子貢問於孔子曰〔一〕：「子從父命，孝〔二〕？臣從君命，貞乎〔三〕？奚疑焉？」孔子曰：「鄙哉賜〔四〕，汝不識也。昔者明王萬乘之國，有爭臣七人，則主無過舉〔五〕；千乘之國，有爭臣五人，則社稷不危也〔六〕；百乘之家，有爭臣三人〔七〕，則禄位不替〔八〕；父有爭子，不陷無禮；士有爭友，不行不義〔九〕。故子從父命，奚詎〔一〇〕爲孝？臣從君命，奚詎爲貞？夫能審其所從〔一一〕，之謂孝，之謂貞矣。」

（此記載又見於荀子子道）

【校注】

〔一〕子貢問於孔子曰：四庫本、備要本、玉海堂本、同文本同，百子本作「魯哀公問於孔子曰」。

〔二〕孝：四庫本、備要本同，玉海堂本、同文本、百子本作「孝乎」。應有「乎」字。

〔三〕「貞乎」下，百子本有「三問，孔子不對。孔子趨出，以語子貢曰：『鄉者君問丘曰：子從父命，孝乎？臣從君命，貞乎？三問而丘不對，賜以爲何如？』子貢曰：『子從父命，孝矣；臣從君命，貞矣，奚疑焉』」之語，而他本皆無。貞：忠貞。

〔四〕鄙哉賜：淺陋呀，賜。賜：子貢複姓端木，名賜，字子貢。

〔五〕有爭臣七人，則主無過舉：王肅注：「天子有三公四輔，主諫爭以救其過失也。四輔，前曰疑，後曰丞，左曰輔，右曰弼也。」爭臣：諫諍之臣。過舉：錯誤的行爲。

〔六〕有爭臣五人，則社稷不危也：「也」字，四庫本、備要本、玉海堂本、同文本同，百子本無此字。王肅注：「諸侯有三卿，股肱之臣有内外者也，故有五人焉。」

〔七〕有爭臣三人：王肅注：「大夫之臣有室老、家相、邑宰，凡三人，能以義諫諍。」

〔八〕替：廢棄，衰敗。

〔九〕士有爭友，不行不義：王肅注：「士雖有臣，既微且陋，不能以義匡其君，故須朋友之諫爭於己，然後不義之事不得行之者也。」

〔一〇〕奚詎：豈，難道。玉海堂本注：「詎，猶豈也。」

〔一一〕夫能審其所從：王肅注：「當詳審所宜從與不。」玉海堂本注：「詳審其所從之宜與不宜。」

子路盛服〔一〕見於孔子。子曰：「由，是倨倨〔二〕者何也？夫江始出於岷山〔三〕，其源可以濫觴〔四〕，及其至于江津〔五〕，不舫舟不避風則不可以涉〔六〕，非唯下流水多耶〔七〕？今爾衣服既盛，顔色充盈，天下且孰肯以非〔八〕告汝乎？」子路趨而出，改服而入，蓋自若也。子曰：「由志之，吾告汝：奮於言者華〔九〕，奮於行者伐〔一〇〕。夫色智〔一一〕而有能者，小人也。故君子知之曰智〔一二〕，言之要也；不能曰不能，行之至也〔一三〕。言要則智，行至則仁。既仁且智，惡不足哉〔一四〕！」

（此記載又見於荀子子道、韓詩外傳卷三、説苑雜言）

【校注】

〔一〕盛服：穿着華貴衣服。

〔二〕倨倨：神氣傲慢。玉海堂本注：「『倨』與『裾』同，言其服盛而氣傲也。」

〔三〕岷山：在四川北部，古人以爲長江的發源地。

〔四〕濫觴：指江河發源處水很小，只可浮起酒杯。王肅注：「觴可以盛酒，言其微。」

〔五〕江津：指四川江津，綦江入長江處。

〔六〕不舫舟不避風則不可以涉：如果不將小船合併在一起，不避開大風，就無法渡過。舫舟：即方舟，兩船相併之稱。也泛指船。

〔七〕此下，玉海堂本注：「下流水多，故使人畏；服盛氣盈，則衆畏之。」

〔八〕非：缺點，錯誤。

〔九〕奮於言者華：王肅注：「自矜奮於言者，華而無實。」奮：驕矜，矜誇。

〔一〇〕奮於行者伐：王肅注：「自矜奮行者，是自伐。」伐：誇耀功勞。

〔一一〕色智：因有才能而流露的驕矜神色。

〔一二〕智：四庫本、備要本同；玉海堂本、同文本、百子本作「知」，是。

〔一三〕此四句是説：作爲君子，知道就説知道，這是言談的要領；不能做就説不能做，這是行爲的準則。

〔一四〕惡不足哉：怎會有甚麽不足呢！惡：音「巫」，疑問代詞。

子路問於孔子曰：「有人於此，披褐而懷玉〔一〕，何如？」子曰：「國無道，隱之可也；國有道，則衮冕而執玉〔二〕。」

【校注】

〔一〕披褐：玉海堂本、同文本、備要本、百子本同，四庫本作「被褐」。「被」通「披」。王肅注：「褐，毛布衣。」披褐而懷玉：披着粗布衣而懷藏着寶玉，比喻人貧賤而身懷才德。

〔二〕衮冕而執玉：穿衮衣，戴禮帽，手執玉圭，此指出仕做官。王肅注：「衮冕，文衣盛飭。」衮：帝王及上公穿的繪有卷龍的禮服。冕：帝王、諸侯、卿大夫戴的禮帽。

好生第十

魯哀公問於孔子曰：「昔者舜冠何冠乎？」孔子不對。公曰：「寡人有問於子而子無言，何也？」對曰：「以君之問不先其大者〔一〕，故方思所以爲對。」公曰：「其大何乎？」孔子曰：「舜之爲君也，其政好生而惡殺，其任授賢而替不肖，德若天地而靜虚〔二〕，化若四時而變物〔三〕，是以四海承風〔四〕，暢於異類〔五〕，鳳翔麟至，鳥獸馴德〔六〕，無他也〔七〕，好生故也〔八〕。君舍此道，而冠冕是問，是以緩對。」

（此記載又見於荀子哀公。）

【校注】

〔一〕不先其大者：不先問重要的。

〔二〕靜虚：清淨無欲。

〔三〕變物：四庫本、備要本、玉海堂本、同文本同，百子本作「變物也」。變物：使萬物變化生長。

〔四〕承風：接受教化。

〔五〕異類：王肅注：「異類，四方之夷狄也。」指外族，少數民族。

〔六〕馴德：王肅注：「馴，順。」

〔七〕也：四庫本、備要本、百子本同，玉海堂本、同文本無此字。

〔八〕好生故也：玉海堂本注：「知人無害之之心也。」

孔子讀史，至楚復陳〔一〕，喟然歎曰：「賢哉楚王！輕千乘之國而重一言之信。匪〔二〕申叔之信，不能達其義。匪莊王之賢，不能受其訓。」

【校注】

〔一〕楚復陳：王肅注：「陳夏徵舒殺其君，楚莊王討之，因陳取之，而申叔時諫，莊王從之，還復陳。」是説魯宣公十年，陳國大夫夏徵舒因受到陳靈公侮辱而怒殺之。次年，楚莊王以討伐夏徵舒爲名，滅掉了陳國。後來，又在楚國大夫申叔時勸説下恢復了陳國。

〔二〕匪：通「非」，不是，没有。

孔子常自筮其卦〔一〕，得賁〔二〕焉，愀然有不平之狀。子張進曰：「師〔三〕聞卜者得賁卦，吉也〔四〕，而夫子之色有不平，何也？」孔子對曰：「以其離〔五〕耶！在周易，山下有火謂之賁〔六〕，非正色之卦也。夫質也，黑白宜正焉〔七〕，今得賁〔八〕，非吾兆〔九〕也。吾聞丹漆不文，白玉不雕，何也？質有餘不受飾故也〔一〇〕。」

（此記載又見於説苑反質、吕氏春秋慎行論壹行）

【校注】

〔一〕常：備要本同，玉海堂本、同文本、四庫本、百子本作「嘗」。自筮其卦：自己給自己卜卦。筮：音「式」，用蓍草占卦。

〔二〕賁：音「幣」，指周易賁卦。卦象☶☲離下艮上。卦辭：「亨，小利有攸往。」彖辭：「賁『亨』，柔來而文剛，故『亨』。分剛上而文柔，故『小利有攸往』。」孔穎達疏：「『賁』，飾也。以剛柔二象交相文飾也。『賁亨』者，以柔來文剛而得亨通，故曰『賁亨』也。『小利有攸往』者，以剛上文柔，不得中正，故不能大有所往，故云『小利有攸往』也。」

〔三〕師：子張複姓顓孫，名師。

〔四〕得賁卦，吉也：玉海堂本、同文本、四庫本、備要本同，百子本作「得賁，吉卦也」。

〔五〕離：孫志祖疏證曰：「御覽七百二十八『離』作『雜』，是。」

〔六〕山下有火謂之賁：王肅注：「離上艮下，離爲火，艮爲山。」賁卦當爲「離下艮上」。

〔七〕黑白宜正焉：玉海堂本、同文本、百子本、備要本同，四庫本作「白宜正白，黑宜正黑」。是說黑色和白色應純正而無雜色。

〔八〕賁：王肅注：「賁，飾。」

〔九〕兆：玉海堂本、同文本、備要本、百子本同，四庫本作「吉」。

〔一〇〕質有餘不受飾故也：本質已經很好，所以不必再加文飾。

孔子曰：「吾於甘棠〔一〕，見宗廟之敬甚矣〔二〕。思其人必愛其樹，尊其人必敬其位，道也。」

（此記載又見於説苑貴德）

【校注】

〔一〕甘棠：王肅注：「邵伯（四庫本作「召伯」）聽訟於甘棠，愛其樹，作甘棠之詩也。」甘棠也稱杜梨、棠梨。邵伯曾在甘棠樹下聽訟斷獄，教化民衆，後人思其德，作甘棠詩。

〔二〕敬甚矣：備要本同，四庫本、玉海堂本、同文本、百子本作「敬也甚矣」。

子路戎服見於孔子，拔劒而舞之，曰：「古之君子，以劒自衛乎〔一〕？」孔子曰：「古之君子，忠以爲質，仁以爲衛，不出環堵〔二〕之室而知千里之外，有不善則以忠化之，侵暴則以仁固〔三〕之，何持劒乎〔四〕？」子路曰：「由乃今聞此言，請攝齊以受教〔五〕。」

（此記載又見於説苑貴德）

【校注】

〔一〕以劍自衛乎：四庫本、備要本同，玉海堂本、同文本作「固以劍而自衛乎」，百子本作「固以劍自衛乎」。

〔二〕環堵：四周圍着的土牆。形容狹小、簡陋的居室。禮記儒行：「儒者有一畝之宫，環堵之室。」

〔三〕固：禁錮。或釋爲竭力勸阻。

〔四〕何持劍乎：四庫本同，玉海堂本、同文本、備要本、百子本作「何待劍乎」。

〔五〕請攝齊以受教：王肅注：「齊，裳下緝也。受教者，攝齊升堂。」玉海堂本注：「齊，裳不緝也。受教者，攝齊升堂。」「下緝」是，齊裳下面是緝邊的。

楚王出遊，亡弓〔一〕，左右請求之。王曰：「止〔二〕，楚王失弓，楚人得之，又何求之！」孔子聞之〔三〕，惜乎其不大〔四〕也，不曰「人遺弓，人得之」而已，何必楚也？

（此記載又見於説苑至公）

【校注】

〔一〕楚王出遊，亡弓：備要本同，玉海堂本、同文本、四庫本作「楚恭王出遊，亡烏嘷之弓」，百子本作「楚恭王出遊，亡烏皞之弓」。「皞」字誤，當爲「嘷」。王肅注：「王，恭王。弓，烏嘷之良弓。」「烏」字誤，當爲「烏」。

〔二〕止：玉海堂本、同文本、四庫本、備要本同，百子本作「已之」。

〔三〕孔子聞之：玉海堂本、同文本、四庫本、備要本同，百子本作「孔子聞之曰」。

〔四〕不大：指心胸還不够闊大。

孔子爲魯司寇〔一〕，斷獄訟，皆進衆議者而問之，曰：「子以爲奚若？某以爲何若？」皆曰云云如是，然後夫子曰：「當從某子幾是〔二〕。」

（此記載又見於説苑至公）

【校注】

〔一〕爲：四庫本、備要本、百子本同，玉海堂本、同文本作「謂」。爲是做、擔任的意思。司寇：掌管刑獄的官。

〔二〕幾是：王肅注：「近也。重獄事，故與衆議之。」

孔子問漆雕憑〔一〕曰：「子事臧文仲、武仲及孺子容〔二〕，此三大夫孰賢？」對曰：「臧氏家有守龜〔三〕焉，名曰蔡〔四〕，文仲三年而爲一兆〔五〕，武仲三年而爲二兆，孺子容三年而爲三兆，憑從此之見〔六〕，若問三人之賢與不賢，所未敢識〔七〕也。」孔子曰：「君子哉漆雕氏之子，其言人之美也，隱而顯；言人之過也，微而著。智而不能及，明而不能見〔八〕，孰克如此〔九〕？」

（此記載又見於説苑權謀）

【校注】

〔一〕漆雕憑：七十二弟子解中提到漆雕開、漆雕從、漆雕侈，未見漆雕憑，疑也是孔子弟子。漆雕爲姓。

〔二〕臧文仲：即臧孫臣，魯國大夫，正卿。歷事莊公、閔公、僖公、文公四君。武仲：即臧孫紇，文仲之孫。大夫，爲司寇。孺子容：魯國大夫。

〔三〕守龜：天子諸侯占卜用的龜甲。據周禮，此龜甲有專人（稱龜人）掌守，故稱。

〔四〕蔡：此龜出於蔡地，故名。論語公冶長記載：「子曰：『臧文仲居蔡，山節藻棁，何如其知也？』」批評臧文仲儲藏蔡龜的屋室山節藻棁，裝飾得太奢侈豪華。

〔五〕而：四庫本、備要本、玉海堂本、同文本同，百子本無此字。下二句中的「而」字，四庫本、備要本、玉海堂本、同文本同，百子本皆無。兆：古代占卜，在龜甲或獸骨上鑽刻，再用火灼，視裂紋來定吉凶。預示吉凶的裂紋，稱爲兆。此語中的一兆，等於説占卜一次。

〔六〕之見：四庫本、備要本、玉海堂本、同文本同，百子本作「見之」。

〔七〕識：識別。

〔八〕智而不能及，明而不能見：他的智慧別人趕不上，他的聰明別人看不出。

〔九〕孰克如此：王肅注：「克，能也。而宜爲如也。」

魯公索氏將祭而亡其牲〔一〕。孔子聞之曰：「公索氏不及二年將亡。」後一年而亡。門人問曰：「昔公索氏亡其祭牲，而夫子曰不及二年必亡，今過朞而亡，夫子何以知其然〔二〕？」孔子曰〔三〕：「夫祭者，孝子所以自盡於其親，將祭而亡其牲，則其餘所亡者多矣〔四〕。若此而不亡者〔五〕，未之有也。」

（此記載又見於説苑權謀）

【校注】

〔一〕魯公索氏將祭而亡其牲：魯國一位姓公索的人在將要祭祀的時候，用來祭祀的牲畜丟了。

〔二〕而夫子曰不及二年必亡，今過朞而亡，夫子何以知其然：備要本同，四庫本、玉海堂本、同文本作「而夫子知其將亡，何也」，百子本作「而夫子曰不及二年而亡，今過朞而亡，夫子何以知其然」。朞：備要本作「期」。朞：同「期」，音「基」，指一周年。

〔三〕孔子曰：備要本、百子本同，四庫本、玉海堂本、同文本作「曰」，無「孔子」二字。

〔四〕盡：盡孝心。此數句是説：在祭祀時，孝子應盡心竭力供奉先祖，哪能讓牲畜丢了！如此重要的事都疏忽，其他方面會丢失更多。

〔五〕者：四庫本、備要本、玉海堂本、同文本同，百子本無此字。

虞、芮〔一〕二國爭田而訟，連年不決，乃相謂曰：「西伯仁也〔二〕，盍往質之〔三〕？」入其境，則耕者讓畔〔四〕，行者讓路；入其朝〔五〕，士讓爲大夫，大夫讓于卿〔六〕。虞、芮之君曰：「嘻！吾儕〔七〕小人也，不可以入君子之朝〔八〕。」遠〔九〕自相與而退，咸以所爭之田爲閒田也〔一〇〕。孔子曰：「以此觀之，文王之道，其不可加焉，不令而從，不教而聽，至矣哉！」

（此記載又見於説苑君道）

【校注】

〔一〕虞、芮：春秋時兩個諸侯國。虞國在今山西平陰，芮國在今山西芮城。

人也」。

〔二〕西伯：王肅注：「西伯，文王。」仁也：備要本同，四庫本、玉海堂本、同文本、百子本作「仁

〔三〕盍往質之：王肅注：「盍，何不。質，正也。」

〔四〕畔：田界。

〔五〕「入其朝」上，備要本、百子本同，四庫本、玉海堂本、同文本有「入其邑，男女異路，斑白不提挈」三句。寧鎮疆今傳宋本孔子家語源流考略云：「藝文類聚卷二十一人部五引家語也是没有此句，而且同書卷六十五軍器部再次引此章，同樣没有此句。」

〔六〕士讓爲大夫，大夫讓于卿：士謙讓他人做大夫，大夫謙讓他人做卿。于：備要本、百子本同，四庫本、玉海堂本、同文本作「爲」。

〔七〕儕：音「柴」。王肅注：「儕，等。」

〔八〕不可以入君子之朝：備要本、百子本同，四庫本、玉海堂本、同文本作「不可以履君子之庭」。

〔九〕遠：四庫本、備要本、玉海堂本、同文本、百子本作「遂」。「遠」誤，「遂」是。

〔一〇〕也：備要本同，四庫本、玉海堂本、同文本、百子本作「矣」。

曾子曰：「狎甚則相簡，莊甚則不親〔一〕，是故君子之狎足以交歡，其莊足以成

禮。」孔子聞斯言也，曰：「二三子志〔二〕之，孰謂參也不知禮乎〔三〕！」

（此記載又見於説苑談叢）

【校注】

〔一〕狎甚則相簡，莊甚則不親：親近戲謔過分則顯得簡慢，莊重嚴肅過分則顯得不親。

〔二〕志：四庫本、備要本、玉海堂本、同文本同，百子本作「識」。「志」通「識」，記也。

〔三〕孰謂參也不知禮乎：備要本、百子本同，四庫本、玉海堂本、同文本作「孰爲參也不知禮也」。

哀公問曰：「紳委章甫〔一〕，有益於仁乎？」孔子作色而對曰：「君胡然焉〔二〕？衰麻苴杖〔三〕者，志不存乎樂，非耳弗聞，服使然也。黼黻衮冕〔四〕者，容不襲慢〔五〕，非性矜莊，服使然也。介冑執戈者，無退懦之氣〔六〕，非體純猛，服使然也。且臣聞之，好肆不守折〔七〕，而長者不爲市竊〔八〕。夫其有益與無益，君子所以知。」

（此記載又見於荀子哀公）

【校注】

〔一〕紳委章甫：王肅注：「委，委貌。章甫，冠名也。」紳：士大夫束在腰間的大帶。委：下垂，指紳帶的末端下垂。紳帶下垂，表示謙恭有禮。章甫：商朝時的一種冠，即緇布冠。古冠禮，始加緇布冠。

〔二〕君胡然焉：君上怎麽這麽問呢？

〔三〕衰麻苴杖：穿着麻布喪服，拄着哀杖。衰，音「崔」，喪服。苴：音「居」。苴杖：苴麻杆做的杖，一説指竹杖。

〔四〕黼黻：音「府浮」，禮服上繪繡的花紋。衮冕：衮衣和冠冕，帝王和大夫的禮服和禮帽。

〔五〕容不襲慢：備要本同；四庫本、玉海堂本、同文本、百子本作「容不褻慢」，是。褻慢：輕慢，不莊重。

〔六〕介冑執戈者，無退懦之氣：四庫本、備要本、百子本作「介胄執戈者，無退懦之氣」，玉海堂本、同文本作「介胄執戈者，無退愞之氣」。「介冑」「退愞」非，「介胄」「退懦」是。介胄：鎧甲和頭盔。退懦：退縮懦弱。

〔七〕好肆不守折：王肅注：「言市弗能爲廉，好肆不守折也。」肆：市集貿易之處，此指市集貿易者。折，音「舌」。句意是：好的生意人不會老守着折本的買賣。

〔八〕長者不爲市竊：王肅注：「言長者之行，則不爲市買之事。」又注：「竊，宜爲察。」諸本據王肅注，皆在「竊」前斷句，「竊」屬下句。百子本在「竊」後斷句，將「市竊」視爲一個詞，似有道理。句意是：德高望重的長者不會做市上的竊賊。

孔子謂子路曰：「見長者而不盡其辭〔一〕，雖有風雨，吾不能入其門矣。故君子以其所能敬人〔二〕，小人反是。」

【校注】

〔一〕不盡其辭：不將該説的關切話説完。

〔二〕敬人：孫志祖疏證曰：「盧云：敬疑教。」

孔子謂子路曰：「君子以心導耳目，立義以爲勇；小人以耳目導心，不愻〔一〕以爲勇。故曰退之而不怨，先之斯可從已〔二〕。」

【校注】

〔一〕不愻：不謙恭，不順從。愻：同「遜」。

〔二〕先之斯可從已：四庫本、備要本、百子本同，玉海堂本、同文本作「先之斯不從已」。王肅注：「言人退之不怨，先之則可從，足以爲師也。」兩句是説：别人把他排在後面（看輕他），他不會怨恨；别人把他排在前面（看重他），他會做好表率，令人跟從。

孔子曰：「君子三患〔一〕：未之聞，患不得聞；既得聞之〔二〕，患弗得學；既得學之，患弗能行。有其德而無其言，君子耻之；有其言而無其行〔三〕，君子耻之；既得之，而又失之，君子耻之；地有餘，民不足〔四〕，君子耻之；衆寡均而人功倍己焉，君子耻之〔五〕。」

（此記載又見於禮記雜記下、説苑談叢）

【校注】

〔一〕君子三患：備要本同，四庫本、玉海堂本、同文本、百子本作「君子有三患」。患：擔憂。

〔二〕既得聞之：玉海堂本、同文本、備要本、百子本同，四庫本作「既聞之」。

〔三〕有其言而無其行：備要本、百子本同，四庫本、玉海堂本、同文本作「有其言而以無其行」。

〔四〕地有餘，民不足：備要本同，百子本作「地有餘而民不足」，四庫本、玉海堂本、同文本作「地有而民不足」。

〔五〕衆寡均而人功倍己焉，君子耻之：王肅注：「凡興功業，多少與人同，而功殊倍己，故耻之也。」此語是説：領導的百姓人數多少差不多，而别人取得的功績是自己的一倍或數倍，君子應該感到羞耻。

魯人有獨處室者，鄰之釐婦〔一〕亦獨處一室。夜暴風雨至，釐婦室壞〔二〕，趨而託〔三〕焉。魯人閉户〔四〕而不納，釐婦自牖與之言：「何不仁〔五〕而不納我乎？」魯人曰：「吾聞男女不六十不同居〔六〕，今子幼〔七〕，吾亦幼，是以不敢〔八〕納爾也。」婦人曰：「子何不如柳下惠〔九〕然？嫗不建門之女〔一〇〕，國人不稱其亂〔一一〕。」魯人曰：「柳下惠則可，吾固不可。吾將以吾之不可學柳下惠之可。」孔子聞之曰：「善哉！欲學柳下惠者，未有似於此者，期於至善而不襲其爲，可謂智乎！」

（此記載又見於詩經相伯毛傳）

【校注】

〔一〕釐婦：王肅注：「釐，寡婦也。」

〔二〕釐婦室壞：四庫本、備要本、玉海堂本、同文本同，百子本作「釐婦之室壞」。

〔三〕託：託居。猶臨時寄身。

〔四〕閉户：四庫本、備要本、玉海堂本、同文本同，百子本作「閉門」。

〔五〕何不仁：備要本同，四庫本、玉海堂本、同文本、百子本作「子何不仁」。

〔六〕男女不六十不同居：備要本、百子本同，四庫本作「男子不六十不間居」，玉海堂本作「男子不六十不閒居」，同文本作「男女不六十不閒居」。

〔七〕幼：年輕。

〔八〕敢：四庫本、備要本、玉海堂本、同文本同，百子本無此字。

〔九〕柳下惠：春秋時魯國大夫展禽，因食邑柳下（今山東新泰柳里），謚惠，故名。傳説他曾遇一將要凍僵的無家可歸女子，把她摟在懷裏，用衣服裹緊，温暖之，久而不亂。

〔一〇〕嫗不建門之女：備要本、百子本同；四庫本、玉海堂本、同文本作「嫗不逮門之女」，是。嫗：以體相温。不逮門：找不到家門，無家可歸。

〔一一〕國人不稱其亂：四庫本、備要本、玉海堂本、同文本同，百子本無此句。

孔子曰：「小辯害義〔一〕，小言破道〔二〕。關雎〔三〕興于鳥而君子美之，取其雄雌〔四〕之有别。鹿鳴〔五〕興於獸而君子大之，取其得食而相呼〔六〕。若以鳥獸之名嫌之，固不可行也。」

（此記載又見於淮南子泰族訓）

【校注】

〔一〕小辯：辯説瑣碎小事。

〔二〕小言：不合大道的言論。

〔三〕關雎：詩經國風周南的第一篇，以「關關雎鳩，在河之洲」起興，抒寫愛情。關關：鳥鳴聲。雎鳩：水鳥，又名魚鷹。相傳雌雄有定偶，故關雎詩以喻君子之配偶。

〔四〕雄雌：四庫本、備要本、玉海堂本、同文本同，百子本作「雌雄」。

〔五〕鹿鳴：詩經小雅的第一篇，以「呦呦鹿鳴，食野之蘋」起興，抒寫殿堂上晏飲時的歡快和諧氣氛。

〔六〕得食而相呼：鹿得到美食就相互招呼，群體共用。

孔子謂子路曰：「君子而强氣〔一〕，而不得其死〔二〕；小人而强氣，則刑戮荐蓁〔三〕。豳詩〔四〕曰：『殆天之未陰雨，徹彼桑土，綢繆牖户〔五〕。今汝下民，或敢侮余〔六〕。』」孔子曰：「能治國家之〔七〕如此，雖欲侮之，豈可得乎？周自后稷，積行累功〔八〕，以有爵土〔九〕。公劉〔一〇〕重之以仁，及至大王亶甫〔一一〕，敦以德讓，其樹根置本，備豫遠矣〔一二〕。初，大王都豳〔一三〕，翟人〔一四〕侵之，事之以皮幣〔一五〕，不得免焉；事之以珠玉，不得免焉。於是屬耆老而告之〔一六〕：『所欲吾土地〔一七〕。吾聞之，君子不以所養而害人〔一八〕。二三子何患乎無君？』遂獨與大姜〔一九〕去之，踰梁山〔二〇〕，邑于岐山〔二一〕之下。豳人曰：『仁人之君，不可失也。』從之如歸市焉。天之與周，民之去殷久矣，若此而不能天下，未之有也。武庚惡能侮〔二二〕？」「鄁詩〔二三〕曰：『執轡如組，兩驂如儛〔二四〕。』」孔子曰：「爲此詩者，其知政乎！夫爲組者，稔紕於此，成文於彼〔二五〕。言其動於近，行於遠也。執此法以御民，豈不化乎！竿旄之忠告，至矣哉〔二六〕！」

【校注】

〔一〕强氣：桀驁不馴的氣性。强：音「犟」，倔强固執。

〔二〕而：同文本同，玉海堂本、四庫本、備要本、百子本作「則」。不得其死：不得善終。

〔三〕荐蓁：備要本同，四庫本、玉海堂本、同文本、百子本作「荐臻」。蓁：音「真」，通「臻」。荐蓁：接連到來。

〔四〕豳詩：指詩經豳風鴟鴞。

〔五〕殆天之未陰雨，徹彼桑土，綢繆牖户：王肅注：「殆，及也。徹，剥也。桑土，桑根也。鴟鴞，天未雨，剥取桑根，以纏綿其牖户，喻我國家積累之功，乃難成之苦者也。」殆：四庫本作「迨」。

〔六〕今汝下民，或敢侮余：四庫本、備要本、玉海堂本、同文本同，百子本作「今女下民，或敢侮予」。王肅注：「今者，周公時。言我先王（玉海堂本、四庫本作「先祖」）致此大功至艱，而下民敢侵侮我周道。謂管蔡之屬（玉海堂本、四庫本作「管蔡之亂」）不可不遏絶之，以存周室者也。」

〔七〕之：四庫本、備要本、玉海堂本、同文本同，百子本無此字。

〔八〕后稷：周族始祖，姬姓，名棄，號后稷。善於農耕，堯舜舉爲農官。積行累功：四庫本、備要本、玉海堂本、同文本同，百子本作「積功累行」。

〔九〕爵土：爵位和土地。

〔一〇〕公劉：相傳爲后稷的曾孫。詩經大雅有公劉篇，毛傳：「公劉居於邰而遭夏人亂，迫逐公劉。公劉乃辟中國之難，遂平西戎而遷其民，邑於豳焉。」

〔一一〕大王亶甫：四庫本作「大王亶父」，百子本作「太王亶父」。太王亶父：亦稱古公亶父，即周太王，后稷的第十二代孫，周文王姬昌的祖父。

〔一二〕樹根置本，備豫遠矣：爲周族立國培植了根基，作了長遠的準備。備豫：準備。

〔一三〕豳：音「彬」，在今陝西彬縣。

〔一四〕翟人：玉海堂本、同文本、備要本同，四庫本、百子本作「狄人」。「狄」通「翟」。

〔一五〕皮幣：毛皮和繒帛。

〔一六〕屬耆老而告之：聚集族中的老人，告訴他們。屬：音「囑」，聚集。耆：音「旗」。耆老：老人，特指德高望重的老人。告之：玉海堂本、同文本、四庫本、備要本同，百子本作「告曰」。

〔一七〕所欲吾土地：玉海堂本、同文本、四庫本、備要本同，百子本作「狄人之所欲吾土地」。

〔一八〕所養而害人：玉海堂本、同文本、四庫本、備要本同，百子本作「所養人者害人」。所養：指養人的土地。

〔一九〕大姜：古公亶父的妻子，也寫作太姜。

〔二〇〕梁山：在陝西乾縣西北。

〔二一〕岐山：在陝西寶雞境内。

〔二二〕武庚惡能侮：王肅注：「武庚，紂子，名禄父，與管叔共爲亂也。」惡：音「巫」，怎，何。侮：輕慢，欺辱。

〔二三〕鄁詩：指詩經邶風。鄁：同「邶」。

〔二四〕執轡如組，兩驂如儛：此詩見於詩鄭風大叔於田。王肅注：「驂之以服，和調中節。」意思是：手持韁繩如編絲帶，兩匹驂馬像舞蹈。組：絲帶，也指編織絲帶。驂：音「餐」，古時四馬同駕一車，中間的兩匹稱服，兩旁的稱驂。

〔三五〕穟紕：玉海堂本、同文本作「惣紕」，四庫本、備要本、百子本作「總紕」。穟：成捆的禾。惣：同「總」，總括，彙集。穟、惣，皆音「總」。紕：音「披」，指絲織物稀疏。此三句是説：織絲帶的人，在這邊彙聚稀疏的絲縷，那邊就織成了錦繡。這是説動於近處，會影響到遠處。

〔三六〕竿旄之忠告，至矣哉：王肅注：「竿旄之詩者，樂乎善道告人，取喻於素絲良馬，如組紕之義。」此句下，百子本有「孔子讀詩，于正月六章惕然如懼，曰：『彼不達之君子，豈不殆哉？從上依世則道廢，違上離俗則身危，時不興善，己獨由之，則曰非妖即妄也。故賢者既不遇天，恐不終其命焉，桀殺龍逄，紂殺比干，皆是類也。詩曰：「謂天蓋高，不敢不局。謂地蓋厚，不敢不蹐。」』此言上下畏罪，無所自容也」一節文字，他本皆無。

孔子家語卷第三

觀周第十一

孔子謂南宫敬叔〔一〕曰：「吾聞老聃博古知今〔二〕，通禮樂之原，明道德之歸，則吾師也。今將往矣。」對曰：「謹受命。」遂言於魯君曰：「臣受先臣〔三〕之命云：『孔子，聖人〔四〕之後也，滅於宋〔五〕。其祖弗父何，始有國而授厲公〔六〕。及正考父佐戴、武、宣〔七〕，三命兹益恭〔八〕。故其鼎銘〔九〕曰：「一命而僂，再命而傴，三命而俯〔一〇〕。循牆而走〔一一〕，亦莫余敢侮〔一二〕。饘於是，粥於是，以餬其口〔一三〕。」其恭儉也若此。』臧孫紇〔一四〕有言：『聖人之後，若不當世〔一五〕，則必有明君〔一六〕而達者焉。孔子少而好禮，其將在矣〔一七〕。』屬臣曰〔一八〕：『汝必師之。』今孔子將適周，觀先王之遺制，考禮樂之所極，斯大業也。君盍以乘資之〔一九〕？臣請與往。」公曰：「諾。」與孔

子車一乘，馬二疋，豎其侍御〔二〇〕。敬叔與俱至周〔二一〕。（此記載又見於左傳昭公七年、史記孔子世家）

【校注】

〔一〕南宮敬叔：王肅注：「敬叔，孟僖子子也。」即魯國貴族孟僖子之子，孟懿子之弟，名閱，受父囑師從孔子，曾與孔子適周問禮於老子。

〔二〕老聃：王肅注：「老聃，老子，博古知今而好道。」

〔三〕先臣：王肅注：「先臣，僖子。」

〔四〕聖人：王肅注：「聖人，殷湯。」湯是殷商開國之君，宋是殷商後嗣之國，孔子先祖是宋國公族，故稱孔子爲聖人之後。

〔五〕滅於宋：王肅注：「孔子之先去宋奔魯，故曰滅於宋也。」孔子六世祖大司馬孔父嘉妻美，太宰華督欲奪之，捏造罪名殺害孔父嘉，霸其妻，孔父嘉後人避禍奔魯。

〔六〕其祖弗父何，始有國而授厲公：孔子的十世祖弗父何，最初擁有了宋國，而讓給了弟弟宋厲公。王肅注：「弗父何，緡公世子，厲公兄也，讓國以授厲公。」春秋傳曰：『以有宋而授厲公宜（四庫本無「宜」字，左傳昭公七年此語也無「宜」字）。』始，始也，始有宋也。」授：備要本、百子本同，四庫本、玉海堂本、同文本作「受」。

〔七〕正考父佐戴、武、宣：王肅注：「正考父，何之曾孫也。戴、武、宣，三公也。」正考父：孔子的七世祖。

〔八〕三命兹益恭：三次任命，一次比一次恭敬。王肅注：「考父士一命，其大夫再命，卿三命是也（四庫本作「命爲士，一命；命爲大夫，再命；命爲卿，三命是也」）。」

〔九〕鼎銘：王肅注：「臣有功德，君命銘之於其宗廟之鼎也。」

〔一〇〕僂、傴、俯：都是彎腰，表示恭敬。王肅注：「傴恭於僂，俯恭於傴。」僂：音「吕」。傴：音「雨」。

〔一一〕循牆而走：沿着牆根走。王肅注：「言恭之甚。」

〔一二〕莫余敢侮：王肅注：「余，我也。我，考父也。以其恭如此，故人亦莫之侮。」

〔一三〕饘於是，粥於是，以餬其口：王肅注：「饘，糜（當爲「糜」）也。爲糜粥於此鼎，言至儉也。」

〔一四〕臧孫紇：弗父何的後代，即魯國大夫臧武仲。王肅注：「紇，臧武仲。」紇：音「河」。

〔一五〕不當世：王肅注：「弗父何，殷湯之後，而不繼世，爲宋君。」

〔一六〕明君：百子本同，四庫本、備要本、玉海堂本、同文本作「明德」。

〔一七〕將在矣：王肅注：「將在孔子。」

〔一八〕屬臣曰：指父親囑咐自己。曰：備要本、百子本同，四庫本、玉海堂本、同文本無此字。

〔一九〕君盍以乘資之：君何不以車馬資助他呢？

〔二〇〕馬二疋，豎其侍御：備要本、百子本作「馬二疋，豎子侍御」，四庫本、玉海堂本、同文本作「馬二匹，豎子侍御」。「疋」同「匹」。「豎其」當爲「豎子」。豎子：童僕。

〔二一〕敬叔與俱至周：四庫本、備要本、玉海堂本、同文本同，百子本作「與敬叔俱至周」。

問禮於老聃，訪樂於萇弘〔一〕，歷郊社之所〔二〕，考明堂之則〔三〕，察廟朝之度〔四〕。於是喟然曰：「吾乃今知周公之聖，與周之所以王〔五〕也。」及去周，老子送之，曰：「吾聞富貴者送人以財，仁者送人以言，吾雖不能富貴，而竊仁者之號，請送子以言乎：凡當今之士，聰明深察而近於死者，好譏議人者也〔六〕；博辯閎達而危其身〔七〕，好發人之惡者也。無以有己爲人子者〔八〕，無以惡己爲人臣者〔九〕。」孔子曰：「敬奉教。」自周反魯，道彌尊矣。遠方弟子之進，蓋三千焉。

【校注】

〔一〕萇弘：王肅注：「弘，周大夫。」

〔二〕郊社之所：祭祀天地之處。周代冬至祭天稱郊，夏至祭地稱社。

〔三〕明堂：帝王宣明政教的地方。則：王肅注：「則，法。」

〔四〕廟朝之度：王肅注：「宗廟朝廷之法度也。」

〔五〕所以王：四庫本、備要本、玉海堂本、同文本同，百子本作「所以興」。

〔六〕聰明深察而近於死者，好譏議人者也：謂因聰明深察而危及生命者，是那些好譏諷議論别人的人。

〔七〕博辯：從多方面辯説，雄辯，能言善辯。閎達：才識宏富通達。危其身：四庫本、備要本、玉海堂本、同文本同，百子本作「危其身者」。

〔八〕無以有己爲人子者：四庫本、備要本、玉海堂本、同文本同，百子本無此句。王肅注：「身，父母有之也。」意爲：作爲人子，不要讓父母總是擔心牽掛自己。

〔九〕無以惡己爲人臣者：四庫本、備要本、玉海堂本、同文本同，百子本無此句。王肅注：「言聽則仕，不用則退，保身全行，臣之節也。」意爲：作爲人臣，不要讓君上憎惡自己。

孔子觀乎明堂，覩四門墉〔一〕，有堯舜之容，桀紂之象〔二〕，而各有善惡之狀，興廢之誡焉。又有周公相成王，抱之，負斧扆〔三〕，南面以朝諸侯之圖焉〔四〕。孔子徘徊而望之，謂從者曰：「此周之〔五〕所以盛也。夫明鏡所以察形，往古者〔六〕所以知今。人主不務襲迹於其所以安存，而忽怠〔七〕所以危亡，是猶未有以異於却走而欲求及前人也〔八〕，豈不惑哉！」

【校注】

〔一〕墉：牆壁。

〔二〕堯舜之容，桀紂之象：備要本、百子本同，四庫本、玉海堂本、同文本作「堯舜與桀紂之象」。

〔三〕負：背對着。斧扆：也作「斧依」。帝王朝堂所用的狀如屏風的器物，以絳爲質，高八尺，東西當户牖之間，有斧形圖案，故名。扆：音「以」。逸周書明堂：「天子之位，負斧扆，南面立。」儀禮覲禮：「天子設斧依於户牖之間。」鄭玄注：「依，如今綈素屏風也，有繡斧文，所以示威也。」

〔四〕南面以朝諸侯之圖焉：王肅注：「世之博學者謂周公便履天子之位，失之遠矣也。」

〔五〕周之：備要本、百子本同，四庫本、玉海堂本、同文本作「周公」。

〔六〕者：四庫本、備要本、玉海堂本、同文本同，百子本無此字。

〔七〕忽怠：備要本、百子本同，四庫本、玉海堂本、同文本作「急急」。忽怠：輕慢。

〔八〕是猶未有以異於却走而欲求及前人也：四庫本、備要本、玉海堂本、同文本同，百子本作

「未有異於却步而求及前人也」。王國軒、王秀梅譯曰：「君主不努力沿着使國家安定的路上走，而忽視國家危亡的原因，這和倒着走却想追趕上前面的人一樣，難道不糊塗嗎！」

孔子觀周，遂入太祖后稷之廟，廟堂〔一〕右階之前有金人〔二〕焉，三緘其口〔三〕，而銘其背曰：「古之慎言人也，戒之哉。無多言，多言多敗；無多事，多事多患。安樂必戒〔四〕，無所行悔〔五〕。勿謂何傷，其禍將長；勿謂何害，其禍將大；勿謂不聞，神將伺人〔六〕。熖熖不滅，炎炎若何〔七〕？涓涓不壅，終爲江河。綿綿不絶，或成網羅〔八〕。毫末不札，將尋斧柯〔九〕。誠能慎之，福之根也。口是何傷？禍之門也。强梁者不得其死〔一〇〕，好勝者必遇其敵。盗憎主人，民怨其上。君子知天下之不可上〔一一〕也，故下之；知衆人之不可先也，故後之。温恭慎德，使人慕之；執雌持下〔一二〕，人莫踰之；人皆趨彼〔一三〕，我獨守此；人皆或之，我獨不徙〔一四〕。内藏我智，不示人技。我雖尊高，人弗我害。誰能於此〔一五〕？江海雖左，長於百川，以其卑也〔一六〕。天道無親，而能下人〔一七〕。戒之哉！」孔子既讀斯文也，顧謂弟子曰：「小人識之〔一八〕，此言實而中，情而信〔一九〕。詩曰〔二〇〕：『戰戰兢兢，如臨深淵，如履薄冰〔三二〕。』行身如此，豈以口過患哉？」

（此記載又見於説苑敬慎）

【校注】

〔一〕后稷之廟，廟堂：四庫本、備要本、玉海堂本、同文本同，百子本作「后稷之廟堂」。后稷：名棄。周族始祖。傳説有邰氏女姜嫄踏巨人足跡懷孕而生，以爲不祥，一度被棄，因名棄。善於種植各種穀物，號曰后稷。

〔二〕金人：銅鑄人像。

〔三〕三緘其口：嘴巴被封了三道封條。三：備要本同，玉海堂本、同文本作「叁」，四庫本、百子本作「參」。緘：封。

〔四〕安樂必戒：王肅注：「雖處安樂，必警戒也。」

〔五〕無所行悔：王肅注：「言當詳而後行，所悔之事不可復行。」

〔六〕神將伺人：神靈會暗暗觀察着人的行爲。伺：觀察。

〔七〕焰焰不滅，炎炎若何：火苗初起時不撲滅，發展成熊熊大火怎麽辦？焰：也作「焰」，火苗。

〔八〕綿綿不絶，或成網羅：王肅注：「綿綿，微細若不絶，則有成羅網者也。」

〔九〕毫末不札，將尋斧柯：王肅注：「如毫之末，言至微也。札，拔也。尋，用者也。」

〔一〇〕不得其死：不得好死，不得善終。

〔一一〕天下之不可上：天下的事不可事事爭上。

〔一二〕執雌持下：守住柔弱保持卑下。雌：柔弱。

〔一三〕人皆趨彼：四庫本、備要本、玉海堂本、同文本同，百子本作「人皆取彼」。「取」有「趨向」義。

〔一四〕人皆或之，我獨不徙：四庫本、備要本、玉海堂本、同文本同，百子本「人皆或之」作「人皆惑之」。王肅注：「或之，東西轉移之貌。」或之：王國軒、王秀梅注曰：「搖擺不定。」譯曰：「人人都在變動，我獨自不移。」楊朝明、宋立林注曰：「或之：到某處去。之，往，去。」張濤注曰：「『或』，通『惑』，疑惑，迷惑。」譯曰：「別人都迷惑徘徊，我却堅定不移。」

〔一五〕於此：四庫本、備要本、玉海堂本、同文本同，百子本作「如此」。

〔一六〕江海雖左，長於百川，以其卑也：王肅注：「水陰長右，江海雖在於其左，而能爲百川長，以其能下。」左：卑，下，處於下游。長於百川：爲百川之長。

〔一七〕天道無親，而能下人：上天没有偏愛，而能謙遜對待每一個人。下人：居於人後，對人謙讓。易屯卦：「以貴下賤。」易繫辭上：「勞而不伐，有功而不德，厚之至也，語以其功下人者也。」孔穎達疏：「能以有功卑下於人者也。」

〔一八〕小人識之：玉海堂本、同文本同，四庫本、備要本、百子本作「小子識之」。識：王肅注：「音志。」即記住。

〔一九〕實而中，情而信：實在而中肯，合情而可信。

〔二〇〕詩曰：備要本同，四庫本、玉海堂本、同文本、百子本作「詩云」。

〔二一〕戰戰競競，如臨深淵，如履薄冰：王肅注：「戰戰，恐也。競競，戒也。恐墜也，恐陷也。」此詩見於詩小雅小旻。

孔子見老聃而問焉，曰〔一〕：「甚矣，道之於今難行也。吾比執道，而今委質以求當世之君，而弗受也〔二〕。道於今難行也。」老子曰：「夫說者流〔三〕於辯，聽者亂於辭，如此〔四〕二者，則道不可以忘也。」

（此記載又見於說苑反質）

【校注】

〔一〕問焉，曰：四庫本、備要本、玉海堂本、同文本同，百子本作「問曰」。

〔二〕吾比執道，而今委質以求當世之君，而弗受也：我近來推行道，今行大禮請求當政國君能夠採納，而他們不接受。比：近來。委質：臣下拜見君上時，屈膝而委體於地。

〔三〕説者流於辯，聽者亂於辭：遊説的人過於巧辯，聽的人被花言巧語擾亂。流：王肅注：「流，猶過也，失也。」

〔四〕如此：同文本、備要本、百子本同，四庫本、玉海堂本作「知此」。

弟子行第十二

衛將軍文子〔一〕問於子貢曰：「吾聞孔子之施教也，先之以詩、書，而道之以孝悌〔二〕，説之以仁義，觀之以禮樂，然後成之以文德，蓋入室升堂〔三〕者七十有餘人，其孰爲賢？」子貢對以不知。

（此及以下又見於大戴禮記衛將軍文子）

【校注】

〔一〕衛將軍文子：王肅注：「衛卿，名彌牟也。」

〔二〕而道之以孝悌：備要本、百子本同，四庫本、玉海堂本、同文本作「導之以孝悌」。道：音「導」，開導，教導，引導。

〔三〕入室升堂：指學識技藝漸進於精深之境界。

文子曰：「以吾子常與學，賢者也，不知何謂〔一〕？」子貢對曰：「賢人無妄〔二〕，知賢即難，故君子之言曰：『智莫難於知人〔三〕。』是以難對也。」

【校注】

〔一〕以吾子常與學，賢者也，不知何謂：此句各家理解有異，楊朝明、宋立林斷句爲：「以吾子常與學，賢者也，不知何謂？」解作：「您常常和他們一起學習，您也是個賢者，怎麽説不知道呢？」王國軒、王秀梅斷句爲：「以吾子常與學賢者也，何爲不知？」譯曰：「因爲你常和他們一起向賢者學習，怎麽能不知道呢？」不知何謂：備要本同，四庫本、玉海堂本、同文本、百子本作「何爲不知」。

〔二〕賢人無妄：王肅注：「賢人無妄，舉動不妄。」指不妄加評論。

〔三〕智莫難於知人：最難的智慧莫過於認識人、瞭解人。

文子曰：「若夫知賢莫不難〔一〕。今吾子親遊〔二〕焉，是以敢問。」子貢曰：「夫子之門人，蓋有三千就〔三〕焉。賜有逮及焉，未逮及焉〔四〕，故不得徧〔五〕知以告也。」

【校注】

〔一〕知賢莫不難：謂瞭解賢人很困難。

〔二〕親遊：指在聖賢孔子門下遊學。

〔三〕就：成就，造就。謂孔門三千弟子，個個有成就。

〔四〕賜有逮及焉，未逮及焉：我端木賜對這三千人，有的接觸過，有的未接觸過。

〔五〕徧：同「遍」。

文子曰：「吾子所及者，請問〔一〕其行。」子貢對曰：「夫能夙興夜寐，諷誦崇禮，行不貳過〔二〕，稱言不苟〔三〕，是顔回之行也。孔子説之以詩〔四〕曰：『媚茲一人，應侯慎德〔五〕。』『永言孝思，孝思惟則〔六〕。』若逢有德之君，世受顯命〔七〕，不失厥〔八〕名，以御于天子，則王者之相也〔九〕。

【校注】

〔一〕問：備要本、百子本同，四庫本、玉海堂本、同文本作「聞」。

〔二〕行不貳過：王肅注：「貳，再也。有不善未嘗不知，知之未嘗復行也。」

〔三〕稱言不苟：說話不隨便。王肅注：「舉言典法，不苟且也。」

〔四〕說之以詩：用詩經中的話來評說。此詩見於詩大雅下武。

〔五〕媚兹一人，應侯慎德：毛亨傳：「一人，天子也。應，當。侯，維也。」鄭玄箋：「媚，愛。兹，此也。」王肅注：「一人，天子也。應，當也。侯，惟也。言顔淵之德之以（「之以」，玉海堂本、四庫本作「足以」）媚愛天子，當於其心惟慎德。」慎德：四庫本、備要本、玉海堂本、同文本同，百子本作「順德」。

〔六〕永言孝思，孝思惟則：毛亨傳：「則其先人也。」鄭玄箋：「長我孝心之所思。所思者，其維則三後之所行。子孫以順祖考爲孝。」王肅注：「言能長是孝道足以爲法則也。」王國軒、王秀梅譯曰：「永遠恭敬盡孝道，孝道足以爲法則。」

〔七〕顯命：對天子詔命的美稱。

〔八〕厥：其。

〔九〕以御于天子，則王者之相也：被天子任用，就會成爲王者的輔佐。

「在貧如客〔一〕，使其臣如借〔二〕，不遷怒，不深怨，不録舊罪〔三〕，是冉雍〔四〕之行也。孔子論其材曰：『有土之君子也，有衆使也，有刑用也，然後稱怒焉〔五〕。』孔子告之以詩〔六〕曰：『靡不有初，鮮克有終〔七〕，疋夫不怒，唯以亡其身〔八〕。』

【校注】

〔一〕在貧如客：王肅注：「言不以貧累志，矜莊如爲客也。」

〔二〕使其臣如借：王肅注：「言不有其臣，如借使之也。」此二句是説：身處貧困能矜持莊重，使用臣僕如同借用般客氣。

〔三〕不録舊罪：不總是記着别人過去的罪過，即不念舊仇。録：記。罪：四庫本、備要本、玉海堂本、同文本同，百子本作「非」。

〔四〕冉雍：字仲弓，孔子弟子。春秋末魯國人。生於魯昭公二十年，即公元前五二二年，少孔子二十九歲。以德行著稱。論語雍也孔子讚其「犁牛之子騂且角」（即耕牛之子色紅角正），「雍也可使南面」（即冉雍可使從政爲官）。曾隨孔子周遊列國，回國後任季氏家總管。

〔五〕有土之君子也，有衆使也，有刑用也，然後稱怒焉：王肅注：「言有土地之君，有衆足使，有刑足用，然後可以稱怒。冉雍非有土之君，故使其臣如借，而不加怒也。」孫志祖疏證曰：「『子』字疑衍。」

〔六〕此詩見於詩大雅蕩。

〔七〕靡不有初，鮮克有終：没有不是好好開頭的，但很少能有保持善終的。王肅注：「冉雍能終其行。」

〔八〕疋夫不怒，唯以亡其身：王肅注：「因説不怒之義，遂及疋夫以怒亡身。」孫志祖疏證曰：「大戴作『匹夫之怒』，是。」疋夫：古指男性平民。泛指常人，普通人。

「不畏强禦〔一〕，不侮矜寡〔二〕，其言循性〔三〕，其都以富〔四〕，材任治戎〔五〕，是仲由〔六〕之行也。孔子和之以文，説之以詩〔七〕曰：『受小拱大拱，而爲下國駿龐，荷天子之龍〔八〕，不戁不悚，敷奏其勇〔九〕。』强乎武哉，文不勝其質〔一〇〕。

【校注】

〔一〕强禦：强暴。

〔二〕矜：音「官」，同「鰥」。指無妻的男人。寡：死了丈夫的女人。

〔三〕其言循性：王肅注：「循其性也，而言不誣其爾（爾，四庫本、玉海堂本作「情」）。」

〔四〕其都以富：各家對此句理解有分歧。王肅注：「仲由長於富貴（富貴，四庫本、玉海堂本作「政事」）。」張濤注曰：「都，居，此指爲政之處。」譯曰：「説話依循人性，居官富庶一方。」

王國軒、王秀梅注曰：「都，讚美之詞，指閑雅，美好。富，富於容貌。一説『都』指爲官；富，富於才幹。」譯曰：「説話遵循本性，長於治理政事。」張濤注譯爲勝。「都」有「居」義，史記滑稽列傳：「都卿相之位。」鹽鐵論遵道：「諸卿都大府日久矣。」

〔五〕材任治戎：才能適於治理軍隊。王肅注：「戎，軍旅也。」

〔六〕仲由：姓仲，名由，字子路，又字季路。魯國卞人，孔子弟子，少孔子九歲，性格伉直勇武，擅長政事。

〔七〕此詩見於詩商頌長發。

〔八〕受小拱大拱，而爲下國駿龐，荷天子之龍：王肅注：「孔子曰（玉海堂本無「曰」字）和仲由以文，説之以詩，此其義也。拱，法也。駿，大也。龐，厚也。龍，荷之。言受大小法，爲下國大厚，乃可任天下道也。」小拱大拱：備要本、百子本同，四庫本、玉海堂本、同文本作「小共大共」。龍：通「寵」。

〔九〕不戁不悚，敷奏其勇：王肅注：「戁，恐。悚，懼。敷，陳。奏，薦。」戁：音「難」。悚：音「聳」。此語是説：遵守大法小法，對下面的諸侯國仁厚寬大。受天子榮寵，不恐不懼，陳奏忠勇。

〔一〇〕强乎武哉，文不勝其質：剛强武勇啊，文采勝不過質樸。王肅注：「言子路强勇，文不勝其質。」

「恭老卹幼，不忘賓旅〔一〕，好學博藝，省物而勤也〔二〕，是冉求〔三〕之行也。孔子因而〔四〕語之曰：『好學則智，卹孤則惠，恭則近禮，勤則有繼〔五〕，堯舜篤恭以王天下。』其稱之也曰：『宜爲國老〔六〕。』」

【校注】

〔一〕賓旅：王肅注：「賓旅，謂寄客也。」

〔二〕省物而勤也：王肅注：「省録諸事而能勤也。」省：音「醒」。省物：觀察事物。

〔三〕冉求：姓冉，名求，字子有，也稱冉有。魯國人，孔子弟子。生於魯昭公二十年（公元前五二二年），少孔子二十九歲。曾爲季氏家宰。魯哀公十一年，齊、魯交戰，冉求任將帥，大破齊軍。

〔四〕因而：四庫本、備要本、玉海堂本、同文本同，百子本無此二字。

〔五〕繼：增益，有收穫。

〔六〕其二句意爲：孔子稱美他説：「你適合做國老。」國老：古指告老退職的卿大夫。王肅注：「國老助宣德教。」

「齊〔一〕莊而能肅，志通而〔二〕好禮，擯相〔三〕兩君之事，篤雅〔四〕有節，是公西赤〔五〕之行也。子曰：『禮經三百，可勉能也〔六〕；威儀三千，則難也〔七〕。』公西赤問曰：『何謂也？』子曰：『貌以儐禮，禮以儐辭，是謂難焉〔八〕。』衆人聞之，以爲成也。孔子語人曰：『當賓客之事，則達矣〔九〕。』謂門人曰：『二三子之欲學賓客之禮者，其於赤也。』」

【校注】

〔一〕齊：備要本、百子本同，四庫本、玉海堂本、同文本作「齋」。「齊」音「摘」，同「齋」。齊莊：莊重，嚴肅誠敬。

〔二〕而：四庫本、備要本、玉海堂本、同文本同，百子本無此字。

〔三〕擯相：引導賓客，執贊禮儀。

〔四〕篤雅：篤厚典雅。

〔五〕公西赤：姓公西，名赤，字子華，亦稱公西華。春秋末魯國人，公元前五〇九年生。在孔子弟子中，以長於祭祀之禮、賓客之禮著稱。孔子評價説：「赤也束帶立於朝，可使與賓客言也。」（論語公治長）且善於交際，曾「乘肥馬，衣輕裘」（論語雍也），到齊國活動。

〔六〕禮經三百，可勉能也：王肅注：「禮經三百，可勉學而能知。」禮經：四庫本、備要本、玉海堂本、同文本同，百子本作「經禮」。

〔七〕威儀三千，則難也：王肅注：「能躬行三千之威儀，則難可爲，而公西赤能躬行之。」威儀：祭享等典禮中的動作儀節及待人接物的禮儀。

〔八〕貌以儐禮，禮以儐辭，是謂難焉：王肅注：「言所以爲者，當觀容貌而儐相其禮，度其禮而儐相其辭，度事制儀，故難也。」意思是：做儐相要根據不同人的容貌來行禮，要根據不同的禮節來致辭。

〔九〕當賓客之事，則達矣：王肅注：「衆人聞公西赤能行三千之威儀，故以爲成也。孔子曰：當賓客之事則達，未盡達於治國之本體也。」達也：達到了，做到了。

「滿而不盈，實而如虛〔一〕，過之如不及，先王難之。博無不學，其貌恭，其德敦；其言於人也，無所不信；其驕於人〔二〕也，常以浩浩〔三〕，是以眉壽〔四〕，是曾參〔五〕之行也。孔子曰：『孝，德之始也；悌，德之序也〔六〕；信，德之厚也；忠，德之正也。參中夫四德者也，』以此稱之。

【校注】

〔一〕滿而不盈，實而如虚：充滿而不溢出，充實如同空虚。如虚：四庫本、備要本、玉海堂本、同文本同，百子本作「不虚」。王肅注：「盈而如虚，過而不及，是先王之所難，而曾參體其行。」

〔二〕驕於人：四庫本、備要本、玉海堂本、同文本、百子本作「驕大人」，是。

〔三〕常以浩浩：王肅注：「浩然志大，驕太貌也。大人，富貴者也。」

〔四〕是以眉壽：王肅注：「不慕富貴，安靜虚無，所以爲之富貴。」眉壽：長壽。此三句，四部叢刊本大戴禮記作「其橋大人也，常以皓皓，是以眉壽」。盧辯注曰：「橋，高也，高大之人也。皓皓，虚曠，無長生久視之意，是長生久視之術。」孔廣森補注曰：「『橋』字蓋誤。大人，父母之稱也。言曾子能養志，常使皓皓，無所憂怒，不損其性，以壽父母，故下文稱其孝也。」黄懷信大戴禮記彙校集注按曰：「『橋』疑當作『嬌』。嬌即今所謂撒嬌。嬌大人，謂在大人面前撒嬌，即所謂説大人。皓皓，明潔之貌。言曾子常以明潔之貌在父母面前撒嬌，以愉悦父母心態，正所謂孝行也，故父母得以長壽。」

〔五〕曾參：姓曾，名參，字子輿。生於公元前五〇五年，卒於公元前四三五年。史記仲尼弟子列傳記曰：「曾參，南武城人，字子輿，少孔子四十六歲。」司馬貞索隱曰：「武城屬魯。當時魯更有北武城，故言南也。」張守節正義曰：「括地志云：『南武城在兗州，子游爲宰者。』」南武城，一説在今山東費縣西南的平邑，一説即今山東兗州西鄰的嘉祥。曾參崇重孝道，豐富發展了孔子的孝道思想。

〔六〕悌，德之序也：王肅注：「悌以敬長，是德之次序也。」

「美功不伐〔一〕，貴位不善〔二〕，不侮不佚〔三〕，不傲無告〔四〕，是顓孫師〔五〕之行也。孔子言之曰：『其不伐，則猶可能也，其不獘百姓〔六〕，則仁也，詩云：『愷悌君子，民之父母〔七〕。』夫子以其仁爲大。

【校注】

〔一〕美功：美好的功業。伐：自誇其功。

〔二〕善：喜。大戴禮記衛將軍文子孔廣森補注曰：「善，自喜也。」

〔三〕不侮不佚：不輕慢，不放蕩。王肅注：「侮、佚，貪功慕勢之貌。」

〔四〕不傲無告：王肅注：「鰥寡孤獨，此四者，天民之窮而無告者也。子張之行，不傲此四者。」傲：輕視，輕慢。無告：孤苦無處投訴之人。

〔五〕顓孫師：姓顓孫，名師，字子張。春秋末陳國人，孔子弟子。論語子張記其言曰：「君子尊賢而容衆，嘉善而矜不能。我之大賢與，於人何所不容？我之不賢與，人將拒我，如之何其拒人也？」意思是：君子尊重賢人，同時還能容納普通民衆；讚美品質好能力强的人，同時還能憐憫幫助素質低能力差的人。我自己若是大賢之人，對甚麼人不能容納呢？我自己若不是大賢之人，别人會拒絶我，我又怎麽能拒絶别人呢？此語反映出子張的仁者胸懷。

〔六〕不獘百姓：王肅注：「不獘愚百姓，即所謂不傲之也。」獘：蒙蔽，愚弄。

〔七〕愷悌君子，民之父母：王肅注：「愷，樂。悌，易也。樂以强教之，易以説安之，民皆有是父之尊、母之親也。」愷悌：和樂平易。詩見詩大雅洞酌。

「學之深〔一〕，送迎必敬〔二〕，上交下接若截〔三〕焉，是卜商〔四〕之行也。孔子説之以詩曰：『式夷式已，無小人殆〔五〕。』若商也，其可謂不險矣〔六〕。

【校注】

〔一〕學之深：王肅注：「學而能入其深義也。」

〔二〕送迎必敬：王肅注：「送迎賓客常能敬也。」

〔三〕截：界限分明。

〔四〕卜商：姓卜，名商，字子夏。春秋末衛國人，一説晉國温人。孔子弟子，以文學見稱。曾爲魯國莒父宰。講學於西河，李克、吴起、田子方、段幹木皆從受業，魏文侯曾師事之。

〔五〕式夷式已，無小人殆：詩見詩小雅節南山。毛亨傳曰：「式，用。夷，平也。用平則已，無以小人之言至於危殆也。」鄭玄箋云：「殆，近也。爲政當用平正之人，用能紀理其事者，無小人近。」王肅注：「式，用。夷，平也。言用平則已也。殆，危也，無以小人至於危也。」阮元校曰：「案釋文云：『式已，毛音以，鄭音紀。』正義云：『易傳者，以上文欲王躬親爲政，則宜爲「己身」之「己」，不宜爲已止也。』」

〔六〕若商也，其可謂不險矣：像卜商這樣，可以説是不會有甚麽危險了。王肅注：「險，危也。言子夏常厲以斷之，近小人，斷不危（斷不危，四庫本、玉海堂本作「斯不危」）。」

「貴之不喜，賤之不怒，苟利於民矣〔一〕，廉於行己〔二〕，其事上也，以佑其下〔三〕，是澹臺滅明〔四〕之行也。孔子曰：『獨貴獨富，君子助〔五〕之，夫也中之矣〔六〕。』

【校注】

〔一〕矣：四庫本、備要本、玉海堂本、同文本同，百子本無此字。

〔二〕廉於行己：立身行事廉潔不貪。

〔三〕其事上也，以佑其下：王肅注：「言所以事上，乃欲佑助其下也。」佑：護佑。

〔四〕澹臺滅明：複姓澹臺，名滅明，字子羽，魯國武城（今山東平邑）人。孔子弟子，少孔子三十九歲。論語雍也記曰：「子游爲武城宰。子曰：『女得人焉爾乎？』曰：『有澹臺滅明者，行不由徑，非公事，未嘗至於偃之室也。』」讚美澹臺滅明爲人正直，不走捷徑，不走歪門邪道。

〔五〕助：備要本同，四庫本、玉海堂本、同文本、百子本作「耻」。「耻」是。

〔六〕夫也中之矣：王肅注：「夫謂滅明，中猶當也。」

「先成其慮〔一〕，及事而用之〔二〕，故動則不妄，是言偃〔三〕之行也。孔子曰：『欲能則學，欲知則問，欲善則詳〔四〕，欲給則豫〔五〕，當是而行，偃也得之矣〔六〕。』

【校注】

〔一〕先成其慮：先做好謀慮、計劃。

〔二〕及事而用之：事情來到時就按計劃而行。之：四庫本、備要本、玉海堂本、同文本同，百子本無此字。

〔三〕言偃：姓言，名偃，字子游，吴國人。孔子弟子，長於文學。

〔四〕欲善則詳：王肅注：「欲善其事，當詳慎也。」

〔五〕欲給則豫：王肅注：「事欲給而不礙，則莫若於豫。」給：音「濟」，豐足，充裕。豫：事先準備。

〔六〕偃也得之矣：言偃做到了。

「獨居思仁，公言仁義〔一〕，其於詩也，則一日三覆白圭之玷〔二〕，是宮縚〔三〕之行也。孔子信其能仁，以爲異士〔四〕。

【校注】

〔一〕公言仁義：備要本、百子本同；四庫本、玉海堂本、同文本作「公言言義」，是。一句意思是：獨處時想着仁義，公開談論時也講仁義。

〔二〕一日三覆白圭之玷：王肅注：「玷，缺也。詩曰：『白圭之玷，尚可磨也。斯言之玷，不可爲也。』一日三覆之，慎之至也。」宮縚每日反復念誦「白圭之玷」詩句，以慎言修身自戒。詩見詩大雅抑：「質爾人民，謹爾侯度，用戒不虞。謹爾出話，敬爾威儀，無不柔嘉。白圭之玷，尚可磨也。斯言之玷，不可爲也。」

〔三〕宮縚：四庫本、備要本、玉海堂本、同文本同，百子本作「南宮縚」。本名南宮适，複姓南宮，名适，又名縚，字子容。也稱南宫括、南容。魯國人，孔子弟子。論語憲問孔子讚美南宫适曰：「君子哉若人！尚德哉若人！」論語先進記曰：「南容三復『白圭』，孔子以其兄之子妻之。」孔子見南容是尚德君子，言行戒慎，便把哥哥的女兒嫁給了他。

〔四〕以爲異士：王肅注：「殊異之士也。大戴引之曰：以爲異姓婚姻也，以兄之女妻之者也。」異士：殊異之士，傑出人才。

「自見孔子，出入於户，未嘗越禮〔一〕；往來過之，足不履影〔二〕；啓蟄不殺〔三〕，方長不折〔四〕；執親之喪，未嘗見齒〔五〕，是高柴〔六〕之行也。孔子曰：『柴於親喪，則難能也；啓蟄不殺，則順人道〔七〕；方長不折，則恕仁也。成湯恭而以恕，是以日隮〔八〕。』凡此諸子，賜之所親覩者也。吾子有命而訊〔九〕賜，賜也固〔一〇〕，不足以知賢。」

【校注】

〔一〕越禮：備要本、百子本同，四庫本、玉海堂本、同文本作「越履」。

〔二〕往來過之，足不履影：王肅注：「言其往來常跡故跡，不履影也。」走路小心，脚從來不踩别人的影子。此言循規蹈矩。

〔三〕啓蟄不殺：王肅注：「春分當發，蟄蟲啓户咸出，於此時不殺生也。」

〔四〕方長不折：王肅注：「春夏生長養時，草木不折。」不攀折正在生長的草木。

〔五〕未嘗見齒：指不言笑。

〔六〕高柴：字子羔，衛國人，孔子弟子。

〔七〕人道：孫志祖疏證曰：「人道，大戴作『天道』，是也。文選上林賦注引家語，亦作『天』字。」

〔八〕成湯恭而以恕，是以日隮：王肅注：「隮，升也。成湯行恭而能恕，出見博鳥焉，四面絶網，乃去其三面。詩曰：『湯降不遲，聖敬日隮。』言湯疾行下人之道，其聖敬之德日升聞也。」隮：備要本同，四庫本、玉海堂本、同文本、百子本作「躋」。「隮」與「躋」義同，皆爲「升」義。成湯：商朝開國之君，子姓，名履。

〔九〕訊：王肅注：「訊，問。」

〔一〇〕固：固陋。

文子曰：「吾聞之也，國有道則賢人興焉，中人用焉〔一一〕，乃百姓歸之。若吾子之論，既富茂〔二〕矣，壹諸侯之相也〔三〕，抑世未有明君〔四〕，所以不遇〔五〕也。」

【校注】

〔一〕中人用焉：王肅注：「中庸之人爲時用也。」

〔二〕富茂：豐富，充實。

〔三〕壹諸侯之相也：都可以做諸侯的輔相。壹：王肅注：「壹，皆。」

〔四〕抑世未有明君：四庫本、備要本、玉海堂本、同文本同，百子本作「抑末世未有明君」。抑：但是。

〔五〕不遇：没有際遇。

子貢既與衛將軍文子言，適魯，見孔子曰：「衛將軍文子問二三子之於賜，不壹而三〔一〕焉，賜也辭不獲命〔二〕，以所見者對矣，未知中否，請以告。」孔子曰：「言之乎。」子貢以其辭狀告孔子。子聞而笑曰：「賜，汝次焉人矣〔三〕。」子貢對〔四〕曰：「賜也何敢知人，此以賜之所覩也。」孔子〔五〕：「然。吾亦語汝耳之所未聞、目之所未見者，豈思之所不至，智之所未及哉？」子貢曰：「賜願得聞之。」

【校注】

〔一〕不壹而三：再三，多次。

〔二〕辭不獲命：推辭而未獲允許。

〔三〕汝次焉人矣：四庫本、備要本、玉海堂本、同文本作「汝次爲人矣」，百子本作「女次爲知人矣」。「焉」當作「爲」。王肅注：「言爲知人之次。」

〔四〕對：四庫本、備要本、玉海堂本、同文本同，百子本無此字。

〔五〕孔子：備要本同，四庫本、玉海堂本、同文本、百子本作「孔子曰」。

孔子曰：「不克不忌〔一〕，不念舊怨，蓋伯夷、叔齊〔二〕之行也。思天而敬人〔三〕，服義而行信，孝於父母，恭於兄弟，從善而不教，蓋趙文子之行也〔四〕。其事君也，不敢愛其死，然亦不敢忘其身〔五〕，謀其身，不遺其友〔六〕，君陳則進而用之〔七〕，不陳則行而退，蓋隨武子〔八〕之行也。其爲人之淵源〔九〕也，多聞而難誕〔一〇〕，内植足以没其世〔一一〕，國家有道，其言足以治，無道，其默足以生〔一二〕，蓋銅鞮伯華〔一三〕之行也。外寬而内正，自極於隱括之中〔一四〕，直己而不直人，汲汲〔一五〕於仁，以善自終〔一六〕，蓋蘧伯玉〔一七〕之行也。孝恭慈仁，允德圖義〔一八〕，約貨去怨〔一九〕，輕財不匱〔二〇〕，蓋柳下惠〔二一〕

之行也。其言曰，君雖不量於其身〔二二〕，臣不可以不忠於其君，是故君擇臣〔二三〕而任之，臣亦擇君而事之，有道順命〔二四〕，無道衡命〔二五〕，蓋晏平仲〔二六〕之行也。蹈忠而行信，終日言不在尤〔二七〕之内，國無道，處賤不悶〔二八〕，貧而能樂，蓋老子〔二九〕之行也。易行以俟天命〔三〇〕，居下不援其上〔三一〕，其親〔三二〕觀於四方也，不忘其親，不盡其樂〔三三〕，以不能則學，不爲己終身之憂〔三四〕，蓋介子山〔三五〕之行也。」

【校注】

〔一〕不克不忌：不爭勝不嫉妒。

〔二〕伯夷叔齊：伯夷、叔齊是商末孤竹君的兩個兒子。相傳其父遺命要立季子叔齊爲繼承人。孤竹君死後，叔齊讓位給伯夷，伯夷不受，叔齊也不願繼位，先後都逃往周國。周武王伐紂，二人扣馬諫阻。武王滅商後，他們耻食周粟，采薇而食，餓死於首陽山。

〔三〕思天而敬人：四庫本、備要本同，玉海堂本、同文本作「思天而敬之」，百子本作「畏天而敬人」。

〔四〕從善而不教，蓋趙文子之行也：備要本同，四庫本、玉海堂本、同文本作「從善而不教道，趙文子之行也」，百子本作「從善而教不道，蓋趙文子之行也」。從善而不教：一心向善而不需教化。趙文子：即趙武，謚獻文，稱趙文子。趙盾之孫，趙朔之子，母爲晉成公之姊趙莊姬。春秋時晉國大夫，政治家、外交家，爲國鞠躬盡瘁的賢臣，後任正卿。

〔五〕不敢愛其死，然亦不敢忘其身：指必要時既敢於獻身，但也不敢輕易死於非義。

〔六〕不遺其友：不遺忘朋友。

〔七〕君陳則進而用之：王肅注：「陳，謂陳列於君，爲君之使用也。」

〔八〕隨武子：本劉姓士氏，名會。因被封於隨、范，以邑爲氏，被稱爲隨會、范會。謚武，被稱爲隨武子、范武子。是晉國大夫。

〔九〕淵源：思慮深邃。

〔一〇〕誕：欺騙。王肅注：「誕，歎。」「歎」誤，當爲「欺」。

〔一一〕内植足以没其世：内心剛直足以終其身。植：通「直」。没世：終身，永遠。

〔一二〕其默足以生：他的沉默足以使自己生存。生：四庫本、備要本、玉海堂本、同文本同，百子本作「容」。

〔一三〕銅鍉伯華：即羊舌赤，春秋時晉國人，食邑於銅鍉（今山西沁縣南）。鍉：四庫本、玉海堂本、同文本作「鞮」。鍉、鞮，音「滴」。

〔一四〕自極於隱括之中：自正於規範之中。王肅注：「隱括所以自極。」極：中，正，也指中正的準則。隱括：矯正竹木彎曲的器具，引申爲標準、規範。

〔一五〕汲汲：心情急切貌。

〔一六〕以善自終：四庫本、備要本、玉海堂本、同文本同，百子本無此句。

〔一七〕蘧伯玉：姓蘧，名瑗，字伯玉。春秋時衛國蒲邑（今河南省長垣縣）人。孔子周遊時曾居住於他家，並讚美他説：「君子哉，蘧伯玉！邦有道，則仕。邦無道，則可卷而懷之。」（論語衛靈公）國家有道，就做官。國家無道，就能把本領收而懷藏起來。

〔一八〕允德圖義：王肅注：「允，信也。圖，謀也。」允德：修德，涵養德性。

〔一九〕約貨去怨：王肅注：「夫利怨之所聚，故約省其貨，以遠去其怨。」

〔二〇〕匱：匱乏。

〔二一〕栁下惠：通常寫作「柳下惠」，即展禽，魯國大夫，食采於柳下，謚惠。

〔二二〕君雖不量於其身：王肅注：「謂不量度其臣之德器也。」

〔二三〕君擇臣：玉海堂本、同文本、備要本、百子本同，四庫本作「君既擇臣」。

〔二四〕有道順命：王肅注：「君有道則順從其命。」

〔二五〕無道衡命：王肅注：「衡，横也。謂不受其命之隱居者也（「之」，四庫本、玉海堂本作「而」）。」

〔二六〕晏平仲：即晏嬰，字仲，謚平，世稱晏平仲，春秋時齊國卿相。

〔二七〕尤：王肅注：「尤，過。」

〔二八〕悶：王肅注：「悶，憂。」

〔二九〕老子：備要本、百子本同，四庫本作「老萊子」，玉海堂本、同文本作「老來子」。大戴禮記衛將軍文子也作「老萊子」。老萊子：春秋時楚國人，與孔子同時。

〔三〇〕易行以俟天命：四庫本、備要本、玉海堂本、同文本同，百子本作「易行以俟命」。王肅注：「易，治。」易行：簡易其行爲。此句是説：簡易自身行爲，以等待命運的安排。

〔三一〕居下不援其上：王肅注：「雖在下位，不攀援其上以求進。」

〔三二〕親：四庫本、備要本、玉海堂本、同文本同，百子本無此字。大戴禮記衛將軍文子無「其親」二字。王肅注：「雖有觀四方之樂，常念其親，不盡其歸之。」

〔三三〕不盡其樂：不盡享其樂。

〔三四〕不爲已終身之憂：王肅注：「凡憂，憂所知。不能則學，何憂之有？」

〔三五〕介子山：也稱介之推、介子推、介推，春秋時晉國大夫。曾從晉文公流亡國外，文公回國後賞賜隨從臣屬，没有賞到他，他便與母親隱居綿上（今山西介休東南）山中而死。文公找尋不到，便以綿上爲其名義上的封田。後遂稱綿山爲介山。傳説文公燒山逼他出來，他因執意不出而被燒死。

子貢曰：「敢問夫子之所知者，蓋盡於此而已乎？」孔子曰：「何謂其然？亦略舉耳目之所及而矣〔一〕。昔晉平公問祁奚曰〔二〕：『羊舌大夫〔三〕，晉之良大夫也，其行如何？』祁奚辭以不知。公曰：『吾聞子少長乎其所〔四〕，今子掩之，何也？』祁奚對曰：『其少也恭而順，心有耻而不使其過宿〔五〕；其爲大夫〔六〕，悉善而謙其端〔七〕；其爲輿尉〔八〕也，信而好直其功。言其功直〔九〕。至於其爲容也，温良而好禮，博聞而時出其志〔一〇〕。』公曰：『曩者問子，子奚曰不知也？』祁奚曰：『每位改變，未知所止〔一一〕，是以不敢得知〔一二〕也。』此又羊舌大夫之行也。」子貢跪曰：「請退而記之。」

【校注】

〔一〕而矣：四庫本、備要本、玉海堂本、同文本作「而已」，百子本作「而已矣」。

〔二〕曰：四庫本、備要本、玉海堂本、同文本同，百子本無此字。晉平公：春秋時晉國國君，姬姓，名彪。祁奚：春秋時晉國大夫，晉悼公時爲中軍尉，年老請退，悼公讓他推薦繼任者，他先是推薦了仇人解狐，後又推薦了兒子祁午，因有「外舉不隱仇，内舉不隱子」之稱。

〔三〕羊舌大夫：即羊舌赤，字伯華，封於銅鞮，世稱銅鞮伯華。嘗佐祁午爲中軍尉。

〔四〕少長乎其所：王肅注：「於其所長。」謂從小就在他家長大。

〔五〕心有耻而不使其過宿：王肅注：「心常有所耻惡，及其有過，不令更宿輒改。」

〔六〕大夫：四庫本、備要本、玉海堂本、同文本同，百子本作「大夫也」。

〔七〕悉善而謙其端：王肅注：「盡善道而謙讓，是其正也。」端：正。

〔八〕興尉：春秋時晉國主持征役的官。

〔九〕言其功直：四庫本、備要本、玉海堂本、同文本、百子本作王肅注文，是。

〔一〇〕博聞而時出其志：王肅注：「時出，以其出之，誨未及之，是其志也。」時出其志：時出己見。

〔一一〕每位改變，未知所止：他的職位經常改變，不知止於何處。

〔一二〕得知：四庫本、備要本、玉海堂本、同文本同，百子本作「得之」。

賢君第十三

哀公問於孔子曰：「當今之君，孰爲最賢？」孔子對曰：「丘未之見也，抑有衛靈公乎〔一〕？」公曰：「吾聞其閨門之内無别〔二〕，而子次〔三〕之賢，何也？」孔子曰：「臣語其朝廷行事，不論其私家之際也。」公曰：「其事何如？」孔子對曰：「靈公之弟曰靈公弟子渠牟〔四〕，其智足以治千乘，其信足以守之，靈公愛而任之。又有士林國者〔五〕，見賢必進之，而退與分其禄，是以靈公無遊放之士〔六〕，靈公賢而尊之。又有士曰慶足者，衛國有大事〔七〕則必起而治之，國無事則退而容賢〔八〕，靈公悦而敬之。又有大夫史鰌〔九〕，以道去衛〔一〇〕，而靈公郊舍三日，琴瑟不御〔一一〕，必待史鰌之入而後敢入。臣以此取之，雖次之賢〔一二〕，不亦可乎。」

（此記載又見於説苑尊賢）

【校注】

〔一〕抑有衛靈公乎：或許是有個衛靈公吧？抑：或許，大概。衛靈公：春秋時衛國國君，姬姓，名元，公元前五三四至前四九三年在位。

〔二〕閨門之内無别：謂家庭之内男女無别。

〔三〕次：位列，排列。

〔四〕靈公之弟曰靈公弟子渠牟：備要本同，四庫本、玉海堂本、同文本、百子本作「靈公之弟曰公子渠牟」，是。

〔五〕又有士林國者：備要本、百子本同，四庫本、玉海堂本、同文本作「又有士曰林國者」。孫志祖疏證曰：「説苑作『又有士曰王林，國有賢人，必進而用之』。蓋其人姓王名林，『國』字屬下句。此脱去『王』字，而以『林國』爲姓名，誤也。」

〔六〕遊放之士：指未被任用的遊蕩之士。

〔七〕衛國有大事：四庫本、備要本、玉海堂本、同文本同，百子本作「國有大事」。

〔八〕退而容賢：王肅注：「言其所以退者，欲以容賢於朝。」即自己退位，讓給賢能之人。

〔九〕史鰌：字子魚，也稱史魚。衛國大夫。孔子讚其正直：「直哉，史魚！邦有道，如矢；邦無道，如矢。」（論語衛靈公）鰌：音「求」。

〔一〇〕以道去衛：因道得不到推行而離開衛國。

〔一一〕郊舍三日，琴瑟不御：在郊外住宿三日，不彈奏琴瑟，以示誠敬。琴瑟不御：四庫本、備要本、玉海堂本、同文本同，百子本無此句。

〔一二〕雖次之賢：四庫本、備要本、玉海堂本、同文本同，百子本無此句。

子貢問於孔子曰：「今之人臣，孰爲賢？」子曰：「吾未識也。往者齊有鮑叔〔一〕，鄭有子皮〔二〕，則賢者矣。」子貢曰：「齊無管仲〔三〕？鄭無子産〔四〕？」子曰：「賜，汝徒知其一，未知其二也〔五〕。汝聞用力爲賢乎？進賢爲賢乎？」子貢曰：「進賢，賢哉。」子曰：「然，吾聞鮑叔達〔六〕管仲，子皮達子産，未聞二子之達賢己之才者也。」

（此記載又見於韓詩外傳卷七、説苑臣術）

【校注】

〔一〕鮑叔：姒姓，鮑氏，名叔牙。潁上（今屬安徽）人。春秋時齊國大夫。早年輔助公子小白（即後來的齊桓公），齊襄公十二年（公元前六八六年）協助公子小白奪得國君之位，並推薦管仲爲相。

〔二〕子皮：姬姓，罕氏，名虎，字子皮。鄭國大夫。曾推薦子産做鄭國相。

〔三〕管仲：名夷吾，字仲，潁上人。曾事公子糾，與公子小白（桓公）爭國，射中桓公帶鉤。魯人將其囚送於齊，鮑叔牙力薦，桓公釋前嫌而相之，採用其謀，成爲霸主。

〔四〕鄭無子産：四庫本、備要本、玉海堂本、同文本同，百子本作「鄭無子産乎」。子産：公孫氏，名僑，字子産，又字子美，鄭穆公之孫。鄭簡公十二年爲卿，二十三年起執政，治鄭多年，有政績。卒於公元前五二二年。

〔五〕汝徒知其一，未知其二也：四庫本、備要本、玉海堂本、同文本同，百子本無此二句。

〔六〕達：推舉，推薦。禮記儒行：「儒有内稱不辟親，外舉不辟怨，程功積事，推賢而進達之。」

哀公〔一〕問於孔子曰：「寡人聞忘之甚者，徙而忘其妻，有諸？」孔子對〔二〕曰：「此猶未甚者也，甚者乃忘其身。」公曰：「可得而〔三〕聞乎？」孔子曰：「昔者夏桀貴爲天子，富有四海，忘其聖祖之道，壞其典法，廢其世祀，荒於淫樂，耽〔四〕湎於酒，佞臣諂諛〔五〕，窺導〔六〕其心，忠士折口，逃罪不言〔七〕，天下誅桀而有其國，此謂忘其身之甚矣。」

（此記載又見於尸子、説苑敬慎）

【校注】

〔一〕哀公：春秋末魯國國君，姬姓，名將，定公子，在位二十七年。

〔二〕對：四庫本、備要本、玉海堂本、同文本同，百子本無此字。

〔三〕而：四庫本、備要本、玉海堂本、同文本同，百子本無此字。

〔四〕耽：迷戀，沉溺。

〔五〕諂諛：四庫本、備要本、玉海堂本、同文本同，百子本作「諛諂」。

〔六〕窺導：四庫本、備要本、玉海堂本、同文本同，百子本作「窺道」。窺導：窺察其意而加以誘導。

〔七〕忠士折口，逃罪不言：四庫本、備要本、玉海堂本、同文本同，百子本作「忠士折口逃罪」。王肅注：「折口，杜口。」

顏淵〔一〕將西遊於宋，問於孔子曰：「何以爲身〔二〕？」子曰：「恭、敬、忠、信而已矣。恭則遠於患，敬則人愛之，忠則和於衆，信則人任之，勤斯四者，可以政國〔三〕，豈特〔四〕一身者哉？故〔五〕夫不比於數，而比於疎〔六〕，不亦遠乎〔七〕？不修其中，而修外者，不亦反乎？慮不先定，臨事而謀，不亦晚乎？」

（此記載又見於說苑敬慎）

【校注】

〔一〕顏淵：名回，字子淵。生於公元前五二一年，卒於前四九〇年。魯國人，孔子弟子。貧而好學，居陋巷，簞食瓢飲，而不改其樂。列德行科。後世尊爲「復聖」。

〔二〕身：四庫本、備要本、玉海堂本、同文本同，百子本無此字。爲身：治身，修身。此指立身處世。

〔三〕政國：四庫本、備要本、玉海堂本、同文本同，百子本作「正國」。政國：治國。「政」通「正」，「治理」的意思。

〔四〕特：王肅注：「特，但。」

〔五〕故：四庫本、備要本、玉海堂本、同文本同，百子本無此字。

〔六〕不比於數，而比於踈：不親近與自己親密者，而親近與自己疏遠者。比：親近，靠近。數：音「碩」，親密，親近。踈：同「疏」，疏遠。

〔七〕不亦遠乎：王肅注：「不比親數，近踈遠也。」

孔子讀詩，于正月〔一〕六章，惕焉〔二〕如懼，曰：「彼不達〔三〕之君子，豈不殆〔四〕哉？從上依世〔五〕則道廢，違上離俗則身危，時不興善，己獨由〔六〕之，則曰非妖即妄〔七〕也。故賢也既不遇天，恐不終其命焉。桀殺龍逢〔八〕，紂殺比干〔九〕，皆類是也〔一〇〕。詩曰：『謂天蓋高，不敢不局。謂地蓋厚，不敢不蹐〔一一〕。』此言上下畏罪，無所自容也〔一二〕。」

（此記載又見於說苑敬慎）

【校注】

〔一〕正月：詩經小雅中的篇名。

〔二〕惕焉：備要本同，四庫本、玉海堂本、同文本作「惕然」。

〔三〕不達：仕途不通達，不得志。

〔四〕殆：危險。

〔五〕從上依世：順從君上，依附世俗。

〔六〕由：爲，行。禮記經解：「是故隆禮由禮，謂之有方之士。」孔穎達疏：「由，行也。」左傳宣公十五年：「夫恃才與衆，亡之道也；商紂由之，故滅。」

〔七〕非妖即妄：不是反常就是非法。妖：反常，怪異。妄：不合法。

〔八〕龍逄：玉海堂本、同文本、備要本同，四庫本作「龍逢」。龍逄，姓關，夏桀時賢臣。桀作酒池、糟丘，作長夜之飲，龍逄進諫，被桀囚而殺之。

〔九〕比干：紂王叔父，因直言敢諫，被紂剖心。

〔一〇〕皆類是也：備要本同，四庫本、玉海堂本、同文本作「皆是類也」。

〔一一〕謂天蓋高，不敢不局。謂地蓋厚，不敢不蹐：王肅注：「此正月六章之辭也。局，曲也。言天至高，己不敢不曲身危行，恐上干忌諱也。蹐，累足也。言地至厚，己不敢不累足，恐陷累在位之羅網。」蹐：輕步走，小步行。形容謹慎小心。

〔一二〕此段文字，四庫本、備要本、玉海堂本、同文本有，百子本無。

子路問於孔子曰：「賢君治國，所先者何？」孔子曰〔一〕：「在於尊賢而賤不肖〔二〕。」子路曰：「由聞晉中行氏〔三〕尊賢而賤不肖矣，其亡何也？」孔子曰：「中行氏尊賢而不能用，賤不肖而不能去，賢者知其不用而怨之，不肖者知其必己賤而讎之，怨讎並存於國，鄰敵搆兵〔四〕於郊，中行氏雖欲無亡，豈可得乎？」

（此記載又見於說苑尊賢）

【校注】

〔一〕孔子曰：四庫本、備要本、玉海堂本、同文本同，百子本作「子曰」。下同。

〔二〕賤不肖：輕視不肖之人。不肖：不賢，不正派。

〔三〕中行氏：即中行文子荀寅，春秋時晉國卿，被趙鞅打敗而奔齊。

〔四〕搆兵：交兵，交戰。

孔子閒處〔一〕，喟然而〔二〕歎曰：「嚮使銅鞮伯華〔三〕無死，則天下其有定矣。」子路曰：「由〔四〕願聞其人也。」子曰：「其幼也敏而好學，其壯也有勇而不屈，其老也有道而能下人〔五〕，有此三者，以定天下也，何難乎哉！」子路曰：「幼而好學，壯而有勇，則可也。若夫有道下人，又誰下哉〔六〕？」子曰：「由不知〔七〕。吾聞以衆攻寡，無不尅也；以貴下賤，無不得也。昔者周公居冢宰〔八〕之尊，制天下之政，而猶下白屋之士〔九〕，日見百七十人，斯豈以無道也？欲得士之用也。惡有道〔一〇〕而無下天下君子哉？」

（此記載又見於說苑尊賢）

【校注】

〔一〕閒處：四庫本、備要本、玉海堂本、同文本同，百子本作「閒居」。

〔二〕而：四庫本、備要本、玉海堂本、同文本同，百子本無此字。

〔三〕銅鞮伯華：已見前。即羊舌赤，字伯華。春秋時晉國人，封於銅鞮（音「堤」），世稱銅鞮伯華。嘗佐祁午爲中軍尉，有賢名。

〔四〕由：四庫本、備要本、玉海堂本、同文本同，百子本無此字。

〔五〕而能下人：而能謙居人下。而：備要本、百子本同，四庫本、玉海堂本、同文本無此字。下人：居於人下，對人謙讓。

〔六〕又誰下哉：四庫本、備要本、玉海堂本、同文本同，百子本作「何哉」。句意是：又能居於誰下呢？

〔七〕由不知：四庫本、備要本、玉海堂本、同文本同，百子本作「由，女不知也」。

〔八〕冢宰：周官名，六卿之首，也稱太宰。即後代的宰相。

〔九〕白屋之士：貧寒的士人。白屋：指不施彩色、露出本材的房屋。一説指以白茅覆蓋的房屋。爲平民所居。漢書王莽傳上：「開門延士，下及白屋。」顔師古注：「白屋，謂庶人以白茅覆屋者也。」王肅注：「草屋也。」

〔一〇〕惡有道：備要本同，四庫本、玉海堂本、同文本、百子本作「惡有有道」。惡：音「嗚」，疑問代詞，相當於「何」、「安」、「怎麽」。該句是説：怎能説具有了道就不必謙遜地對待天下君子了呢？

齊景公來適魯，舍于公館〔一〕，使晏嬰〔二〕迎孔子。孔子至，景公問政焉。孔子答曰：「政在節財。」公悦。又問曰：「秦穆公〔三〕國小處僻而霸，何也？」孔子曰：

「其國雖小，其志大；處雖僻而政其中〔四〕。其舉也果，其謀也和，法無私而令不愉〔五〕。首拔五羖，爵之大夫〔六〕，與語三日，而授之以政。此取之〔七〕，雖王可，其霸少矣〔八〕。」景公曰：「善哉！」

（此記載又見於説苑尊賢）

【校　注】

〔一〕公館：指諸侯的宫室或離宫别館。

〔二〕晏嬰：已見前。字平仲。春秋時齊國卿相，歷事靈公、莊公、景公三世。長於辭令，關心民事，節儉力行，盡忠直諫，名顯諸侯。

〔三〕秦穆公：嬴姓，名任好。春秋時秦國國君，求賢士，用百里奚、蹇叔等爲謀臣，勵精圖治，國勢日强，成爲春秋五霸之一。公元前六五九年至前六二一年在位。

〔四〕處雖僻而政其中：四庫本、備要本、玉海堂本、同文本作「處雖僻而其政中」，百子本作「其處雖僻而其政中」。中：合適，恰當，正確。

〔五〕愉：四庫本、備要本、玉海堂本、同文本同，百子本作「偷」。王肅注：「愉，宜爲『偷』。偷，苟且也。」愉：音「偷」，通「偷」，苟且。周禮地官大司徒：「以俗教安，則民不愉。」陸德明釋文：「愉，音偷。」賈公彦疏：「愉，苟且也。」

〔六〕首拔五羖，爵之大夫：王肅注：「首，宜爲『身』。五羖大夫，百里奚也，」羖：四庫本、備要本、玉海堂本、同文本作「羖」，是。羖音「股」，指黑色公羊。百里奚曾爲楚囚，穆公聞其賢，用五羖羊皮贖之，故稱「五羖大夫」。

〔七〕此取之：四庫本、備要本、玉海堂本、同文本同，百子本作「以此取之」。

〔八〕雖王可，其霸少矣：即使成就帝王之業也是可能的，稱霸只不過是小成就啊。

哀公問政於孔子。孔子對曰：「政之急者，莫大乎使民富且壽也。」公曰：「爲之柰何？」孔子曰：「省力役，薄賦歛，則民富矣；敦禮教，遠罪疾，則民壽矣。」公曰：「寡人欲行夫子之言，恐吾國貧矣。」孔子曰：「詩云：『愷悌君子，民之父母〔一〕。』未有子富而父母貧者也。」

（此記載又見於説苑政理）

【校注】

〔一〕此詩見於詩大雅泂酌。愷悌：和樂平易。

衛靈公〔一〕問於孔子曰：「有語寡人〔二〕：『有國家者，計之於廟堂之上，則政治矣。』何如？」孔子曰：「其可也，愛人者則人愛之，惡人者則人惡之。知得之己者，則知得之人〔三〕。所謂不出環堵之室〔四〕而知天下者，知反己〔五〕之謂也。」

（此記載又見於說苑政理、呂氏春秋季春紀先己）

【校注】

〔一〕衛靈公：名元，春秋時衛國國君，公元前五三四年至前四九三年在位。

〔二〕語寡人：四庫本、備要本、百子本同，玉海堂本、同文本作「語寡人曰」。

〔三〕知得之己者，則知得之人：知道別人是如何得到自己愛戴擁護的，那麼就會知道自己如何去得到別人的愛戴和擁護。

〔四〕環堵之室：四周環着土牆的居室，形容居室狹小簡陋。

〔五〕反己：四庫本、備要本、百子本同，玉海堂本、同文本作「及己」。反己：謂反觀自身，反省自己。

孔子見宋君，君問孔子曰：「吾欲使長有國而列都得之〔一〕，吾欲使民無惑，吾欲使士竭力，吾欲使日月當時〔二〕，吾欲使聖人自來，吾欲使官府治理，爲之柰何？」孔子對曰：「千乘之君，問丘者多矣，而未有若主君〔三〕之問問之悉也。然主君所欲者，盡可得也。丘聞之，隣國相親，則長有國；君惠臣忠，則列都得之；不殺無辜，無釋罪人，則民不惑；士益之禄，則皆竭力；尊天敬鬼，則日月當時；崇道貴德，則聖人自來；任能黜否〔四〕，則官府治理。」宋君曰：「善哉！豈不然乎！寡人不佞〔五〕，不足以致之也。」孔子曰：「此事非難，唯欲行之云耳。」

（此記載又見於説苑政理）

【校注】

〔一〕列都得之：王肅注：「國之列都皆得其道。」列都：衆多城邑。得之：得而不失。

〔二〕當時：適時。當：音「檔」。

〔三〕主君：孫志祖疏證曰：「主君非諸侯之稱，疑衍『主』字。」

〔四〕黜否：音「觸痞」，罷斥佞邪小人。

〔五〕不佞：不才。

辯政第十四

子貢問於孔子曰：「昔者齊君問政於夫子〔一〕，夫子曰『政在節財』。魯君問政於夫子，子曰『政在諭臣〔二〕』。葉公問政於夫子〔三〕，夫子曰『政在悦近而遠來〔四〕』。三者之問一也，而夫子應之不同，然政在異端〔五〕乎？」孔子曰〔六〕：「各因其事也。齊君爲國，奢乎臺榭，淫于苑囿，五官伎樂〔七〕，不解於時〔八〕，一旦而賜人以千乘之家者三〔九〕，故曰政在節財。魯君有臣三人〔一〇〕，内比周〔一一〕以愚其君，外距〔一二〕諸侯之賓以蔽其明，故曰政在諭臣。夫荆之地廣而都狹，民有離心，莫安其居〔一三〕，故曰政在悦近而來遠。此三者所以爲政殊矣。詩云〔一四〕：『喪亂蔑資，曾不惠我師〔一五〕。』此傷奢侈不節以爲亂者也；又曰：『匪其止共，惟王之邛〔一六〕。』此傷姦臣蔽主以爲亂也〔一七〕；又曰：『亂離瘼矣，奚其適歸〔一八〕？』此傷離散以爲亂者也。察此三者，政之所欲，豈同乎哉！」

（此記載又見於韓非子難三、尚書大傳）

【校注】

〔一〕昔者：玉海堂本、同文本、備要本、百子本同，四庫本作「昔哉」。於夫子：四庫本、備要本、玉海堂本、同文本同，百子本無此三字。

〔二〕子曰：備要本同，四庫本、玉海堂本、同文本作「夫子曰」，百子本作「曰」。諭臣：曉諭教誨臣下。

〔三〕葉公：即沈諸梁，字子高，因在楚國葉地做官，故稱。於夫子：四庫本、備要本、玉海堂本、同文本同，百子本無此三字。

〔四〕遠來：四庫本、備要本、玉海堂本、同文本、百子本作「來遠」。

〔五〕異端：不同方面。

〔六〕孔子曰：四庫本、備要本、玉海堂本、同文本同，百子本作「子曰」。

〔七〕五官：宫中女官名。伎樂：歌舞女藝人。

〔八〕不解：玉海堂本、同文本、備要本、百子本同，四庫本作「不懈」。「解」通「懈」。不解於時：是説聲色享樂無時無刻，從不懈怠。

〔九〕一旦而賜人以千乘之家者三：楊朝明、宋立林解曰：「一個早上就把有着千輛兵車的封邑賞賜給人三次。」張濤譯曰：「一個早上就把有着千輛兵車的家産賞賜給了三個人。」王國軒、王秀梅譯曰：「有時一天三次賞賜擁有千輛戰車的三個家族。」〔三〕：四庫本、備要本、玉海堂本、同文本同，百子本作「二」。

〔一〇〕三人：王肅注：「孟孫、叔孫、季孫，三也。」

〔一一〕比周：勾結，結黨營私。

〔一二〕距：通「拒」，拒絶，排斥。

〔一三〕莫安其居：四庫本、備要本、玉海堂本、同文本同，百子本作「莫安其君」。

〔一四〕詩云：四庫本、備要本、玉海堂本、同文本同，百子本作「詩不云乎」。

〔一五〕喪亂蔑資，曾不惠我師：語出詩大雅板。王肅注：「蔑，無也。資，財也。師，衆也。夫爲亡亂之政，重賦厚斂，民無資財，曾莫肯愛我衆。」曾不惠我師：四庫本、備要本、玉海堂本、同文本同，百子本作「莫惠我師」。曾：音「增」，副詞，乃。詩經衛風河廣：「誰謂河廣？曾不容刀。」王引之經傳釋詞卷八：「曾，乃也。」此二句是説：國家喪亂無資財，乃不能施惠我民衆。

〔一六〕匪其止共，惟王之邛：語出詩小雅巧言。鄭玄箋：「邛，病也。小人好爲讒佞，既不共職事，又爲王作病。」王肅注：「止，止息也。邛，病也。讒人不共所止息，故惟王之病。」共：音「工」，通「供」，供奉，供職，奉職。邛：音「窮」。此二句是説：他們不能供奉職守，只爲君王帶來憂患。

〔一七〕亂也：四庫本、備要本同，玉海堂本、同文本、百子本作「亂者也」。

〔一八〕亂離瘼矣，奚其適歸：語出詩小雅四月。毛亨傳：「離，憂。瘼，病。適，之也。」王肅注：「離，憂也。瘼，病也。言離散以成憂，憶禍亂於斯，歸於禍亂者也。」離：玉海堂本、同文本、備要本、百子本同，四庫本作「罹」。此二句是説：亂離給我們帶來病苦，何處是我們的往歸之地（無家可歸）？

孔子曰：「忠臣之諫君，有五義〔一〕焉。一曰譎諫〔二〕，二曰戇諫〔三〕，三曰降諫〔四〕，四曰直諫，五曰風諫〔五〕。唯度主而行之〔六〕，吾從其風諫乎。」

（此記載又見於説苑正諫）

【校注】

〔一〕五義：五種儀容、狀貌。義：「儀」的古字，音「姨」。

〔二〕譎諫：委婉地勸諫。詩經周南關雎序曰：「上以風化下，下以風刺上，主文而譎諫，言之者無罪，聞之者足以戒，故曰風。」鄭玄箋：「譎諫，詠歌依違不直諫。」王肅注：「正其事以譎諫其君。」譎：音「決」。

〔三〕戇諫：魯莽剛直地勸諫。王肅注：「戇諫，無文飾也。」戇：音「壯」，愚魯而剛直。

〔四〕降諫：和顔悦色、平心靜氣地勸諫，也可以理解爲低聲下氣地勸諫。王肅注：「卑降其體，所以諫也。」

〔五〕風諫：婉轉曲折地勸諫，多以婉言隱語規勸。王肅注：「風諫，依違遠罪避害者也。」玉海堂本、同文本、備要本同，四庫本、百子本作「諷諫」。風諫，同「諷諫」。

〔六〕唯度主而行之：四庫本、備要本、玉海堂本、同文本同，百子本作「唯度王以行之」。度主：揣度君主的心意。

子曰：「夫道不可不貴〔一〕也。中行文子倍道失義以亡其國，而能禮賢以活其身〔二〕，聖人轉禍爲福〔三〕，此謂是與！」

（此記載又見於説苑權謀）

【校注】

〔一〕貴：重視。

〔二〕中行文子倍道失義以亡其國，而能禮賢以活其身：王肅注：「此説陪（當爲「倍」）道失義，不宜説得道之意。而云禮賢，不與上相次配，又文子無禮賢之事。中行文子得罪於晉，出亡至邊，從者曰：『謂此嗇夫者，君子也。故休馬待駿者。』文子曰：『吾好音，以子遺吾琴；好珮，子遺吾玉。是以不振吾過，自容於我者也。吾恕（玉海堂本、四庫本作「恐」）其以我求容也。』遂不入車。人問文子之所右（玉海堂本、四庫本作「人聞文子之所言」），執而不殺之。孔子聞之曰：『文子陪（當爲「倍」）道失義以亡其國，然得之由活其身，而能禮賢以爲宜，以然後得也。』」中行文子：即荀寅，春秋時晉國卿。倍：通「背」。

〔三〕轉禍爲福：王肅注：「若入將死，不入得活，故曰轉禍爲福。」

楚王將遊荊臺〔一〕，司馬子祺〔二〕諫，王怒之。令尹子西賀於殿下〔三〕，諫曰：「今荊臺之觀〔四〕，不可失也。」王喜，拊〔五〕子西之背曰：「與子共樂之矣。」子西步馬十里，引轡〔六〕而止，曰：「臣願言有道，王肯聽之乎？」王曰：「子其言之。」子西曰：「臣聞爲人臣而忠其君者，爵祿不足以賞也；諛其君者，刑罰不足以誅也。夫子祺者，忠臣也，而臣者，諛臣也，願王〔七〕賞忠而誅諛焉。」王曰：「我今〔八〕聽司馬之諫，是獨能禁我耳，若後世遊之，何也〔九〕？」子西曰：「禁後世易耳，大王萬歲之後，起山陵〔一〇〕於荊臺之上，則子孫必不忍遊於父祖〔一一〕之墓以爲歡樂也。」王曰：「善。」乃還。孔子聞之，曰：「至哉子西之諫也，入之於千里〔一二〕之上，抑之於百世之後者也。」

（此記載又見於説苑正諫）

【校注】

〔一〕楚王：即楚昭王，楚平王子，名珍。公元前五一五至前四八九年在位。荆臺：在今湖北監利縣北。

〔二〕司馬子祺：楚公子結，昭王兄。司馬：官名。子祺：也作子期。周敬王三十一年（前四八九年），昭王病重，欲傳位於子期，期不從，與子西合立昭王妾越女所生之子章爲王，是爲楚惠王。

〔三〕子西：楚平王庶子，一稱公子申。平王死，令尹子常欲立之爲王，子西斥子常爲亂國，子常懼，乃立平王太子昭王。魯定公四年，郢被吴攻佔，昭王逃至隨，子西仿王的輿服保護逃散的人。六年，任令尹，遷都於鄀，又改革楚政。魯哀公十六年，白公勝叛亂，子西被殺。

賀：孫志祖疏證曰：「渚宫舊事『賀』作『駕』，無『諫』字。説苑云：『於是令尹子西駕安車四馬，徑於殿下。』」

〔四〕今荆臺之觀：玉海堂本、同文本、備要本同，百子本作「荆臺之觀」，四庫本作「今荆臺之樂」。

〔五〕拊：拍，撫摩。

〔六〕引轡：拉住嚼子和韁繩。轡：音「佩」，拴牲口的嚼子和韁繩。

〔七〕王：玉海堂本、同文本、備要本、百子本同，四庫本作「主」。

〔八〕我今：備要本同，四庫本、玉海堂本、同文本、百子本作「今我」。

〔九〕何也：備要本同，百子本作「何」，四庫本、玉海堂本、同文本作「可也」。

〔一〇〕山陵：陵墓。

〔一一〕父祖：四庫本、備要本、玉海堂本、同文本同，百子本作「父母」。

〔一二〕千里：説苑正諫爲「十里」，是。

子貢聞〔一〕於孔子曰：「夫子之於子産、晏子〔二〕，可爲〔三〕至矣。敢問二大夫之所爲，目夫子之所以與之者〔四〕。」孔子曰：「夫子産於民爲惠主〔五〕，於學爲博物〔六〕；晏子於君爲忠臣，而〔七〕行爲恭敏，故吾皆以兄事之，而加愛敬。」

【校注】

〔一〕聞：四庫本、備要本、玉海堂本、同文本、百子本作「問」，是。

〔二〕子産：即公孫僑，字子産，一字子美。春秋時鄭國人，鄭簡公十二年爲卿，二十三年爲正卿，執政。晏子：名嬰，字平仲。春秋時齊國卿相，歷事靈公、莊公、景公三世。

〔三〕可爲：四庫本、備要本、玉海堂本、同文本同，百子本作「可謂」。

〔四〕敢問二大夫之所爲，目夫子之所以與之者：四庫本、備要本、玉海堂本、同文本同，百子本作「敢問二大夫之所自爲，夫子所以與之者」。目：看。與：稱讚。此二句是説：我冒昧問子産、晏子二大夫之所作所爲，是想看看先生您是爲甚麽讚賞他們的。

〔五〕惠主：仁愛恩惠之主。

〔六〕博物：通曉萬物。

〔七〕而：備要本、百子本同，四庫本、玉海堂本、同文本作「於」。

齊有一足之鳥，飛集於宫朝〔一〕，下止于殿前，舒翅而跳。齊侯〔二〕大怪之，使使聘魯〔三〕問孔子。孔子曰：「此鳥名曰商羊〔四〕，水祥〔五〕也。昔童兒有屈其一脚，振訊兩眉而跳〔六〕，且謡曰：『天將大雨，商羊鼓舞。』今齊有之，其應至矣。」急告民趨治溝渠，修隄防，將有大水爲灾。頃之，大霖雨〔七〕，水溢泛諸國，傷害民人〔八〕，唯齊有備，不敗〔九〕。景公曰：「聖人之言，信而徵矣〔一〇〕。」

（此記載又見於説苑辨物）

【校注】

〔一〕飛集於宫朝：備要本同，四庫本、百子本作「飛集於公朝」，玉海堂本、同文本作「飛習於公朝」。

〔二〕齊侯：齊景公。

〔三〕使使：派遣使者。聘：聘問，專指天子與諸侯或諸侯與諸侯間的遣使通問。

〔四〕曰：四庫本、備要本、玉海堂本、同文本同，百子本無此字。商羊：傳説中的鳥名。此鳥大雨前，常屈一足起舞。

〔五〕水祥：水災的徵兆。

〔六〕振訊兩眉而跳：四庫本、備要本、玉海堂本、同文本同，百子本作「振肩而跳」。振訊：也作「振迅」，抖動。

〔七〕霖雨：連綿大雨。久雨不停稱「霖」。

〔八〕民人：四庫本、備要本、玉海堂本、同文本同，百子本作「人民」。

〔九〕不敗：没受禍害，没受損害。

〔一〇〕信而徵矣：備要本同，四庫本、玉海堂本、同文本、百子本作「信而有徵矣」。信實而有依據。

孔子謂宓子賤〔一〕曰：「子治單父〔二〕，衆悦，子何施而得之也？子語丘所以爲之者。」對曰：「不齊之治也，父恤其子，其子邺諸孤〔三〕，而哀喪紀〔四〕。」孔子曰：「善。小節也，小民附矣〔五〕，猶未足也。」曰：「不齊所父事者三人，所兄事者五人，所友事者十一人。」孔子曰：「父事三人，可以〔六〕教孝矣；兄事〔七〕五人，可以教悌矣；友事十一人，可以舉善〔八〕矣。中節也，中人〔九〕附矣，猶未足也。」曰：「此地民有賢於不齊者五人，不齊事之而稟度〔一〇〕焉，皆教不齊之道〔一一〕。」孔子歎曰：「其大者，乃於此乎有矣。昔堯舜聽天下，務求賢以自輔。夫賢者，百福之宗也，神明之主也〔一二〕，惜乎不齊之以所〔一三〕治者，小也。」

（此記載又見於説苑政理、韓詩外傳卷八）

【校　注】

〔一〕宓子賤：名不齊，字子賤，魯國人，孔子弟子。宓：音「扶」。論語公冶長記孔子讚許子賤曰：「君子哉！若人。魯無君子者，斯焉取斯？」意思是説：是君子啊這個人！魯國如果没有君子，他從哪裏學取這麽好的品德呢？

〔二〕單父：魯國邑名，故址在今山東單縣南。

〔三〕父恤其子，其子卹諸孤：像父親一樣愛恤兒子，像兒子一樣愛恤孤老。「卹」同「恤」，憫惜，體恤。

〔四〕哀喪紀：沉痛哀悼他們的喪事。喪紀：喪事。曾子曰：「慎終追遠，民德歸厚矣。」（論語學而）是説：敬慎地對待老人的喪事，追念祭祀歷代祖先，民衆的道德就會趨向敦厚。

〔五〕小節也，小民附矣：這是些小的方面，一般老百姓能依附。

〔六〕可以：備要本、百子本、四庫本同，玉海堂本、同文本作「可謂」。

〔七〕兄事：四庫本、備要本、玉海堂本、同文本同，百子本作「兄事者」。

〔八〕舉善：推舉良善人才。

〔九〕中節：中等的節操。中人：中等的人。

〔一〇〕稟度：受教。

〔一一〕皆教不齊之道：四庫本、備要本、玉海堂本、同文本同，百子本作「皆教不齊所以治人之道」。

〔一二〕百福之宗也，神明之主也：百福的本源，神明的主宰。

〔一三〕以所：備要本同，四庫本、玉海堂本、同文本、百子本作「所以」，是。

子貢爲信陽〔一〕宰，將行，辭於孔子。孔子曰：「勤之慎之，奉天子之時〔二〕，無奪無伐，無暴無盜〔三〕。」子貢曰：「賜也少而事君子，豈以盜爲累〔四〕哉？」孔子曰：「汝未之詳也，夫以賢代賢，是謂之奪；以不肖代賢，是謂之伐；緩令急誅，是謂之暴〔五〕；取善自與，謂之盜〔六〕。盜非竊財之謂也。吾聞之，知爲吏者，奉法以利民；不知爲吏者，枉法以侵民。此怨之所由也。治官〔七〕莫若平，臨財莫如〔八〕廉。廉平之守，不可改也。匿人之善，斯謂蔽賢；揚人之惡，斯爲小人。內不相訓〔九〕而外相謗，非親睦也。言人之善，若己有之；言人之惡，若己受之〔一〇〕，故君子無所不慎焉。」

（此記載又見於說苑政理）

【校注】

〔一〕信陽：地名，故址在今河南信陽南。

〔二〕奉天子之時：備要本、百子本、四庫本、玉海堂本同，同文本「天子」作「夫子」。孫志祖疏證曰：「御覽四百九十九引無『子』字。」當爲「奉天之時」。

〔三〕無奪無伐，無暴無盜：不要侵奪，不要殺伐，不要暴虐，不要盜竊。

〔四〕累：妨礙。

〔五〕緩令急誅，是謂之暴：法令下達緩慢，（到期完不成任務）誅殺懲罰却很急迫，這叫作暴虐。這與孔子所説的「慢令致期謂之賊」（論語堯曰）意近。

〔六〕取善自與，謂之盜：博取別人的好處歸於自己，這叫作盜竊。謂之盜：備要本同，四庫本、玉海堂本、同文本、百子本作「是謂之盜」。

〔七〕治官：四庫本、備要本、玉海堂本、同文本同，百子本作「治民」。

〔八〕莫如：四庫本、備要本、玉海堂本、同文本同，百子本作「莫若」。

〔九〕訓：訓誡，教育。

〔一〇〕若己受之：就像自己承受着同樣的缺點。

子路治蒲〔一〕三年，孔子過之。入其境，曰：「善哉由也！恭敬以信矣。」入其邑，曰：「善哉由也！忠信而寬矣。」至廷〔二〕，曰：「善哉由也！明察以斷矣。」子貢執轡而問曰：「夫子未見由之政，而三稱其善，其善可得聞乎？」孔子曰：「吾見其政矣。入其境，田疇盡易〔三〕，草萊甚辟〔四〕，溝洫深治，此其恭敬以信，故其民盡力也；入其邑，牆屋完固，樹木甚茂，此其忠信以寬，故其民不偷〔五〕也；至其庭，庭甚清閒，諸下用命〔六〕，此其言〔七〕明察以斷，故其政不擾〔八〕也。以此觀之，雖三稱其善，庸盡其美乎〔九〕？」

（此記載又見於韓詩外傳卷六）

【校注】

〔一〕蒲：春秋時衛地，在今河南省長垣縣。

〔二〕至廷：備要本同，四庫本、玉海堂本、同文本作「至庭」，百子本作「至其庭」。廷：官舍，地方官理事的公堂。

〔三〕田疇盡易：田地完全得到整治。易：整治。

〔四〕草萊甚辟：荒地真正得到開闢。草萊：雜生的草，此指荒地。

〔五〕偷：苟且，怠惰。

〔六〕諸下用命：衆部下聽從命令。

〔七〕言：四庫本、備要本、玉海堂本、同文本同，百子本無此字。

〔八〕不擾：不混亂，不煩亂。

〔九〕庸：豈，難道。乎：備要本、百子本同，四庫本、玉海堂本、同文本作「矣」。

孔子家語卷第四

六本第十五

孔子曰：「行己〔一〕有六本焉，然後爲君子也〔二〕。立身有義矣，而孝爲本；喪紀有禮矣，而哀爲本；戰陣有列矣，而勇爲本；治政有理矣，而農爲本；居國有道矣，而嗣爲本〔三〕；生財有時矣，而力爲本。置本不固，無務農桑〔四〕；親戚不悦，無務外交；事不終始，無務多業；記聞而言，無務多説〔五〕；比近不安，無務求遠〔六〕。是故反本修邇〔七〕，君子之道也。」

（此記載又見於説苑建本）

【校注】

〔一〕行己：謂立身行事。

〔二〕「然後」上：四庫本、備要本、玉海堂本、同文本同，百子本有「本立」二字。

〔三〕而嗣爲本：王肅注：「繼嗣不立，則亂之萌。」嗣：繼位之君。

〔四〕農桑：四庫本、備要本、玉海堂本、同文本同，百子本作「豐末」。孫志祖疏證曰：「農桑，墨子、說苑並作『豐末』，『末』與『本』對。家語作『農桑』，蓋以字形相近致誤。」豐末：使末大於本。

〔五〕無務多說：王肅注：「但說（四庫本、玉海堂本作「記」）所聞而言，言不出說中，故不可以務多說。」

〔六〕比近：臨近。此語是說：臨近之處都得不到安寧，就不必貪求治理遠處了。

〔七〕修邇：備要本、百子本同，四庫本、玉海堂本、同文本作「修跡」。「修邇」是，指從自身修行，或從近處做起。

孔子曰：「良藥〔一〕苦於口而利於病，忠言逆於耳而利於行。湯武以諤諤〔二〕而昌，桀紂以唯唯〔三〕而亡。君無爭〔四〕臣，父無爭子，兄無爭弟，士無爭友，無其過者未之有也。故曰：君失之，臣得之〔五〕。父失之，子得之。兄失之，弟得之。己失之，友得之。是以國無危亡之兆，家無悖亂之惡，父子兄弟無失，而交友無絕也。」

（此記載又見於說苑正諫）

【校注】

〔一〕良藥：四庫本、備要本、百子本同，玉海堂本、同文本作「藥酒」。

〔二〕諤諤：直言爭辯貌。

〔三〕唯唯：應聲附和貌。

〔四〕爭：通「諍」，諫諍，規勸。

〔五〕君失之，臣得之：君主有過失，臣下可以補救。

孔子見齊景公〔一〕，公悅焉，請置廩丘〔二〕之邑以爲養。孔子辭而不受。入謂弟子曰：「吾聞君子賞功受賞〔三〕，今吾言於齊君，君未之有〔四〕行而賜吾邑，其不知丘亦〔五〕甚矣。」於是遂行。

（此記載又見於呂氏春秋高義、說苑立節）

【校注】

〔一〕齊景公：齊國國君，名杵臼。莊公異母弟。大夫崔杼殺莊公，立其爲君。即位後，以崔杼爲右相，慶封爲左相，朝政混亂。建宫室，聚狗馬，奢侈無度。後任晏嬰爲正卿，稍得抑斂。在位五十八年。

〔二〕廪丘：四庫本、備要本同，玉海堂本、同文本作「稟丘」，百子本作「稟」。廪丘：齊邑，在今山東鄆城西北。

〔三〕賞功受賞：四庫本、備要本、玉海堂本、同文本、百子本作「當功受賞」，是。

〔四〕有：四庫本、備要本、玉海堂本、同文本同，百子本無此字。

〔五〕亦：四庫本、備要本、玉海堂本、同文本同，百子本無此字。

孔子在齊，舍於外館〔一〕，景公造焉。賓主之辭既接，而左右白曰：「周使適至，言先王廟災。」景公覆問：「災何王之廟也？」孔子曰：「此必釐王〔二〕之廟。」公曰：「何以知之？」孔子曰：「詩云：『皇皇上天，其命不忒，天之以善，必報其德〔三〕。』禍亦如之。夫釐王變文武之制，而作玄黄華麗之飾，宫室崇峻，輿馬奢侈，而弗可振也〔四〕，故天殃所宜加其廟焉，以是占之爲然。」公曰：「天何不殃其身，而加罰其廟也？」孔子曰：「蓋以文武故也。若殃其身，則文武之嗣，無乃殄乎〔五〕，故當殃其廟，以彰其過。」俄頃，左右報曰：「所災者，釐王廟也。」景公驚起再拜，曰：「善哉！聖人之智〔六〕，過人遠矣。」

（此記載又見於説苑權謀）

【校注】

〔一〕外館：客舍，旅館。

〔二〕釐王：周釐王，亦稱周僖王，周莊王之子，名胡齊，公元前六八一至前六七七年在位。釐：音「僖」。

〔三〕詩云「皇皇上天，其命不忒，天之以善，必報其德」：王肅注：「此逸詩也。皇皇，美貌也。忒，差也。」

〔四〕振也：四庫本、備要本、玉海堂本、同文本同，百子本作「振」。王肅注：「振，救（玉海堂本作「振，拔」）。」釋「救」爲是，指到了不可救藥的地步。

〔五〕無乃殄乎：莫不是滅絶了嗎？殄：音「忝」，滅絶，斷絶。

〔六〕聖人之智：備要本、百子本同，四庫本、玉海堂本、同文本作「聖之智」。

子貢〔一〕三年之喪畢，見於孔子。子曰〔二〕：「與之琴，使之絃〔三〕。」侃侃而樂〔四〕，作而曰：「先王制禮，弗敢過也〔五〕。」子曰：「君子也。」子貢曰〔六〕：「閔子哀未盡，夫子曰『君子也』。子夏哀已盡，又曰『君子也』。二者殊情，而俱曰君子，賜也或〔七〕，敢問之。」孔子曰：「閔子哀未忘，能斷之以禮；子夏哀已盡，能引之及禮。雖均之君子〔八〕，不亦可乎？」

（此記載又見於禮記檀弓上、説苑修文）

【校注】

〔一〕子貢：四庫本、備要本、玉海堂本、同文本、百子本作「子夏」，是。

〔二〕子曰：四庫本、備要本、玉海堂本、同文本同，百子本作「孔子」。

〔三〕絃：彈奏。

〔四〕侃侃而樂：子夏愉悦地彈奏起來。侃侃：和樂貌。

〔五〕弗敢過也：備要本同，四庫本、玉海堂本、同文本、百子本作「不敢不及」。

〔六〕「子貢曰」上，四庫本、玉海堂本、同文本有「閔子三年之喪畢，見於孔子。子曰：『與之琴，使之弦。』切切而悲，作而曰：『先王制禮，弗敢過也。』子曰：『君子也』」一節文字。百子本也有此節文字，只是「子曰與之琴」作「孔子與之琴」。備要本無。

〔七〕或：四庫本、備要本、玉海堂本、同文本、百子本作「惑」。「或」通「惑」。

〔八〕均之君子：都稱爲君子。

孔子曰：「無體之禮〔一〕，敬也；無服之喪，哀也；無聲之樂，歡也。不言而信，不動而威，不施而仁，志〔二〕。夫鐘之音〔三〕，怒而擊之則武，憂而擊之則悲。其志變者，聲亦隨之。故志誠〔四〕感之，通於金石，而況人乎！」

（此記載又見於説苑修文）

【校注】

〔一〕無體之禮：没按儀式舉行的禮。體：程式，儀式。

〔二〕志：心志。此語是説：不説話就能得到信任，不行動就能顯示出威望，不施捨就能體現出仁愛，這是出於心志。

〔三〕鐘：孫志祖疏證曰：「説苑作『鐘鼓』，文選七發注引家語同。」

〔四〕志誠：四庫本、備要本、百子本同，玉海堂本、同文本作「至誠」。

孔子見羅雀者，所得皆黄口〔一〕小雀。夫子問之曰：「大雀獨不得〔二〕，何也？」羅者曰：「大雀善驚而難得，黄口貪食而易得。黄口從大雀則不得，大雀從黄口亦不得〔三〕。」孔子顧謂弟子曰：「善驚以遠害，利食而忘患，自其心矣，而以〔四〕所從爲禍福，故君子慎其所從。以長者之慮，則有全身之階〔五〕，隨小者之戇〔六〕，而有危亡之敗也。」

（此記載又見於説苑敬慎）

【校注】

〔一〕黄口：幼小的鳥嘴角黄色，故稱。

〔二〕不得：四庫本、備要本、玉海堂本、同文本同，百子本作「不可得」。

〔三〕大雀從黄口亦不得：玉海堂本、同文本、備要本同，四庫本作「大雀黄口亦不得」，百子本作「大雀從黄口亦可得」。這兩句是説：小鳥跟從着大鳥時就捕不到，有大鳥跟着小鳥時也捕不到。這是因爲大鳥謹慎警覺，大鳥一飛，小鳥也隨之而飛，所以捕不到。

〔四〕而以：備要本、百子本同，四庫本、玉海堂本、同文本作「而獨以」。

〔五〕階：指門路，途徑。

〔六〕戇：音「壯」，又音「杠」，愚直，傻。

孔子讀易，至於損益，喟然而嘆。子夏避席問曰：「夫子何歎焉？」孔子曰：「夫自損者必有益之，自益者必有決之〔一〕，吾是以歎也。」子曰〔二〕：「然則學者不可以益乎[三]？」子曰：「非道益之謂也。道彌益而身彌損。夫學者損其自多，以虚受人，故能成其滿博哉[四]。天道成而必變，凡持滿而能久者，未嘗有也。故曰：自賢者[五]，天下之善言不得聞於耳矣。昔堯治[六]天下之位，猶允恭以持之，克讓以接下[七]，是以千歲而益盛，迄今而逾彰。夏桀、昆吾[八]，自滿而極[九]，亢意[一〇]而不節，斬刈黎民如草芥焉，天下討之，如誅匹夫，是以千載而惡著，迄今而不滅[一一]。觀此，如行，則讓長，不疾先[一二]。如在輿，遇三人[一三]則下之，遇二人則式[一四]之。調其盈虚，不令自滿，所以能久也。」子夏曰：「商請志之，而終身奉行焉。」

（此記載又見於說苑敬慎）

【校注】

〔一〕夫自損者必有益之，自益者必有決之：四庫本、備要本、玉海堂本、同文本同，百子本作「夫自損者必自益，自益者必有以決之」。王肅注：「易損卦次得益，益次夬。夬，決也。損而不已，必益，故受之以益。益而不已，必決，故受之以夬。」決：通「缺」，損失。

〔二〕子曰：四庫本、備要本、玉海堂本、同文本、百子本作「子夏曰」，是。

〔三〕益乎：四庫本、備要本、玉海堂本、同文本同，百子本作「已乎」。此句是説：通過學習不能得到補益嗎？

〔四〕道彌益而身彌損。夫學者損其自多，以虚受人，故能成其滿博哉：道藝越是增加，自身越感覺不足。學習的人自以爲不足的地方很多，以謙虚的態度接受别人的指教，所以能達到滿博的程度。哉：備要本、百子本同，四庫本、玉海堂本、同文本作「也」。

〔五〕自賢者：自認爲自己賢能的人。

〔六〕治：四庫本、備要本、玉海堂本、同文本同，百子本作「居」。

〔七〕允恭以持之，克讓以接下：王肅注：「允，信也。克，能也。」即誠信恭敬，能謙讓。

〔八〕夏桀、昆吾：王肅注：「昆吾國與夏桀作亂。」昆吾是夏朝的同盟諸侯，在今河南許昌東，曾與夏桀一起作亂，後爲商湯所滅。

〔九〕自滿而極：備要本同，四庫本、玉海堂本、同文本、百子本作「自滿而無極」。

〔一〇〕亢意：恣意妄爲。

〔一一〕不滅：四庫本、備要本、玉海堂本、同文本同，百子本作「不成」。

〔一二〕觀此，如行，則讓長，不疾先：備要本同；四庫本、玉海堂本、同文本無此十字，「不滅」下有「滿也」二字；百子本無此十字，而在「迄今而不成」句下有「滿也。是非損益之徵與？日中則昃，月盈則食，天地盈虚，與時消息，是以聖人不敢當盛。如行，則讓長，不疾先」一節文字。

〔三〕遇三人：四庫本、備要本、玉海堂本、同文本同，百子本作「而遇三人」。

〔四〕式：通「軾」，車前的横木。以手撫軾，表示恭敬。

子路問於孔子曰：「請釋〔一〕古之道而行由之意，可乎？」子曰：「不可。昔東夷之子慕諸夏之禮〔二〕，有女而寡，爲内私壻〔三〕，終身不嫁，嫁〔四〕則不嫁矣，亦有貞節之義也〔五〕。蒼梧嬈〔六〕娶妻而美，讓與其兄，讓則讓矣，然非禮之讓矣〔七〕。不慎其初，而悔其後，何嗟〔八〕及矣。今汝欲舍古之道，行子之意，庸知子意不以是爲非，以非爲是乎？後雖欲悔，難哉。」

（此記載又見於説苑建本）

【校注】

〔一〕釋：捨棄，放棄。

〔二〕東夷：華夏族對東部少數民族的稱呼。諸夏：指周代分封的諸侯國，通常稱中國。

〔三〕爲内私壻：爲她招納私婿。内：同「納」。壻：同「婿」。私壻：非正式婚配的女婿。

〔四〕嫁：四庫本、備要本、玉海堂本、同文本同，百子本作「不嫁」。

〔五〕亦有貞節之義也：四庫本、備要本、玉海堂本、同文本作「亦非貞節之義也」，百子本作「亦非清節之義也」。

〔六〕蒼梧嬈：與孔子同時代的人，生平不詳。

〔七〕矣：備要本同，四庫本、玉海堂本、同文本、百子本作「也」。

〔八〕何嗟：四庫本、備要本、玉海堂本、同文本同，百子本作「嗟何」。王肅注：「言事至而後悔吁嗟，又何及矣。」

曾子耘瓜，誤斬其根。曾皙〔一〕怒，建大杖以擊其背，曾子仆地而不知人〔二〕，久之。有頃乃蘇〔三〕，欣然而起，進於曾皙曰：「嚮也參得罪於大人，大人用力教參，得無疾乎〔四〕？」退而就房，援琴而歌，欲令曾皙而〔五〕聞之，知其體康也。孔子聞之而怒，告門弟子曰：「參來勿内〔六〕！」曾參自以爲無罪，使人請〔七〕於孔子。子曰：「汝不聞乎，昔瞽瞍〔八〕有子曰舜，舜之事瞽瞍，欲使之，未嘗不在於側，索而殺之，未嘗可得，小棰〔九〕則待過，大杖則逃走，故瞽瞍不犯不父之罪，而舜不失烝烝〔一〇〕之孝。今參事父，委身以待暴怒，殪〔一二〕而不避，既身死而陷父於不義，其不孝孰大焉？汝非天子之民也，殺天子之民，其罪奚若〔一三〕？」曾參聞之曰：「參罪大矣。」遂造孔子而謝過。

（此記載又見於韓詩外傳卷八、説苑建本）

【校注】

〔一〕曾皙：曾參父，孔子的早期弟子。

〔二〕不知人：不省人事。

〔三〕蘇：四庫本、備要本、玉海堂本、同文本同，百子本作「甦」。

〔四〕得無疾乎：該不會傷着了吧？

〔五〕而：四庫本、備要本、玉海堂本、同文本同，百子本無此字。

〔六〕參來勿内：曾參來了，不要讓他進來！

〔七〕請：詢問。

〔八〕瞽瞍：備要本同，四庫本、百子本作「瞽叟」，玉海堂本、同文本作「瞽瞍」。「鼓瞍」是。瞽瞍是舜的父親，聽信舜後母讒言，溺愛舜的弟弟，多次想害死舜。時人認爲他有目而不能分辨好壞，故稱其爲瞽瞍（瞎眼）。

〔九〕棰：四庫本、備要本、玉海堂本、同文本同，百子本作「捶」。小棰：用小棍子打。

〔一〇〕烝烝：同「蒸蒸」，厚美貌。

〔一一〕殪：王肅注：「殪，死。」

〔一二〕奚若：四庫本、備要本、玉海堂本、同文本同，百子本作「爲若」。奚若：何如。

荊公子行年十五而攝荊相事〔一〕，孔子聞之，使人〔二〕往觀其爲政焉。使者反曰：「視其朝清淨而少事，其堂上有五老焉，其廊下有二十壯士焉〔三〕。」孔子曰：「合二十五人之智〔四〕以治天下，其固免〔五〕矣，況荊乎？」

（此記載又見於說苑尊賢）

【校注】

〔一〕行年十五而攝荊相事：四庫本、備要本、玉海堂本、同文本同，百子本作「年十五而攝相事」。荊公子：楚國公子，生平不詳。攝荊相事：代理楚國宰相事務。

〔二〕使人：四庫本、備要本、玉海堂本、同文本同，百子本作「曰使人」。

〔三〕廊下：四庫本、備要本、玉海堂本、同文本同，百子本作「堂下」。壯士：張濤注曰：「說苑作『俊士』，觀下文『合二十五人之智』云云，於義較勝。」

〔四〕合二十五人之智：備要本、百子本同，四庫本、玉海堂本、同文本作「合兩二十五之智」。

〔五〕固免：本來可以免禍、免危亡。

子夏問於孔子曰：「顏回之爲人奚若？」子曰：「回之信賢於丘〔一〕。」曰：「子貢之爲人奚若？」子曰：「賜之敏賢於丘。」曰：「子路之爲人奚若？」子曰：「由之勇賢於丘。」曰：「子張之爲人奚若？」子曰：「師之莊〔二〕賢於丘。」子夏避席而問〔三〕曰：「然則四子何爲事先生〔四〕？」子曰：「居，吾語汝。夫回能信而不能反〔五〕，賜能敏而不能詘〔六〕，由能勇而不能怯〔七〕，師能莊而不能同〔八〕。兼四子者之有以易吾，弗與也〔九〕。此其所以事吾而弗貳〔一〇〕也。」

（此記載又見於列子仲尼、淮南子人間訓）

【校注】

〔一〕回之信賢於丘：顏回在誠信方面勝於我孔丘。賢：勝於。

〔二〕莊：矜莊，莊重。

〔三〕避席而問：四庫本、備要本、玉海堂本、同文本同，百子本作「避而問」。

〔四〕何爲事先生：指爲何跟先生學習。

〔五〕回能信而不能反：王肅注：「反，謂反信也。君子言不必信，唯義所在耳。」反：指靈活、變通。

〔六〕賜能敏而不能詘：王肅注：「言人雖辨敏，亦宜有屈折時也。」詘：音義同「屈」，屈抑。

〔七〕怯：怯懼，退避。論語當中，孔子多次批評仲由過於剛勇莽撞而不知謹慎的性格，比如：「由也好勇過我，無所取材。」（論語公冶長）「暴虎馮河，死而無悔者，吾不與也，必也臨事而懼，好謀而成者也。」（論語述而）「若由也，不得其死然（不得善終）。」（論語先進）

〔八〕師能莊而不能同：王肅注：「言人雖矜莊，亦當有和同時也。」同：合群，與人和諧相處。論語先進記載：「師也過。」（顓孫師做事往往過頭）「師也辟。」（顓孫師偏僻怪異）曾子曰：「堂堂乎張也，難與並爲仁矣。」（論語子張）意思是：儀表堂堂盛氣凌人的子張啊，難以和你一同行仁。

〔九〕兼四子者之有以易吾，弗與也：即使同時兼有這四個人的長處與我交換，我也不會同意。

〔一〇〕弗貳：忠心不二。

孔子遊於泰山，見榮聲期行乎郕之野〔一〕，鹿裘帶索〔二〕，瑟瑟而歌〔三〕。孔子問曰：「先生所以爲樂者，何也？」期對曰：「吾樂甚多，而至者三：天生萬物，唯人爲貴，吾既得爲人，是一樂也；男女之别，男尊女卑，故人以男爲貴，吾既得爲男，是二樂也；人生有不見日月，不免襁褓〔四〕者，吾既以行年九十五矣，是三樂也。貧者，士之常；死者，人之終。處常得〔五〕終，當何憂哉？」孔子曰：「善哉！能自寬者也。」

（此記載又見於列子天瑞、説苑雜言）

【校注】

〔一〕榮聲期：王肅注：「『聲』宜爲『啓』，或曰榮益期也。」郕：音「成」，春秋魯邑，戰國屬齊，在今山東寧陽東南。

〔二〕鹿裘帶索：四庫本、備要本、玉海堂本、同文本同，百子本作「鹿裘素」。鹿裘帶索：穿着鹿皮袍，紮着繩索帶。

〔三〕瑟瑟而歌：備要本同，四庫本、玉海堂本、同文本作「鼓琴而歌」，百子本作「琴瑟而歌」。

〔四〕襁褓：四庫本、備要本、玉海堂本、同文本同，百子本作「襁袛」。

〔五〕得：王肅注：「『得』宜爲『待』。」説苑作「待」。

孔子曰：「回有君子之道四焉：强於行義，弱於受諫，怵於待禄〔一〕，慎於治身[二]。史鰌有男子[三]之道三焉：不仕而敬上，不祀而敬鬼，直己而曲人[四]。」曾子侍，曰：「參昔常聞夫子三言[五]，而未之能行也。夫子見人之一善而忘其百非，是夫子之易事[六]也；見人之有善若己有之，是夫子之不爭也；聞善必躬行之，然後導之，是夫子之能勞[七]也。學夫子之三言而未能行，以自知終不及二子[八]者也。」

（此記載又見於説苑雜言）

【校注】

〔一〕怵於待禄：王肅注：「怵，怵惕也。『待』宜爲『得』也。」得到官禄時戒懼而警惕。

〔二〕此四句是説：實行道義時很堅定，接受勸諫時很柔順，得到官禄時很戒懼，修養自身時很謹慎。

〔三〕史鰌：春秋時衛大夫，字子魚。衛靈公不用賢人蘧伯玉而用奸人彌子瑕，史鰌屢諫不從。史鰌臨死前囑其子説：「我死後將屍體置於窗下，不要埋葬，以屍勸諫。」靈公聞知後，任用了蘧伯玉，黜免了彌子瑕。論語衛靈公篇孔子讚美史鰌、蘧伯玉曰：「直哉，史魚！邦有道，如矢。邦無道，如矢。君子哉，蘧伯玉！邦有道，則仕。邦無道，則可卷而懷之。」意思是：正直啊，史魚！國家有道，像箭一樣直。國家無道，也像箭一樣直。君子啊，蘧伯玉！國家有道，就做官。國家無道，就把本領收而懷藏起來。男子：備要本同，四庫本、玉海堂本、同文本、百子本作「君子」。

〔四〕曲人：備要本同，四庫本、玉海堂本、同文本、百子本作「曲於人」。直己而曲人：嚴格要求自己正直而寬以待人。

〔五〕參昔常聞夫子三言：備要本同，玉海堂本、同文本作「參昔者常聞夫子三言」，四庫本作「參昔者常聞夫子之三言」。

〔六〕易事：容易事奉。

〔七〕能勞：能吃苦耐勞。

〔八〕二子：王肅注：「二子，顏回、史鰌也。」

孔子曰：「吾死之後，則商也日益，賜也日損〔一〕。」曾子曰：「何謂也？」子曰：「商也好與賢己者〔二〕處，賜也好說不若己者〔三〕。不知其子視其父，不知其人視其友，不知其君視其所使〔四〕，不知其地視其草木。故曰：與善人居，如入芝蘭之室，久而不聞其香，即與之化矣；與不善人居，如入鮑魚之肆〔五〕，久而不聞其臭，亦與之化矣。丹之所藏者赤，漆之所藏者黑〔六〕。是以君子必慎其所與處者焉。」

（此記載又見於說苑雜言）

【校注】

〔一〕商也日益，賜也日損：卜商（子夏）會越來越進步，端木賜（子貢）會越來越退步。

〔二〕賢己者：比自己强的人。賢：勝過。

〔三〕賜也好説不若己者：四庫本、備要本、玉海堂本、同文本同，百子本作「賜也悦不若己者處」。

〔四〕所使：使用的臣下。

〔五〕鮑魚之肆：「肆」當爲「肆」。鮑魚之肆：賣鹹魚的店鋪。鮑魚：鹽腌的鹹魚，其味腥臭。

〔六〕丹之所藏者赤，漆之所藏者黑：儲藏丹砂的地方會變成紅的，儲藏漆的地方會變成黑的。

曾子從孔子之齊〔一〕，齊景公以下卿〔二〕之禮聘曾子，曾子固辭。將行，晏子送之，曰：「吾聞之，君子遺〔三〕人以財不若善言，今夫蘭本〔四〕三年，湛之以鹿醢〔五〕，既成噉〔六〕之，則易之匹馬。非蘭之本性也，所以湛者美矣，願子詳其所湛者。夫君子居必擇處，遊必擇方，仕必擇君。擇君所以求仕，擇方所以修道。遷風移俗者〔七〕，嗜慾移性，可不慎乎！」孔子聞之，曰：「晏子之言，君子哉！依賢者固不困，依富者固不窮，馬蚿斬足〔八〕而復行，何也？以其輔之者衆〔九〕。」

（此記載又見於晏子春秋内篇雜上、荀子大略、説苑雜言）

【校注】

〔一〕之齊：備要本同，四庫本、玉海堂本、同文本、百子本作「于齊」。

〔二〕下卿：天子諸侯設卿，分上、中、下三等。

〔三〕遺：音「位」，贈與。

〔四〕蘭本：四庫本、備要本、玉海堂本、同文本同，百子本作「蘭之本」。蘭本：蘭草根。

〔五〕鹿醢：備要本同，百子本作「漉醢」，四庫本、玉海堂本、同文本作「鹿醢」，是。湛之以鹿醢：用鹿肉醬浸漬。湛：音「堅」，浸，漬。醢：音「海」，肉醬。

〔六〕噉：音「旦」，食，吃。

〔七〕者：備要本、百子本同，四庫本、玉海堂本、同文本無此字。

〔八〕馬蚿斬足：玉海堂本、同文本、備要本、百子本同，四庫本作「馬斬足」。馬蚿：一種多足、多節肢的蟲子，又名馬陸、百足，形如蚯蚓，黑紫色。

〔九〕衆：四庫本、備要本、玉海堂本、同文本同，百子本作「衆也」。

孔子曰：「與富貴而下人〔一〕，何人不尊？以富貴而愛人，何人不親？發言不逆，可謂知言矣；言而衆嚮〔二〕之，可謂知時矣。是故以富而能富人者，欲貧不可得也；以貴而能貴人者，欲賤不可得也；以達而能達人者，欲窮不可得也〔三〕。」

（此記載又見於說苑雜言）

【校注】

〔一〕與：四庫本、備要本、玉海堂本、同文本、百子本作「以」。「以」是。下人：謙居人下。

〔二〕嚮：備要本、百子本同，四庫本、玉海堂本、同文本作「響」。嚮：通「響」，回應。

〔三〕達：發達。該句是說：以自己的發達能幫助別人發達的人，想困窮都不可能。論語雍也孔子曰：「己欲立而立人，己欲達而達人。」意思是：自己想立身於世也要幫助別人立身於世，自己想發達成功也要幫助別人發達成功。

孔子曰：「中人〔一〕之情也，有餘則侈，不足則儉，無禁則淫，無度則逸，從〔二〕欲則敗。是故鞭朴〔三〕之子，不從父之教；刑戮之民，不從君之令。此言疾之難忍，急之難行也〔四〕。故君子不急斷，不急制〔五〕，使飲食有量，衣服〔六〕有節，宮室有度，畜積有數，車器有限，所以防亂之原也。夫度量不可明〔七〕，是中人所由之令〔八〕。」

（此記載又見於說苑雜言）

【校注】

〔一〕中人：中等人，指一般人。

〔二〕淫：過度，恣肆。逸：放縱。從：通「縱」，放縱。

〔三〕是故鞭朴：四庫本、備要本、玉海堂本、同文本作「是故鞭扑」，百子本作「故鞭朴」。鞭朴：用鞭子打。

〔四〕此言疾之難忍，急之難行也：這是說過速就會讓人難以忍受，過急就會讓人難以實行。

〔五〕君子：四庫本、備要本、玉海堂本、同文本同，百子本作「君」。不急斷，不急制：不急着決斷，不急着確立制度。

〔六〕衣服：四庫本、備要本、百子本同，玉海堂本、同文本作「衣食」。

〔七〕不可明：玉海堂本、同文本、備要本同；四庫本、百子本作「不可不明」，可從。

〔八〕令：王肅注：「教令之令。」

孔子曰：「巧而好度，必攻〔一〕；勇而好問，必勝；智而好謀，必成。以愚者反之。是以非其人，告之弗聽；非其地，樹之弗生〔二〕。得其人，如聚砂而雨之〔三〕；非其人，如會聾而鼓之。夫處重擅寵，專事妬賢，愚者之情也。位高則危，任重則崩，可立而待〔四〕。」

（此記載又見於荀子仲尼、説苑雜言）

【校注】

〔一〕度：揣度，籌畫。攻：王肅注：「攻，堅。」堅固。

〔二〕非其人，告之弗聽；非其地，樹之弗生：不是合適的人，告訴他也不會聽；不是合適的地，種植了也不會生長。

〔三〕得其人，如聚砂而雨之：王肅注：「言立入也。」得到合適的人，就像在聚攏的沙土上澆雨水，會立刻滲入。

〔四〕待：四庫本、備要本、玉海堂本、同文本同，百子本作「待也」。

孔子曰：「舟非水不行，水入舟則没；君非民不治，民犯上則傾。是故君子不可不嚴也，小人不可不整一〔一〕也。」

【校注】

〔一〕嚴：嚴謹，敬畏。整一：整肅統一。

齊高庭問於孔子曰：「庭不曠山，不直地〔一〕，衣穰而提贄〔二〕，精氣以問事君子之道，願夫子告之〔三〕。」孔子曰：「貞以幹之〔四〕，敬以輔之，施仁無倦，見君子則舉之，見小人則退之，去汝惡心而忠與之。效其行〔五〕，修其禮，千里之外親如兄弟；行不效，禮不修，則對門不汝通矣〔六〕。夫終日言，不遺己之憂；終日行，不遺己之患〔七〕，唯智者能之。故自修者，必恐懼以除患，恭儉以避難者也。終身爲善，一言則敗之，可不慎乎！」

（此記載又見於説苑雜言）

【校注】

〔一〕庭不曠山，不直地：王肅注：「庭，高庭名也。曠，隔也。不以山爲隔，踰山而來。直，宜爲植。不根於地而遠來也。」

〔二〕衣穰而提贄：王肅注：「穰，蒿草衣。提，持。贄，所以執爲禮也。」贄：初次見面時拿的禮物。

〔三〕精氣：猶精誠。這幾句是説：我高庭不怕高山阻隔，不停地行走，穿着蒿草衣，提着見面禮，誠心誠意地來請教事奉君子的方法，願先生告訴我。

〔四〕貞以幹之：王肅注：「真正以爲幹植（真正，四庫本、玉海堂本作「貞正」）。」即以貞正爲主幹。

〔五〕效其行：效法君子之行。

〔六〕對門不汝通矣：對門的人也不和你往來。

〔七〕不遺己之憂，不遺己之患：不給自己留下憂慮，不給自己留下禍患。

辯物第十六

季桓子穿井，獲如玉缶〔一〕，其中有羊焉，使使問孔子〔二〕曰：「吾穿井於費，而於〔三〕井中得一狗，何也？」孔子曰：「丘之所聞者羊也。丘聞之，木石之怪夔、蝄蜽〔四〕，水之怪龍、罔象〔五〕，土之怪羵羊〔六〕也。」

（此記載又見於説苑辨物）

【校注】

〔一〕玉缶：玉海堂本、同文本、四庫本、備要本、百子本作「土缶」。土缶：土罐子。

〔二〕問孔子：備要本、同文本、百子本同，玉海堂本、四庫本作「問於孔子」。

〔三〕於：玉海堂本、同文本、四庫本、備要本同，百子本無此字。

〔四〕木石之怪夔、蝄蜽：山林中的精怪是夔和蝄蜽。夔：音「奎」，傳説中的怪物。國語韋昭注：「或云夔一足，越人謂之山繅，音『騷』，或作『猱』，富陽有之，人面猴身，能言。……蝄蜽：山川之精物也。淮南王説：『蝄蜽，狀如三歲小兒，赤黑色，赤目，長耳，美髮。』」蝄蜽：玉海堂本、同文本、備要本、百子本同，四庫本作「魍魎」。

〔五〕罔象：國語韋昭注曰：「或曰罔象食人，一名沐腫。」

〔六〕羵羊：土中怪羊，雌雄不分。國語魯語下：「土之怪曰羵羊。」韋昭注：「羵羊，雌雄不成者也。」羵：音「汾」。

吴伐越，隳會稽〔一〕，獲巨骨一節，專車〔二〕焉。吴子〔三〕使來聘於魯，且問之孔子，命使者曰：「無以吾命也〔四〕。」賓既將事，乃發幣於大夫及孔子〔五〕。孔子爵之〔六〕。既徹俎而燕〔七〕，客執骨而問曰：「敢問骨何如爲大？」孔子曰：「丘聞之〔八〕，昔禹致〔九〕群臣於會稽之山，防風〔一〇〕後至，禹殺而戮〔一一〕之，其骨專車焉，此爲大矣。」客曰：「敢問誰守爲神〔一二〕？」孔子曰：「山川之靈，足以紀綱天下者，其守爲神〔一三〕。諸侯社稷之守爲公侯〔一四〕，山川之祀者〔一五〕爲諸侯，皆屬於王〔一六〕。」客曰：「防風〔一七〕何守？」孔子曰：「汪芒氏之君，守封嵎山者〔一八〕，爲漆姓，在虞夏商爲汪芒氏，於周爲長瞿氏〔一九〕，今曰大人〔二〇〕。」有〔二一〕客曰：「人長之極，幾何？」孔子曰：「焦僥氏〔二二〕長三尺，短之至也，長者不過十，數之極也〔二三〕。」

（此記載又見於國語魯語下）

【校注】

〔一〕吴伐越，隳會稽：王肅注：「吴王夫差敗越王勾踐，棲於會稽，吴又隳之（玉海堂本、四庫本作「吴人隳之」）。會稽，山也。隳，毁者也。」隳：音「輝」。會稽：在浙江紹興東南。會：古讀「塊」，今讀「貴」。

〔二〕專車：滿載一車。

〔三〕吴子：吴王夫差。公元前四九五至前四七三年在位。

〔四〕無以吾命也：不要説是我命令你這麼做的。

〔五〕發幣於大夫及孔子：王肅注：「賜大夫及孔子。」幣：繒帛，也泛指車馬、皮帛、玉器等禮物。

〔六〕爵之：王肅注：「飲酒。」

〔七〕徹俎而燕：撤去禮器後開始宴飲。徹：通「撤」。燕：通「宴」。

〔八〕之：玉海堂本、同文本、四庫本、備要本同，百子本無此字。

〔九〕致：召集。

〔一〇〕防風：玉海堂本、同文本、四庫本、備要本同，百子本作「防風氏」。防風：夏初諸侯，汪芒國之君。

〔一一〕戮：陳屍示衆。

〔一二〕誰守爲神：玉海堂本、同文本、四庫本、備要本同，百子本作「誰守神」。此語是問：誰是守護之神？

〔一三〕其守爲神：王肅注：「守山川之祀者爲神。」

〔一四〕諸侯社稷之守爲公侯：備要本同，四庫本、玉海堂本、同文本、百子本作「社稷之守爲公侯」，視「諸侯」二字爲上句注文。儒藏本孔子家語的校點者張樹業、王秀江出校曰：「『諸侯』，四庫本同，玉海堂本作『謂諸侯』，二本皆作注語，與上句下注文相連屬，然皆文義窒礙不通。考上下文意，此處『諸侯』二字當爲衍文。」王肅注：「但守社稷，無山川之祀者，直爲公侯而已。」

〔一五〕者：玉海堂本、同文本、四庫本、備要本同，百子本無此字。

〔一六〕皆屬於王：王肅注：「神與公侯之屬也。」

〔一七〕防風：玉海堂本、同文本、四庫本、備要本同，百子本作「防風氏」。

〔一八〕汪芒氏之君，守封嵎山者：王肅注：「汪芒，國名。封嵎，山名。」守封嵎山者：玉海堂本、同文本、四庫本、備要本同，百子本作「守封嵎者也」。封嵎即封山、嵎山的合稱，在今浙江德清西南，兩山相距很近。

〔一九〕在虞夏商爲汪芒氏，於周爲長瞿氏：備要本同，四庫本、玉海堂本、同文本作「在虞夏商爲汪芒氏，於周爲長翟氏」，百子本作「在虞夏爲防風氏，商爲汪芒氏，於周爲長翟氏」。王肅注：「周之初及當孔子之時，其名異也。」今從「長翟氏」説。長翟（音「笛」）：即「長狄」，春秋時狄族的一支，傳説其人身材高大，故稱。

〔二〇〕大人：與「長狄」義近，其族人身材高大，故稱。

〔二一〕有：玉海堂本、同文本、備要本同，四庫本、百子本無此字。

〔二二〕焦僥氏：也作「僬僥氏」，西南部南蠻的一支。僥：音「堯」。

〔二三〕數之極也：玉海堂本、同文本、四庫本、備要本同，百子本作「類之極也」。

孔子在陳，陳惠公〔一〕賓之于上館。時有隼集陳侯之庭而死〔二〕，楛矢貫之石砮〔三〕，其長尺有咫〔四〕。惠公使人持隼如孔子館而問焉。孔子曰：「隼之來遠矣，此肅慎氏之矢〔五〕。昔武王克商，通道于九夷百蠻〔六〕，使各以其方賄〔七〕來貢，而無忘職業。於是肅慎氏貢楛矢石砮，其長尺有咫。先王欲昭其令德之致遠物也，以示後人使永鑒焉，故銘其栝〔八〕曰：『肅慎氏貢楛矢〔九〕。』以分大姬，配胡公而封諸陳〔一〇〕。古者分同姓以珍玉，所以展親親〔一一〕也；分異姓以遠方之職貢，所以無忘服〔一二〕也。故分陳以肅慎氏貢焉。君若使有司求諸故府〔一三〕，其可得也。」公使人求，得之金櫝〔一四〕，如之。

（此記載又見於國語魯語下）

【校注】

〔一〕陳惠公：孫志祖疏證曰：「史記作湣公。索隱曰：家語、國語皆作陳惠公，非也。惠公以魯昭元年立，定四年卒。世家湣公十六年孔子適陳，十三年亦在陳，則此湣公爲是。漢書五行志作閔公。『閔』、『湣』同。」

〔二〕隼集陳侯之庭而死：王肅注：「隼，鳥也。始集庭便死。」隼集：玉海堂本、同文本、備要本同，四庫本作「隼集於」，百子本作「隼鳥集於」。

〔三〕楛矢貫之石砮：王肅注：「楛，木名。砮，箭鏃。」楛：音「户」，荆類植物，莖可製箭杆。砮：音「努」。

〔四〕咫：王肅注：「咫，八寸也。」

〔五〕肅慎氏：少數民族名，居於東北地區，喜狩獵。矢：玉海堂本、同文本、四庫本、備要本同，百子本作「矢也」。

〔六〕九夷百蠻：王肅注：「九夷，東方九種。百蠻，夷狄百種。」泛指周邊各族。

〔七〕方賄：土産，地方特有財物。賄：財物。

〔八〕栝：四庫本、備要本、百子本同，玉海堂本、同文本作「括」。栝：音「闊」，箭末扣弦處。

〔九〕楛矢：王肅注：「楛，箭栝也。」

〔一〇〕以分大姬，配胡公而封諸陳：王肅注：「大姬，武王女。胡公，舜之後。」分：予。

〔一一〕展親親：重視親族情分。尚書旅獒：「分寶玉於伯叔之國，時庸展親。」孔穎達疏：「言用寶以表誠心，使彼知王親愛之也。」國語魯語上：「古者分同姓以珍玉，展親也。」韋昭注：「展，重也。」

〔一二〕服：臣服，服事。

〔一三〕故府：舊府。府指國家收藏文書或財物的地方。

〔一四〕金匱：玉海堂本、同文本、備要本同；百子本作「金牘」；四庫本作「金櫝」，是。四部叢刊本王肅注：「牘，匱也。」四庫本王肅注：「櫝，櫃也。」以四庫本王肅注爲是。牘：古代寫字的木板，稱書版、木簡，與「櫝」、「櫃」無關。

郯子〔一〕朝魯，魯人問曰：「少昊氏〔二〕以鳥名官，何也？」對曰：「吾祖也，我知之。昔黄帝以雲紀官，故爲雲師而雲名〔三〕。炎帝〔四〕以火，共工〔五〕以水，大昊〔六〕以龍，其義一也〔七〕。我高祖少昊摯之立也，鳳鳥適至，是以紀之於鳥，故爲鳥師而鳥名。自顓頊氏〔八〕以來，不能紀遠，乃紀於近，爲民師而命以民事，則不能故也〔九〕。」孔子聞之，遂見郯子而學焉。既而告人曰：「吾聞之，天子失官，學在四夷，猶信〔一〇〕。」

（此記載又見於左傳昭公十七年）

【校注】

〔一〕郯子：鄭國國君，相傳爲少昊後裔。

〔二〕少昊氏：備要本、百子本同，四庫本、玉海堂本、同文本作「少皓氏」。王肅注：「魯人，叔孫昭子。少昊，金天氏也。」傳説少昊爲東夷族首領，己姓，名摯，字青陽，活動中心在奄（曲阜）。帝王世紀載：「少昊邑於窮桑以登帝位，徙都曲阜，崩葬於雲陽。」窮桑：春秋魯地，在今山東曲阜北。今曲阜城東北三公里處，壽丘北面有少昊陵，陵闊二十八點五米，高八點七三米，形如金字塔，故有「中國金字塔」之稱。

〔三〕黄帝以雲紀官，故爲雲師而雲名：王肅注：「黄帝，軒轅氏。師，長也。雲紀其官長而爲官名者也。」黄帝：號軒轅氏，部落首領。史記五帝本紀載：「黄帝居軒轅之丘。」帝王世紀載：「黄帝生壽丘，曰軒轅丘。」又載：「壽丘在魯城東門之北，居軒轅丘。」今山東曲阜城東北三公里處有壽丘遺跡，立有「壽丘」牌坊。

〔四〕炎帝：王肅注：「神農氏也。」相傳爲古代帝王，姜姓。太平寰宇記載：「神農居大庭。」大庭，國名也，在魯城内。」今曲阜城西側的犁鏵店村，傳説是因神農炎帝製造犁鏵、指導鄉民耕種而得名。

〔五〕共工：王肅注：「共工霸九州也。」共工爲傳説中的諸侯，曾與顓頊爭帝，有頭觸不周山的故事。

〔六〕大昊：也作「太昊」。王肅注：「包犧氏也。」也作「庖犧氏」、「伏羲氏」。相傳太昊伏羲爲東夷族首領，風姓。東夷部族，居今河南東部及山東、安徽一帶。

〔七〕其義一也：王肅注：「火師而火名也，龍師而龍名也。」

〔八〕顓頊氏：誤，當爲「顓頊氏」。史記五帝本紀載：「帝顓頊高陽者，黄帝之孫而昌意之子也。」水經注載：「顓頊二十登帝位，承少昊金官之政。」據清修闕里志，曲阜城東曾建有顓頊祠。

〔九〕則不能故也：王肅注：「言不能紀遠方。」

〔一〇〕吾聞之，天子失官，學在四夷，猶信：王肅注：「郯，小國也。故吴伐郯，季文子歎曰：『中國不振旅，蠻夷之伐（之伐，玉海堂本、四庫本、備要本作「入伐」），吾亡無日矣。』孔子稱官學在四夷，疾時之廢學也。郯，少昊之後，以其世則遠矣，以其國則小矣。魯公之後，以其世則遠（玉海堂本、四庫本、備要本作「近」）矣，以其國則大矣。然其知禮不若郯子，故孔子發此言，疾時之不學也。」

邾隱公〔一〕朝于魯，子貢觀焉〔二〕。邾子執玉高，其容仰；定公受玉卑，其容俯〔三〕。子貢曰：「以禮觀之〔四〕，二君者將有死亡焉！夫禮，生死存亡之體〔五〕，將左右周旋，進退俯仰，於是乎取之；朝祀喪戎，於是乎觀之。今正月相朝，而皆不度〔六〕，心以亡〔七〕矣。嘉事不體〔八〕，何以能久？高仰驕，卑俯替〔九〕。驕近亂，替近疾〔一〇〕。若爲主〔一一〕，其先亡乎？」夏五月，公薨，又邾子出奔〔一二〕。孔子曰：「賜不幸而言中，是賜多言。」

（此記載又見於左傳定公十五年）

【校注】

〔一〕邾隱公：邾國國君，曹姓，名益。邾國，一作鄒國，西周封置，在今山東曲阜東南。戰國時爲楚所滅。

〔二〕子貢觀焉：王肅注：「子貢時爲魯大夫也。」

〔三〕定公受玉卑，其容俯：王肅注：「玉，所以聘子玉（子玉，四庫本作「于王」）。」

〔四〕之：玉海堂本、同文本、四庫本、備要本同，百子本無此字。

〔五〕夫禮，生死存亡之體：禮，是生死存亡的主體。

〔六〕不度：王肅注：「不得其法度也。」

〔七〕以：玉海堂本、同文本、四庫本、備要本同，百子本作「已」。「以」通「已」，已經。亡：通

「無」，讀「無」。

〔八〕嘉事不體：王肅注：「朝聘亦嘉事也。不體，不得其體。」

〔九〕高仰驕，卑俯替：備要本同，四庫本、玉海堂本、同文本、百子本作「高仰驕也，卑俯替也」。替：衰廢，衰敗。

〔一〇〕驕近亂，替近疾：驕縱近於動亂，衰廢近於疾病。

〔一一〕若爲主：四庫本、備要本、玉海堂本、同文本、百子本作「君爲主」。

〔一二〕出奔：出逃國外。奔：四庫本、備要本、百子本同，玉海堂本、同文本作「犇」。

孔子在陳〔一〕，陳侯就之燕遊焉〔二〕。行路之人〔三〕云：「魯司鐸〔四〕災及宗廟。」以告孔子。子曰：「所及者，其桓、僖〔五〕之廟。」陳侯曰：「何以知之？」子曰：「禮，祖有功而宗有德，故不毀其廟焉。今桓、僖之親盡矣，又功德不足以存其廟，而魯不毁，是以天災加之。」三日，魯使至，問焉，則桓、僖也。陳侯謂子貢曰：「吾乃今知聖人之可貴。」對曰：「君之知之〔六〕可矣，未若專其道而行其化之善也。」

（此記載又見於左傳哀公三年）

【校注】

〔一〕陳：陳國，西周初封置，嬀姓，都宛丘（今河南淮陽）。孔子約六十歲時，周遊至陳。

〔二〕燕遊焉：備要本、百子本同，四庫本、玉海堂本、同文本作「燕焉」。燕遊：閑遊。

〔三〕行路之人：備要本、百子本同，四庫本、玉海堂本、同文本作「子游行路之人」。孫志祖疏證曰：「文選蘇子卿古詩及褚淵碑文注並作『子游見行路之人』，毛本脱一『見』字，别本改作『就之燕遊焉，行路之人云』，益謬。」

〔四〕司鐸：王肅注：「司鐸（當爲「司鐸」），官名。」此「司鐸」當指魯國宮名，左傳哀公三年：「五月辛卯，司鐸火。」杜預注：「司鐸，宫名。」該句中的「災」，指火災。

〔五〕桓、僖：王肅注：「桓公、僖公。」魯桓公，公元前七一一年至前六九四年在位；魯僖公，亦作「釐公」，公元前六五九年至前六二七年在位。

〔六〕君之知之：四庫本、備要本、玉海堂本、同文本同，百子本作「君今知之」。

陽虎〔一〕既奔齊，自齊奔晉〔二〕，適趙氏〔三〕。孔子聞之，謂子路曰：「趙氏其世有亂乎？」子路曰：「權不在焉，豈不爲亂〔四〕？」孔子曰：「非汝所知。夫陽虎親富而不親仁，有寵於季孫，又將殺之，不尅而奔，求容於齊；齊人囚之，乃亡歸晉。

是齊魯二國已去其疾〔五〕。趙簡子好利而多信〔六〕，必溺其説而從其謀。禍敗所終，非一世可知也。」

（此記載又見於左傳定公九年）

【校注】

〔一〕陽虎：一作陽貨。春秋末魯國人。季氏家臣，事季平子。平子卒，虎專權。曾囚季桓子，迫使結盟。魯定公八年，虎謀除「三桓」（孟孫、叔孫、季孫），欲盡殺三桓嫡子，更立其所善庶子。虎被擊敗，出奔陽關。次年，三桓攻陽關，虎奔齊，後又奔晉，依附趙盾，爲趙簡子謀臣。

〔二〕奔齊、奔晉：四庫本、備要本、百子本同，玉海堂本、同文本二「奔」字作「犇」。犇：「奔」的古體字。

〔三〕趙氏：趙鞅，又稱趙孟、趙簡子。趙武之孫，晉國正卿。定公十二年，率軍圍衛，衛貢五百家，鞅置諸邯鄲。十五年，將五百家遷晉陽，晉卿内訌，鞅擊敗范氏、中行氏。十九年，齊輸糧於范氏，使鄭兵護送。鞅率師敗鄭兵，遂專晉政權，爲嗣後建立趙國奠定了基礎。

〔四〕權不在焉，豈不爲亂：四庫本、備要本、玉海堂本、同文本作「權不在焉，豈能爲亂」，百子本作「權本不在焉，豈能爲亂」。「豈能爲亂」是。句意爲：權力不在他陽虎手中，怎能作亂呢？

〔五〕去其疾：除去了禍患。

〔六〕多信：輕信。

季康子〔一〕問於孔子曰：「今周十二月，夏之十月，而猶有螽〔二〕，何也？」孔子對曰：「丘聞之，火伏而後蟄者畢〔三〕。今火猶西流，司曆過也〔四〕。」季康子曰：「所失者幾月也〔五〕？」孔子曰：「於夏十月，火既没矣，今火見，再失閏也〔六〕。」

（此記載又見於左傳哀公十二年）

【校注】

〔一〕季康子：即季孫肥，魯國大夫，魯哀公時正卿。「康」爲謚號。

〔二〕螽：音「中」，蝗蟲。此指蝗災。蝗災多發生在周曆秋八、九月。

〔三〕火伏而後蟄者畢：王肅注：「火，大火，心星也。蟄，蟄蟲也。」大火：星宿名，即心宿。爾雅釋天：「大火，心也，在中最明，故時候主焉。」大火星一般在夏曆十月就已隱没，天氣轉冷，昆蟲皆蟄於地下。

〔四〕今火猶西流，司曆過也：如今火星還在西方移動，這是掌管曆法的官員造成的過錯。

〔五〕所失者幾月也：錯在了幾月？

〔六〕再失閏也：又錯在閏月。指應設閏月而未設。

吴王夫差將與哀公見晉侯〔一〕。子服景伯〔二〕對使者曰：「王合諸侯，則伯率侯牧〔三〕以見於王；伯合諸侯，則侯率子男以見於伯〔四〕。今諸侯會，而君與寡君見晉君，則晉成爲伯也〔五〕。且執事以伯召諸侯，而以侯終之，何利之有焉？」吴人乃止，既而悔之，遂囚景伯。伯謂大宰嚭〔六〕曰：「魯將以十月上辛有事〔七〕于上帝先王，季辛〔八〕而畢，何也世有職焉〔九〕，自襄已來之改之〔一〇〕。若其不會，則祝宗將曰『吴實然』〔一一〕。」嚭言於夫差，歸之〔一二〕。子貢聞之，見於孔子曰：「子服氏之子拙於説矣，以實獲囚，以詐得免。」孔子曰：「吴子爲夷德〔一三〕，可欺而不可以實，是聽者之蔽，非説者之拙也〔一四〕。」

（此記載又見於左傳哀公十三年）

【校注】

〔一〕吴王夫差將與哀公見晉侯：王肅注：「吴子魯哀公十二年與晉侯會于黄池。」同文本王肅注作「十三年」，春秋經爲「十有三年……公會晉侯及吴子於黄池」，當以「十三年」是。晉侯：指晉定公，名午，公元前五一一至前四七五年在位。

〔二〕子服景伯：即子服何，謚號景伯。魯國大夫，時隨魯哀公參加會盟。

〔三〕伯率侯牧：王肅注：「伯，王官。侯牧，方伯名。」伯爲管理一方的長官。周禮春官大宗伯：「九命作伯。」賈公彦疏：「伯，長也，是一方之長也。」侯牧爲方伯，一方諸侯之長。

〔四〕伯：王肅注：「伯，侯牧也。」

〔五〕君與寡君見晉君，則晉成爲伯也：備要本同，四庫本、玉海堂本、同文本作「君與寡君見晉君，則晉成爲伯矣」，百子本作「君與寡君見晉，成爲伯矣」。

〔六〕伯謂大宰嚭：四庫本、備要本、玉海堂本、同文本同，百子本作「景伯謂大宰嚭」。大宰：也作「太宰」，官名。嚭：音「匹」，人名，吴王夫差的寵臣，越王滅吴時，被誅殺。

〔七〕上辛：農曆每月上旬的辛日。有事：王肅注：「有事，祭。所以欺吴也。」

〔八〕季辛：下旬的辛日。

〔九〕何也世有職焉：我子服何家世代都在這祭祀活動中任職。王肅注：「何，景伯名。」

〔一〇〕自襄已來之改之：四庫本作「自襄已未之改也」，備要本作「自襄已來未之改」，玉海堂本、同文本、百子本作「自襄已來未之改也」。襄：王肅注：「襄，魯襄公是也。」此語是說：自魯襄公以來從未改變過。

〔一〕若其不會，則祝宗將曰吴實然：如果這次我不參加會盟，祝宗（主持祭祀者）會説：「是吴國囚禁他，使他這樣的。」則：備要本、百子本同，四庫本、玉海堂本、同文本無此字。

〔二〕歸之：放歸魯國。

〔三〕夷德：夷人的德性。

〔四〕是聽者之蔽，非説者之拙也：是聽的人昏聵不明是非，而不是説話的人拙劣。也：四庫本、備要本、百子本同，玉海堂本、同文本無此字。

叔孫氏之車士曰子鉏商〔一〕，採薪於大野〔二〕，獲麟焉，折其前左足，載以歸，叔孫以爲不祥，棄之於郭外〔三〕。使人告孔子曰：「有麕〔四〕而角者，何也？」孔子往觀之，曰：「麟也。胡爲來哉？胡爲來哉？」反袂拭面，涕泣沾衿。叔孫聞之，然後取之。子貢問曰：「夫子何泣爾？」孔子曰：「麟之至，爲明王也，出非其時而害〔五〕，吾是以傷焉〔六〕。」

（此記載又見於左傳哀公十四年、孔叢子記問）

【校注】

〔一〕叔孫氏：魯國大夫。車士曰子鉏商：王肅注：「車士，持車者。子，姓也。」鉏：音「鋤」。

〔二〕採薪於大野：王肅注：「春秋經魯哀公十四年：『西狩獲麟。』傳曰：『西狩大野。』今此曰『採薪於大野』，若車士子鉏商非狩者，採薪西獲麟（四庫本、玉海堂本作「采薪而獲麟」）。麟，瑞物，時見狩獲，故經書『西狩獲麟』也。」大野：即大野澤，位於今山東省鉅野縣。

〔三〕棄之於郭外：四庫本、備要本、玉海堂本、同文本同，百子本無「於」字。王肅注：「傳曰：『以賜虞人。』棄之郭外，將以賜虞人也。」

〔四〕麇：音「君」。獸名。

〔五〕而害：備要本同，四庫本、玉海堂本、同文本、百子本作「而見害」。

〔六〕傷焉：四庫本、備要本、玉海堂本、同文本同，百子本作「傷哉」。

哀公問政第十七

哀公問政於孔子。孔子對曰：「文武之政，布在方策〔一〕，其人存則其政舉，其人亡則其政息。天道敏生，人道敏政，地道敏樹〔二〕。夫政者〔三〕，猶蒲盧〔四〕也，待化以成，故爲政在於得人，取人以身，修道以仁。仁者，人也，親親〔五〕爲大；義者，宜也，尊賢爲大。親親之殺〔六〕，尊賢之等，禮所以〔七〕生也。禮者，政之本也，是以君子不可以不修身；思修身，不可以不事親；思事親，不可以不知人；思知人，不可以不知天。天下之達道〔八〕有五，其所以行之者三。曰君臣也，父子也，夫婦也，昆弟也〔九〕，朋友也，五者，天下之達道。智、仁、勇，三者，天下之達德也〔一〇〕。所以行之者，一也。或生而知之，或學而知之，或困而知之，及其知之，一也。或安而行之，或利而行之，或勉强而行之，及其成功，一也。」

（此及以下記載又見於禮記中庸）

【校注】

〔一〕方：王肅注：「方，板。」寫字用的木板。策：同「册」，寫字用的竹簡。

〔二〕天道敏生，人道敏政，地道敏樹：四庫本、備要本、玉海堂本、同文本同，百子本語序有別，作「天道敏生，地道敏樹，人道敏政」。敏：理解有別，有的解作「勤勉」，如王國軒、王秀梅注曰：「敏：勤勉。」譯曰：「天之道就是勤勉地化生萬物，人之道就是勤勉地處理政事，地之道就是迅速地讓樹木生長。」有的解作「疾速，敏捷」，如楊朝明、宋立林注曰：「敏：

疾速，敏捷。書大禹謨：『黎民敏德。』蔡沈集傳：『敏，速也。』……樹：生長。動詞。」解曰：「天之道就在於使萬物迅速地化生，人之道就在於使政治迅速地昌明，地之道就在於使樹木迅速地成材。」張濤譯曰：「天道使生命迅速繁衍，人道使政治迅速昌明，地道使樹木迅速生長。」

〔三〕夫政者：四庫本、備要本、玉海堂本、同文本同，百子本作「夫政也者」。

〔四〕猶蒲盧：四庫本、備要本、玉海堂本、同文本同，百子本無「猶」字。王肅注：「蒲盧，蜾蠃也。謂土蠭也，取螟蛉而化之以君子（四庫本作「取螟蛉而化之以爲子」，是），爲政化百姓，亦如之者也。」

〔五〕親親：親愛親人。

〔六〕親親之殺：四庫本、備要本、百子本同，玉海堂本、同文本作「親親之教」。殺：音「曬」，差，等差。

〔七〕以：四庫本、備要本、玉海堂本、同文本同，百子本無此字。

〔八〕達道：人所共由之道，公認的準則。

〔九〕昆弟也：四庫本、備要本、玉海堂本、同文本同，百子本作「兄弟也」。昆弟：義同「兄弟」。

〔一〇〕達德：通行不變的美德、道德。也：四庫本、備要本、玉海堂本、同文本同，百子本無此字。

公曰：「子之言美矣，至矣，寡人實固〔一〕，不足以成之也。」孔子曰：「好學近乎智，力行近乎仁，知耻近乎勇，知斯三者，則知所以修身；知所以修身，則知所以治人；知所以治人，則能成天下國家者〔二〕矣。」

【校注】

〔一〕固：固陋，固蔽。

〔二〕者：四庫本、備要本、玉海堂本、同文本同，百子本無此字。

公曰：「政其盡此而已乎？」孔子曰：「凡爲天下國家有九經〔一〕，曰修身也，尊賢也，親親也，敬大臣也，體〔二〕群臣也，子庶民〔三〕也，來百工〔四〕也，柔遠人〔五〕也，懷諸侯也。夫修身則道立，尊賢則不惑，親親則諸父兄弟〔六〕不怨，敬大臣則不眩，體群臣則士之報禮重，子庶民則百姓勸〔七〕，來百工則財用足，柔遠人則四方歸之，懷諸侯則天下畏之。」

【校注】

〔一〕經：常道，準則。

〔二〕體：體念，體貼。

〔三〕子庶民：備要本、百子本同，四庫本、玉海堂本、同文本作「重庶民」。子：動詞，撫愛。

〔四〕來百工：招來各種工匠。

〔五〕柔遠人：安撫遠方之人。下句「懷」字與「柔」同義，二字合成「懷柔」一詞，表示安撫的意思。

〔六〕諸父：指伯父、叔父。兄弟：四庫本、備要本、玉海堂本、同文本同，百子本作「昆弟」。

〔七〕子庶民：備要本、百子本同，四庫本、玉海堂本、同文本作「重庶民」。勸：勤勉，努力。

公曰：「爲之柰何？」孔子曰：「齊潔〔一〕盛服，非禮不動，所以修身也；去讒遠色，賤財〔二〕而貴德，所以尊賢也；爵其能，重其禄，同其好惡，所以篤親親也；官盛任使〔三〕，所以敬大臣〔四〕也；忠信重禄〔五〕，所以勸士也；時使薄斂，所以子百姓〔六〕也；日省月考〔七〕，既廩稱事〔八〕，所以來百工也；送往迎來，嘉善而矜不能〔九〕，所以綏遠人也；繼絶世，舉廢邦〔一〇〕，治亂持危，朝聘以時，厚往而薄來〔一一〕，所以懷諸侯也。治天下國家有九經，其所以行之者一也。凡事豫〔一二〕則立，不豫則廢，言前定則不跲〔一三〕，事前定則不困，行前定則不疚〔一四〕，道前定則不窮。在下位不獲于上〔一五〕，民弗可得而治矣；獲于上有道，不信于友，不獲于上矣；信于友有道，不順于親，不信于友矣〔一六〕；順于親〔一七〕有道，反諸〔一八〕身不誠，不順于〔一九〕親矣；誠身有道，不明于善，不誠于身矣〔二〇〕。誠者，天之至〔二一〕道也；誠之者，人之道也。夫誠，弗勉而中，不思而得，從容中道，聖人之所以體定〔二二〕也；誠之者，擇善而固執〔二三〕之者也。」

【校注】

〔一〕齊潔：四庫本、玉海堂本、同文本作「齋絜」，備要本作「齊潔」，百子本作「齊明」。齊潔：同「齋絜」、「齊潔」。齊通「齋」，音「摘」。潔是「絜」、「潔」的俗字。齊潔：猶「齋戒」，古人在祭祀前沐浴更衣，整潔身心，以示虔誠。

〔二〕賤財：備要本、百子本同，四庫本、玉海堂本、同文本作「賤利」。

〔三〕官盛任使：王肅注：「盛其官，委任使之也。」官盛：官員衆多。任使：聽任差使。

〔四〕敬大臣：四庫本、備要本、玉海堂本、同文本同，百子本作「勸大臣」。

〔五〕忠信重禄：王肅注：「忠信者與之重禄也。」

〔六〕子百姓：玉海堂本、同文本、備要本、百子本同，四庫本作「勸百姓」。子：動詞，撫愛。

〔七〕日省月考：玉海堂本、同文本、備要本、百子本同，四庫本作「日省月試」。日省月考：天天省察，月月考查。

〔八〕既廩稱事：備要本、百子本同，四庫本、玉海堂本、同文本作「餼廩稱事」。既廩：音「細凜」，音義同「餼廩」，指官府發給的作爲月薪的糧食。王肅注：「既廩食之，多寡稱其事也。」即發給百工的薪水糧米要與他們的工作成績相稱。

〔九〕嘉善而矜不能：讚美品質好能力强的人，同時也憐憫幫助資質低能力差的人。

〔一〇〕繼絶世，舉廢邦：接續斷絶的世系，復興廢滅的國家。此與論語堯曰孔子所言「興滅國，繼絶世，舉逸民，天下之民歸心焉」語義近似。

〔一一〕厚往而薄來：賜予的禮品多而收受的禮品少。

〔一二〕豫：事先有所準備。

〔一三〕言前定則不跲：説話前有所準備，就流暢而不會窒礙。王肅注：「跲，躓。」跲：音「夾」，義「絆倒」、「窒礙」。鄭玄注禮記中庸此語曰：「跲，躓也。」孔穎達疏：「將欲發言，能豫前思定，然後出口，則言得流行，不有躓蹶也。」

〔一四〕疚：四庫本、備要本、百子本同，玉海堂本、同文本作「疾」。此語是説：行動之前準備充分，就不會留下愧疚、遺憾。

〔一五〕不獲于上：不獲得上級的信任和支持。

〔一六〕不順于親，不信于友矣：四庫本、備要本、玉海堂本、同文本同，百子本作「不順乎親，不信乎友矣」。此語是説：不孝順父母，就不能取信於朋友。

〔一七〕順于親：四庫本、備要本、玉海堂本、同文本同，百子本作「順乎親」。

〔一八〕諸：四庫本、備要本、玉海堂本、同文本同，百子本無此字。

〔一九〕于：四庫本、備要本、玉海堂本、同文本同，百子本作「乎」。

〔二〇〕不明于善，不誠于身矣：四庫本、備要本、玉海堂本、同文本同，百子本作「不明乎善，不誠乎身矣」。此語是説：不能彰顯善性，就不能使自己内心真實。

〔二一〕至：備要本同，四庫本、玉海堂本、同文本、百子本無此字，

〔二二〕夫誠，弗勉而中，不思而得：四庫本、備要本、玉海堂本、同文本同，百子本作「夫誠者不思而得，不勉而中」。體定：備要本同，四庫本、玉海堂本、同文本、百子本作「定體」。這節文字是説：有了誠，不用勉强，言行就自然合理；不用思索，言行就自然得當，一切從從容容合乎道義法則，這就是聖人心性平定的原因。

〔二三〕固執：堅持。

公曰：「子之教寡人備矣，敢問行之所始。」孔子曰：「立愛自親始，教民睦也；立敬自長始，教民順也；教之慈睦，而民貴有親；教以敬，而民貴用命。民〔一〕既孝於親，又順以聽命，措諸天下〔二〕，無所不可。」

公曰：「寡人既得聞此言也，懼不能果行而獲罪咎。」

【校注】

〔一〕上二「民」字：四庫本、備要本、玉海堂本、同文本同，百子本無。

〔二〕措諸天下：施行於天下。易繫辭上：「推而行之謂之通，舉而措之天下之民謂之事業。」高亨注：「措，施也。」

宰我〔一〕問於孔子曰：「吾聞鬼神之名，而不知所謂，敢問焉。」孔子曰：「人生有氣有魂〔二〕。氣者，人之盛也〔三〕。夫生必死〔四〕，死必歸土，此謂鬼；魂氣歸天，此謂神。合鬼與神而享之，教之至也〔五〕。骨肉弊〔六〕於下，化爲野土，其氣發揚于上者〔七〕，此神之著〔八〕也。聖人因物之精，制爲之極〔九〕，明命鬼神，以爲民之則〔一〇〕，而猶以是爲未足也，故築爲宮室，設爲宗祧〔一一〕，春秋祭祀，以別親疎，教民反古復始，不敢忘其所由生也。衆人服自此，聽且速焉〔一二〕。教以二端，二端既立，報以二禮〔一三〕，建設朝事〔一四〕，燔燎羶薌〔一五〕，所以報魄〔一六〕也。此教民修本〔一七〕，反始崇愛，上下用情〔一八〕，禮之至也。君子反古復始，不忘其〔一九〕所由生，是以致其敬，發其情，竭力從事，不敢不自盡〔二〇〕也。此之謂大教。昔者文王之祭也，事死如事生，思死而不欲生，忌日則必哀，稱諱則如見親，祀之忠也。思之深如見親之所愛，祭欲見親顔色〔二一〕者，其唯文王與〔二二〕？詩云：『明發不寐，有懷二人。』〔二三〕則文王之謂與？祭之明日，明發不寐，有懷二人，敬而致之，又從而思之。祭之日，樂與哀半，饗之必樂，已至必哀〔二四〕，孝子之情也。文王爲能得之矣〔二五〕。」

（此記載又見於禮記祭義）

【校注】

〔一〕宰我：即宰予，字子我，亦稱宰我。生於公元前五二二年，卒於公元前四五八年。魯國人，孔子弟子。曾仕齊國爲臨淄大夫。

〔二〕有氣有魂：備要本同，四庫本、玉海堂本、同文本作「有氣有魄」，百子本作「有氣有魂有魄，氣魂魄會謂之生」。

〔三〕氣者，人之盛也：備要本同，四庫本、玉海堂本、同文本作「氣者，神之盛也」，百子本作「氣者，神之盛也；魂者，鬼之盛也」。禮記祭義作「子曰：『氣也者，神之盛也。魄也者，鬼之盛也』」。據此，當有「魄者，鬼之盛也」之語。王肅注：「精氣者，人神之盛也。」王國軒、王秀梅注曰：「神之盛：指人的精神旺盛。」此數句，張濤譯曰：「人的生命有氣也有魄。氣是人盛極而生的，魄是鬼盛極而生的。」

〔四〕夫生必死：備要本、百子本同，四庫本、玉海堂本、同文本作「衆生必死」。禮記祭義作「衆生必死，死必歸土，此謂鬼」。

〔五〕合鬼與神而享之，教之至也：王肅注：「合神鬼而事之者，孝道之至。孝者，教之所由生也。」享：供祭品奉祀祖先。

〔六〕獘：備要本、玉海堂本、同文本、百子本作「弊」，四庫本作「斃」。「獘」通「弊」，破敗，敗壞。此指骨肉腐爛。

〔七〕其氣發揚于上者：備要本、百子本同，四庫本、玉海堂本、同文本作「其氣揚於上」。

〔八〕著：顯現。

〔九〕制爲之極：王肅注：「極，中。制爲中法。」極：標準，準則。

〔一〇〕明命鬼神，以爲民之則：王肅注：「明命，猶尊名，使民事其祖禰也。」

〔一一〕設爲宗祧：四庫本、備要本、玉海堂本、同文本同，百子本作「設爲祭祧」。王肅注：「宗，宗廟也。祧，遠廟也。天子特有二祧，諸侯謂始祖爲祧也。」

〔一二〕衆人服自此，聽且速焉：備要本、百子本、同文本同，四庫本、玉海堂本作「衆之服自此，故聽且速焉」。王肅注：「聽謂慎教令也。」此語是說：民衆從此信服，聽從命令迅速。

〔一三〕教以二端，報以二禮：王肅注：「二端，氣與魄也。二禮，謂薦黍稷也。」

〔一四〕建設朝事：王肅注：「薦醒時也（四庫本、玉海堂本作「薦腥時也」）。」指早晨祭祀宗廟之事。

〔一五〕羶薌：有二解：一爲祭祀燒牛羊脂的氣味。一爲五穀的香氣，因以指祭祀所用的黍稷等穀物。羶，通「馨」。薌，通「香」。禮記祭義：「建設朝事，燔燎羶薌，見以蕭光，以報氣也。」又郊特牲：「既奠，然後焫蕭合羶薌。」鄭玄注：「蕭，薌蒿也，染以脂，合黍稷燒之……『羶』當爲『馨』，聲之誤也。」明焦竑焦氏筆乘古字有通用假借用：「羶薌讀爲馨香。羶薌、馨香古通用。」

〔一六〕魄：備要本同，四庫本、玉海堂本、同文本、百子本作「氣」。

〔一七〕「此教民修本」上，四庫本、玉海堂本、同文本、百子本有「薦黍稷，脩肺肝，加以鬱鬯，所以報魄也」四句，禮記祭義有「薦黍稷，羞肝肺首心，見間以俠甒，加以鬱鬯，以報魄也」等語。王肅注：「鬱，香草。鬱（當爲「鬯」），樽也。」

〔一八〕此教民修本，反始崇愛，上下用情：王肅注：「民能不忘其所由生，然後能相愛也。上下，謂尊卑。用情，謂親也。」

〔一九〕其：四庫本、備要本、玉海堂本、同文本同，百子本無此字。

〔二〇〕自盡：自覺地盡力去做。

〔二一〕親顔色：備要本、百子本同，四庫本、玉海堂本、同文本作「親之顔色」。

〔二二〕與：四庫本、備要本、玉海堂本、同文本同，百子本作「乎」。

〔二三〕詩云「明發不寐，有懷二人」：見詩小雅小宛。王肅注：「假此詩以喻文王。二人，謂父母也。」明發：黎明。朱熹詩集傳：「明發，謂將旦而光明開發也。」

〔二四〕已至必哀：王肅注：「已至，謂祭事以畢（四庫本、玉海堂本作「已畢」），不知親饗否，故哀。」

〔二五〕文王爲能得之矣：文王能做到這些啊。

孔子家語卷第五

顏回第十八

魯定公問於顏回曰：「子亦聞東野畢〔一〕之善御乎？」對曰：「善則善矣，雖然，其馬將必佚〔二〕。」定公色不悦，謂左右曰：「君子固有誣人也。」顏回退。後三日，牧〔三〕來訴之曰：「東野畢之馬佚，兩驂曳兩服入于廄〔四〕。」公聞之，越席而起，促駕召顏回。回至，公曰：「前日寡人問吾子以東野畢之御，而子曰善則善矣，其馬將佚，不識吾子奚以知之？」顏回對曰：「以政知之。昔者帝舜巧於使民，造父〔五〕巧於使馬，舜不窮其民力，造父不窮其馬力，是以舜無佚民，造父無佚馬。今東野畢之御也，升馬執轡〔六〕，銜體正矣〔七〕；步驟馳騁，朝禮畢矣〔八〕；歷險致遠，馬力盡矣，然而猶乃求馬不已。臣以此知之。」公曰：「善！誠若吾子之言也。吾子之言，其義大矣，願少進乎。」顔回曰：「臣聞之，鳥窮則啄，獸窮則攫〔九〕，人窮則詐，馬窮則佚，自古及今，未有窮其下而能無危者也。」公悦，遂以告孔子。孔子對曰：「夫其所以爲顔回者，此之類也，豈足多〔一〇〕哉？」

（此記載又見於荀子哀公、呂氏春秋適威、韓詩外傳卷二、新序雜事五）

【校注】

〔一〕東野畢：姓東野，名畢，也作東野稷。善於駕馭車馬。

〔二〕佚：逃逸。

〔三〕牧：掌養畜牧的官員。

〔四〕兩驂曳兩服入于廐：兩匹驂馬拖着兩匹服馬進了馬棚。驂：音「參」，駕車時位於兩邊的馬。曳：牽引，拖。服：古代一車駕四馬，居中的兩匹稱服。

〔五〕造父：西周著名御車者。相傳徐偃王反，造父爲周繆王御八駿，日馳千里，攻破之。以功封於趙，爲趙氏始祖。

〔六〕升馬執轡：孫志祖疏證曰：「『馬』當爲『車』。案荀子、新序、外傳並作『車』。」升：登，上。轡：駕馭牲口的嚼子和韁繩。

〔七〕銜體正矣：馬嚼子很端正。銜：即「銜」，横在馬口中用以左右抽勒的金屬小棍，統稱馬嚼子。王肅注：「馬非爲車。」

〔八〕步驟馳騁，朝禮畢矣：王肅注：「馬步驟馳騁，盡禮之儀也」。

〔九〕攫：鳥獸以爪抓取。百子本、備要本、四庫本同，玉海堂本、同文本作「玃」。

〔一〇〕多：讚許。句意爲：這類事情，對顏回來説很平常，不足以讚許。

孔子在衛，昧旦晨興〔一〕，顏回侍側，聞哭者之聲甚哀。子曰：「回，汝知此何所哭乎？」對曰：「回以此哭聲非但爲死者而已，又有生離别者也。」子曰：「何以知之？」對曰：「回聞桓山之鳥，生四子焉，羽翼既成，將分于四海，其母悲鳴而送之，哀聲有似於此，謂其往而不返也，回竊〔二〕以音類知之。」孔子使人問哭者，果曰：「父死家貧〔三〕，賣子以葬，與之長決。」子曰：「回也善於識音矣。」

（此記載又見於說苑辨物）

【校注】

〔一〕昧：暗，昏暗。旦：明亮。昧旦：天將亮未亮之時。興：起身，起牀。

〔二〕竊：私下，私自，多用作謙詞。

〔三〕父死家貧：孫志祖疏證曰：「文選陸士衡豫章行注『父』作『夫』。」

顔回問於孔子曰：「成人〔一〕之行，若何？」子曰：「達〔二〕于情性之理，通於物類之變，知幽明〔三〕之故，覩游氣之原〔四〕，若此可謂成人矣。既能成人，而又加之以仁義禮樂，成人之行也，若乃窮神知禮〔五〕，德之盛也。」

（此記載又見於説苑辨物）

【校注】

〔一〕成人：完美無缺、德才兼備的人。

〔二〕達：通曉，明白。

〔三〕幽明：指有形和無形的物象。

〔四〕覩：察看。游氣：浮游於空中的雲氣。原：本原。

〔五〕禮：四庫本、備要本、玉海堂本、同文本同，百子本作「化」。王肅注：「『禮』宜爲『化』。」

顔回問於孔子曰：「臧文仲、武仲〔一〕孰賢？」孔子曰：「武仲賢哉。」顔回曰：

「武仲世稱聖人，而身不免於罪〔二〕，是智不足稱〔三〕也；好言兵討〔四〕，而挫鋭於邾〔五〕，是智不足名〔六〕也。夫文仲，其身雖殁，而言不朽，惡有未賢〔七〕？」孔子曰：「身殁言立，所以爲文仲也。然猶有不仁者三，不智者三，是則不及武仲也。」回曰：「可得聞乎？」孔子曰：「下展禽〔八〕，置六關〔九〕，妾織蒲〔一〇〕，三不仁；設虚器〔一一〕，縱逆祀〔一二〕，祠海鳥〔一三〕，三不智。武仲在齊，齊將有禍，不受其田，以避其難〔一四〕，是智之難也。夫臧文仲〔一五〕之智而不容於魯，抑〔一六〕有由焉。作而不順，施而不恕〔一七〕也夫。夏書曰：『念兹在兹，順事恕施〔一八〕。』」

（此記載又見於左傳文公二年）

【校注】

〔一〕臧文仲：姬姓，臧氏，名辰，謂臧孫辰，謚文，死後稱臧文仲。春秋時魯國大夫。武仲：臧孫紇，又稱臧孫、臧紇，謚武，臧文仲之孫，魯國大夫，封邑在今山東費縣。

〔二〕身不免於罪：王肅注：「武仲爲季氏廢適立庶，爲孟氏所譖，出奔于齊。」

〔三〕稱：稱道，稱揚。

〔四〕討：備要本、四庫本、玉海堂本、同文本同，百子本作「計」。孫志祖疏證曰：「案御覽四百四十五，『討』作『計』，『智』作『勇』，是。」

〔五〕挫鋭於邾：王肅注：「武仲與邾戰而敗績，國人頌之曰：『我君小子，侏儒使我敗於邾。』」楊朝明、宋立林注曰：「魯襄公四年（前五六九年），邾、莒聯合進犯鄫國，武仲率軍攻打邾國，以解鄫國之圍，不料在狐駘（今滕州西南）慘敗，魯軍傷亡慘重，以致喪服短缺，引起國人怨恨，到處流傳着『侏儒（武仲身材短小）使我敗於邾』的歌謡。」

〔六〕名：稱説。

〔七〕言不朽，惡有未賢：朽，當爲「朽」。王肅注：「立不朽之言，故以爲賢。」古人認爲，能做到「死而不朽」的有三種人，即「大上有立德，其次有立功，其次有立言」。惡：音「巫」，疑問詞，如何。

〔八〕下展禽：王肅注：「展禽，柳下惠。知其賢而使在下位，不與立於朝也。」論語衛靈公載孔子語曰：「臧文仲其竊位者與！知柳下惠之賢而不與立也。」意思是：臧文仲大概是個居官位而不幹事的人吧！明知柳下惠賢良，却不推舉他與自己並立於朝。

〔九〕置六關：王肅注：「六關，關名，魯本無此關，文仲置之以税行者，故爲不仁。傳曰『廢六關』，非也。」

〔一〇〕妾織蒲：王肅注：「傳曰：織蒲，蒲，席也。言文仲爲國爲家，在於貪利也。」

〔一一〕設虛器：爲卜龜建造了僭越禮法的豪華居所。王肅注：「居蔡。蔡，天子之守龜，非文仲所有，故曰虛器也。」虛器：謂有其器而無其位，指以下僭上的器物。論語公冶長載孔子語曰：「臧文仲居蔡，山節藻棁，何如其知也？」孔子批評臧文仲，家裏藏放只有國君才可用的大龜，其龜室的斗拱雕刻爲山形，短柱上畫着藻紋，這種僭越君主禮法的奢侈做法，是不明智的。

〔一二〕縱逆祀：王肅注：「夏父弗忌爲宋人，躋僖公於閔公之上，文仲縱而不禁也。」「宋人」當爲「宗人」。夏父弗忌：春秋時魯國人，文公時爲宗伯。文公二年，祀於太廟，升僖公之位於閔公之上，且以爲明順。按當時禮制，被認爲逆祀失禮。

〔一三〕祠海鳥：王肅注：「海鳥止於魯東門之上，文仲不知，而令國人祠之，是不知也。」祠：四庫本、備要本、玉海堂本、同文本同，百子本作「祀」。

〔一四〕避其難：王肅注：「武仲奔齊，齊莊公將與之田。武仲知莊公將有難，辭而不受也。」

〔一五〕文仲：備要本同；四庫本、玉海堂本、同文本、百子本作「武仲」，是。

〔一六〕抑：表示語氣。猶「或許」。

〔一七〕作而不順，施而不恕：王肅注：「不順不恕爲廢適立庶。武仲之所以然，欲爲施於季氏也。」恕：推己及人，仁愛待物。

〔一八〕念兹在兹，順事恕施：王肅注：「今此（四庫本、玉海堂本作「念此」）在常，當順其事，恕其施也。」

顔回問於〔一〕君子。孔子曰：「愛近仁，度近智〔二〕，爲己不重，爲人不輕〔三〕，君子也夫。」回曰：「敢問其次。」子曰：「弗學而行，弗思而得，小子勉之。」

【校注】

〔一〕於：備要本、百子本同，四庫本、玉海堂本、同文本無此字。

〔二〕度近智：王肅注：「度事而行，近於智也。」

〔三〕爲己不重，爲人不輕：王肅注：「不重爲人。」這兩句意思是：對自己不要看得太重，對别人不要看得太輕。

仲孫何忌〔一〕問於顔回曰：「仁者一言而必有益於仁智，可得聞乎？」回曰：「一言而有益於智，莫如預〔二〕；一言而有益於仁，莫如恕。夫知其所不可由〔三〕，斯知所由矣。」

【校注】

〔一〕仲孫何忌：即孟懿子，魯國人，魯昭公時大夫。

〔二〕預：玉海堂本、同文本、備要本、百子本同，四庫本作「豫」。預，事先準備。

〔三〕由：爲，從事。

顔回問小人。孔子曰：「毁人之善以爲辯，狡訐〔一〕懷詐以爲智，幸人之有過，耻學而羞不能〔二〕，小人也。」

【校注】

〔一〕狡訐：猶「詆毁」。「訐」：音「結」。

〔二〕耻學而羞不能：孫志祖疏證曰：「案此言耻人之學，而羞人之不能，與君子之爲人不輕相反。」

顔回問〔一〕子路曰：「力猛於德而得其死〔二〕者鮮矣，盍慎諸〔三〕焉？」孔子謂顔回曰：「人莫不知此道之美，而莫之御也〔四〕，莫之爲也。何居〔五〕？爲聞者盍日思也夫〔六〕？」

【校注】

〔一〕問：四庫本、備要本、玉海堂本、同文本同，百子本作「謂」。

〔二〕得其死：死得其所。

〔三〕盍慎諸：何不謹慎對待這種事呢？諸：四庫本、備要本、玉海堂本、同文本同，百子本無此字。

〔四〕御：王肅注：「御，猶待也。」也：四庫本、備要本、玉海堂本、同文本同，百子本無此字。

〔五〕何居：爲甚麽。居：助詞。

〔六〕爲聞者盍日思也夫：聽到這些道理的人何不天天思考思考呢？王肅注：「爲聞盍日有聞而後言者。」爲聞者：四庫本、備要本、玉海堂本、同文本同，百子本作「爲聞道者」。

顔回問於孔子曰：「小人之言有同乎君子者，不可不察也。」孔子曰：「君子以行言，小人以舌言，故君子爲義之上相疾〔一〕也，退而相愛；小人於爲亂之上相愛〔二〕也，退而相惡。」

【校注】

〔一〕爲義之上相疾：備要本同，玉海堂本、同文本、四庫本、百子本「爲」上有「於」字。王肅注：「相病（當爲「疾」），急欲相勸，令爲仁義。」

〔二〕於爲亂之上相愛：王肅注：「樂並爲亂，是以相愛。小人之情不能久親也。」

顔回問：「朋友之際〔一〕如何？」孔子曰：「君子之於朋友也，心必有非焉，而弗能謂『吾不知』，其仁人也〔二〕。不忘久〔三〕德，不思久怨，仁矣夫。」

【校注】

〔一〕際：人與人之間的關係。

〔二〕非：不對，錯誤。此語是説：君子對於朋友，心裏認定他有缺點錯誤，而不能説「我不知道」，當面給他指出來，這才是仁人。

〔三〕久：舊也。

叔孫武叔見未仕於顔回〔一〕，回曰：「賓之。」武叔多稱人之過，而己評論之。

顏回曰：「固子之來辱〔二〕也，宜有得於回焉。吾聞知〔三〕諸孔子曰：『言人之惡，非所以美己；言人之枉，非所以正己。』故君子攻其〔四〕惡，無攻人惡〔五〕。」

【校注】

〔一〕叔孫武叔：魯國大夫，名州仇，謚武。「未仕」二字，或認爲是衍文，或認爲是指州仇未當官時，顏回以賓客之禮相待。

〔二〕辱：委屈，屈駕，屈身。

〔三〕知：四庫本、備要本、玉海堂本、同文本、百子本無此字。

〔四〕其：指自己。

〔五〕「惡」上，備要本同，百子本、同文本、四庫本、玉海堂本有「之」字。

顏回謂子貢曰：「吾聞諸夫子，身不用禮而望〔一〕禮於人，身不用德而望德於人，亂也。夫子之言，不可不思也。」

【校注】

〔一〕望：希望，期待。

子路初見第十九

子路見〔一〕孔子，子曰：「汝何好樂〔二〕？」對曰：「好長劍。」孔子曰：「吾非此之問也，徒謂以子之所能，而加之以學問，豈可及乎？」子路曰：「學豈益哉也〔三〕？」孔子曰：「夫〔四〕人君而無諫臣則失正，士而無教友則失聽。御狂馬不釋策〔五〕，操弓不反檠〔六〕。木受繩則直〔七〕，人受諫則聖，受學重問，孰不順哉〔八〕？毀仁惡仕，必近於刑〔九〕。君子不可不學。」子路曰：「南山有竹，不柔自直〔一〇〕，斬而用之，達于犀革〔一一〕。以此言之，何學之有？」孔子曰：「括而羽之，鏃而礪之〔一二〕，其入之不亦深乎。」子路再拜曰：「敬而受教。」

（此記載又見於説苑建本）

【校注】

〔一〕見：四庫本、備要本、玉海堂本、同文本同，百子本作「初見」。

〔二〕汝：四庫本、備要本、玉海堂本、同文本同，百子本作「女」。好樂：喜好，愛好。

〔三〕益哉也：四庫本、備要本、玉海堂本、同文本同，百子本作「有益也哉」。

〔四〕夫：四庫本、備要本、玉海堂本、同文本同，百子本作「爲」。

〔五〕御狂馬不釋策：王肅注：「御狂馬者不得釋箠策也。」不釋策：不放下馬鞭子。

〔六〕操弓不反檠：王肅注：「弓不反於檠，然後可持也。」檠：音「晴」，矯正弓弩的工具。此語是說：已經拉開的弓，不能用檠來矯正。

〔七〕直：四庫本、備要本、玉海堂本、同文本同，百子本作「正」。

〔八〕哉：四庫本、備要本、玉海堂本、同文本同，百子本作「成」。

〔九〕毀仁惡仕，必近於刑：王肅注：「謗毀仁者，憎怒士人，必主於刑也。」仕：四庫本、備要本、玉海堂本、同文本、百子本作「士」，是。

〔一〇〕柔：四庫本、備要本、玉海堂本、同文本、百子本作「揉」，是。直：四庫本、備要本、玉海堂本、同文本同，百子本作「植」。

〔一一〕達于犀革：穿透犀牛皮。

〔一二〕括而羽之，鏃而礪之：在箭栝上裝好羽毛，把箭鏃磨得鋒利。括：通「栝」，箭的末端，與弓弦交會處。鏃：音「族」，箭頭。

子路將行，辭於孔子。子曰：「贈汝以車乎？贈汝以言乎？」子路曰：「請以言。」孔子曰：「不强不達〔一〕，不勞無功，不忠無親，不信無復〔二〕，不恭失禮。慎此五者而矣〔三〕。」

子路曰：「由請終身奉之。敢問親交取親〔四〕若何？言寡可行若何？長爲善士而無犯〔五〕若何？」孔子曰：「汝所問苞〔六〕在五者中矣。親交取親，其忠也；言寡可行，其信乎〔七〕；長爲善士而無犯，於〔八〕禮也。」

（此記載又見於說苑雜言）

【校注】

〔一〕不强不達：王肅注：「人不以强力，則不能自達。」

〔二〕不信無復：王肅注：「信近於義，言可復也，今而不信則無可復。」復：本義爲回復。此語是說：不講信用，就不能得到别人的信任。

〔三〕矣：四庫本、備要本、玉海堂本、同文本、百子本作「已」。

〔四〕親交：新結交朋友。親：通「新」。取親：選擇親近的。親：親近，親密。

〔五〕士：四庫本、備要本、玉海堂本、同文本同，百子本作「事」。犯：觸犯，冒犯。

〔六〕苞：通「包」，包含。

〔七〕乎：四庫本、備要本、玉海堂本、同文本同，百子本作「也」。

〔八〕於：四庫本、備要本、玉海堂本、同文本同，百子本作「其」。

孔子爲魯司寇〔一〕，見季康子〔二〕，康子不悦。孔子又見之。宰予進曰：「昔予也常聞諸夫子曰：『王公不我聘則弗動。』夫子之於司寇也日少〔三〕，而屈節數矣〔四〕，不可以已乎〔五〕？」孔子曰：「然，魯國以衆相陵、以兵相暴之日久矣，而有司不治，則將亂也，其聘我者，孰大於是哉〔六〕？」魯人聞之曰：「聖人將治，何不先自遠刑罰？」自此之後，國無爭者。孔子謂宰予曰：「違山十里，蟪蛄之聲猶在於耳〔七〕，故政事莫如應之。」

（此記載又見於説苑政理）

【校注】

〔一〕司寇：古代司法官吏名稱。商即有之，爲最高司法官；周有大司寇、小司寇之分。周禮秋官：「大司寇掌建邦三典，以佐王刑邦國，詰四方。小司寇以五刑聽萬民之獄訟。」

〔二〕季康子：魯國大夫，即季孫肥，謚「康」。王肅注：「當爲桓子，非康子也。」

〔三〕夫子之於司寇也日少：王肅注：「謂在司寇官少日淺。」「夫子」上，百子本同，四庫本、備要本、玉海堂本、同文本有「今」字。

〔四〕屈節數矣：王肅注：「謂屈節數見於季孫。」

〔五〕不可以已乎：不能不去見（季孫）嗎？已：停止。

〔六〕其聘我者，孰大於是哉：王肅注：「言聘我使在官，其爲治，豈復可大於此者也？」

〔七〕違山十里，蟪蛄之聲猶在於耳：王肅注：「違，去也。蟪蛄，蛁蟟也。蛁蟟之聲去山十里猶在於耳，以其鳴而不已，言政事須慎聽之，然後行之者也。」蟪蛄：蟬的一種，體短，吻長，黄緑色，有黑色條紋，翅膀有黑斑，雄的腹部有發音器，夏末自早至暮鳴聲不息。

孔子兄子有孔篾〔一〕者，與宓子賤偕仕〔二〕。孔子往過孔篾而問之曰：「自汝之仕，何得何亡？」對曰：「未有所得，而所亡者三：王事若龍〔三〕，學焉得習〔四〕，是學不得明也；俸禄少，饘粥〔五〕不及親戚，是以〔六〕骨肉益疏也；公事多急，不得吊死問疾，是朋友之道闕也。其所亡者三，即謂此也。」孔子不悦。往過子賤，問如孔篾。對曰：「自來仕者無所亡，其有所得者三：始誦之，今得而行之，是學益明也；俸禄所供，被及親戚，是骨肉益親也；雖有公事，而兼以弔死問疾，是朋友篤也。」孔子喟然謂子賤曰：「君子哉若人〔七〕。魯無君子者，則子賤焉取此〔八〕？」

（此記載又見於説苑政理）

【校注】

〔一〕孔篾：即孔忠，孔子兄孟皮之子，字子篾。

〔二〕宓子賤：名不齊，字子賤，孔子弟子。偕：備要本同，百子本、四庫本、玉海堂本、同文本作「皆」。

〔三〕龍：王肅注：「龍，宜爲『讋』，前後相因也。」「讋」，當爲「襲」。言王事一件接一件。

〔四〕學焉得習：王肅注：「言不得習學也。」

〔五〕饘粥：稀飯。饘：音「沾」。

〔六〕以：備要本、百子本同，四庫本、玉海堂本、同文本無此字。

〔七〕若人：王肅注：「若人，猶言是人者也。」

〔八〕魯無君子者，則子賤焉取此：王肅注：「如魯無君子者，此人安得而學之？言魯有君子也。」

孔子侍坐於哀公，賜之桃與黍焉。哀公曰：「請食〔一〕。」孔子先食黍而後食桃，左右皆掩口而笑。公曰：「黍者所以雪桃〔二〕，非爲食之也。」孔子對曰：「丘知之矣。然夫黍者，五穀之長，郊禮宗廟以爲上盛〔三〕。菓屬有六，而桃爲下，祭祀不用，不登郊廟〔四〕。丘聞之：君子以賤雪貴，不聞以貴雪賤。今以五穀之長雪菓之下者，是從上雪下。臣以爲妨於教，害於義，故不敢。」公曰：「善哉。」

（此記載又見於韓非子外儲説左下）

【校注】

〔一〕食：備要本、百子本同，玉海堂本、同文本、四庫本無此字。

〔二〕雪：王肅注：「雪，拭。」雪桃：即擦去桃上的毛。

〔三〕郊禮：天子祭天地的大禮，因在都城南北郊舉行，故稱。盛：音「成」，祭祀時放在容器中的黍、稷等祭品。

〔四〕郊廟：帝王祭天地的郊宫和祭祖先的宗廟。

子貢曰：「陳靈公宣婬於朝〔一〕，泄治〔二〕正諫而殺之，是與比干〔三〕諫而死同，可謂仁乎？」子曰：「比干於紂，親則諸父，官則少師〔四〕，忠報之心在於宗廟而已，固必以死争之，冀身死之後，紂將悔寤，其本志情在於仁者也。泄冶之於靈公，位在大夫，無骨肉之親，懷寵不去，仕於亂朝，以區區之一身，欲正一國之婬昏，死而無益，可謂捐〔五〕矣。詩云：『民之多辟〔六〕，無自立辟〔七〕。』其泄冶之謂乎。」

（此記載又見於左傳宣公九年）

【校注】

〔一〕陳靈公宣婬於朝：王肅注：「靈公與卿共婬夏姬。」陳靈公：嬀姓，陳氏，名平國，春秋時陳國第十九任國君，公元前六一三至前五九九年在位。他與卿共婬夏姬之事，左傳宣公九年有記：「陳靈公與孔寧、儀行父通於夏姬，皆衷其衵服，以戲於朝。泄冶諫曰：『公卿宣淫，民無效焉，且聞不令。君其納之。』公曰：『吾能改矣。』公告二子，二子請殺之，公弗禁，遂殺泄冶。」宣：公開顯示。衷：懷。衵：音「易」，貼身内衣。這是説：陳靈公與大夫孔寧、儀行父在朝廷上和大夫御叔妻夏姬公開淫亂，甚至穿着夏姬的内衣相互戲弄。泄冶勸諫，反被殺掉。

〔二〕泄冶：當爲「泄冶」，下文同。陳國大夫。

〔三〕比干：商紂王的叔父。紂王淫亂，比干勸諫，被紂王剖腹挖心而死。

〔四〕少師：輔導太子的宫官，春秋時楚國設置。

〔五〕捐：百子本同，四庫本、備要本、玉海堂本、同文本作「狷」。當爲「狷」。狷：耿直，固執。

〔六〕辟：王肅注：「僻，邪辟。」四庫本、備要本、玉海堂本、同文本、百子全書作「僻」。「辟」與「僻」音、義相同，邪僻。

〔七〕辟：音「僻」，法令。此詩見於詩大雅板。

孔子相魯，齊人患其將霸，欲敗其政，乃選好女子八十人，衣以文飾而舞容璣〔一〕，及文馬四十駟〔二〕，以遺〔三〕魯君，陳女樂，列文馬于魯城南高門外。季桓子微服往觀之再三，將受焉。告魯君爲周道遊觀，觀之終日，怠於政事。子路言於孔子曰：「夫子可以行矣。」孔子曰：「魯今且郊〔四〕，若致膰〔五〕於大夫，是則〔六〕未廢其常，吾猶可以止也。」

桓子既受女樂，君臣淫荒，三日不聽國政，郊又不致膰俎〔七〕。孔子遂行，宿於郭屯。師以〔八〕送曰：「夫子非罪也。」孔子曰：「吾歌可乎？」歌曰：「彼婦人之口，可以出走；彼婦人之請，可以死敗〔九〕。優哉游哉，聊以卒歲〔一〇〕。」

（此記載又見於史記孔子世家）

【校注】

〔一〕容璣：王肅注：「容璣，舞曲。」

〔二〕駟：王肅注：「駟，四馬也。」古代一車套四馬，因以稱駕一車之四馬或四馬所駕之車。

〔三〕遺：音「位」，贈送。

〔四〕郊：郊祭，祭祀天地。

〔五〕膰：王肅注：「膰，祭肉也。」

〔六〕是則：四庫本、備要本、百子本同，玉海堂本、同文本作「則是」。

〔七〕膰俎：盛膰肉的祭器。此指祭肉。俎：音「祖」。

〔八〕師以：四庫本、備要本、百子本、玉海堂本、同文本作「師已」。當爲「師已」。師已：魯國樂師。

〔九〕彼婦人之口，可以出走；彼婦人之請，可以死敗：王肅注：「言婦人口請謁，足以使人死敗，故可出走。」請：玉海堂本、同文本、備要本同，四庫本、百子本作「謁」。

〔一〇〕優哉游哉，聊以卒歲：王肅注：「言士不遇，優游以終歲也。」

澹臺子羽〔一〕有君子之容，而行不勝其貌；宰我有文雅之辭，而智不充〔二〕其辯。孔子曰：「里語〔三〕云：『相馬以輿，相士以居〔四〕，弗可廢矣。』以容取人，則失之子羽；以辭取人，則失之宰予。」（此記載又見於韓非子顯學、史記仲尼弟子列傳）

【校注】

〔一〕澹臺子羽：姓澹臺，名滅明，字子羽。春秋時魯國武城（今山東費縣）人。孔子弟子。

〔二〕不充：似有「抵不過」的意思。此語是説：從表面看，宰予的智力不如口才。聯繫下文，如果僅以口才取用人，那麼在宰予身上就會有失誤。實際上，宰予的聰明才智勝過口才。

〔三〕里語：里諺，俗語。

〔四〕相馬以輿，相士以居：看馬，要看它駕車的情況；看人，要看他與人相處的情況。居：相處。

孔子曰：「君子以其所不能畏人，小人以其所不能不信人。故君子長〔一〕人之才，小人抑人而取勝焉。」

【校注】

〔一〕長：音「掌」，增加，增長。

孔篋問行己〔一〕之道。子曰：「知而弗爲，莫如勿知；親而弗信，莫如勿親。樂之方至，樂而勿驕；患之將至，思而勿憂。」孔篋曰：「行己乎？」子曰：「攻其所不能，補其所不備〔二〕。毋以其所不能疑人，毋以其所能驕人。終日言，無遺己之〔三〕憂；終日行，不遺己患。唯智者有之。」

（此記載又見於説苑雜言）

【校注】

〔一〕行己：立身行事。

〔二〕補其所不備：四庫本、備要本、玉海堂本、同文本同，百子本作「備其所不足」。

〔三〕之：百子本同，四庫本、備要本、玉海堂本、同文本無此字。

在厄第二十

楚昭王〔一〕聘孔子，孔子往拜禮焉，路出于陳蔡。陳蔡大夫相與謀曰：「孔子聖賢，其所刺譏〔二〕皆中諸侯之病，若用於楚，則陳蔡危矣。」遂使徒兵距〔三〕孔子。

（此及以下記載又見於荀子宥坐、韓詩外傳卷七、史記孔子世家、説苑雜言）

【校注】

〔一〕楚昭王：名壬，謚昭，楚平王之子。

〔二〕刺譏：四庫本、備要本、玉海堂本、同文本同，百子本作「譏刺」。

〔三〕距：通「拒」，阻攔。

孔子不得行，絶糧七日，外無所通，藜羹〔一〕不充，從者皆病。孔子愈慷慨講〔二〕，絃歌不衰。乃召子路而問焉，曰：「詩云：『匪兕匪虎，率彼曠野〔三〕。』吾道非乎，奚爲至於此？」

【校注】

〔一〕藜羹：用藜菜做的羹。泛指粗劣的食物。藜菜，亦稱灰菜，一年生草本植物，莖直立，嫩葉可吃。莖可以做拐杖。四庫本、備要本、玉海堂本、同文本同，百子本作「藜藿」。

〔二〕「講」下：玉海堂本、同文本、四庫本、備要本、百子本有「誦」字，是。

〔三〕兕：音「四」，犀牛。率：循着，沿着。此語是説：不是野牛不是虎，却都來到這空曠的荒野上。此詩見詩小雅何草不黄。王肅注：「率，修也。言非兕虎而修曠野也。」「修」，備要本、四庫本、玉海堂本、同文本小注作「循」，是。

子路慍〔一〕，作色而對曰：「君子無所困。意者〔二〕夫子未仁與？人之弗吾信也〔三〕。意者夫子未智與？人之弗吾行也〔四〕。且由也昔者聞諸夫子：『爲善者天報之以福，爲不善者天報之以禍。』今夫子積德懷義，行之久矣，奚居之窮也？」

【校注】

〔一〕慍：音「運」，怒，怨恨。

〔二〕意者：表示測度，大概，或許。

〔三〕夫子未仁與？人之弗吾信也：王肅注：「言人不信，豈以未仁故也？」

〔四〕夫子未智與？人之弗吾行也：王肅注：「言人不使通行而困窮者，豈以吾未智也？」

子曰：「由未之識也！吾語汝。汝以仁者爲必信也，則伯夷、叔齊不餓死首陽〔一〕；汝以智者爲必用也，則王子比干不見剖心〔二〕；汝以忠者爲必報也，則關龍逢不見刑〔三〕」；汝以諫者爲必聽也，則伍子胥不見殺〔四〕。夫遇不遇者，時也；賢不肖者，才也。君子博學深謀而不遇時者衆矣，何獨丘哉！且芝蘭生於深林，不以無人而不芳；君子修道立德，不謂窮困而改節〔五〕。爲之者，人也；生死者，命也。是以晉重耳之有霸心，生於曹衛〔六〕；越王勾踐之有霸心，生於會稽〔七〕。故居下而無憂者，則思不遠；處身而常逸者，則志不廣，庸知其終始乎〔八〕？」子路出。

【校注】

〔一〕伯夷、叔齊不餓死首陽：伯夷、叔齊，商末孤竹國的兩位王子，二人不願繼承王位，逃到周國。周武王伐紂滅商，二人耻食周粟，餓死在首陽山。

〔二〕不見：不被。

〔三〕關龍逢不見刑：關龍逢，當爲關龍逄。夏桀無道，他極力勸諫，被桀囚拘而殺之。

〔四〕伍子胥不見殺：伍子胥，春秋時楚國人。父兄遭楚平王殺害，他逃到吴國。與孫武共佐吴王闔閭伐楚，五戰攻入郢都，掘平王墓，鞭屍三百。吴王夫差打敗越國，越王勾踐請和，夫差應允。伍子胥勸諫，夫差不聽，被迫自殺。

〔五〕謂：備要本同；四庫本、玉海堂本、同文本、百子本作「爲」，是。改節：備要本、百子本同，四庫本、玉海堂本、同文本作「敗節」。觀下文「改節」重複出現，當以「改節」爲是。

〔六〕晉重耳之有霸心，生於曹衛：王肅注：「重耳，晉文公也。爲公子時，出奔，困於曹衛。」

〔七〕越王勾踐之有霸心，生於會稽：王肅注：「言越王之有霸心，乃生困於（四庫本、玉海堂本作「坐困於」）會稽之時也。」

〔八〕庸知其終始乎：王肅注：「庸，用也。汝何用知其終始？或者晉文公、越王之時也。」

召子貢，告如子路。子貢曰：「夫子之道至大，故天下莫能容夫子，夫子盍少貶焉〔一〕？」子曰：「賜，良農能稼，不必能穡〔二〕；良工能巧，不能爲順〔三〕；君子能修其道，綱而紀之，不必其能容。今不修其道而求其容，賜，爾志不廣矣，思不遠矣。」子貢出。

【校注】

〔一〕夫子盍少貶焉：先生何不把您的道稍稍降低一些呢？

〔二〕良農能稼，不必能穡：王肅注：「種之爲稼，斂之爲穡，良農能蓋（當爲「善」）種之，未必能斂穫之也哉。」

〔三〕良工能巧，不能爲順：王肅注：「言良工能巧，不能每順人意也。」

顏回入，問亦如之。顏回曰：「夫子之道至大，天下莫能容。雖然，夫子推而行之，世不我用，有國者之醜〔一〕也，夫子何病焉？不容，然後見君子。」孔子欣然歎曰：「有是哉，顏氏之子！吾亦使爾多財，吾爲爾宰〔二〕。」

【校注】

〔一〕醜：羞耻。

〔二〕宰：王肅注：「宰，主財者。爲汝主財，意志同也。」

子路問於孔子曰：「君子亦有憂乎？」子曰：「無也。君子之修行也，其未得之，則樂其意〔一〕；既得之，又樂其治〔二〕，是以有終身之樂，無一日之憂。小人則不然，其未得也，患弗得之；既得之，又恐失之，是以有終身之憂，無一日之樂也。」

（此記載又見於荀子子道、説苑雜言）

【校注】

〔一〕樂其意：爲有這種想法而高興。

〔二〕樂其治：爲有這種作爲而高興。治：爲，作爲。

曾子獘衣而耕於魯，魯君聞之而致邑〔一〕焉，曾子固辭不受。或曰：「非子之求，君自致之，奚固辭也？」曾子曰：「吾聞受人施者常畏人，與人者常驕人〔二〕，縱君有賜，不我驕也，吾豈能勿畏乎？」孔子聞之曰：「參之言足以全其節也。」

（此記載又見於説苑立節）

【校注】

〔一〕致邑：送給城邑。

〔二〕驕人：傲視他人，向別人顯示驕矜。

孔子厄〔一〕於陳蔡，從者七日不食。子貢以所齎〔二〕貨，竊犯圍〔三〕而出，告糴於野人，得米一石焉。顏回、仲由炊之於壞屋〔四〕之下，有埃墨墮飯中，顏回取而食之。

子貢自井〔五〕望見之，不悦，以爲竊食也。入問孔子曰：「仁人廉士，窮改節乎？」孔子曰：「改節即何稱於仁、廉哉？」子貢曰：「若回也，其不改節乎？」子曰：「然。」子貢以所飯告孔子。子曰：「吾信回之爲仁久矣，雖汝有云，弗以疑也，其或者必有故乎？汝止，吾將問之。」召顔回曰：「疇昔〔六〕予夢見先人，豈或啓佑〔七〕我哉？子炊而進飯，吾將進焉〔八〕。」對曰：「向有埃墨墮飯中，欲置之則不潔，欲棄之則可惜，回即食之，不可祭也。」孔子曰：「然乎，吾亦食之。」顔回出，孔子顧謂二三子曰：「吾之信回也，非待今日也。」二三子由此乃服之。

（此記載又見於呂氏春秋任數）

【校注】

〔一〕厄：困厄。

〔二〕齎：音「基」，攜帶。

〔三〕竊犯圍：偷偷沖出包圍。

〔四〕壞屋：備要本、百子本、同文本、四庫本、玉海堂本作「壞屋」。

〔五〕井：孫志祖疏證曰：「御覽一百八十一『井』作『外』。」

〔六〕疇昔：往日。

〔七〕啓佑：開導佑助。

〔八〕子炊而進飯，吾將進焉：你做好飯送進來，我要進獻給先人。

入官第二十一

子張問入官〔一〕於孔子。孔子曰：「安身取譽爲難。」子張曰：「爲之如何？」孔子曰：「己有善勿專〔二〕，教不能勿怠〔三〕，已過勿發〔四〕，失言勿掎〔五〕，不善勿遂〔六〕，行事勿留〔七〕。君子入官，有〔八〕此六者，則身安譽至而政從〔九〕矣。且夫忿數〔一〇〕者，官獄〔一一〕所由生也；距〔一二〕諫者，慮〔一三〕之所以塞也；慢易〔一四〕者，禮之所以失也；怠惰者，時之所以後也；奢侈者，財之所以不足也；專獨者，事之所以不成也。君子入官，除此六者，則身安譽至而政從矣。

（此及以下記載又見於大戴禮記子張問入官）

【校注】

〔一〕入官：王肅注：「入官，謂當官治民之職也。」

〔二〕己有善勿專：王肅注：「雖有善，當與下共之，勿專以爲己有者也。」

〔三〕怠：王肅注：「怠，懈。」

〔四〕已過勿發：王肅注：「言人已過誤，無所傷害，勿發揚。」勿發：勿再發生。

〔五〕失言勿踦：王肅注：「有人失言，勿掎角之。」掎，同文本、四庫本、備要本同，玉海堂本作「椅」，百子本作「倚」。大戴禮記子張問入官作「踦」。孔廣森大戴禮記補注：「踦，邪也。出言既失，勿爲邪途以成之。」意思是：説錯了話，不要曲爲之説，曲意辯護。

〔六〕不善勿遂：王肅注：「已有不善，不可遂行。」

〔七〕行事勿留：王肅注：「宜行之事，勿令留滯。」

〔八〕有：玉海堂本、同文本、備要本同，四庫本作「自」，百子本作「具」。

〔九〕政從：王肅注：「衆從其政，無違教也。」

〔一〇〕忿：憤怒，怨恨。數：數落，責備。

〔一一〕官獄：玉海堂本、同文本、四庫本、備要本同，百子本無「官」字。

〔一二〕距：四庫本、百子本同，玉海堂本、同文本、備要本作「拒」。距，通「拒」。

〔一三〕慮：玉海堂本、同文本、四庫本、備要本同，百子本作「忠」。

〔一四〕慢易：怠忽，輕慢。

「故君子南面〔一〕臨官，大域〔二〕之中而公治之，精智而略行之〔三〕，合是忠信，考是大倫，存〔四〕是美惡，進是利而除是害，無求其報焉，而民之情可得也。夫臨之無抗民之惡〔五〕，勝之無犯民之言〔六〕，量之無佼民之辭〔七〕，養之無擾於其時，愛之無寬於刑法〔八〕，若此，則身安譽至而民得〔九〕也。

【校注】

〔一〕南面：古代以坐北朝南爲尊位，故天子、諸侯見群臣，或卿大夫見僚屬，皆面南而坐。

〔二〕大域：王肅注：「大域，猶䧟較也。」䧟較：大略，大概。

〔三〕精智而略行之：王肅注：「以精知之。略行，舉其要而行之（此三句，玉海堂本、四庫本作「以情知之，略舉其要而行之」）。

〔四〕考：考察。存：省察。

〔五〕夫臨之無抗民之惡：王肅注：「治民無抗揚之志也。」抗：周書謚法：「逆天虐民曰抗。」

惡，玉海堂本、同文本、四庫本、備要本同，百子本作「志」。孫志祖疏證曰：「惡，大戴作『志』，是。」

〔六〕勝之無犯民之言：王肅注：「以慎勝民，言不犯民。」勝：楊朝明、宋立林注曰：「以理屈之。」王國軒、王秀梅譯曰：「自己有理也不説冒犯民衆的話。」

〔七〕量之無佼民之辭：王肅注：「佼，猶周也。度量而施政，辭不周民也。」量：揣測。佼：通「狡」，狡詐。

〔八〕愛之無寬於刑法：王肅注：「言雖愛民，不可寬於刑法，威尅其愛，故事無不成也。」

〔九〕得：玉海堂本、同文本、四庫本、備要本同，百子本作「德」。

「君子以臨官，所見則邇〔一〕，故明不可蔽也。所求於邇，故不勞而得也〔二〕。所以治者約，故不用衆而譽立。凡法象在内，故法不遠而源泉不竭〔三〕。是以天下積而本不寡〔四〕，短長〔五〕得其量，人志治而不亂政。德貫乎心，藏乎志，形乎色，發乎聲。若此，而身安譽至，民咸自治矣。是故臨官不治則亂，亂生則爭之者至，爭之至，又於亂〔六〕。明君必寬裕〔七〕以容其民，慈愛優柔之〔八〕，而民自得矣〔九〕。

【校注】

〔一〕所見則邇：王肅注：「所見邇，謂察於微也。」邇：近。

〔二〕所求於邇，故不勞而得也：王肅注：「所求者近，故不勞而得也。」

〔三〕凡法象在内，故法不遠而源泉不竭：王肅注：「法象近在於内，故不遠而源泉不竭盡。」法象：合乎禮儀規範的儀表、舉止，可效法的榜樣。

〔四〕天下積而本不寡：王肅注：「言天下之事，皆積聚而成，如源泉之本，非徒不竭，乃不寡。」

〔五〕短長：玉海堂本、同文本、四庫本、備要本同，百子本作「長短」。

〔六〕亂生則爭之者至，爭之至，又於亂：王肅注：「小亂則爭，爭之甚者，又大亂至矣也。」

〔七〕寬裕：四庫本、備要本同，玉海堂本、同文本作「寬祐」，百子本作「寬宥」。

〔八〕優柔之：玉海堂本、同文本、四庫本、備要本同，百子本作「以優柔之」。

〔九〕而民自得矣：玉海堂本、同文本、四庫本、備要本同，百子本作「而自得矣」。

「行者，政之始也〔一〕。説者，情之導也〔二〕。善政行易而民不怨〔三〕，言調説和則民不變〔四〕。法在身則民象〔五〕，明在己則民顯〔六〕之。若乃供己而不節，則財利之生者微矣〔七〕；貪以不得，則善政必簡矣〔八〕；苟以亂之，則善言必不聽也；詳以納之〔九〕，則規諫日至。言之善者，在所日聞〔一〇〕；行之善者，在所能爲。故君上者，民之儀也；有司執政者，民之表也；邇臣便僻者，群僕之倫也〔一一〕。故儀不正則民失，表不端則百姓亂，邇臣便僻則群臣汙〔一二〕矣。是以人主不可不敬乎三倫〔一三〕。

【校注】

〔一〕行者，政之始也：王肅注：「行爲政始，言民從行不從言也。」行：身體力行。

〔二〕説者，情之導也：王肅注：「言説者，但導達其情。」

〔三〕善政行易而民不怨：王肅注：「言善政，行簡易而民無怨者也。」行易：執行容易。而：備要本、百子本同，玉海堂本、同文本、四庫本作「則」。

〔四〕言調説和則民不變：王肅注：「調，適也。言適於事、説和於民則不變。」不變：没有二心。

〔五〕法在身則民象：王肅注：「言法度常在身則民法之。」備要本同，百子本、玉海堂本、同文本、四庫本下有「之」字。

〔六〕顯：傳揚，顯揚。

〔七〕供己而不節，則財利之生者微矣：王肅注：「言自供不節於財，財不可供，生財之道微矣。」不節：玉海堂本、同文本、四庫本、備要本同，百子本作「不節財」。

〔八〕貪以不得，則善政必簡矣：王肅注：「言徒貪於不得財，善政則簡略而不脩也。」

〔九〕詳以納之：王肅注：「納善言也。」

〔一〇〕言之善者，在所日聞：王肅注：「日聞善言，可行於今日也。」

〔一一〕邇臣便僻者，群僕之倫也：王肅注：「僻，宜爲『辟』。便辟，執事在君之左右者。倫，紀也，爲衆之紀。」

〔一二〕便僻：指阿諛逢迎。汙：同「污」，不廉潔。

〔一三〕人主：玉海堂本、同文本、四庫本、備要本同，百子本作「人君」。三倫：指上述這些方面的倫理道德。

「君子修身反道，察里言而服〔一〕之，則身安譽至，終始在焉。故夫女子必自擇絲麻，良工必自擇貌材〔二〕，賢君必自擇左右。勞於取人，佚〔三〕於治事，君子欲譽，則必謹其左右。爲上者譬如緣木焉，務高而畏下滋甚〔四〕。六馬之乖離，必於四達之交衢〔五〕；萬民之叛道，必於君上之失政。上者尊嚴而危，民者卑賤而神〔六〕。愛之則存，惡之則亡。長民者必明此之要。故南面臨官，貴而不驕，富而能供〔七〕，有本而能圖末，修事而能建業〔八〕，久居而不滯，情近而暢乎遠，察一物而貫乎多，治一物而萬物不能亂者，以身本者也。

【校注】

〔一〕里言：玉海堂本、同文本、四庫本、備要本同，百子本作「理言」。「里言」是，指鄉里流行的話。服：王肅注：「服，行。」

〔二〕貌材：玉海堂本、同文本、四庫本、備要本、百子本作「完材」，是。

〔三〕佚：同「逸」，安逸。

〔四〕滋：備要本、百子本同，玉海堂本、同文本、四庫本作「兹」。「兹」、「滋」爲古今字，表示「愈加」、「更加」的意思。句意爲：爬的越高，害怕掉下來的心情愈加厲害。

〔五〕六馬之乖離，必於四達之交衢：六馬分散亂跑，必定是在四通八達的岔道。衢：大路，四通八達的道路。

〔六〕民者卑賤而神：百姓雖然卑賤，却是有神力的。王肅注：「君有愛思之心感於民，故謂如神。」

〔七〕供：王肅注：「供，宜爲『共』，古『恭』字也。」

〔八〕修事而能建業：王肅注：「既能修治舊事，又人君能建乎功業也（玉海堂本、同文本、四庫本無「人君」二字）。」

「君子涖〔一〕民，不可以不知民之性而達諸民之情。既知其性，又習其情，然後民乃從命矣。故世舉〔二〕則民親之，政均〔三〕則民無怨。故君子蒞民，不臨以高〔四〕，不導以遠，不責民之所不爲，不强民之所不能。以明〔五〕王之功，不因〔六〕其情，則民嚴而不迎〔七〕；篤〔八〕之以累年之業，不因其力，則民引而不從〔九〕。若責民所不爲，强民所不能，則民疾，疾則僻矣〔一〇〕。

【校注】

〔一〕蒞：同「莅」，管理。

〔二〕世舉：世道復興。

〔三〕政均：政策公平合理。

〔四〕不臨以高：不以高高在上的態度對待民衆。王肅注：「不亢揚也。」

〔五〕明：開導，使懂得、瞭解。

〔六〕因：根據。

〔七〕民嚴而不迎：王肅注：「迎，奉也。民嚴畏其上而不奉迎其教。」嚴：敬畏。

〔八〕篤：加厚，增厚。

〔九〕民引而不從：王肅注：「引，弘（四庫本作「導」）也。教之以非其力之所堪，則民引弘而不從其教也矣。」引：此處當是「退避」義。

〔一〇〕疾則僻矣：王肅注：「民疾其上，即邪僻之心生。」

「古者聖主冕而前旒〔一〕，所以蔽明也；紘統〔二〕充耳，所以掩聰也。水至清則〔三〕無魚，人至察則無徒。枉而直之，使自得之；優而柔之，使自求之〔四〕；揆而度之，使自索之〔五〕。民有小罪〔六〕，必求其善以赦其過；民有大罪，必原〔七〕其故以仁輔化；如有死罪，其使之生，則善也。是以上下親而不離，道化流而不蘊〔八〕。故德者，政之始也。政不和，則民不從其教矣。不從教，則民不習。不習，則不可得而使也。

【校注】

〔一〕旒：音「留」，帝王禮帽前後下垂的玉串。

〔二〕紘統：音「紅膽」，冠冕兩旁用來懸掛塞耳玉墜的帶子。

〔三〕則：備要本、百子本同，玉海堂本、同文本、四庫本作「即」。

〔四〕優而柔之，使自求之：王肅注：「優，寬也。柔，和也。使自求其宜也。」

〔五〕揆而度之，使自索之：王肅注：「揆度其法以開示之，使自索得之也。」

〔六〕罪：備要本、百子本同，玉海堂本、同文本、四庫本作「過」。

〔七〕原：推究、探究根源。

〔八〕蘊：王肅注：「蘊，滯積也。」百子本無「是以上下親而不離，道化流而不蘊」二句。

「君子欲言之見信也，莫善乎先虛其内〔一〕；欲政之速行也，莫善乎以身先之；欲民之速服也，莫善乎以道御之。故雖服必强〔二〕，自非忠信，則無可以取親於百姓者矣。内外不相應，則無已〔三〕取信於庶民者矣。此治民之至道矣，入官之大統矣。」

【校注】

〔一〕虛其内：王肅注：「虛其内，謂直道而行，無情故也（故，玉海堂本、同文本、四庫本、備要本作「欲」）。」

〔二〕雖服必强：王肅注：「言民雖服，必以威强之，非心服也哉。」

〔三〕已：玉海堂本、同文本、四庫本、備要本作「可以」，百子本作「以」。

子張既聞孔子斯言，遂退而記之。

困誓第二十二

子貢問於孔子曰："賜倦於學，困於道矣，願息於事君〔一〕，可乎？"孔子曰："詩云：'温恭朝夕，執事有恪〔二〕。'事君之難也，焉可息哉！"

曰："然則賜願息而事親。"孔子曰："詩云：'孝子不匱，永錫爾類〔三〕。'事親之難也，焉可以息哉！"

曰："然〔四〕賜請願息於妻子。"孔子曰："詩云：'刑于寡妻，至于兄弟，以御于家邦〔五〕。'妻子之難也，焉可以息哉！"

曰："然〔六〕賜願息於朋友。"孔子曰："詩云：'朋友攸攝，攝以威儀〔七〕。'朋友之難也，焉可以息哉！"

曰："然則賜願息於耕矣。"孔子曰："詩云：'晝爾于茅，宵爾索綯，亟其乘屋，其始播百穀〔八〕。'耕之難也，焉可以息哉！"

曰："然則賜將無所息者也。"孔子曰："有焉。自望其廣，則睪如也〔九〕；視其高，則填如也〔一〇〕；察其從，則隔如也〔一一〕。此其所以息也矣。」

子貢曰：「大哉乎死也！君子息焉，小人休焉，大哉乎死也！」

（此記載又見於荀子大略、韓詩外傳卷八）

【校注】

〔一〕願息於事君：想停止學習而去事君。於：玉海堂本、同文本、四庫本、備要本、百子本作「而」。

〔二〕温恭朝夕，執事有恪：見詩商頌那。恪：王肅注：「敬也。」

〔三〕孝子不匱，永錫爾類：見詩大雅既醉。王肅注：「匱，竭也。類，善也。孝子之道不匱竭者，能以類相傳，長錫爾以善道也。」

〔四〕然：玉海堂本、同文本、四庫本、百子本作「然則」。

〔五〕刑于寡妻，至于兄弟，以御于家邦：見詩大雅思齊。王肅注：「刑，法也。寡，適也。御，正也。文王以正法接其寡妻，至于同姓兄弟，以正治天下之國家者矣。」刑：典範。寡妻：嫡妻。御：治理。

〔六〕然：備要本同，玉海堂本、同文本、四庫本、百子本作「然則」。

〔七〕朋友攸攝，攝以威儀：見詩大雅既醉。攸：放在動詞前，構成名詞性詞組，相當於「所」。

攝：輔助，佐助。

〔八〕晝爾于茅，宵爾索綯，亟其乘屋，其始播百穀：見詩豳風七月。王肅注：「宵，夜。綯，絞也。當以時治屋也。亟，疾也。當亟乘爾屋以善治之也。其復當脩農，播百穀，言無懈怠。」

〔九〕自望其廣，則罣如也：王肅注：「廣，反爲壙。罣，高貌。墉而高，冢是也（玉海堂本作「廣，宜爲壙。罣，高貌。壙而高，冢是也」）。」廣：通「壙」，墳墓。罣：音「高」，通「皋」，高高的樣子。

〔一〇〕視其高，則填如也：王肅注：「填，塞實貌也。冢雖高而塞實也。」填：楊朝明、宋立林注曰：「荀子大略作『嵮如也』。填，應爲『嵮』之誤，通『巔』，山巔。」

〔一一〕察其從，則隔如也：王肅注：「言其隔而不得復相從也。」隔：楊朝明、宋立林注曰：「荀子大略作『鬲如也』。隔，應爲『鬲』之誤。鬲，像鼎一類的烹飪器，三足中空。」

孔子自衛將入晉，至河，聞趙簡子殺竇犨鳴犢及舜華〔一〕，乃臨河而歎曰：「美哉水，洋洋乎！丘之不濟此，命也夫！」子貢趍而進曰：「敢問何謂也？」孔子曰：「竇犨鳴犢、舜華，晉之賢大夫也。趙簡子未得志之時，須此二人而後從政，及其已得志也，而殺之。丘聞之，刳胎殺夭〔二〕，則麒麟不至其郊；竭澤而漁，則蛟龍不處其淵；覆巢破卵，則凰凰不翔其邑。何則？君子違〔三〕傷其類者也。鳥獸之於不義，尚知避之，況於人乎！」遂還，息於鄒〔四〕，作槃琴〔五〕以哀之。

（此記載又見於史記孔子世家、説苑權謀、孔叢子記問、新序）

【校注】

〔一〕趙簡子：即趙鞅，趙武之孫，晉定公時爲卿，卒謚「簡」。竇犨鳴犢及舜華：晉國大夫。竇犨鳴犢，姓竇，名犨（音「愁」），字鳴犢。

〔二〕刳：音「哭」，從中間破開再挖空。夭：幼小的動物。

〔三〕違：王肅注：「違，去也。違，或爲『諱』也。」

〔四〕鄒：地名，在今山東曲阜南。

〔五〕槃琴：玉海堂本、同文本、備要本同，四庫本、百子本作「槃操」。王肅注：「槃操，琴曲名也。」

子路問於孔子曰：「有人於此，夙興夜寐，耕芸樹藝〔一〕，手足胼胝〔二〕，以養其親，然而名不稱孝，何也？」孔子曰：「意者〔三〕身不敬與？辭不順與？色不悅與？古之人有言曰：『人與己與不汝欺〔四〕。』」

「今盡力養親而無三者之闕，何謂無孝之名乎？」孔子曰：「由，汝志〔五〕之，吾語汝：雖有國士之力，而不能自舉其身，非力之少，勢不可矣。夫內行不修，身之罪也；行修而名不彰，友之罪也。行修而名自立。故君子入則篤行，出則交賢，何謂〔六〕無孝名乎？」

（此記載又見於荀子子道、韓詩外傳卷九）

【校注】

〔一〕耕芸樹藝：耕地鋤草種莊稼。樹藝：種植。

〔二〕胼胝：音「駢支」，手脚上的老繭。

〔三〕意者：想來大概是。

〔四〕人與己與不汝欺：王肅注：「言人與己事實相通，不相欺也。」

〔五〕志：記。

〔六〕謂：備要本同，玉海堂本、同文本、四庫本、百子本作「爲」。

孔子遭厄於陳、蔡之間，絶糧七日，弟子餒病〔一〕，孔子絃歌。子路入見曰：「夫子之歌，禮乎？」孔子弗應，曲終而曰：「由，來，吾語汝。君子好樂，爲無驕也；小人好樂，爲無懾〔二〕也。其誰之子，不我知而從我者乎〔三〕？」子路悦，援戚〔四〕而舞，三終而出。

明日，免於厄。子貢執轡曰：「二三子從夫子而遭此難也，其弗忘〔五〕矣。」孔子曰：「善！惡何也〔六〕？夫陳、蔡之間，丘之幸也。二三子從丘者，皆幸也。吾聞之，君不困不成王，烈士不困行不彰〔七〕。庸知其非激憤厲志之始於是乎在〔八〕？」

（此記載又見於説苑雜言）

【校注】

〔一〕餒病：飢餓困頓。餒：飢餓。

〔二〕懾：王肅注：「懾，懼。」

〔三〕其誰之子，不我知而從我者乎：王肅注：「其誰之子，猶言以誰氏子，謂子路，曰雖從我而不知我也。」

〔四〕援：執，拿起。戚：兵器名，形似大斧。

〔五〕忘：玉海堂本、同文本、四庫本、備要本同，百子本作「亡」。

〔六〕惡何也：王肅注：「善子貢言也。惡何，猶言是何也。」

〔七〕烈士：指堅貞剛强之士，有志建功立業之人。行：玉海堂本、同文本、四庫本、備要本同，百子本作「名」。

〔八〕在：同「哉」。

孔子之宋，匡人簡子〔一〕以甲士圍之。子路怒，奮戟將與戰。孔子止之曰：「惡有修仁義而不免世俗之惡者乎〔二〕？夫詩、書之不講，禮、樂之不習，是丘之過也。若以述先王好古法而爲咎者〔三〕，則非丘之罪也，命之夫〔四〕！歌，予和汝。」子路彈琴〔五〕而歌，孔子和之，曲三終，匡人解甲而罷。

（此記載又見於韓詩外傳卷六、説苑雜言）

【校注】

〔一〕匡：地名，春秋時屬宋國，在今河南睢縣西。簡子：未詳，或是匡人首領。

〔二〕惡有修仁義而不免世俗之惡者乎：哪有講求仁義而不原諒俗人過錯的呢？世俗之惡者：備要本、百子本同，玉海堂本、同文本、四庫本作「俗者」。

〔三〕述：遵循。咎：罪責。

〔四〕命之夫：備要本同，玉海堂本、同文本、四庫本作「命夫」，百子本作「命之」。

〔五〕彈琴：孫志祖疏證曰：「案史記索隱作『彈劍』，世説新語方正篇注同。」

孔子曰：「不觀高崖，何以知顛墜〔一〕之患？不臨深泉〔二〕，何以知没溺之患？不觀巨海，何以知風波之患？失之者其在此乎〔三〕？士慎此三者，則無累於身矣。」

（此記載又見於説苑雜言）

【校注】

〔一〕顛墜：備要本、百子本同，玉海堂本、同文本、四庫本作「巔墜」。

〔二〕深泉：玉海堂本、同文本、四庫本、備要本同，百子本作「深淵」。

〔三〕失之者其在此乎：備要本同，玉海堂本、同文本、四庫本、百子本作「失之者其不在此乎」，是。王肅注：「不在此三者之或也（或，玉海堂本、四庫本作「域」）。」

子貢問於孔子曰：「賜既爲人下〔一〕矣，而未知爲人下之道，敢問之。」子曰：

「爲人下者，其猶土乎？汩之之深〔二〕則出泉，樹其壤則百穀滋焉，草木植焉，禽獸育焉，生則出焉，死則入焉。多其功而不意〔三〕，弘其志而無不容〔四〕。爲人下者以此也。」

（此記載又見於荀子堯問、韓詩外傳卷七、説苑臣術）

【校注】

〔一〕下：謙下，甘居人下。

〔二〕汩之之深：玉海堂本、備要本作「汩之深」，四庫本作「泪之深」，百子本作「扣之深」。當爲「汩之深」。汩：音「古」，治水。國語周語下：「決汩九川。」義近「扣」（音「胡」），發掘。荀子堯問：「深扣之而得甘泉焉。」王肅注：「汩，渥。」

〔三〕多其功而不意：王肅注：「功雖多而無所意也。」不意：不在意，不放在心上。

〔四〕弘其志而無不容：備要本同，玉海堂本、同文本、四庫本、百子本作「恢其志而無不容」。王肅注：「爲人下者當弘志（弘志，玉海堂本、四庫本作「恢弘其志」），如地無所不容也。」

孔子適鄭，與弟子相失〔一〕，獨立東郭〔二〕門外。或人謂子貢曰：「東門外有一人焉，其長九尺有六寸，河目隆顙〔三〕，其頭似堯，其頸似皋繇〔四〕，其肩似子産，然自腰已〔五〕下，不及禹者三寸，纍然如喪家之狗〔六〕。」子貢以告〔七〕，孔子欣然而歎曰：「形狀末也，如喪家之狗，然乎哉！然乎哉〔八〕！」

（此記載又見於韓詩外傳卷九、史記孔子世家）

【校注】

〔一〕相失：走散。

〔二〕郭：在城的外圍加築的一道城牆。

〔三〕河目隆顙：王肅注：「河目，上下匡平而長。顙，頰也。」隆顙（音「嗓」）：高額頭。

〔四〕皋繇：也作「皋陶」，音「高姚」，舜時的司法官。

〔五〕已：備要本同，玉海堂本、同文本、四庫本、百子本作「以」。「已」、「以」通。

〔六〕纍然如喪家之狗：王肅注：「喪家狗，主人哀荒，不見飯食，故纍然不得意。孔子生於亂世，道不得行，故纍然，是不得意之貌也。」纍然：形容失意不得志的樣子。

〔七〕告：玉海堂本、同文本、四庫本、備要本同，百子本作「聞」。

〔八〕末：備要本、百子本、史記孔子世家同，玉海堂本、同文本、四庫本作「未」。楊朝明、宋立林作「末」，解曰：「孔子高興地感歎：『容貌形狀是不重要的。像喪家之犬，真是這樣啊！真是這樣啊！』」王國軒、王秀梅作「未」，譯曰：「孔子欣然自得地感歎説：『形貌未必像他説的那樣，但説如喪家之狗，那倒是真像啊！那倒是真像啊！』」

孔子適衛，路出于蒲〔一〕，會公叔氏〔二〕以蒲叛衛，而止之。孔子弟子有公良儒〔三〕者，爲人賢長〔四〕，有勇力，以私車五乘從夫子行。喟然曰：「昔吾從夫子遇難于匡，又伐樹於宋〔五〕，今遇困於此，命也夫！與其見夫子仍遇於難，寧我鬬死。」挺劍而合衆〔六〕，將與之戰。蒲人懼，曰：「苟無適衛，吾則出子。」以〔七〕盟孔子，而出之東門。孔子遂適衛。子貢曰：「盟可負乎？」孔子曰：「要〔八〕我以盟，非義也。」衛侯聞孔子之來，喜而於郊迎之。問伐蒲，對曰：「可哉。」公曰：「吾大夫以爲蒲者，衛之所以恃〔九〕晉楚也，伐之，無乃不可乎？」孔子曰：「其男子有死之志〔一〇〕，吾之所伐者，不過四五人〔一一〕矣。」公曰：「善！」卒不果伐〔一二〕。他日，靈公又與夫子語，見飛鴈過而仰視之，色不悦。孔子乃逝〔一三〕。

（此記載又見於史記孔子世家）

【校注】

〔一〕蒲：春秋時衛地，在今河南長垣縣。

〔二〕會：恰巧遇上。公叔氏：即公叔戌，衛國大夫。

〔三〕公良儒：亦作「公良孺」，孔子弟子，字子正，陳國人。

〔四〕賢長：賢能而有長者之風。

〔五〕伐樹於宋：王肅注：「孔子與弟子行禮於大樹之下，桓魋欲害之，故先伐其樹焉。」

〔六〕合衆：孫志祖疏證曰：「案史記索隱、文選吴都賦注『合』作『令』。」

〔七〕以：玉海堂本、同文本、四庫本、百子本同，備要本作「乃」。

〔八〕要：要挾。

〔九〕恃：依賴，憑藉。此語是説：蒲地，衛國憑藉它對付晉國、楚國。

〔一〇〕其男子有死之志：王肅注：「公叔氏欲蒲適他國，故男子欲死之，不樂適也。」

〔一一〕四五人：王肅注：「本與叔孫同伴者也（伴，四庫本作「叛」，玉海堂本作「畔」）。」

〔一二〕卒不果伐：最終也没有出兵討伐。

〔一三〕逝：離開。王肅注：「逝，行。」

衛籧伯玉〔一〕賢，而靈公不用；彌子瑕〔二〕不肖，反任之。史魚驟諫而不從〔三〕。史魚病將卒，命其子曰：「吾在衛朝，不能進籧伯玉，退彌子瑕，是吾爲臣不能正君也。生而不能正君，則死無以成禮。我死，汝置屍牖下〔四〕，於我畢矣。」其子從之。靈公弔焉，怪而問焉〔五〕。其子以其父言告公。公愕然失容曰：「是寡人之過也。」於是命之殯於客位。進籧伯玉而用之，退彌子瑕而遠之。

孔子聞之，曰：「古之列諫之者，死則已矣，未有若史魚死而屍諫，忠感其君者也，不可〔六〕謂直乎？」

（此記載又見於韓詩外傳卷七、大戴禮記保傅、新序雜事）

【校注】

〔一〕籧伯玉：當爲蘧伯玉，下同。名瑗，衛國大夫，以賢著稱。蘧：音「渠」。

〔二〕彌子瑕：衛國大夫，受靈公寵愛。

〔三〕史魚：即史鰌，字子魚，衛國大夫。驟：屢次，多次。

〔四〕置屍牖下：王肅注：「禮，飯含於牖下，小斂於户内，大斂於阼，殯於客位也。」

〔五〕怪而問焉：玉海堂本、同文本、四庫本、備要本同，百子本無此句。

〔六〕不可：備要本同，玉海堂本、同文本、四庫本、百子本作「可不」。

五帝德第二十三

宰我〔一〕問於孔子曰：「昔者吾聞諸榮伊〔二〕曰：『黄帝三百年。』請問，黄帝者，人也，抑非人也？何以能至三百年乎？」

孔子曰：「禹、湯、文、武、周公，不可勝以觀也，而上世黄帝之問，將謂先生難言之故乎〔三〕！」

宰我曰：「上世之傳，隱微之説，卒采之辯〔四〕，闇忽〔五〕之意，非君子之道者，則予之問也固矣〔六〕。」

孔子曰：「可也，吾略聞其説。黄帝者，少昊〔七〕之子，曰軒轅。生而神靈，弱而能言，幼齊叡莊〔八〕，敦敏誠信。長聰明，治五氣〔九〕，設五量〔一〇〕，撫萬民，度四方〔一一〕。服牛乘馬，擾馴猛獸，以與炎帝戰于阪泉之野〔一二〕，三戰而後剋之。始垂衣裳，作爲黼黻〔一三〕。治民以順天地之紀，知幽明之故，達生死存亡之説。播時〔一四〕百穀，嘗味草木，仁厚及於鳥獸昆蟲。考日月星辰，勞耳目，勤心力，用水火財物以生民。民賴其利，百年而死；民畏其神，百年而亡；民用其教，百年而移〔一五〕，故曰黄帝三百年。」

（此及以下記載又見於大戴禮記五帝德）

【校注】

〔一〕宰我：宰予，名予，字子我。魯國人，孔子弟子，口齒伶俐，擅長辭辯。

〔二〕榮伊：人名。王國軒、王秀梅注曰：「即書序所説之『榮伯』，周朝同姓諸侯，爲卿大夫。」

〔三〕王肅注：「言禹湯已下不可勝觀，乃問上世黄帝，將爲先生長老難言之，故問。」上世：上古時代。先生：玉海堂本、同文本、四庫本、備要本同，百子本作「先王」。

〔四〕卒采之辯：王肅注：「采，事也。辯，説也。卒，終也。其事之説也。」楊朝明、宋立林注曰：「謂事既終，而猶爭辯之。」

〔五〕闇忽：王肅注：「闇忽，友遠不明（玉海堂本、四庫本、備要本作「久遠不明」，是）。」

〔六〕則予之問也固矣：王肅注：「固陋不得其問。」楊朝明、宋立林注曰：「謂我的問題顯得固陋。」

〔七〕少昊：備要本、百子本同，玉海堂本、同文本、四庫本作「少典」。史記五帝本紀亦謂：「黄帝者，少典之子。」司馬貞索隱曰：「少典者，諸侯國號，非人名也。」

〔八〕幼齊叡莊：玉海堂本、同文本、四庫本、備要本同，百子本作「哲叡齊莊」。齊：音「摘」，嚴肅恭敬。叡：通達，明智。莊：端莊。

〔九〕五氣：王肅注：「五行之氣。」

〔一〇〕五量：王肅注：「五量，權衡、升斛、尺丈、里步、十百。」

〔一一〕度四方：王肅注：「商度四方而無安定（無安定，玉海堂本、同文本、備要本作「撫安定」，四庫本作「安定之」）。」

〔一二〕以與炎帝戰于阪泉之野：王肅注：「炎帝，神農氏之後也。」阪泉：地名。一説在今河北涿鹿東南，一説在今山西運城解池附近。

〔一三〕黼黻：禮服上繡的花紋。王肅注：「白與黑謂之黼，若斧文。黑與青謂之黻，若兩已相戾。」黼，音「府」。黻，音「服」。

〔一四〕播時：王肅注：「時，是。」時：通「蒔」，種植。尚書堯典：「汝后稷，播時百穀。」孫星衍注引鄭玄曰：「時，讀曰蒔。」

〔一五〕移：改變。

宰我曰：「請問帝顓頊〔一〕？」

孔子曰：「五帝用說，三王有度〔二〕，汝欲一日徧聞遠古之説，躁哉予也。」

宰我曰：「昔予也聞諸夫子曰：『小子毋或宿〔三〕。』故敢問。」

孔子曰：「顓頊，黄帝之孫，昌意之子，曰高陽，淵〔四〕而有謀，疏通以知遠〔五〕，養財以任地〔六〕，履時以象天〔七〕。依鬼神而制義〔八〕，治氣性〔九〕以教衆，潔誠以祭祀，巡四海以寧民。北至幽陵〔一〇〕，南暨交趾〔一一〕，西抵流沙〔一二〕，東極蟠木〔一三〕，動靜之神〔一四〕，小大之物，日月所照，莫不底屬〔一五〕。」

【校注】

〔一〕顓頊：傳説中的古代帝王，黄帝之孫，號高陽氏。大戴禮記帝繫：「黄帝産昌意，昌意産高陽，是爲帝顓頊。」

〔二〕五帝用説，三王有度：王肅注：「五帝久遠，故用説也。三王邇，則有成法度。」説：傳説。

〔三〕毋或宿：王肅注：「有所問當問，勿令更宿也。」

〔四〕淵：深邃。

〔五〕疏通以知遠：玉海堂本、同文本、四庫本、備要本同，百子本作「疏通以智」。疏通：通達。

〔六〕任地：猶任土，謂適應土地的方位、地貌、地形等具體情況。楊朝明、宋立林注曰：「謂因地制宜。」

〔七〕履時以象天：順應時令，取法上天。

〔八〕制義：制定儀制、法度。

〔九〕氣性：性情。

〔一〇〕幽陵：古地名，即古幽州，在今河北省北部及遼寧省西部一帶。玉海堂本、同文本、四庫本、備要本同，百子本作「幽都」。

〔一一〕交趾：古地名，在今越南北部。

〔一二〕抵流沙：抵，到達。流沙，指西北沙漠地區。

〔一三〕蟠木：傳説中的山名。一説即扶桑。大戴禮記五帝德：「（顓頊）乘龍而至四海，北至幽陵，南至於交趾，西濟於流沙，東至於蟠木。」孔廣森補注：「海外經曰：『東海中有山焉，名曰度索，上有大桃樹，屈蟠三千里。』裴駰謂蟠木即此也。」楊朝明、宋立林注曰：「又作『扶木』，即『扶桑』，傳説爲神木，太陽出於其下，故扶桑又指日出之地。」

〔一四〕神：備要本同，玉海堂本、同文本、四庫本作「類」，百子本作「生」。

〔一五〕底屬：平服歸屬。王肅注：「底，平。四遠皆平而來服屬之也。」史記五帝本紀作「砥屬」。

宰我曰：「請問帝嚳〔一〕？」

孔子曰：「玄枵〔二〕之孫，喬極之子，曰高辛。生而神異，自言其名。博施厚利，不於其身。聰以知遠，明以察微。仁以〔三〕威，惠而信，以順天地之義。知民所急，修身而天下服。取地之財而節用焉〔四〕，撫教萬民而誨利〔五〕之。歷日月之生朔而迎送之〔六〕，明鬼神〔七〕而敬事之。其色也和，其德也重，其動也時，其服也哀〔八〕。春夏秋冬，育護天下。日月所照，風雨所至，莫不從化。」

【校注】

〔一〕帝嚳：黄帝曾孫，號高辛氏。大戴禮記帝繫：「黄帝産玄囂，玄囂産蟜極，蟜極産高辛，是爲帝嚳。」嚳：音「庫」。

〔二〕玄枵：黄帝之子。枵：音「消」。

〔三〕以：玉海堂本、同文本、四庫本、備要本、百子本作「而」。

〔四〕焉：百子本同，玉海堂本、同文本、四庫本、備要本作「之」。

〔五〕誨利：教誨而使之有利。

〔六〕歷：審視，察看。朔：農曆每月初一。

〔七〕明鬼神：玉海堂本、同文本、四庫本、備要本同，百子本作「明鬼神之義」。

〔八〕其動也時，其服也哀：他行動適時，服喪哀戚。

宰我曰：「請問帝堯〔一〕？」

孔子曰：「高辛氏之子，曰陶唐。其仁如天，其智如神。就〔二〕之如日，望之如雲。富而不驕，貴而能降。伯夷典禮〔三〕，夔、龍典樂〔四〕。舜時而仕，趨視四時，務元民始之〔五〕，流四凶而天下服〔六〕。其言不忒，其德不回〔七〕。四海之内，舟輿所及，莫不夷説〔八〕。」

【校注】

〔一〕堯：帝嚳之子，名放勛，號陶唐氏。

〔二〕就：接近，靠近。

〔三〕伯夷：堯臣。典：主持，主管。

〔四〕夔、龍典樂：備要本、百子本同，玉海堂本、同文本、四庫本作「龍、夔典樂」。王肅注：「舜時夔典樂，龍作納言。然則堯時龍亦典樂者也。」

〔五〕務元民始之：元，玉海堂本、同文本、四庫本、備要本、百子本作「先」，是。王肅注：「務先民事以爲始也。」

〔六〕流四凶而天下服：尚書堯典：「流共工於幽州，放驩兜於崇山，竄三苗於三危，殛鯀於羽山。四罪而天下皆服。」

〔七〕忒：音「特」，差錯。回：邪僻。

〔八〕夷說：王肅注：「夷，平心。說，古通以爲『悦』字。」謂心悦誠服。

宰我曰：「請問帝舜〔一〕？」

孔子曰：「喬牛〔二〕之孫，瞽瞍〔三〕之子也，曰有虞。舜孝友聞於四方，陶漁事親〔四〕。寬裕而温良，敦敏而知時，畏天而愛民，恤遠而親近。承受大命，依于二女〔五〕。叡明智通，爲天下帝。命二十二臣，率〔六〕堯舊職，躬〔七〕己而已。天平地成，巡狩〔八〕四海，五載一始。三十年在位，嗣帝五十載〔九〕。陟方嶽〔一〇〕，死于蒼梧〔一一〕之野而葬焉。」

【校注】

〔一〕舜：名重華，號有虞氏，史稱虞舜。大戴禮記帝繫：「顓頊産窮蟬，窮蟬産敬康，敬康産句芒，句芒産蟜牛，蟜牛産瞽瞍，瞽瞍産重華，是爲帝舜。」史記五帝本紀：「自從窮蟬以至帝舜，皆微爲庶人。」

〔二〕喬牛：舜祖父。喬：一作「蟜」。

〔三〕瞽瞍：當爲「瞽瞍」，舜父，嬀姓。

〔四〕陶漁事親：王肅注：「爲陶器、躬捕魚以養父母。」

〔五〕依于二女：王肅注：「堯妻舜以二女，舜動靜謀之於二女。」二女：娥皇、女英。

〔六〕率：遵行，遵循。

〔七〕躬：玉海堂本、同文本、備要本同，四庫本、百子本作「恭」。

〔八〕巡狩：同「巡守」。視察諸侯所守的地方。

〔九〕三十年在位，嗣帝五十載：謂三十歲被任用，接續帝位五十年。

〔一〇〕陟方嶽：登臨四方之山嶽。陟：登高。嶽：高大的山。

〔一一〕蒼梧：地名，即九嶷山，在今湖南省寧遠縣城南。

宰我曰：「請問禹〔一〕？」

孔子曰：「高陽〔二〕之孫，鯀之子也〔三〕，曰夏后，敏給克齊〔四〕，其德不爽〔五〕，其仁可親，其言可信，聲爲律〔六〕，身爲度〔七〕，亹亹穆穆〔八〕，爲紀爲綱，其功爲百神之主〔九〕，其惠爲民父母，左準繩，右規矩〔一〇〕，履四時〔一一〕，據四海，任皋繇、伯益〔一二〕，以贊其治，興六師以征不序〔一三〕，四極之民，莫敢不服。」

【校注】

〔一〕禹：姒姓，名文命。大戴禮記帝繫：「顓頊産鯀，鯀産文命，是爲禹。」史記夏本紀：「禹之父曰鯀，鯀之父曰帝顓頊，顓頊之父曰昌意，昌意之父曰黄帝。禹者，黄帝之玄孫而帝顓頊之孫也。禹之曾大父昌意及父鯀皆不得在帝位，爲人臣。」

〔二〕高陽：顓頊，禹祖父。

〔三〕鮌之子也：鮌，又作「鯀」，禹之父。堯時洪水汎濫，鯀受四嶽推薦治水，用築堤堵水之法，九年不成，被舜殛死於羽山（今江蘇贛榆西南）。

〔四〕敏給：敏捷。克：能够。齊：通「濟」，成。

〔五〕爽：王肅注：「爽，忒。」即差錯。

〔六〕聲爲律：聲音合乎音律。

〔七〕身爲度：王肅注：「以身爲法度也。」

〔八〕亹亹：音「尾」，勤勉不倦。穆穆：端莊恭敬。

〔九〕其功爲百神之主：王肅注：「禹治水，天下既平，然後百神得其所。」

〔一〇〕左準繩，右規矩：王肅注：「左右，言常用也。」

〔一一〕履四時：王肅注：「所行不違四時之宜。」

〔一二〕皋繇：也作「皋陶」、「咎繇」，偃姓。曾任舜臣，掌刑獄。禹繼位，委以政。伯益：也作「伯翳」。舜任以爲虞，掌管山澤苑囿。佐禹治水有功，賜姓嬴，爲嬴姓諸侯之祖。禹選伯益爲繼承人，伯益讓於禹子啓而避居箕山之陽。一説因爭君位，被啓所殺。

〔一三〕六師：猶「六軍」，泛指軍隊。不序：不守次列，指叛逆者。

孔子曰：「予！大者如天，小者如言，民悦至矣。予也非其人也〔一〕。」宰我曰：「予也不足以戒敬承矣〔二〕。」

【校注】

〔一〕予也非其人也：王肅注：「言不足以明五帝之德也。」

〔二〕予也不足以戒敬承矣：意思是，我還不足以敬肅地接受您這樣的教誨。

他日，宰我以語子貢，子貢以復孔子。子曰：「吾欲以顔狀〔一〕取人也，則於滅明改矣〔二〕；吾欲以言辭取人也，則於宰我改之矣〔三〕；吾欲以容貌取人也，則於子張改之矣〔四〕。」宰我聞之，懼，弗敢見焉。

【校注】

〔一〕顏狀：玉海堂本、同文本、四庫本、備要本同，百子本作「言狀」。顏狀：面相。

〔二〕滅明：複姓澹臺，名滅明，字子羽，魯國武城（今山東平邑縣南武城）人。孔子弟子。貌醜，爲人正直，不走捷徑。論語雍也記載：「子游爲武城宰。子曰：『女得人焉爾乎？』曰：『有澹臺滅明者，行不由徑，非公事，未嘗至於偃之室也。』」改矣：玉海堂本、同文本、備要本同，四庫本、百子本作「改之矣」。

〔三〕吾欲以言辭取人也，則於宰我改之矣：宰我能言善辯，有時言行不一，因此，孔子因他而改變了對善言者的態度。論語公冶長記載：「宰予晝寢。子曰：『朽木不可雕也，糞土之牆不可杇也。於予與何誅？』子曰：『始吾與人也，聽其言而信其行；今吾與人也，聽其言而觀其行。於予與改是。』」言辭：備要本、百子本同，玉海堂本、同文本、四庫本作「辭言」。

〔四〕吾欲以容貌取人也，則於子張改之矣：子張，姓顓孫，名師，孔子弟子。在論語中，孔子曾兩次指出他的缺點：「師也過」（先進），「師也辟」（公冶長），即顓孫師做事往往過頭，性格有時偏僻怪異。曾子的感受是：「堂堂乎張也，難與並爲仁矣。」（子張）即子張儀表堂堂，盛氣淩人，難以和你一同行仁。然評價一個人，要全面地看，子張具有不凡的思想境界，如論語子張篇所記：「子張曰：『士見危致命，見得思義，祭思敬，喪思哀，其可已矣。』」「子張曰：『執德不弘，信道不篤，焉能爲有？焉能爲亡？』」「子張曰：『君子尊賢而容衆，嘉善而矜不能。』」尊重賢人，同時還能容納普通民衆；讚美品質好能力强的人，同時還能憐憫幫助素質低能力差的人。這樣的做人胸懷，是一般人達不到的。

孔子家語卷第六

五帝第二十四

季康子問於孔子曰：「舊聞五帝之名，而不知其實，請問何謂五帝？」孔子曰：「昔丘也聞諸老聃〔一〕曰：『天有五行，水火金木土〔二〕，分時化育，以成萬物〔三〕。其神謂之五帝〔四〕。古之王者，易代而改號，取法五行，五行更王，終始相生，亦象其義〔五〕。故其爲明王者，而死配五行，是以太皞配木，炎帝配火，黄帝配土，少皞配金，顓頊配水〔六〕。』」

（此記載又見於禮記月令）

【校注】

〔一〕老聃：姓李，名耳，字伯陽，尊稱老子。春秋時楚國苦縣人。孔子曾向他問禮。

〔二〕水火金木土：備要本、百子本同，玉海堂本、同文本、四庫本作「木火金水土」。孫志祖疏證曰：「若以五行相生之次言，當云木火土金水。宋本作『水火金木土』，是以相剋言。」

〔三〕分時化育，以成萬物：王肅注：「一歲三百六十日，五行各主七十二日也。化生長育，一歲之功，萬物莫敢不成。」

〔四〕五帝：王肅注：「五帝，五行之神，佐生物者（玉海堂本、四庫本作「佐天生物者」）。而讖緯皆爲之名字，亦爲妖怪妄言。」

〔五〕取法五行，五行更王，終始相生：王肅注：「法五行更王，終始相生。始以木德王天下，其次以生之行轉相承。而諸説乃謂五精之帝下生王者，其爲帝或無可言也（末句，玉海堂本、四庫本作「其爲蔽惑無可言者也」）。」

〔六〕太皡：伏羲氏。炎帝：烈山氏。黄帝：軒轅氏。少皡：金天氏。顓頊：高陽氏。皡，音「浩」。

康子曰：「太皡氏其始之木何如？」孔子曰：「五行用事，先起於木。木，東方，萬物之初皆出焉。是故王者則〔一〕之，而首以木德王天下，其次則以所生之行轉相承也〔二〕。」

【校注】

〔一〕則：效法。

〔三〕其次則以所生之行轉相承也：王肅注：「木生火、火生土之屬。」五行相生的次序是，木生火，火生土，土生金，金生水，水生木。

康子曰：「吾聞勾芒〔一〕爲木正，祝融爲火正，蓐收爲金正，玄冥爲水正，后土爲土正，此〔二〕五行之主而不亂，稱曰帝者，何也？」孔子〔三〕曰：「凡五正者，五行之官名。五行佐成上帝，而稱五帝。太皞之屬配焉，亦云帝，從其號〔四〕。昔少皞氏之子有四叔〔五〕，曰重，曰該，曰脩，曰熙，實能金木及水，使重爲勾芒，該爲蓐收，脩及熙爲玄冥。顓頊氏之子曰黎，爲祝融。共工氏之子曰勾龍，爲后土。此五者，各以其所能業爲官職〔六〕，生爲上公，死爲貴神，别稱五祀，不得同帝〔七〕。」

（此記載又見於左傳昭公二十九年）

【校注】

〔一〕勾芒：傳説中的木神。

〔二〕「此」下，備要本、百子本同，玉海堂本、同文本、四庫本有「則」字。

〔三〕孔子：備要本、百子本同，玉海堂本、同文本、四庫本作「夫子」。

〔四〕五行佐成上帝，而稱五帝。太皞之屬配焉，亦云帝，從其號：王肅注：「天至尊，物不可以同其號，亦兼稱上帝。上天以其五行佐成天事，謂之五帝。以地有五行，而其精神在上，故亦爲帝。五帝黃帝之屬，故亦稱帝，亦從天五帝之號。故王者雖號稱帝而不或曰天帝，而曰天子者，而天子與父，其尊卑相去遠矣。曰天王者，言乃天下之王也。」

〔五〕昔少皞氏之子有四叔：左傳昭公二十九年此語作「昔少皞氏有四叔」，疑「之子」二字衍。楊伯峻春秋左傳注謂四叔疑爲少皞氏之弟輩。

〔六〕各以其所能業爲官職：王肅注：「各以一行之官爲職業之事。」

〔七〕生爲上公，死爲貴神，別稱五祀，不得同帝：王肅注：「五祀，上公之神，故不得稱帝也。正史者五正不及五帝（玉海堂本、四庫本作「其序則五正不及五帝」），五帝不及天地。而不設者（玉海堂本、四庫本作「而不知者」），以祭社爲祭地，不亦失之遠矣。且土與火水俱爲五行，是地之子也。以子爲母，不亦顛倒失尊卑之序也。」

康子曰：「如此之言，帝王改號，於五行之德各有〔一〕所統，則其所以相變者，皆主何事〔二〕？」孔子曰：「所尚則各從其所王之德次焉〔三〕。夏后氏以金德王，色〔四〕尚黑，大事斂用昬〔五〕，戎事乘驪〔六〕，牲用玄。殷人用〔七〕水德王，色尚白〔八〕，大事斂用日中〔九〕，戎事乘翰〔一〇〕，牲用白。周人以木德王，色〔一一〕尚赤，大事斂用日出〔一二〕，戎事乘騵〔一三〕，牲用騂〔一四〕。此三代之所以不同。」康子曰：「唐、虞二帝，其所尚者何色？」孔子曰：「堯以火德王，色尚黃。舜以土德王，色尚青〔一五〕。」

（此記載又見於禮記檀弓上）

【校注】

〔一〕有：備要本、百子本同，同文本、玉海堂本、四庫本無此字。

〔二〕皆主何事：王肅注：「在木家而尚赤（在，玉海堂本作「恠」，四庫本作「怪」），所以問也。」

〔三〕所尚則各從其所王之德次焉：王肅注：「木次火，而木家尚赤者，以木德義之著，修其母，兼其子。」

〔四〕色：備要本、百子本同，玉海堂本、同文本、四庫本作「而」。

〔五〕大事斂用昬：王肅注：「大事，喪。昬時亦黑也。」斂：指殯殮。昬：同「昏」，日落時刻。

〔六〕驪：王肅注：「黑馬也。」

〔七〕用：百子本同，玉海堂本、同文本、四庫本、備要本作「以」。

〔八〕色：備要本同，玉海堂本、同文本、四庫本、百子本無此字。尚白：王肅注：「水家尚青，而尚白者，避土家之尚青。」

〔九〕日中：王肅注：「日中，白也。」

〔一〇〕翰：王肅注：「翰，白色馬。」

〔一一〕色：備要本同，玉海堂本、同文本、四庫本、百子本無此字。

〔一二〕日出：王肅注：「日出時，亦赤也。」

〔一三〕騵：王肅注：「騵，馬白腹。」

〔一四〕騂：音「星」，赤色馬。王肅注：「騂，赤色也。」

〔一五〕色尚青：王肅注：「土家宜尚白。土者，四行之主，王於四季。五行用事，先起於水，色青，是以水家避土，土家尚白。」王注中二「水」字，楊朝明、宋立林據四庫本、同文本改爲「木」。

康子曰：「陶唐、有虞、夏后、殷、周獨不配〔一〕五帝，意者德不及上古耶，將有限乎？」孔子曰：「古之平治水土，及播殖百穀者衆矣，唯勾龍氏兼食於社〔二〕，而棄爲稷神〔三〕，易代奉之，無敢益者，明不可與等。故自太皞以降，逮于顓頊，其應五行而王，數非徒五，而配五帝，是其德不可以多也。」

（此記載又見於禮記月令）

【校注】

〔一〕不配：備要本、同文本、百子本同，玉海堂本、四庫本作「不得配」。

〔二〕唯勾龍氏兼食於社：王肅注：「兼猶配也。」即配享土地神。勾龍氏，備要本、百子本同；玉海堂本、同文本、四庫本作「勾龍」，無「氏」字。

〔三〕棄爲稷神：后稷，名棄，周始祖。史記周本紀説他「好耕農，相地之宜，宜穀者稼穡焉」。被尊爲稷神，即五穀之神。

執轡第二十五

閔子騫爲費宰〔一〕，問政於孔子。子曰：「以德以法。夫德、法者，御民之具〔二〕，猶御馬之有銜勒〔三〕也。君者，人也；吏者，轡也；刑者，策也。夫人君之政，執其轡策〔四〕而已。」

【校注】

〔一〕閔子騫爲費宰：閔子騫（前五三六至前四八七年），名損，字子騫，魯國人，孔子弟子。在孔門中以德行與顔回並稱。費：地名，舊址在今山東魚臺西南費亭。另有一地曰費，音「幣」，爲魯季孫氏邑，地處今山東費縣西北。

〔二〕御民之具：治理民衆的工具。

〔三〕銜勒：也作「銜勒」，馬嚼子和馬絡頭。

〔四〕轡：駕馭牲口的嚼子和韁繩。策：鞭子。

子騫曰：「敢問古之爲政？」

孔子曰：「古者天子以内史〔一〕爲左右手，以德法爲銜勒，以百官爲轡，以刑罰爲策，以萬民爲馬，故御天下數百年而不失。善御馬〔二〕，正銜勒，齊轡策，均馬力，和馬心。故口無聲而馬應轡，策不舉而極千里。善御民〔三〕，壹〔四〕其德法，正其百官，以均齊民力，和安民心。故令不再而民順從，刑不用而天下治。是以天地德之〔五〕，而兆民懷之〔六〕。夫天地之所德，兆民之所懷，其政美，其民而衆稱之〔七〕。今人言五帝三王者，其盛無偶，威察若存〔八〕，其故何也？其法盛，其德厚，故思其德，必稱其人，朝夕祝之，升聞於天。上帝俱歆，用永厥世，而豐其年〔九〕。

【校注】

〔一〕内史：王肅注：「内史，掌王八柄及叙事之法，納以詔王聽治命（四庫本、玉海堂本「納」上有「受」字），孤卿大夫則策命以四方之事，書則讀之。王制禄，則費爲之（四庫本、玉海堂本作「則書之策」），賞則亦如之。故王以爲左右手。」

〔二〕善御馬：備要本同，玉海堂本、同文本、四庫本、百子本作「善御馬者」。

〔三〕善御民：備要本同，玉海堂本、同文本、四庫本、百子本作「善御民者」。

〔四〕壹：統一，使一致。

〔五〕天地德之：王肅注：「天地以有爲德（四庫本、玉海堂本作「天地以爲有德）。」

〔六〕兆民懷之：王肅注：「懷，歸。」

〔七〕其民而衆稱之：備要本、百子本同，玉海堂本、同文本、四庫本作「其民而稱之」。王肅注：「其民爲衆所稱舉也。」

〔八〕威察若存：王肅注：「其盛以明察帝若存。」

〔九〕上帝俱歆，用永厥世，而豐其年：上帝都很高興，因此使其世運長久，年景豐收。厥：其。

「不能御民者，棄其德法，專用刑辟。譬猶御馬，棄其銜勒而專用箠策〔一〕，其不制也，可必矣。夫無銜勒而用箠策，馬必傷，車必敗。無德法而用刑，民必流，國必亡。治國而無德法，則民無脩；民無脩，則迷惑失道。如此，上帝必以其爲亂天道也。苟亂天道，則刑罰暴，上下相諛〔二〕，莫知念忠〔三〕，俱無道故也。今人言惡者，必比之於桀紂，其故何也？其法不聽，其德不厚，故民惡其殘虐，莫不吁嗟〔四〕，朝夕祝之，升聞于天。上帝不蠲〔五〕，降之以禍罰。災害並生，用殄〔六〕厥世。故曰德法者御民之本。

【校注】

〔一〕箠策：趕馬的鞭杖。

〔二〕諛：王肅注：「諂諛。」

〔三〕忠：百子本同，玉海堂本、同文本、四庫本、備要本作「患」。

〔四〕吁嗟：哀歎。

〔五〕蠲：音「捐」，通「捐」，除去，減免。

〔六〕殄：音「忝」，滅絶。

「古之御天下者，以六官總治焉。冢宰之官以成道〔一〕，司徒之官以成德〔二〕，宗伯之官以成仁〔三〕，司馬之官以成聖〔四〕，司寇之官以成義〔五〕，司空之官以成禮〔六〕。六官在手以爲轡，司會均仁以爲納〔七〕。故曰御四馬者執六轡，御天下者正六官。是故善御馬者，正身以總轡，均馬力，齊馬心，回旋曲折，唯其所之。故可以取長道，可赴急疾。此聖人所以御天地與人事之法則也。天子以内史爲左右手，以六官爲轡，已而〔八〕與三公爲執六官，均五教，齊五法〔九〕，故亦唯其所引，無不如志。以之道則國治〔一〇〕，以之德則國安〔一一〕，以之仁則國和，以之聖則國平〔一二〕，以之禮則國安〔一三〕，以之義則國義〔一四〕，此御政之術。

【校注】

〔一〕冢宰之官以成道：王肅注：「治官所以成道。」冢宰：百官之長。

〔二〕司徒之官以成德：王肅注：「教官所以成德。」司徒：主管教化。

〔三〕宗伯之官以成仁：王肅注：「祀官所以成仁。」宗伯：主管宗廟祭祀。

〔四〕司馬之官以成聖：王肅注：「治官所以成聖。聖通征伐，所以通天下也。」司馬：主管軍事。

〔五〕司寇之官以成義：王肅注：「刑官所以成義。」司寇：主管刑獄。

〔六〕司空之官以成禮：王肅注：「事官所以成禮，禮非事不立也。」司空：主管建築工程、製造車服器械。

〔七〕六官在手以爲轡，司會均仁以爲納：「司會」二字原誤入王肅注，今改入正文。均仁：孫志祖疏證曰：「『均仁』疑爲『均人』，大戴作『均人』。」王肅注：「納，驂馬轡，轡繫軾前者。司會掌邦之六典八法之戒，以周知四方之治，冢宰之副，故不在其六轡，至當納位。」

〔八〕已而：玉海堂本、同文本、四庫本、備要本同，百子本作「而」。

〔九〕齊五法：王肅注：「仁、義、禮、智、信之法也。」

〔一〇〕以之道則國治：王肅注：「冢宰治官。」

〔一一〕以之德則國安：王肅注：「德教成以之仁則國和，禮之用和爲貴則國安。」

〔一二〕以之聖則國平：王肅注：「通治遠近則國平也。」

〔一三〕以之禮則國安：王肅注：「事物以禮則國定也。」安：玉海堂本、同文本、四庫本、備要本、百子本作「定」。

〔一四〕以之義則國義：王肅注：「義，平也。刑罰當罪則國平。」

「過失，人之情莫不有焉。過而改之，是爲不過。故官屬〔一〕不理，分職不明，法政不一，百事失紀，曰亂，亂則飭〔二〕冢宰。地而不殖，財物不蕃〔三〕，萬民饑寒，教訓不行，風俗淫僻，人民流散，曰危，危則飭司徒。父子不親，長幼失序，君臣上下乖離異志，曰不和，不和則飭宗伯。賢能而失官爵，功勞而失賞禄〔四〕，士卒疾怨，兵弱不用，曰不平，不平則飭司馬。刑罰暴亂，姦邪不勝，曰不義，不義則飭司寇。度量不審，舉事失理，都鄙不脩，財物失所，曰貧，貧則飭司空。故御者，同是車馬，或以取千里，或不及數百里，其〔五〕所謂進退緩急異也。夫治者，同是官法，或以致平，或以致亂者，亦其所以爲〔六〕進退緩急異也。

【校注】

〔一〕故官屬：四庫本、備要本同，玉海堂本、同文本作「故屬」，百子本誤作「故害屬」。官屬：主要官員的屬吏。周禮天官大宰：「以八法治官府：一曰官屬，以舉邦治。」鄭玄注：「官屬，謂六官，其屬各六十。」

〔二〕飭：整飭，整頓。王肅注：「飭，謂整攝人也（玉海堂本、四庫本作「飭，謂整矗之也」）。」

〔三〕地而不殖，財物不蕃：玉海堂本、同文本、四庫本、備要本同，百子本作「地利不殖，財物不繁」。

〔四〕賢能而失官爵，功勞而失賞禄：王肅注：「司勳之職屬之司馬（之司馬，（玉海堂本、四庫本作「大司馬」）。」

〔五〕其：玉海堂本、同文本、四庫本、備要本同，百子本作「以其」。

〔六〕亦其所以爲：玉海堂本、同文本、四庫本、備要本同，百子本作「亦以其所謂」。

「古者天子常以季冬考德正法，以觀治亂。德盛者，治也；德薄者，亂也。故天子考德，則天下之治亂可坐廟堂之上而知之。夫德盛則法修，德不盛則飭，法與政咸德而不衰〔一〕。故曰王者又以孟春論之德〔二〕及功能，能德法者爲有德，能行德法者爲有行，能成德法者爲有功，能治德法者爲有智。故天子論吏而德法行，事治而功成。夫季冬正法，孟春論吏，治國之要。」

（此記載又見於大戴禮記盛德）

【校注】

〔一〕法與政咸德而不衰：王肅注：「法與政皆合於德則不殺。」

〔二〕孟春：春季的第一個月，農曆正月。論之德：玉海堂本、同文本、四庫本、備要本、百子本作「論吏之德」。

子夏問於孔子曰：「商聞易之生人及萬物，鳥獸昆蟲，各有奇耦〔一〕，氣分不同〔二〕。而凡人莫知其情，唯達德者能原其本焉。天一，地二，人三。三如九〔三〕，九九八十一，一主日，日數十，故人十月而生〔四〕。八九七十二，偶以從奇，奇主辰，辰爲月，月主馬，故馬十二月而生〔五〕。七九六十三，三主斗〔六〕，斗主狗，故狗三月而生。六九五十四，四主時，時主豕，故豕四月而生〔七〕。四九三十六，六爲律，律主鹿，故鹿六月而生。三九二十七，七主星〔八〕，星主虎，故虎七月而生。二九一十八，八主風，風爲蟲，故蟲八月而生〔九〕。其餘各從其類矣。鳥魚生陰而屬於陽〔一〇〕，故皆卵生。魚遊於水，鳥遊於雲，故立冬則燕雀入海化爲蛤。蠶食而不飲，蟬飲而不食，蜉蝣不飲不食，萬物之所以不同。介鱗夏食而冬蟄〔一一〕，齕吞者八竅而卵生〔一二〕，齟齬者九竅而胎生〔一三〕，四足者無羽翼，戴角者無上齒，無角無前齒者膏，無角無後齒者脂〔一四〕。晝生者類父，夜生者似母，是以至陰主牝〔一五〕，至陽主牡。敢問其然乎？」

孔子曰：「然，吾昔聞〔一六〕老聃亦如汝之言。」

【校注】

〔一〕奇耦：即「奇偶」。耦，通「偶」。

〔二〕氣分不同：王肅注：「易主天地以生萬物。言受氣者各有分數，不齊同。」氣分：人和動物所受元氣的分限。

〔三〕三如九：備要本同，玉海堂本、同文本、四庫本作「三三如九」，百子本作「三三爲九」。

〔四〕一主日，日數十，故人十月而生：王肅注：「一主日，從一而生。日者陽，從奇數。日數十，從甲至癸也。」

〔五〕偶以從奇，奇主辰，辰爲月，月主馬，故馬十二月而生：王肅注：「偶以承奇，陰以承陽，辰數十二，從子至亥也。」

〔六〕三主斗：王肅注：「斗次日月，故以主斗（玉海堂本、四庫本作「故三主斗」）。」

〔七〕「四月而生」下，備要本同，玉海堂本、同文本、四庫本、百子本有「五九四十五，五爲音，音主猿，故猿五月而生」。王肅注：「音不過五，故五爲音。」

〔八〕七主星：王肅注：「星二十八宿爲四方，方有七度，七主星也（此二句，玉海堂本、四庫本作

「方有七，故七主星也」）。」

〔九〕八主風，風爲蟲，故蟲八月而生：王肅注：「風之數盡於八，凡蟲爲風，風爲蟲也（玉海堂本、四庫本作「風爲主也」）。」説文：「風動蟲生，故蟲八日而化。」

〔一〇〕鳥魚生陰：玉海堂本、同文本、四庫本、備要本同，百子本作「鳥魚生於陰」。

〔一一〕介鱗：甲蟲與鱗蟲。王肅注：「介，甲蟲也。」

〔一二〕齕吞：不嚼而吞食。齕：音「合」。八竅：眼、耳、鼻、口爲七竅，加生殖孔爲八竅。王肅注：「八竅，鳥屬。」

〔一三〕齟⿰齒爵者九竅而胎生：齟⿰齒爵，咀嚼。九竅：王肅注：「九竅，人及獸屬。」

〔一四〕無角無前齒者膏，無（當爲「有」）角無後齒者脂：王肅注：「淮南取此義曰：『無角者膏而無前，有角者脂而無後。』膏，豚屬；而脂，羊屬。無前後，皆謂其鋭小者也。」

〔一五〕牝：音「聘」，指雌性的鳥獸，與「牡」（雄性）相對。

〔一六〕「聞」，備要本、百子本同，玉海堂本、同文本、四庫本「聞」下有「諸」字。

子夏曰：「商聞山書〔一〕曰：『地東西爲緯，南北爲經。山爲積德，川爲積刑。高者爲生，下者爲死。丘陵爲牡，谿谷爲牝。蚌蛤龜珠，與日月而盛虛〔二〕。是故堅土之人剛，弱土之人柔，墟土之人大，沙土之人細，息土之人美，秏土之人醜〔三〕。食水者善遊而耐寒，食土者無心而不息〔四〕，食木者多力而不治〔五〕，食草者善走而愚，食桑者有緒而蛾，食肉者勇毅而捍〔六〕，食氣者神明而壽，食穀者智惠而巧〔七〕，不食者不死而神。故曰羽蟲三百有六十，而鳳爲之長；毛蟲三百有六十，而麟爲之長；甲蟲三百有六十，而龜爲之長；鱗蟲三百有六十，而龍爲之長；倮蟲〔八〕三百有六十，而人爲之長。此乾巛〔九〕之美也。殊形異類之數，王者動必以道動，靜必以道靜，必順理，以奉天地之性〔一〇〕，而不害其所主，謂之仁聖焉。」

子夏言終而出，子貢進曰：「商之論也何如？」孔子曰：「汝謂何也？」對曰：「微則微矣，然則非治世之待也。」孔子曰：「然，各其所能〔一一〕。」

（此記載又見於大戴禮記易本命）

【校注】

〔一〕山書：一種山川地理書。

〔二〕蚌蛤龜珠，與日月而盛虚：王肅注：「月盛則蚌蛤之屬滿，月虧則虚。」

〔三〕息土之人美，秏土之人醜：王肅注：「秏，『耗』字也。息土細緻，秏土纚䟽者也。」息土：

肥沃的土地。埆土：瘠薄的土地。埆，音「浩」。

〔四〕無心而不息：没有心脏，不會呼吸。王肅注：「螟屬，不氣息也。」

〔五〕多力而不治：力氣大而不易馴服。王肅注：「血氣不治。淮南子曰：多力而弗戾，亦不治之貌者也。」

〔六〕捍：通「悍」，勇猛，强悍。

〔七〕智惠：玉海堂本、同文本、四庫本、備要本同，百子本作「知慧」。

〔八〕倮蟲：身無羽毛鱗甲的動物。倮，同「裸」。

〔九〕乾巛：備要本同，四庫本、百子本、同文本、玉海堂本作「乾坤」。王肅注：「乾，天。巛，地。」巛，音義同「川」。

〔一〇〕王者動必以道動，靜必以道靜，必順理，以奉天地之性：備要本、百子本同，同文本、玉海堂本、四庫本作「王者動必以道，靜必順理，以奉天地之性」。

〔一一〕然，各其所能：王肅注：「孔子曰：然，子貢治世不待世事，世事之急，然亦各其所知能也。」楊朝明、宋立林解曰：「對，不過還是各自發揮自己的才能吧。」王國軒、王秀梅譯曰：「是這樣，各自説説自己所知道的罷了。」

本命解第二十六

魯哀公問於孔子曰：「人之命與性，何謂也？」

孔子對曰：「分於道謂之命，形於一謂之性〔一〕。化於陰陽，象形而發謂之生〔二〕，化窮數盡謂之死。故命者，性之始也；死者，生之終也。有始則必有終矣。人始生而有不具者五焉：目無見，不能食，不能行〔三〕，不能言，不能化〔四〕。及生三月而微煦〔五〕，然後有見。八月生齒，然後能食。三年顋合〔六〕，然後能言。十有六而精通，然後能化。陰窮反陽，故陰以陽變；陽窮反陰，故陽以陰化。是以男子八月生齒，八歲而齔，十有六而化。女子七月生齒，七歲而齔〔七〕，十有四而化。一陽一陰，奇偶相配〔八〕，然後道合化成。性命之端，形於此也。」

（此及以下記載又見於大戴禮記本命）

【校注】

〔一〕分於道謂之命，形於一謂之性：王肅注：「分於道，謂始得爲人，故下句云性命之始。人各受陰陽以剛柔之性，故曰形於一也。」楊朝明、宋立林注曰：「分，制，決定。」解曰：「天道決定而賦予人的，稱作命；生來形成具有的，稱作性。」王國軒、王秀梅譯曰：「根據天道自然之道而化生出來的就是命，人秉受陰陽之氣而形成不同的個性就是性。」

〔二〕化於陰陽，象形而發謂之生：通過陰陽化育，根據一定形象産生出來，叫作生。

〔三〕不能食，不能行：四庫本、備要本、百子本同，玉海堂本、同文本作「不能食行」。

〔四〕化：生育。

〔五〕微煦：眼睛稍有視力。王肅注：「煦，睛人也（四庫本、玉海堂本作「煦，睛轉也」）。」

〔六〕三年顋合：顋，面頰的下半部，同「腮」。王國軒、王秀梅注本原文作「三年囟合」，注曰：「囟門長好了，合住了。」此注勝。顋與顖、顖（此二字皆爲「囟門」之顖、顖）形近致誤，當爲顖、顖。顖門：嬰兒頭頂骨未合縫處。

〔七〕齓：音「趁」，小孩换牙，乳齒脱落，長出恒齒。

〔八〕奇偶相配：王肅注：「陽，奇數。陰，偶數。」

公曰：「男子十六精通，女子十四而化，是則可以生民矣。而禮，男子三十而有室，女子〔一〕二十而有夫也，豈不晚哉？」

孔子曰：「夫禮，言其極〔二〕，不是過也。男子二十而冠，有爲人父之端。女子十五許嫁，有適〔三〕人之道。於此而往，則自婚矣。群生閉藏乎陰〔四〕，而爲化育之始。故聖人因時以合偶男子，窮天數也極〔五〕。霜降而婦功成，嫁娶者行焉〔六〕。冰泮而農桑起，婚禮而殺於此〔七〕。男子者，任天道而長〔八〕萬物者也。知可爲，知不可爲；知可言，知不可言；知可行，知不可行者〔九〕，是故審其倫而明其別謂之知，所以效匹夫之聽也〔一〇〕。女子者，順男子之教而長其理者也〔一一〕，是故無專制之義，而有三從之道。幼從父兄，既嫁從夫，夫死從子〔一二〕，言無再醮〔一三〕之端，教令不出於閨門，事在供酒食而已，無閫外之非儀也〔一四〕，不越境而奔喪，事無擅爲，行無獨成〔一五〕，參知〔一六〕而後動，可驗而後言，晝不遊庭，夜行以火，所以效匹婦之德也。」

【校注】

〔一〕二「子」字：備要本、百子本同，玉海堂本、四庫本作「必」。同文本「男子」作「男必」。

〔二〕極：頂點，最高限度。

〔三〕適：女子出嫁。

〔四〕閉藏乎陰：王肅注：「陰爲冬也，冬藏物而爲化育始。」

〔五〕窮天數也極：儒藏本孔子家語張樹業、王秀江校曰：「『也』下，原衍『極』字。應爲注語誤入正文，今據玉海堂本、四庫本删。」

〔六〕霜降而婦功成，嫁娶者行焉：王肅注：「季秋霜降，嫁娶者始於此。詩云『將子無怒，秋以爲期』也。」婦功：女工。

〔七〕冰泮而農桑起，婚禮而殺於此：泮，消融。殺，結束。王肅注：「泮，散也。正月農事起，蠶者採桑，婚禮始殺，言未正（玉海堂本、四庫本作「止」）也。至二月，農事始起，會男女之無夫家者奔者，期盡此月故也。詩云：『士如歸妻，迨冰未泮。』言如欲使妻歸，當及冰未泮散之盛時也。」

〔八〕長：撫育，培育。

〔九〕「者」，備要本、百子本同，四庫本、玉海堂本、同文本「者」下有「也」字。

〔一〇〕所以效匹夫之聽也：王肅注：「聽，宜爲『德』。」孫志祖疏證曰：「注『聽』宜爲『（德）』。案大戴作『所以正夫聽也』。」

〔一一〕順男子之教而長其理者也：王肅注：「爲男子長養其理也。」

〔一二〕夫死從子：四庫本、備要本、百子本同，玉海堂本、同文本無「夫」字。

〔一三〕再醮：醮音「叫」。古代行婚禮時，父母給子女酌酒的儀式稱「醮」，因稱男子再娶或女子再嫁爲「再醮」。王肅注：「始嫁言醮。禮無再醮之端，統言不改事人也。」

〔一四〕無閫外之非儀也：王肅注：「閫，門限。婦人以自專，無閫外之威儀（上二句，四庫本作「婦人以貞專，無閫外之儀」）。詩云：『無非無儀，酒食是議。』」閫：音「捆」，古代婦女居住的内室。

〔一五〕獨成：獨自行動。

〔一六〕參知：驗證確知。

孔子遂言曰：「女有五不取〔一〕：逆家子者〔二〕，亂家子者〔三〕，世有刑人子者〔四〕，有惡疾子者〔五〕，喪父長子〔六〕。婦有七出，三不去〔七〕。七出者〔八〕：不順父母出者〔九〕，無子者〔一〇〕，淫僻者〔一一〕，嫉妬者〔一二〕，惡疾者〔一三〕，多口舌者〔一四〕，竊盜者〔一五〕。三不去者：謂有所取無所歸，與共更三年之喪，先貧賤後富貴〔一六〕。凡此，聖人所以順男女之際〔一七〕，重婚姻之始也。」

【校注】

〔一〕女有五不取：王肅注：「逆家子也，亂家子也，世有刑人子也，世有惡疾子也，喪父長子也，此五者，皆不取也矣。」取：同「娶」。

〔二〕逆家子者：王肅注：「謂其逆德。」

〔三〕亂家子者：王肅注：「謂其亂倫。」

〔四〕世有刑人子者：王肅注：「謂其棄於人也。」即祖上有受過刑罰的。

〔五〕有惡疾子者：王肅注：「謂其棄於天也。」

〔六〕喪父長子：王肅注：「謂其無受命也。」玉海堂本、同文本、四庫本、備要本、百子本作「喪父長子者」。喪父：孫志祖疏證曰：「案大戴諸書俱作『喪婦』，此改爲『喪父』，非也。王注謂其無受命，然天下喪父長子多矣，若禮有不取之律，則煢煢弱息，亦有何辜而盡使之終身不嫁乎？似非夫子之言。」

〔七〕出：休出。去：抛棄。

〔八〕七出者：王肅注：「不順父母，出；無子，出；淫僻，出；惡疾，出；姑疾（當爲「妬嫉」），出；多口舌，出；竊盜，出。」

〔九〕不順父母出者：王肅注：「謂其逆德也。」玉海堂本、同文本、四庫本、備要本同，百子本作「不順父母者」。

〔一〇〕無子者：王肅注：「謂其絶世也。」

〔一一〕淫僻者：王肅注：「謂其亂族也。」

〔一二〕嫉妬者：王肅注：「謂其亂家也。」

〔一三〕惡疾者：王肅注：「謂其不可供粢盛也。」粢盛：音「資成」，盛在祭器内供祭祀的穀物。此謂患惡疾的女子不能備置供品。

〔一四〕多口舌者：王肅注：「謂其離親也。」

〔一五〕竊盜者：王肅注：「謂其反義也。」

〔一六〕三不去者：謂有所取無所歸，與共更三年之喪，先貧賤後富貴：備要本、百子本同，玉海堂本、同文本、四庫本作「謂有所取無所歸，一也；與共更三年之喪，二也；先貧賤後富貴，三也」。四部叢刊本將「一也」、「二也」、「三也」視作王肅注。

〔一七〕男女之際：男女之間的關係。

孔子曰：「禮之所以象五行也〔一〕，其義四時也〔二〕，故喪禮有舉焉〔三〕。有恩有義，有節有權。其恩厚者其服重，故爲父母斬衰三年〔四〕，以恩制者也。門内之治恩掩義，門外之治義掩恩。資〔五〕於事父以事君，而敬同。尊尊貴貴〔六〕，義之大也。故爲君亦服衰三年，以義制者也。三日而食，三月而沐，期而練〔七〕。毁不滅性〔八〕，不以死傷生，喪不過三年，齊衰不補〔九〕，墳墓不修〔一〇〕。除服之日鼓素琴〔一一〕，示民有終也。凡此，以節制者也。資於事父以事母，而愛同。天無二日，國無二君，家無二尊，以治之〔一二〕。故父在爲母齊衰朞者，見〔一三〕無二尊也。百官備，百物具，不言而事行者，扶而起〔一四〕；言而後事行者，杖而起〔一五〕；身自執事行者，面垢而已〔一六〕。此以權制者也。親始死，三日不怠，三月不懈，朞悲號，三年憂，哀之殺〔一七〕也。聖人因殺以制節〔一八〕也。」

（此記載又見於禮記喪服四制）

【校注】

〔一〕禮之所以象五行也：王肅注：「服之制，有五等。」象：效法，仿效。五行：五種德行，即仁、義、禮、智、信。

〔二〕義：順應。四時：四季。

〔三〕故喪禮有舉焉：王肅注：「所以舉，象四時。」舉：舉行。

〔四〕斬：喪服不縫衣邊。衰：音「崔」，同「縗」，喪服。服三年之喪（臣爲君、子爲父、妻爲夫）者用之。

〔五〕資：憑藉，依照。

〔六〕尊尊貴貴：備要本同，玉海堂本、同文本、四庫本作「貴尊貴尊」，百子本作「貴貴尊尊」。意爲尊重尊者，尊重貴者。

〔七〕期：周年。練：祭名，父母喪後周年之祭稱小祥，此時孝子可以穿練過的布帛（把絲麻或布帛煮得柔軟潔白），故小祥之祭也稱「練」。

〔八〕毁不滅性：居喪時因悲哀過度而損害健康。毁：哀毁。滅性：傷害生命。

〔九〕齊衰不補：備要本、百子本同，玉海堂本、同文本、四庫本作「苴衰不補」。齊衰：五服之一，次於斬衰。用粗麻布製成，下部緝邊。不補：破損了不縫補。

〔一〇〕墳墓不修：備要本、百子本同，玉海堂本、同文本、四庫本作「墳不修」。

〔一一〕素琴：没有裝飾的琴。

〔一二〕以治之：玉海堂本、同文本、四庫本、備要本同，百子本作「以一治之」。

〔一三〕見：同「現」，顯示。

〔一四〕不言而事行者，扶而起：王肅注：「謂天子諸侯也。」

〔一五〕言而後事行者，杖而起：王肅注：「卿大夫士也。」

〔一六〕身自執事行者，面垢而已：王肅注：「謂庶人也。」

〔一七〕殺：音「曬」，削減。

〔一八〕制節：制定喪禮的節限。

論禮第二十七

孔子閒居，子張、子貢、言游侍，論及於禮。孔子曰：「居！汝三人者，吾語汝以禮周流無不遍也〔一〕。」

（此及以下記載又見於禮記仲尼燕居）

【校　注】

〔一〕居：坐。周流無不遍：普遍流傳無不遍及。

子貢越席而對曰：「敢問如何？」子曰：「敬而不中禮謂之野，恭而不中禮謂之給〔二〕，勇而不中禮謂之逆。」子曰：「給奪慈仁〔三〕。」子貢曰：「敢問將何以爲此中禮者〔三〕？」子曰：「禮乎，夫禮所以制中也〔四〕。」子貢退。

【校注】

〔一〕中：符合。給：音「幾」，捷給，應對敏捷，口齒伶俐。指以嘴上功夫應付人。

〔二〕給奪慈仁：王肅注：「巧言、足恭、捷給之人似仁非仁，故言給奪慈仁。」

〔三〕敢問將何以爲此中禮者：備要本同，百子本作「敢問將何以爲此中者也」，同文本作「敢問將何以爲中禮者」，玉海堂本、四庫本作「敢問何以爲中禮者」。

〔四〕夫禮所以制中也：禮是用來節制行爲使之適中的。

言游進曰：「敢問禮也，領惡而全好者與〔一〕？」子曰：「然。」子貢問：「何也？」子曰：「郊社之禮〔二〕，所以仁鬼神也；禘嘗之禮〔三〕，所以仁昭穆〔四〕也；饋奠〔五〕之禮，所以仁死喪也；射饗之禮〔六〕，所以仁鄉黨也；食饗之禮〔七〕，所以仁賓客也。明乎郊社之義，禘嘗之禮，治國其如指〔八〕諸掌而已。是故居家有禮〔九〕，故長幼辨；以之閨門有禮，故三族〔一〇〕和；以之朝廷有禮，故官爵序；以之田獵有禮，故戎事閑〔一一〕；以之軍旅有禮，故武功成。是以宮室得其度，鼎俎得其象，物得其時，樂得其節，車得其軾，鬼神得其享，喪紀得其哀，辯説得其黨〔一二〕，百官得其禮〔一三〕，政事得其施〔一四〕。加於身而措〔一五〕於前，凡衆之動，得其宜也。」言游退。

【校注】

〔一〕領惡而全好者與：禮是否爲了治理惡習而保全好品行的呢？王肅注：「領，理。」

〔二〕郊社之禮：祭天地之禮。

〔三〕禘嘗之禮：禘禮與嘗禮。禮記王制：「天子諸侯宗廟之祭，春曰礿，夏曰禘，秋曰嘗，冬曰烝。」

〔四〕昭穆：宗法制度，宗廟或墓地輩次排列，始祖居中。二世、四世、六世居始祖之左，稱昭；三世、五世、七世居始祖之右，稱穆。

〔五〕饋奠：喪中祭奠。

〔六〕射饗之禮：鄉射禮和鄉飲酒禮。饗：鄉人共聚飲酒。

〔七〕食饗之禮：食禮和饗禮。以酒食招待賓客。

〔八〕指：玉海堂本、同文本、四庫本、備要本同，百子本作「視」。

〔九〕居家有禮：玉海堂本、同文本、四庫本、備要本同，百子本作「以之居家有禮」。

〔一〇〕三族：父、子、孫三代。

〔一一〕閑：通「嫺」，熟習。

〔一二〕黨：王肅注：「黨，類。」

〔一三〕禮：玉海堂本、同文本、四庫本、備要本、百子本作「體」。觀下文「百官失其體」，當爲「體」。

〔一四〕政事得其施：王肅注：「各得其所宜施行之。」

〔一五〕措：放置。

子張進曰：「敢問禮何謂也？」子曰：「禮者，即事之治也，君子有其事必有其治。治國而無禮，譬猶瞽之無相〔一〕，倀倀〔二〕乎何所之？譬猶〔三〕終夜有求於幽室之中，非燭何以見？故無禮則手足無所措，耳目無所加，進退揖讓無所制。是故〔四〕以其居處長幼失其別，閨門三族失其和，朝廷官爵失其序，田獵戎事失其策，軍旅武功〔五〕失其勢，宮室失其度，鼎俎失其象，物失其時，樂失其節，車失其軾，鬼神失其享〔六〕，喪紀失其哀，辯説失其黨，百官失其體，政事失其施。加於身而措於前，凡動之衆〔七〕失其宜。如此，則無以祖洽〔八〕四海。」

【校注】

〔一〕瞽之無相：盲人没有扶助之人。瞽：音「鼓」，盲人。

〔二〕倀倀：迷茫不知所措的樣子。

〔三〕猶：備要本、百子本同，玉海堂本、同文本、四庫本無此字。

〔四〕故：備要本、百子本同，玉海堂本、同文本、四庫本無此字。

〔五〕武功：備要本、百子本同，玉海堂本、同文本、四庫本無此二字。

〔六〕享：備要本同，玉海堂本、百子本、同文本、四庫本作「饗」。

〔七〕動之衆：四庫本、備要本同，玉海堂本、同文本、百子本作「衆之動」。

〔八〕無以祖洽四海：王肅注：「祖，始也。洽，合。無禮則無以爲衆法，無以合聚衆。」祖洽：四庫本、備要本、百子本同，玉海堂本、同文本作「祖祫」。祖洽（音「恰」）是倡始合協的意思，祖祫（音「霞」）是對後死者與先祖合祭的意思。據文義，「祖洽」是，倡導和協四海也。

子曰：「慎聽之，汝三人者！吾語汝，禮猶有九焉，大饗有四焉〔一〕。苟知此矣，雖在畎畝之中，事之，聖人矣〔二〕。兩君〔三〕相見，揖讓而入門〔四〕，入門而懸興〔五〕；揖讓而升堂，升堂而樂闋〔六〕。下管象舞，夏籥序興〔七〕。陳其薦俎，序其禮樂，備其百官〔八〕。如此而後君子知仁焉。行中規〔九〕，旋中矩〔一〇〕，鑾和中采薺〔一一〕。客出以雍〔一二〕，徹以振羽〔一三〕。是故君子無物而不在於禮焉。入門而金作，示情也〔一四〕；升歌清廟，示德也〔一五〕；下管象舞，示事也〔一六〕。是故〔一七〕古之君子不必親相與言也，以禮樂相示而已。夫禮者，理也；樂者，節也。無禮〔一八〕不動，無節不作，不能詩，於禮謬〔一九〕；不能樂，於禮素〔二〇〕；於德薄，於禮虛〔二一〕。」

【校注】

〔一〕禮猶有九焉，大饗有四焉：「禮」字，備要本、百子本同，玉海堂本、四庫本、同文本無。王肅注：「語汝有九，其四大饗，所以待賓之禮，其五動靜之威儀也。」大饗：宴飲賓客之禮。

〔二〕雖在畎畝之中，事之，聖人矣：王肅注：「在畎畝之中，猶焉爲聖人。」畎畝：音「犬畝」，土地，田間。

〔三〕軍：當爲「君」。

〔四〕揖讓而入門：備要本、百子本同，玉海堂本、同文本、四庫本無「門」字。

〔五〕而懸興：備要本、百子本同，玉海堂本、同文本、四庫本無「而」字。王肅注：「興，作樂。一也。」

〔六〕樂闋：樂終。王肅注：「二也。」

〔七〕下管象舞，夏籥序興：王肅注：「下管，堂下吹管。象，武舞也。夏，文舞也。執籥，籥如笛，序以更作。三也。」籥：音「月」，管樂器。

〔八〕陳其薦俎，序其禮樂，備其百官：王肅注：「四也。所以大饗有四也。」薦俎：進獻祭品。

〔九〕行中規：王肅注：「五也。」

〔一〇〕旋中矩：王肅注：「六也。」

〔一一〕鑾和中采薺：薺，音「計」。王肅注：「采薺，樂曲名，所以爲和鑾之節。七也。」和鑾：車馬上的鈴鐺，掛在車前横木上稱和，掛在馬脖子上的曲木上或車架上稱鑾。

〔一二〕客出以雍：四庫本、備要本、百子本同，同文本、玉海堂本作「客出於雍」。王肅注：「雍，樂曲名，在周頌。八也。」

〔一三〕徹：同「撤」，宴罷撤席。振羽：王肅注：「亦樂曲名。九也。」

〔一四〕入門而金作，示情也：王肅注：「金既鳴聲，終始若一，故以示情也。」

〔一五〕升歌清廟，示德也：王肅注：「清廟，所以頌文王之德也。」

〔一六〕下管象舞，示事也：王肅注：「凡舞舉事（玉海堂本、四庫本作「凡舞象事也」）。」

〔一七〕是故：備要本、百子本同，玉海堂本、同文本、四庫本無此二字。

〔一八〕禮：同文本、備要本、百子本同，玉海堂本、四庫本作「理」。

〔一九〕不能詩，於禮謬：王肅注：「詩以言禮。」

〔二〇〕素：王肅注：「素，質。」

〔二一〕於德薄，於禮虚：百子本同，玉海堂本、同文本、四庫本、備要本作「薄於德，於禮虚」。王肅注：「非其人，則禮不虚行。」

子貢作而問曰：「然則夔其窮與〔一〕？」子曰：「古之人與？上古之人也。達於禮而不達於樂謂之素，達於樂而不達於禮謂之偏〔二〕。夫夔達於樂而〔三〕不達於禮，是以傳於此名也〔四〕。古之人也，凡制度在禮，文爲在禮，行之其在人乎！」三子者既得聞此論於夫子也〔五〕，焕若發矇〔六〕焉。

【校注】

〔一〕然則夔其窮與：王肅注：「言達於樂而不達於禮者也。」夔：舜時樂官。窮：盡。楊朝明、宋立林解此句曰：「夔精通樂却不通禮嗎？」王國軒、王秀梅譯曰：「夔對禮精通嗎？」張濤譯曰：「夔對於禮就完全不通嗎？」

〔二〕達於樂而不達於禮謂之偏：王肅注：「達，謂偏有所達，非殊。」

〔三〕而：備要本、百子本同，玉海堂本、同文本、四庫本無此字。

〔四〕傳於此名也：王肅注：「言達於樂多，故遂傳名樂。」

〔五〕得聞此論於夫子也：玉海堂本、同文本、四庫本、備要本同，百子本作「得聞此論也」。

〔六〕焕：光明。發矇：使盲人眼睛復明。喻啓發蒙昧。説文目部：「矇，童矇也。一曰不明也。」

子夏侍坐於孔子，曰：「敢問詩云『愷悌君子，民之父母〔一〕』，何如斯可謂民之父母？」孔子曰：「夫民之父母，必達於禮樂之源，以致五至而行三無，以横〔二〕於天下。四方有敗〔三〕，必先知之。此之謂民之父母。」

（此及以下記載又見於禮記孔子閒居）

【校注】

〔一〕愷悌君子，民之父母：見詩大雅洞酌。愷悌：和顔悦色，易於接近。

〔二〕横：充，充塞。

〔三〕敗：災禍。

子夏曰：「敢問何謂五至？」孔子曰：「志之所至，詩亦至焉〔一〕；詩之所至，禮亦至焉；禮之所至，樂亦至焉；樂之所至，哀亦至焉。詩禮相成，哀樂相生，是以正明目而視之，不可得而見；傾耳而聽之，不可得而聞；志氣塞于天地，行之充于四海。此之謂五至矣。」

【校注】

〔一〕志之所至，詩亦至焉：孫希旦禮記集解曰：「在心爲志，發言爲詩，既有憂民之心存於内，則必有憂民之言形於外，故詩亦至焉。」

子夏曰：「敢問何謂三無？」孔子曰：「無聲之樂，無體之禮，無服之喪，此之謂三無。」

子夏曰：「敢問三無，何詩近之？」孔子曰：「『夙夜基命宥密〔一〕』，無聲之樂也；『威儀逮逮，不可選也〔二〕』，無體之禮也；『凡民有喪，扶伏救之〔三〕』，無服之喪也。」

【校注】

〔一〕夙夜基命宥密：見詩周頌昊天有成命。王肅注：「夙夜，恭也。基，始也。命，信也。宥，寬也。密，寧也。言以行與民信。王教在寬，民以安寧，故謂之無聲之樂也。」此注據詩毛傳。鄭玄箋曰：「文王、武王受其業，施行道德，成此王功，不敢自安逸，早夜始信順天命，不敢懈倦，行寬仁安靜之政以定天下。寬仁所以止苛刻也，安靜所以息暴亂也。」王國軒、王秀梅注曰：「句意爲早早晚晚受命多勉力。夙夜，早晚，朝夕。基，通『其』。宥，有，又。密，讀爲『勉』，努力。」

〔二〕威儀逮逮，不可選也：見詩邶風柏舟。逮：音「弟」。逮逮：嫻雅莊重的樣子。

〔三〕凡民有喪，扶伏救之：見詩邶風谷風。扶伏：今本毛詩作「匍匐」，鄭玄箋曰：「匍匐，言盡力也。」

子夏曰：「言則美矣大矣，言盡於此而已〔一〕？」孔子曰：「何謂其然？吾語汝，其義猶有五起焉。」子夏曰：「何如？」孔子曰：「無聲之樂，氣志〔二〕不違；無體之禮，威儀遲遲〔三〕；無服之喪，內恕孔悲〔四〕；無聲之樂，所願必從；無體之禮，上下和同；無服之喪，施及萬邦。既然，而又奉之以三無私而勞天下，此之謂五起。」

【校注】

〔一〕而已：備要本、百子本同，玉海堂本、同文本、四庫本作「而已乎」。百子本無此段文字。

〔二〕氣志：備要本、百子本同，玉海堂本、同文本、四庫本作「氣至」，禮記孔子閒居作「氣志」。氣志：指精神、意志。

〔三〕遲遲：舒緩，從容不迫貌。

〔四〕恕：仁恕。孔：大。悲：備要本同，玉海堂本、同文本、四庫本作「哀」，禮記孔子閒居作「悲」。

子夏曰：「何謂三無私？」孔子曰：「天無私覆，地無私載，日月無私照。其在詩曰：『帝命不違，至于湯齊〔一〕。湯降不遲，聖敬日躋〔二〕。昭假遲遲，上帝是祗〔三〕，帝命式于九圍〔四〕。』是湯之德也。」

子夏蹶然〔五〕而起，負牆而立曰：「弟子敢不志之！」

【校注】

〔一〕帝命不違，至於湯齊：王肅注：「至湯以大心齊（四庫本、玉海堂本作「至湯，與天心齊」）。」

〔二〕湯降不遲，聖敬日躋：王肅注：「不遲，言疾。躋，升也。湯疾行下人之道，其聖敬之德日升聞也。」

〔三〕昭假遲遲，上帝是祇：王肅注：「湯之威德，昭明遍至，化行寬舒，遲遲然，故上帝敬其德。」昭假：向神禱告，昭示其誠敬之心以達於神。祇：音「支」，敬。

〔四〕帝命式於九圍：王肅注：「九圍，九州也。天命用于九州，謂以爲天下王。」此詩見於詩商頌長發。

〔五〕蹶然：嫉起的樣子。蹶：音「爵」。

孔子家語卷第七

觀鄉射第二十八

孔子觀於鄉射〔一〕，喟然歎曰：「射之以禮樂也，何以射？何以聽〔二〕？修身而發〔三〕，而不失正鵠者〔四〕，其唯賢者乎？若夫不肖之人，則將安能以求飲？詩云：『發彼有的，以祈爾爵〔五〕。』祈，求也，求所中以辭爵〔六〕。酒者，所以養老，所以養病也。求中以辭爵，辭其養也，是故士使之射而弗能，則辭以病，懸弧之義〔七〕。」

（此及以下記載又見於禮記郊特牲、禮記射義）

【校注】

〔一〕鄉射：古代射箭飲酒的禮儀。鄉射有二：一爲州長於春秋兩季在州序（州的學校）以禮會民習射；一爲鄉大夫三年大比，獻賢能之士於君，鄉大夫、鄉老與鄉人習射。周禮地官鄉大夫記載：「退而以鄉射之禮五物詢衆庶，一曰和，二曰容，三曰主皮，四曰和容，五曰興舞。此謂使民興賢，出使長之；使民興能，入使治之。」

〔二〕聽：聆聽音樂的節奏。古時行射禮時皆配以音樂。

〔三〕修身：備要本同；玉海堂本、同文本、四庫本、百子本作「循聲」，是。循聲而發：指射箭時依循音樂節奏發射。

〔四〕正鵠：箭靶的中心。王肅注：「正鵠，所射者也。」

〔五〕發彼有的，以祈爾爵：語出詩小雅賓之初筵。王肅注：「的，實也。祈，求也。言發中的以求飲爾爵也。勝者飲不勝者。」

〔六〕求所中以辭爵：王肅注：「飲彼則己不飲，故曰以辭爵也。」

〔七〕懸弧之義：王肅注：「弧，弓也。男子生則懸弧於其門，明必有射事也。而今不能射，唯病可以爲辭也。」

於是退而與門人習射於矍相之圃〔一〕，蓋觀者如堵牆〔二〕焉。射至於司馬，使子路執弓矢出列延〔三〕，謂射之者曰：「奔軍之將〔四〕，亡國之大夫，與爲人後者〔五〕，不得入，其餘皆入。」蓋去者半。

【校注】

〔一〕矍相之圃：矍相，地名，在今山東曲阜市内闕里西。圃，種植蔬菜、花果或苗木的園地。

〔二〕堵牆：備要本同，玉海堂本、同文本、四庫本、百子本作「牆堵」。

〔三〕射至於司馬，使子路執弓矢出列延：「射」上，玉海堂本、同文本、四庫本、百子本有「試」字。王肅注：「子路爲司馬，故射至，使子路出延射。」司馬，儀禮鄉射禮「司正爲司馬」鄭玄注：「兼官，由便也。」多由大夫、士之吏充擔，射禮之前，爲司正，行酒事；將射之時，改任司馬，行射事。列，隊列。延，邀請。

〔四〕奔軍之將：敗軍之將。奔，通「僨」、「賁」，覆敗。禮記射義作「賁軍之將」，鄭玄注：「賁讀爲『僨』，僨猶覆敗也。」

〔五〕與爲人後者：即不顧自己身份而甘願做别人後嗣的人。王肅注：「人已有後，而又爲人後，故曰與爲人後世也。」

又使公罔之裘、序點揚觶而語曰〔一〕：「幼壯孝悌，耆老好禮〔二〕，不從流俗，修身以俟死者，在此位。」蓋去者半。序點揚觶〔三〕而語曰：「好學不倦，好禮不變，耄期稱道而不亂者〔四〕，在此位。」蓋僅有存焉。

【校注】

〔一〕又使公罔之裘、序點揚觶而語曰：王肅注：「先行射，鄉飲酒，故二人揚觶。」公罔之裘：姓公罔，名之裘。序點：姓序，名點。二人均爲孔子弟子。揚觶：舉起酒杯。觶，音「至」，酒器。

〔二〕耆老好禮：耆老，年老。耆：音「奇」，古稱六十歲爲耆。

〔三〕序點揚觶：備要本同，玉海堂本、同文本、四庫本、百子本作「序點又揚觶」。

〔四〕耄期稱道而不亂者：王肅注：「八十、九十曰耄，言雖老而能稱解道而不亂也。」稱：稱述，頌揚。

射既闋〔一〕，子路進曰：「由與二三子者之爲司馬，何如？」孔子曰：「能用命矣。」

【校注】

〔一〕闋：終止，結束。

孔子曰：「吾觀於鄉〔一〕，而知王道之易易也〔二〕。主人親速賓及介〔三〕，而衆賓從之。至於正門之外，主人拜賓及介，而衆〔四〕自入，貴賤之義别矣。三揖至於階，三讓以賓升，拜至，獻酬辭讓之節繁〔五〕。及介升，則省矣。至于衆賓，升而受爵〔六〕，坐祭立飲〔七〕，不酢而降〔八〕，殺之義辯矣〔九〕。工入〔一〇〕，升歌三終，主人獻賓〔一一〕。笙入三終，主人又獻之〔一二〕。間歌三終〔一三〕，合樂三闋〔一四〕，工告樂備而遂出〔一五〕。一人揚觶，乃立司正焉〔一六〕，知其能和樂而不流〔一七〕。賓酬主人，主人酬介，介酬衆賓，賓少長〔一八〕以齒，終於沃洗〔一九〕者焉。知其能弟長〔二〇〕而無遺矣。降脱屨〔二一〕，升坐，修爵無筭〔二二〕。飲酒之節，旰不廢朝，暮不廢夕〔二三〕。賓出，主人迎送〔二四〕，節文終遂焉〔二五〕，知其能安燕而不亂〔二六〕也。貴賤既明，降殺既辯〔二七〕，和樂而不流，弟長而無遺，安燕而不亂。此五者，足以正身安國矣，彼國安而天下安矣。故曰：『吾觀於鄉，而知王道之易易也。』」

（此記載又見於禮記鄉飲酒義、荀子樂論）

【校注】

〔一〕鄉：鄉飲酒禮的略稱。禮記王制：「耆老皆朝于庠，元日習射上功，習鄉上齒。」鄭玄注：

「鄉，謂飲酒也。」

〔二〕易易：簡易，容易。禮記鄉飲酒義孔疏曰：「不直云易而云易易者，取其簡易之意，故重言易易，猶若尚書『王道蕩蕩』、『王道平平』，皆重言，取其語順故也。」

〔三〕速：召請。王肅注：「速，召。」賓：主賓。介：主賓的副手，輔助人員。

〔四〕衆：備要本、百子本同，玉海堂本、同文本、四庫本作「衆賓」。

〔五〕獻：進酒。酬：勸酒，敬酒。

〔六〕升而受爵：指衆賓客登上西階接受主人獻酒。爵：指酒。

〔七〕祭：指祭酒，古時飲酒之前必先以酒祭神。立飲：站立飲酒。

〔八〕酢：以酒回敬主人。詩大雅行葦：「或獻或酢。」鄭玄注：「進酒於客曰獻，客答之曰酢。」

〔九〕殺之義辯矣：備要本同，玉海堂本、同文本、四庫本、百子本作「隆殺之義辯矣」，禮記鄉飲酒義作「隆殺之義別矣」。鄭玄注：「尊者禮隆，卑者禮殺，尊卑別也。」隆殺：猶尊卑、厚薄、高下。

〔一〇〕工入：樂工進入。

〔一一〕升歌三終，主人獻賓：王肅注：「記曰：『主人獻之，於義不得爲賓也。』下句『笙入三終，主又獻之』是也。歌鹿鳴、四牡、皇皇者華三篇終，主人乃獻之是也。」

〔一二〕笙入三終，主人又獻之：王肅注：「吹南陔、白華、華黍三篇終，主人獻也。」

〔一三〕間歌三終：王肅注：「乃歌魚麗、由庚（玉海堂本、四庫本作「笙由庚」），歌南有嘉魚，笙崇丘，歌南山有臺，笙由餘（玉海堂本、四庫本作「由儀」）者也。」

〔一四〕合樂三闋：王肅注：「合笙聲同其音，歌周南、召南三篇也。」

〔一五〕工告樂備而遂出：王肅注：「樂正既告備而降，言遂出。自此至去，不復升也。」

〔一六〕一人揚觶，乃立司正焉：王肅注：「賓將欲去，故復使一人揚觶。乃立司正，主威儀，請安賓也。」司正，監察飲酒的人。

〔一七〕和：和諧。樂：歡樂。流：放縱，無節制。

〔一八〕賓少長：備要本同；玉海堂本、同文本、四庫本、百子本無「賓」字，是。

〔一九〕沃洗：洗滌，沃盥。儀禮鄉飲酒禮：「主人坐取爵，沃洗者西北面。」

〔二〇〕弟：少，年紀小。

〔二一〕屨：備要本同，玉海堂本、同文本、四庫本、百子本作「履」。

〔二二〕修爵：互相勸酒。無筭：不計杯數。筭：同「算」。

〔二三〕旰不廢朝，暮不廢夕：旰，音「干」，晚。此「旰」字當爲「朝」。王肅注：「旰（玉海堂本、四庫本作「朝」），晨飲早餔。廢，罷。」俞樾群經平議春秋左傳三「子我夕」句按語：「人臣見於君王，朝見謂之朝，莫見謂之夕。」荀子樂論也作「朝不廢朝，莫不廢夕」。意思是：早上飲酒不至於耽誤早上朝見君主，晚上飲酒不至於耽誤傍晚朝見君主。

〔三四〕迎送：玉海堂本、同文本、備要本同，四庫本、百子本作「拜送」。

〔三五〕節文：指禮儀。遂：結束。

〔三六〕安燕而不亂：安然而不失禮。

〔三七〕降：據禮記鄉飲酒義，當作「隆」。辯：備要本同，四庫本、百子本、玉海堂本、同文本作「辨」。

子貢觀於蜡〔一〕。孔子曰：「賜也，樂乎？」對曰：「一國之人皆若狂〔二〕，賜未知其爲樂也。」孔子曰：「百日之勞，一日之樂，一日之澤，非爾所知也〔三〕。張而不弛，文武弗能；弛而不張，文武弗爲。一張一弛，文武之道也〔四〕。」

（此記載又見於禮記雜記下）

【校注】

〔一〕蜡：音炸，祭名，周曰蜡，秦曰臘。年終合祭百神稱爲蜡。王肅注：「蜡，索也。歲十有二月，索群神而祀之，今之臘也。」

〔二〕狂：王肅注：「言醉亂也。」

〔三〕百日之勞，一日之樂，一日之澤，非爾所知也：王肅注：「古民皆勤苦稼穡，有百日之勞，喻久也。今一日使之飲酒焉樂之（四庫本作「燕樂之」），是君之恩澤也。」

〔四〕一張一弛，文武之道也：有張有弛，緊張和放鬆得宜，寬嚴相濟，才是文王、武王治理天下的方法。

郊問第二十九

定公問於孔子曰：「古之帝王必郊祀其祖以配天〔一〕，何也？」孔子對曰：「萬物本於〔二〕天，人本乎祖。郊之祭也，大報本反始〔三〕也，故以配上帝。天垂象〔四〕，聖人則之，郊所以明天道也。」

（此及以下記載又見於禮記郊特牲、禮記禮器）

【校注】

〔一〕郊祀：古代祭禮，在郊外祭天地、祖宗或鬼神。配天：配，配享。古帝王祭天，以先祖配祭。

〔二〕於：四庫本、備要本、玉海堂本、同文本同，百子本作「乎」。

〔三〕報本反始：受恩思報，不忘本源。

〔四〕垂象：懸垂天象，顯示徵兆。易繫辭上：「天垂象，見吉凶，聖人象之。」

公曰：「寡人聞郊而莫同，何也？」孔子曰：「郊之祭也，迎長日〔一〕之至也，大報天而主日配以月，故周之始郊，其月以日至，其日用上辛〔二〕，至於啓蟄之月，則又祈穀于上帝〔三〕，此二者，天子之禮也。魯無冬至大郊之事，降殺〔四〕於天子，是以不同也。」

【校注】

〔一〕長日：指冬至。王肅注：「周人始以日至之月，冬日至而日長。」

〔二〕上辛：農曆每月上旬的辛日。辛，天干的第八位。

〔三〕至於啓蟄之月，則又祈穀于上帝：王肅注：「祈，求也。爲農祈穀于上帝。月令：孟春之月，乃以元日祈穀于上帝。兼無仲冬大郊之事。至於祈農，與天子同。故春秋傳曰：夫郊祀后稷，以祈農事也。是故啓蟄而郊，郊而後耕。而説學者不知推經禮之指歸，皮膚妄説，至乃顛倒神祇，變易時日，遷改兆位，良可痛心者也。」啓蟄，節氣名，驚蟄的舊稱。

〔四〕降：降低。殺：減少。

公曰：「其言郊，何也？」孔子曰：「兆丘於南，所以就陽位也。於郊，故謂之郊焉〔一〕。」

【校注】

〔一〕兆丘於南，所以就陽位也。於郊，故謂之郊焉：王肅注：「兆丘於南，謂之圓丘兆之於南郊也。然則郊之名有三焉，築爲圓丘以象天自然，故謂之圓丘。圓丘之人所造，故謂之泰壇。於南郊在南，説（四庫本、玉海堂本無「説」字）學者謂南郊與圓丘異。若是，則詩、易、尚書謂不（四庫本、玉海堂本作「之」）圜丘也，又不通。泰壇之名，或乃謂周官圜丘。虚妄之言，皆不通典制也。」兆：壇域塋界。孝經喪親章：「卜其宅兆，而安厝之。」此處名詞作動詞，指劃定區域設壇祭祀。丘：小山、土堆。

曰：「其牲器〔一〕何如？」孔子曰：「上帝之牛角繭栗〔二〕，必在滌〔三〕三月。后

稷之牛唯具〔四〕，所以別事天神與人鬼也。牲用騂〔五〕，尚赤也；用犢，貴誠也〔六〕。埽地而祭，於其質也〔七〕，器用陶匏〔八〕，以象天地之性也〔九〕。萬物無可稱之者〔一〇〕，故因其自然之體〔一一〕也。」

【校注】

〔一〕牲器：祭祀用的犧牲和器具。

〔二〕上帝之牛：用來祭祀上天的牛。角蠒栗：形容牛角小，像蠶繭和栗子。角：牛角。蠒：同「繭」，蠶衣。

〔三〕滌：養祭牲之室。王肅注：「滌，所以養生具。」公羊傳宣公三年：「帝牲在於滌三月。」何休注：「滌，宮名，養帝牲三牢之處也。謂之滌者，取其蕩滌潔清。」

〔四〕后稷之牛唯具：后稷：周人的始祖，舜時爲稷官，教民耕種。具：備辦。王肅注：「別祀稷時，牲亦芻之三月，配天之時獻，故唯具之也。」

〔五〕騂：音「星」，赤色的馬和牛。詩魯頌駉：「有騂有騏」。

〔六〕用犢，貴誠也：王肅注：「犢質慤，貴誠之美也。」犢：小牛犢。

〔七〕埽地而祭，於其質也：王肅注：「地，圜丘之地。埽焉而祭，貴其質也。」於：備要本同，玉海堂本、同文本、四庫本、百子本作「貴」。

〔八〕陶匏：陶器和匏瓜做成的器皿。匏，音「袍」，匏瓜，葫蘆。

〔九〕以象天地之性也：四庫本、備要本同，玉海堂本、同文本作「以象天地性也」，百子本作「以象天地之性」。

〔一〇〕萬物無可稱之者：王肅注：「人之作物，無可稱之，故取天地之性，以自然也。」備要本、百子本同，玉海堂本、同文本、四庫本作「萬物無可以稱之者」。稱：適合，相符。

〔一一〕自然之體：自然的本性、天性。

公曰：「天子之郊，其禮儀可得聞乎？」孔子對曰：「臣聞天子卜郊〔一〕，則受命于祖廟，而作龜于禰宮〔二〕，尊祖親考〔三〕之義也。卜之日，王親立于澤宮，以聽誓命，受教諫之義也〔四〕。既卜，獻命庫門〔五〕之內，所以誡〔六〕百官也。將郊，則天子皮弁以聽報〔七〕，示民嚴上〔八〕也。郊之日，喪者不敢哭，凶服者不敢入國門，汜埽清路，行者必止〔九〕，弗命而民聽，敬之至也〔一〇〕。天子大裘以黼之，被袞象天〔一一〕，乘素車，貴其質也。旂十有二旒〔一二〕，龍章而設以日月〔一三〕，所以法天也。既至泰壇〔一四〕，王脱裘矣，服袞以臨燔柴〔一五〕，戴冕，璪〔一六〕十有二旒，則天數也。臣聞之，誦詩三百，不足以一獻〔一七〕；一獻之禮，不足以大饗〔一八〕；大饗之禮，不足以大旅〔一九〕；大旅具矣，不足以饗帝〔二〇〕。是以君子無敢輕議於禮者也。」

【校注】

〔一〕卜郊：用占卜的方式確定郊祭的具體時間。

〔二〕作龜：古人用火灼龜甲占卜，根據龜甲的裂紋來推測凶吉。禰宮：王肅注：「禰宮，父廟也。受祭天之命於祖，而作龜於父廟。」

〔三〕考：對死去父親的稱呼。

〔四〕王親立于澤宮，以聽誓命，受教諫之義也：王肅注：「澤宮，宮也。誓命，祭天所行威儀也。王親受之，故曰受教諫之義。」王：周王，周天子。親：親自。澤宮：古代習射選士之所。教諫：教導勸諫。

〔五〕庫門：古時天子宮室有五門，最外一門爲庫門。禮記郊特牲：「獻命庫門之內，戒百官也。」鄭玄注：「庫門，在雉門之外，入庫門則至庫門外矣。」

〔六〕誡：告誡，警告。備要本、百子本同，玉海堂本、同文本、四庫本作「戒」。

〔七〕則天子皮弁以聽報：備要本、百子本同，玉海堂本、同文本、四庫本作「則供天子皮弁以聽報」。弁：音「變」，一種帽子。皮弁：指皮弁服，一種白色的朝服。禮記玉藻：「天子皮弁以日視朝。」報：王肅注：「報，白也。王夙興朝服以待白，祭事後服衮。」

〔八〕示民：告示民衆。嚴上：嚴格聽從天子的命令。

〔九〕汜埽清路，行者必止：王肅注：「汜，遍也。清路，以新土，無復行之。」汜：「泛」的異體字，普遍，廣泛。必：備要本、百子本同，玉海堂本、同文本、四庫本作「畢」。

〔一〇〕弗命而民聽，敬之至也：王肅注：「以王恭敬事天，故民化之，不令而行之也。」

〔一一〕天子大裘以黼之，被袞象天：王肅注：「大裘爲黼文也，言被之大裘，其有象天之文，故被之道路，至大壇而脱之。」大裘：天子祭天所穿的皮裘。袞：備要本、百子本同，玉海堂本、同文本、四庫本作「裘」。趙燦良孔子家語版本一文云：「我們以敦煌寫本孔子家語考之，『裘』當爲『衮』字，從文意上看『衮』字爲是。」

〔一二〕旂：音「旗」，上畫龍形、竿頭繫鈴鐺的一種旗子。旒：音「流」，旌旗下邊或邊緣上懸垂的裝飾品。

〔一三〕龍章而設以日月：四庫本、備要本、百子本同，玉海堂本、同文本作「龍章而設日月」。龍章：旌旗上繪製的龍形圖案。

〔一四〕泰壇：祭天之壇，在都城南郊。

〔一五〕燔柴：祭天儀式，把玉帛、犧牲等放在柴火上燒，使氣達於天。

〔一六〕璪：音「早」，王冠前面下垂的飾物，用彩色絲綫串玉而成。備要本、百子本同，玉海堂本、同文本、四庫本作「藻」。

〔一七〕一獻：祭祀和宴飲時進酒一次爲一獻。王肅注：「祭群小祀。」

〔一八〕大饗：王肅注：「大饗，祫祭天王（四庫本作「祫祭天地」）。」

〔一九〕大旅：王肅注：「大旅，祭五帝也。」

〔二〇〕饗帝：王肅注：「饗帝，祭天。」

五刑解第三十

冉有問於孔子曰：「古者三皇五帝不用五刑〔一〕，信乎？」

（此及以下記載又見於大戴禮記盛德）

【校注】

〔一〕五刑：古代的五種刑罰。其具體名稱，尚書呂刑記載爲墨（在犯人的額頭上刺字後染上黑色）、劓（割掉犯人的鼻子）、剕（砍去犯人的脚）、宮（男子割去生殖器，女子幽閉宮中）、大辟（死刑）。

孔子曰：「聖人之設防，貴其不犯也。制五刑而不用，所以爲至治也。凡夫〔一〕之爲姦邪、竊盜、靡法〔二〕、妄行者生於不足，不足生於無度，無度則小者偷盜〔三〕，大者侈靡，各不知節。是以上有制度，則民知所止；民知所止，則不犯。故雖有姦邪、賊盜、靡法、妄行之獄〔四〕，而無陷刑之民。

【校注】

〔一〕凡夫：備要本同，玉海堂本、同文本、四庫本、百子本作「凡民」。

〔二〕靡法：無法、非法。靡：無。

〔三〕偷盜：備要本、百子本同，玉海堂本、同文本、四庫本作「偷惰」。

〔四〕獄：罪名

「不孝者生於不仁，不仁者生於喪祭之禮明〔一〕。喪祭之禮，所以教仁愛也。能教仁愛，則喪思慕〔二〕，祭祀不解，人子饋養之道〔三〕，喪祭之禮明，則民孝矣。故雖有不孝之獄，而無陷刑之民。

【校注】

〔一〕不仁者生於喪祭之禮明：備要本同，玉海堂本、同文本、四庫本作「不仁者生於喪祭之禮也」，百子本作「不仁者生於喪祭之無禮」。大戴禮記盛德曰：「凡不孝，生於不仁愛也；不仁愛，生於喪祭之禮不明。喪祭之禮，所以教仁愛也。」據此，該句應爲：「不仁者生於喪祭之禮不明。」

〔二〕能教仁愛，則喪思慕：備要本、百子本同，玉海堂本、同文本、四庫本作「能致仁愛，則服喪思慕」。

〔三〕祭祀不解，人子饋養之道：王肅注：「言孝子奉祭祀不敢解，生時饋養之道同之也。」解：通「懈」，懈怠。備要本、百子本、玉海堂本、同文本同，四庫本作「懈」。

「殺〔一〕上者生於不義，義所以別貴賤，明尊卑也。貴賤有別，尊卑有序，則民莫不尊上而敬長。朝聘之禮者所以明義也，義必明則民不犯。故雖有殺上之獄，而無陷刑之民〔二〕。

【校注】

〔一〕殺：四庫本、備要本、玉海堂本、同文本同，百子本作「弒」。

〔二〕故雖有殺上之獄，而無陷刑之民：備要本同，玉海堂本、同文本、四庫本作「故雖有殺上之獄，而無陷民之刑」，百子本作「故雖有弒上之獄，而無陷刑之民」。

「鬬變者生於相陵〔一〕，相陵者生於長幼無序而遺〔二〕敬讓。鄉飲酒之禮者，所以明長幼之序而崇敬讓也。長幼必序，民懷敬讓，故雖有鬬變〔三〕之獄，而無陷刑之民。

【校注】

〔一〕鬬變：私鬬。相陵：相互侵凌。

〔二〕遺：王肅注：「遺，忘。」

〔三〕鬬變：備要本、百子本同，玉海堂本、同文本、四庫本作「變鬬」。

「淫亂者生於男女無別，男女無別則夫婦失義。禮聘享者〔一〕，所以別男女、明夫婦之義也。男女既別，夫婦既明，故雖有淫亂之獄，而無陷刑之民。

【校注】

〔一〕禮聘享者：備要本同，玉海堂本、同文本、四庫本作「婚姻聘享者」，百子本作「昏禮聘享者」。婚聘宴享的禮儀。

「此五者，刑罰之所以生〔一〕，各有源焉。不豫〔二〕塞其源，而輒繩之以刑，是謂爲民設穽而陷之〔三〕。刑罰之源，生於嗜慾不節。夫禮度者，所以禦民之嗜慾而明好惡。順天之道〔四〕，禮度既陳，五教〔五〕畢修，而民猶或未化，尚必明其法典以申固之〔六〕。其犯姦邪、靡法、妄行之獄者，則飭〔七〕制量之度；有犯不孝之獄者，則飭喪祭之禮；有犯殺上之獄者，則飭朝覲之禮；有犯鬭變之獄者，則飭鄉飲酒之禮；有犯淫亂之獄者，則飭婚聘之禮。三皇五帝之所化民者如此，雖有五刑之用，不亦可乎？」

【校注】

〔一〕刑罰之所以生：備要本、百子本同，玉海堂本、同文本、四庫本作「刑罰之所從生」。

〔二〕豫：通「預」，預先。

〔三〕是謂爲民設穽而陷之：備要本、百子本同，玉海堂本、同文本、四庫本句下有「也」字。

〔四〕順天之道：備要本、百子本同，玉海堂本、同文本、四庫本作「順天道」。

〔五〕五教：五種封建倫理道德，即父義、母慈、兄友、弟恭、子孝。

〔六〕尚必明其法典以申固之：王肅注：「尚，猶也。申令固其教也。」

〔七〕飭：教導、勸誡、整飭。

孔子曰：「大罪有五，而殺人爲下。逆天地者罪及五世，誣文武者罪及四世，逆人倫者罪及三世，謀〔一〕鬼神者罪及二世，手殺人者罪及〔二〕其身。故曰大罪有五，而殺人爲下矣。」

【校　注】

〔一〕謀：孫志祖疏證曰：「案大戴『謀』作『誣』。」

〔二〕及：備要本、百子本同，玉海堂本、同文本、四庫本作「止」。

冉有問於孔子曰：「先王制法，使刑不上於大夫，禮不下於庶人。然則大夫犯罪，不可以加刑；庶人之行事，不可以治於禮乎？」孔子曰：「不然。凡治君子，以禮御其心，所以屬〔一〕之以廉耻之節也。故古之大夫，其有坐不廉汙穢而退放之者〔二〕，不謂之不廉汙穢而退放，則曰『簠簋不飭〔三〕』；有坐淫亂男女無別者，不謂之淫亂男女無別，則曰『帷幕不修』也；有坐罔上〔四〕不忠者，不謂之罔上不忠，則曰『臣節未著』；有坐罷軟〔五〕不勝任者，不謂之罷軟不勝任，則曰『下官不職〔六〕』；有坐干〔七〕國之紀者，不謂之干國之紀，則曰『行事不請〔八〕』。此五者，大夫既自定有罪名矣，而猶不忍斥然正以呼之也，既而爲之諱，所以愧耻之。是故大夫之罪，其在五刑之域者，聞而譴發〔九〕，則白冠氂纓〔一〇〕，盤水加劍〔一一〕，造乎闕而自請罪，君不使有司執縛牽掣而加之〔一二〕也。其有大罪者，聞命則北面再拜，跪而自裁，君不使人捽引而刑殺〔一三〕，曰：『子大夫自取之耳，吾遇子有禮矣。』以刑不上大夫而大夫亦不失其罪者，教使然也。所謂〔一四〕禮不下庶人者，以庶人遽其事而不能充禮〔一五〕，故不責之以備禮也。」冉有跪然〔一六〕免席，曰：「言則美矣，求未之聞，退而記之。」

【校注】

〔一〕屬：通「囑」，叮囑，告誡。

〔二〕其有坐不廉汙穢而退放之者：有犯了不够廉潔、行爲污穢罪而被放逐的。坐：定罪。退放：撤職放逐。

〔三〕簠簋不飭：簠：音「符」。簋：音「鬼」。簠簋：古代食器，後主要用作禮器，放黍、稷、稻、粱等祭祀常用的祭品。周禮地官舍人：「凡祭祀，共簠簋，實之陳之。」鄭玄注：「方曰簠，圓曰簋，盛黍、稷、稻、粱器。」王肅注：「飭，整齊也。」全句的意思是「簠簋不整齊」，這裏指爲官不廉潔。

〔四〕罔上：欺騙君上。罔：欺騙，蒙蔽。

〔五〕罷軟：軟弱無能。罷：音「皮」。

〔六〕下官不職：王肅注：「言其下官不稱，移其職，不斥其身也。」

〔七〕干：犯，違犯。左傳文公四年：「其敢干大禮，以自取戾。」

〔八〕行事不請：王肅注：「言不請而擅行。」

〔九〕聞而譴發：王肅注：「譴，譴讓也。發，始發露。」譴責揭發。

〔一〇〕白冠釐纓：當爲「白冠氂纓」。古時大臣犯罪時，戴上用獸尾做帽帶的白帽，以示自請罪譴。漢書賈誼傳：「以毛作纓。白冠，喪服也。」趙燦良孔子家語版本一文云：風月堂本作「白冠氂纓」，初學記卷二十六引孔子家語作「大夫請罪用白冠氂纓」，則「氂纓」爲是。

〔一一〕盤水加劍：古代大臣自請處死的一種方法。自己端着盛水的盤子，上面放上一把劍，請求天子或有司裁決。漢書賈誼傳：「水性平，若己有正罪，君以平法治之也。加劍，當以自刎也。或曰：殺牲者以盤水取頸血，故示若此也。」

〔一二〕執縛：捆綁。牽掣：牽引，拽。加：凌駕，凌辱。

〔一三〕君不使人捽引而刑殺：備要本同，玉海堂本、同文本、四庫本、百子本作「君不使人捽引而刑殺之也」。捽：音「昨」。捽引：揪、拉。

〔一四〕所謂：備要本、百子本同，玉海堂本、同文本、四庫本作「凡所謂」。

〔一五〕庶人：平民。遽：急、忙。充禮：充分地學習禮。

〔一六〕跪然：趙燦良孔子家語版本一文認爲：「按敦煌寫本孔子家語，『跪然』當作『蹶然』。」蹶然：疾起貌。逸周書太子晉：「師曠蹶然起曰：『瞑臣請歸。』」漢書陸賈傳：「於是佗乃蹶然起坐。」

刑政第三十一

仲弓〔一〕問於孔子曰：「雍聞至刑〔二〕無所用政，至政〔三〕無所用刑。至刑無所用政，桀紂之世是也；至政無所用刑，成康之世〔四〕是也。信乎？」孔子曰：「聖人之治化〔五〕也，必刑政相參焉。太上〔六〕以德教民，而以禮齊之。其次以政焉導民〔七〕，以刑禁之，刑不刑〔八〕也。化之弗變，導之弗從，傷義以敗俗，於是乎用刑矣。顓五刑必即天倫〔九〕，行刑罰則輕無赦〔一〇〕。刑，侀〔一一〕也。侀，成也。壹成而不可更〔一二〕，故君子盡心焉。」

（此及以下記載又見於禮記王制）

【校注】

〔一〕仲弓：孔子弟子，姓冉，名雍，魯國人，以德行著稱。

〔二〕至刑：極力使用刑法。

〔三〕至政：極力施行政治教化。「至政」的另一層含義是：最完美的政治。

〔四〕成康之世：周成王、周康王的時代。史記周本紀曰：「成、康之際，天下安寧，刑措四十餘年不用。」

〔五〕治化：治理國家，教化百姓。

〔六〕相參：相互配合。太上：最好，最上等。

〔七〕其次以政焉導民：備要本同，玉海堂本、同文本、四庫本作「其次以政言導民」，百子本作「其次以政事道民」。

〔八〕刑不刑：懲治那些不遵守刑法的人。

〔九〕顓五刑必即天倫：顓：通「專」，專長，專用。顓：玉海堂本、同文本、備要本同，四庫本作「制」，百子本作「順」。王肅注：「即，就也。就天倫，謂合天意。」

〔一〇〕行刑罰則輕無赦：實施刑罰時，即使輕罪也不能赦免。王肅注：「行刑罰之官，雖輕猶不得作威作福。」此注欠當。

〔一一〕侀：通「型」，定型的物體，不可改變。

〔一二〕壹：一旦，一經。

仲弓曰：「古之聽訟，尤罰麗於事，不以其心〔一〕，可得聞乎？」孔子曰：「凡聽五刑之訟，必原父子之情，立君臣之義以權之；意論輕重之序，慎測淺深之量以別之〔二〕；悉其聰明，正其忠愛以盡之〔三〕。大司寇正刑明辟以察獄〔四〕，獄必三訊〔五〕焉。有指無簡，則不聽也〔六〕。附從輕，赦從重〔七〕。疑獄則泛與衆共之，疑則赦之，皆以小大之比成也〔八〕。是故爵人必於朝，與衆共之也；刑人必於市，與衆棄之也。古者公家不畜刑人，大夫弗養也，士遇之塗，以弗與之言〔九〕。屏諸四方，唯其所之，不及與政，弗欲生之也。」

【校注】

〔一〕尤罰麗於事，不以其心：對過錯的處罰，依據事實，不以個人的心情好惡。尤：過錯。麗：依據。王肅注：「尤，過也。麗，附也。怪遇人罰之（玉海堂本作「怪過人罰之」，四庫本作「凡過人罰之」），必以事相當，而不與其心也。」

〔二〕慎測淺深之量以別之：備要本、百子本同，玉海堂本、同文本作「慎深淺之量以別之」，四庫本作「慎測深淺之量以別之」。

〔三〕正其忠愛以盡之：備要本、百子本同，玉海堂本、同文本無「之」字，四庫本作「致其忠愛以盡之」。

〔四〕明辟：辨明法令。察獄：審查案件。

〔五〕三訊：王肅注：「一曰訊群臣，二曰訊群吏，三曰訊萬民也。」

〔六〕有指無簡，則不聽也：王肅注：「簡，誠也。有意無其誠者（四庫本、玉海堂本作「有其意無其誠者」），不論以爲罪也。」聽：裁決，裁斷。

〔七〕附從輕，赦從重：王肅注：「附人之罪以輕爲比，赦人之罪以重爲比。」

〔八〕皆以小大之比成也：禮記王制作「必察小大之比以成之」，鄭玄注：「小大，猶輕重。已行故事曰比。」也：備要本同，玉海堂本、同文本、四庫本、百子本作「之」。

〔九〕大夫弗養也，士遇之塗，以弗與之言：備要本、百子本同，玉海堂本、同文本、四庫本作「大夫弗養其士，遇之塗，弗與之言」。

仲弓曰：「聽獄，獄之成，成何官？」孔子曰：「成獄成於吏，吏以獄成告於正〔一〕。正既聽之，乃告大司寇。聽之〔二〕，乃奉於王。王命三公卿士參聽棘木之下〔三〕，然後乃以獄之成疑〔四〕于王。王三宥之以聽命，而制刑焉〔五〕，所以重之也。」

【校注】

〔一〕成獄成於吏，吏以獄成告於正：備要本、百子本同，玉海堂本、同文本、四庫本作「成獄於吏，吏以獄之成告於正」。成：判決定案。獄：罪案。王肅注：「吏，獄官吏。正，獄官長。」

〔二〕聽之：備要本、百子本同，玉海堂本、同文本、四庫本作「大司寇聽之」。

〔三〕王命三公卿士參聽棘木之下：王肅注：「外朝法：左九棘，孤卿大夫位焉。右九棘，公侯伯子男位焉。面三槐，三公位。」參聽：參與審理。棘木：酸棗樹，枝叶有刺針。周禮秋官朝士載：「朝士掌建邦外朝之法：左九棘，孤卿大夫位焉，群士在其後。右九棘，公侯伯子男位焉，群吏在其後。面三槐，三公位焉，州長衆庶在其後。」鄭玄注：「樹棘以爲位者，取其赤心而外刺，象以赤心三刺也。槐之言懷也，懷來人於此，欲與之謀。」

〔四〕疑：玉海堂本、同文本、備要本、百子本同，四庫本作「告」。疑：音義同「凝」，凝聚，集結。

〔五〕王三宥之以聽命，而制刑焉：王肅注：「君王尚寬宥，罪雖以定，猶三宥之，不可得輕，然後刑之者也。」宥：寬恕，赦免。三宥：指三種可以從輕處理的犯罪：一是無知而犯罪，二是偶然的而不是預謀的犯罪，三是精神錯亂而犯罪。

仲弓曰：「其禁何禁？」孔子曰：「巧言破律〔一〕，遁名改作〔二〕，執左道〔三〕與亂政者，殺；作淫聲〔四〕、造異服〔五〕、設伎奇器以蕩上心者〔六〕，殺；行僞而堅〔七〕，言詐而辯，學非而博，順非而澤〔八〕，以惑衆者，殺；假於鬼神、時日、卜筮以疑衆者，殺。此四誅者不以聽〔九〕。」

【校注】

〔一〕巧言破律：用花言巧語來曲解法律。王肅注：「巧賣法令者也。」

〔二〕遁名改作：篡改物名，改變法則。王肅注：「變言與物名也。」

〔三〕左道：邪道，亂道。王肅注：「左道，亂也。」

〔四〕淫聲：王肅注：「淫，逆（玉海堂本、四庫本作「逸」）也。惑亂人之聲。」

〔五〕異服：不平常、特殊的衣服。王肅注：「非所常見。」

〔六〕設伎奇器以蕩上心者：王肅注：「怪異之伎，可以眩曜人心之器。蕩，動。」伎：通「技」，技巧，技藝。「伎」，備要本、百子本、玉海堂本、同文本同，四庫本「伎」上有「奇」字。

〔七〕行僞而堅：王肅注：「行詐僞而守之堅也。」

〔八〕順非而澤：順從邪惡，還要加以粉飾。王肅注：「順其非而滑澤。」澤：潤澤，潤飾。

〔九〕不以聽：王肅注：「不聽棘木之下。」

仲弓曰：「其禁盡於此而已？」孔子曰：「此其急者。其餘禁者十有四焉：命服命車，不粥於市〔一〕；珪璋璧琮〔二〕，不粥於市；宗廟之器，不粥於市；兵車旍旗〔三〕，不粥於市；犧牲秬鬯〔四〕，不粥於市；戎器兵甲，不粥於市；用器不中度，不粥於市；布帛精麤不中數，廣狹不中量，不粥於市；姦色〔五〕亂正色，不粥於市；文錦珠玉之器，雕飾靡麗，不粥於市；衣服飲食，不粥於市〔六〕；菓實不時，不粥於市；五木〔七〕不中伐，不粥於市；鳥獸魚鼈不中殺，不粥於市。凡執此禁以齊衆者，不赦過也。」

【校注】

〔一〕命服命車：天子按官職等級賞賜的衣服和車子。粥：音「育」，通「鬻」。王肅注：「粥，賣。」

〔二〕珪璋璧琮：珪、璋、璧、琮均爲尊貴的玉器名稱，常用作朝聘、祭祀等的禮器。

〔三〕兵車旍旗：備要本、百子本同，玉海堂本、同文本、四庫本作「兵軍旍旗」。「兵車」是。旍：通「旌」，用羽毛裝飾的旗子。

〔四〕秬：音「巨」，黑黍。鬯：音「唱」，鬱金香草。秬鬯：指用黑黍和鬱金香草釀造的酒，用於祭祀降神及賞賜有功的諸侯。

〔五〕姦色：非正色，兩色相雜而成的顏色。古代以青、黄、赤、白、黑爲正色，其他色爲姦色。

〔六〕衣服飲食，不粥於市：王肅注：「賣成衣服，非侈必僞，故禁之。禁賣熟食，所以厲取也。」

〔七〕五木：五種取火的樹木。論語陽貨朱熹注：「春取榆、柳之火，夏取棗、杏之火，季夏取桑、柘之火，秋取柞、楢之火，冬取槐、檀之火。」

禮運第三十二

孔子爲魯司寇，與於蜡〔一〕，既賓事畢〔二〕，乃出遊於觀〔三〕之上，喟然而嘆。言偃〔四〕侍曰：「夫子何嘆也？」孔子曰：「昔大道之行〔五〕，與三代之英〔六〕，吾未之逮也〔七〕，而有記焉。大道之行，天下爲公，選賢與能，講信修睦〔八〕。故人不獨親其親，不獨子其子〔九〕，老有所終，壯有所用，矜寡孤疾皆有所養。貨惡其棄於地，不必〔一〇〕藏於己。力惡其不出於身，不必爲人〔一一〕。是以姦謀閉而不興，盜竊亂賊不作。故外户而不閉，謂之大同。今大道既隱〔一二〕，天下爲家，各親其親，各子其子，貨則爲己，力則爲人。大人世及〔一三〕以爲常，城郭溝池以爲固。禹、湯、文、武、成王、周公由此而選〔一四〕，未有不謹於禮。禮之所興，與天地並，如有不由禮而在位者，則以爲殃〔一五〕。」

（此及以下記載又見於禮記禮運）

【校注】

〔一〕與：參與。蜡：音「炸」，年終祭祀名稱。

〔二〕既賓事畢：王肅注：「畢賓客之事也。」

〔三〕觀：王肅注：「觀，宫門外闕，周禮所謂象魏者也。」宫殿或宗廟前面的大門樓。

〔四〕言偃：孔子弟子，字子游。

〔五〕昔大道之行：王肅注：「此謂三皇五帝時大道行也。」

〔六〕三代之英：王肅注：「英，秀，謂禹、湯、文、武也。」

〔七〕也：備要本、百子本同，玉海堂本、同文本、四庫本無此字。

〔八〕講信修睦：講求誠信，調整相互間的關係，使之親密和睦。王肅注：「講，習也。修，行也。睦，親也。」

〔九〕故人不獨親其親，不獨子其子：王肅注：「所謂大道，天下爲公。」禮記禮運鄭玄注：「孝慈之道廣也。」

〔一〇〕不必：備要本、四庫本、百子本同，玉海堂本、同文本作「必不」。禮記禮運此語作「不必」。

〔一一〕力惡其不出於身，不必爲人：王肅注：「言力惡其不出於身，不以爲德惠也。」惡：音「悟」，恐怕，擔心。爲人：禮記禮運作「爲己」，是。

〔一二〕隱：隱没衰微。

〔一三〕大人：指諸侯。世及：世襲，世代相傳。

〔一四〕由此而選：王肅注：「言用禮義爲之選也。」

〔一五〕殃：灾禍。禮記禮運鄭玄注：「殃，猶禍惡也。」

言偃復問曰：「如此乎禮之急也〔一〕？」孔子曰：「夫禮，先王所以承天之道，以治人之情，列其鬼神，達於喪、祭、鄉射、冠、婚、朝、聘〔二〕。故聖人以禮示之，則天下國家可得以禮正矣。」

【校注】

〔一〕禮之急也：之：備要本、百子本同，玉海堂本、同文本、四庫本作「其」。禮記禮運作「之」。急：緊要，急需。

〔二〕喪、祭、鄉射、冠、婚、朝、聘：周代禮儀的名稱，分别指喪禮、祭禮、射禮、冠禮、婚禮、諸侯定期朝見天子之禮。

言偃曰：「今之在位，莫知由禮，何也？」孔子曰：「嗚呼哀哉！我觀周道，幽、厲傷也〔一〕。吾捨魯何適〔二〕？夫魯之郊及禘皆非禮〔三〕，周公其已衰矣〔四〕。杞之郊也禹，宋之郊也契〔五〕，是天子之事守〔六〕也，天子以杞、宋二王之後。周公攝政致太平，而與天子同是禮也。諸侯祭社稷宗廟，上下皆奉其典，而祝嘏〔七〕莫敢易其常法，是謂大嘉。

【校注】

〔一〕幽、厲傷也：王肅注：「幽、厲二王者，皆傷周道也。」

〔二〕吾捨魯何適：王肅注：「魯有聖人之風，猶勝諸國也。」禮記禮運孔穎達疏：「言觀周家文、武之道，以經幽、厲之亂，傷此禮儀法則，無可觀瞻，唯魯國稍可，吾捨此魯國，更何之適而觀禮乎！言魯國尚愈。愈，勝也，言尚勝於餘國，故韓宣子適魯云：『周禮盡在魯矣。』」

〔三〕夫魯之郊及禘皆非禮：王肅注：「言失於禮而亡其義。」郊、禘，均爲祭祀名稱，依據周禮，郊、禘之祭均應天子爲之，魯乃諸侯，行之非禮。

〔四〕周公其已衰矣：王肅注：「子孫不能行其禮義。」

〔五〕杞之郊也禹，宋之郊也契：杞國的郊祭祭祀禹。王肅注：「杞，夏后，本郊鯀，周公以鯀非令德，故令杞郊禹。」契：傳説中商及宋的祖先，相傳爲帝嚳之子，由其母簡狄吞玄鳥卵而生。禮記禮運孔穎達疏曰：「杞郊禹、宋郊契，蓋是夏、殷天子之事，杞、宋是其子孫，當所保守，勿使有失。案祭法云：『夏郊鯀，殷郊冥。』今杞郊禹，宋郊契者，以鯀、冥之德薄，故更郊禹、契，蓋時王所命也。」

〔六〕事守：指應當遵守的法度。

〔七〕祝：祭祀時司告鬼神的人。嘏：音「古」，替人向鬼神祈福的人。

「今使祝嘏辭説徒藏於宗祝巫史，非禮也〔一〕，是謂幽國〔二〕。醆斝及尸君〔三〕，非禮也，是謂僭君〔四〕。冕弁兵車藏於私家，非禮也〔五〕，是謂脅君〔六〕。大夫具官，祭器不假，聲樂皆具，非禮也〔七〕，是爲〔八〕亂國。故仕於公曰臣，仕於家曰僕。三年之喪，與新有婚者，朞不使也。以衰裳〔九〕入朝，與家僕雜居齊齒〔一〇〕，非禮也，是謂臣與君共國。天子有田以處其子孫，諸侯有國以處其子孫，大夫有采〔一一〕以處其子孫，是謂制度。天子適諸侯，必舍其宗廟，而不禮籍入〔一二〕，是謂天子壞法亂紀。諸侯非問疾弔喪而入諸臣之家，是謂君臣爲謔〔一三〕。

【校注】

〔一〕今使祝嘏辭説徒藏於宗祝巫史，非禮也：祝辭、嘏辭藏在宗伯太祝巫史私人手裏，是不合乎禮的。王肅注：「言君臣皆當知辭説之意議（當爲「義」）也。」

〔二〕幽國：昏暗的國家。王肅注：「幽，敝於禮。」幽：昏暗，指不明於禮。

〔三〕醆斝及尸君：醆：音「盞」，爲「盞」的異體字。斝：音「假」。醆斝：酒器名，極其貴重。尸：祭祀時代死者享用祭品的人。王肅注：「夏曰醆，殷曰斝。非王者之後，則尸與君不得用。」

〔四〕僭君：王肅注：「僭侈之君。」僭：音「建」，僭越，超越自己的本分。禮記禮運孔穎達疏曰：「醆是夏爵，斝是殷爵。若是夏、殷之後祭祀之時，得以醆、斝及於尸君，其餘諸侯於禮不合。今者諸侯等祭祀之時，乃以醆、斝及於尸君，非禮也，此諸侯乃是僭禮之君。」

〔五〕冕弁兵車藏於私家，非禮也：王肅注：「大夫稱家。冕弁，大夫之服。孔子曰：『天子、諸侯、大夫冕弁服，歸設奠後（後，玉海堂本、四庫本作「服」），此謂不得賜而藏之也。」車：備要本、百子本同，玉海堂本、同文本、四庫本作「革」。禮記禮運作「革」。

〔六〕脅君：王肅注：「迫於其君。」

〔七〕大夫具官，祭器不假，聲樂皆具，非禮也：王肅注：「大夫無田者，不爲祭器。今皆不假，故非禮。」此語是説：大夫家設立各種官職，祭器自備不用借，樂器齊全，是不合乎禮的。

〔八〕爲：四庫本、備要本、百子本同，玉海堂本、同文本作「謂」。

〔九〕衰嘗：誤，當爲「衰裳」，喪服。衰：音「崔」。

〔一〇〕齊齒：並列，没上没下。

〔一一〕采：采地，卿大夫的封邑。

〔一二〕天子適諸侯，必舍其宗廟，而不禮籍入：王肅注：「所謂臨諸侯將舍宗廟，先告其鬼神以將入止也。」而不禮籍入：備要本同，玉海堂本、同文本、四庫本、百子本作「而不以禮籍入」。禮記禮運作「而不以禮籍入」。鄭玄注曰：「以禮籍入，謂大史典禮執簡記奉諱惡也。天子雖尊，舍人宗廟，猶有敬焉，自拱敕也。」

〔一三〕謔：王肅注：「謔，戲。」

「夫〔一〕禮者，君之柄〔二〕，所以別嫌明微，儐鬼神，考制度，列〔三〕仁義，立政教，安君臣上下也。故政不正則君位危，君位危則大臣倍、小臣竊，刑肅而俗弊〔四〕則法無常，法無常則禮無別，禮無別則士不仕〔五〕、民不歸，是謂疵國。

【校注】

〔一〕「夫」：備要本、百子本同，玉海堂本、同文本、四庫本「夫」上有「故」字。

〔二〕柄：王肅注：「柄，亦秉持。」禮記禮運鄭玄注曰：「柄，所操以治事。」

〔三〕儐：敬。列：備要本、百子本同，玉海堂本、同文本、四庫本作「别」。禮記禮運作「别」。

〔四〕獘：同「弊」、「敝」，衰敗，敗壞。

〔五〕仕：備要本、百子本同，玉海堂本、同文本、四庫本作「事」。禮記禮運作「事」。

「是故夫政者，君之所以藏身也〔一〕。必本之天，效以降命〔二〕。命降於社之謂教地〔三〕，降於祖廟之謂仁義〔四〕，降於山川之謂興作〔五〕，降於五祀之謂制度〔六〕，此聖人所以藏身之固也〔七〕。聖人參於天地，並於鬼神，以治政也。處其所存，禮之序也。翫其所樂，民之治也〔八〕。天生時，地生財，人其父生而師教之。四者君以政用之，所以立於無過之地〔九〕。

【校注】

〔一〕君之所以藏身也：王肅注：「言所藏於身，不可以假人也。」藏身：安身。也：備要本、百子本同，玉海堂本、同文本、四庫本無此字。

〔二〕效以降命：王肅注：「效天以下教令，所謂則天之明。」效：備要本、百子本、同文本同，玉海堂本、四庫本作「郊」。降命：發佈下達政令。禮記禮運作「殽以降命」。鄭玄注曰：「降，下也。殽天之氣，以下教令，天有運移之期，陰陽之節也。」殽：通「效」，效法。

〔三〕命降於社之謂教地：備要本、百子本同，玉海堂本、同文本、四庫本作「命教於社之謂效地」，禮記禮運作「命降於社之謂殽地」。鄭玄注曰：「謂教令由社下者也。社，土地之主也。」王肅注：「所謂因地之利。」

〔四〕降於祖廟之謂仁義：王肅注：「奉祖廟，彌近彌親，彌遠彌尊，仁義之道也。」

〔五〕降於山川之謂興作：王肅注：「下命所謂祭山川者，謂其興造雲雨，作生萬物也。」

〔六〕降於五祀之謂制度：王肅注：「下命使事五祀者，以其能爲人事之制度。」五祀：五行之神。

〔七〕此聖人所以藏身之固也：王肅注：「藏身以此則固。」之：備要本、百子本同，玉海堂本、同文本、四庫本無此字。

〔八〕處其所存，禮之序也。翫其所樂，民之治也：王肅注：「言聖人常所存處者，禮之次序；常所玩樂者，民之治安也。」

〔九〕四者君以政用之，所以立於無過之地：王肅注：「時及財，天地之所以生（四庫本作「所生」），而師以教之，君以政用之而已，故常立於無過之地也。」

「君者，人所明〔一〕，非明人者也；人所養，非養人者也；人所事，非事人者也。夫君者明人則有過〔二〕，故養人則不足〔三〕，事人則失位。故百姓明君以自治，養君以自安，事君以自顯。是以禮達而分定，人皆愛其死而患其生〔四〕。是故用人之智去其詐，用人之勇去其怒，用人之仁去其貪。國有患，君死社稷爲之義，大夫死宗廟爲之變〔五〕。凡聖人能以天下爲一家，以中國爲一人，非意之〔六〕，必知其情，從於其義，明於其利，達於其患，然後爲之〔七〕。

【校注】

〔一〕明：以及下二「明」字，備要本、百子本同，玉海堂本、同文本、四庫本作「則」。禮記禮運作「明」，鄭玄注：「明，猶尊也。」

〔二〕夫君者明人則有過：王肅注：「爲君徒欲明人而已，則過謬也。」

〔三〕故養人則不足：王肅注：「時君失政，不能爲民所養。」故：備要本、百子本同，玉海堂本、同文本、四庫本無此字。

〔四〕人皆愛其死而患其生：王肅注：「人皆愛惜其死，而患其生之無禮也。」

〔五〕君死社稷爲之義，大夫死宗廟爲之變：王肅注：「大夫有去就之義，未必常死宗廟者。其死宗廟者，權變爲也。」爲之：備要本同，玉海堂本、同文本、四庫本、百子本作「謂之」。禮記禮運作「謂之」。孫志祖疏證曰：「案鄭注『變』當爲『辯』，聲之誤也。辯猶正也。」

〔六〕非意之：不是憑空臆想出來的。王肅注：「非以意貪之，必有致之也（致，玉海堂本、四庫本作「數」）。」

〔七〕然後爲之：備要本、百子本同，玉海堂本、同文本、四庫本作「然後能爲之」。禮記禮運作「然後能爲之」。

「何謂人情？喜、怒、哀、懼、愛、惡、欲七者，弗學而能。何謂人義？父慈、子孝、兄良、弟悌、夫義、婦聽、長惠、幼順、君仁、臣忠十者，謂之人義；講信修睦，謂之人利；爭奪相殺，謂之人患。聖人之所以治人七情，脩十義，講信脩睦，尚辭讓，去爭奪，舍禮何以治之？飲食男女，人之大欲存焉；死亡貧苦，人之大惡存焉。欲、惡者，人之大端〔一〕。人藏其心，不可測度，美惡皆在其心，不見其色，欲一以窮之〔二〕，舍禮何以哉？

【校注】

〔一〕大端：主要的端緒，主要的方面。

〔二〕欲一以窮之：備要本、百子本同，玉海堂本、同文本、四庫本作「欲以一窮之」。禮記禮運作「欲一以窮之」。

「故人者，天地之德，陰陽之交，鬼神之會，五行之秀。天秉陽，垂日星；地秉陰，載於山川〔一〕。播五行於四時，和四氣而後月生〔二〕。是以三五而盈，三五而缺〔三〕，五行之動，共相竭也〔四〕。五行、四氣、十二月，還相爲本〔五〕；五聲、五律、十二管，還相爲宮〔六〕；五味、六和、十二食，還相爲質〔七〕；五色、六章、十二衣，還相爲主〔八〕。故人者，天地之心〔九〕，而五行之端〔一〇〕，食味別聲被色而生者〔一一〕。

【校注】

〔一〕載於山川：備要本、百子本同，玉海堂本、同文本、四庫本作「載山川」。禮記禮運作「竅於山川」。鄭玄注：「竅，孔也。言地持陰氣，出內於山川，以舒五行於四時，比氣和，乃後月生，而上配日，若臣功成進爵位也。一盈一闕，屈伸之義也。」

〔二〕播五行於四時，和四氣而後月生：王肅注：「月生而後四時行焉，布五行，和四時、四氣而後月生焉。」四時：指春、夏、秋、冬四季。四氣：指四時中的温、熱、冷、寒之氣。

〔三〕三五而盈，三五而缺：王肅注：「月，陰道，不常滿，故十五日滿，十五日缺也。」

〔四〕五行之動，共相竭也：王肅注：「竭，盡也。水用事盡，則木用事。五行用事，更相盡也。」

〔五〕還相爲本：互相交替爲主體。王肅注：「用事者，爲本也。」。

〔六〕五聲、五律、十二管，還相爲宫：王肅注：「五聲者，宫、商、角、徵、羽也。管，十二月也。一月一管，陽律陰吕，其用事爲宫也。」五律：備要本、百子本同，玉海堂本、同文本、四庫本作「六律」。禮記禮運作「六律」。

〔七〕五味、六和、十二食，還相爲質：王肅注：「五味，酸、苦、鹹、辛、甘。六和者，和之各有宜者，春多酸、秋多辛之屬是也。十二食者，十二月之食。質，本也。」

〔八〕五色、六章、十二衣，還相爲主：王肅注：「五色者，青、赤、白、黑、黄。學記曰：『水無當於五色，五色不得不彰。』五色待水而章也。」六章：青、赤、黄、白、黑、玄六色。十二衣：十二個月裏所穿的不同衣服。主：備要本、百子本同，玉海堂本、同文本、四庫本作「質」。禮記禮運作「質」。

〔九〕故人者，天地之心：王肅注：「於天地間如五藏之有心矣。人，有生最靈；心，五藏最聖也。」

〔一〇〕五行之端：端，頭、首之意。王肅注：「端，始也。能用五行也。」

〔一一〕「者」，備要本同，玉海堂本、同文本、四庫本、百子本「者」下有「也」字。

「聖人作則〔一〕，必以天地爲本，以陰陽爲端，以四時爲柄〔二〕，以日星爲紀〔三〕，月以爲量〔四〕，鬼神以爲徒〔五〕，五行以爲質〔六〕，禮義以爲器〔七〕，人情以爲田〔八〕，四靈以爲畜〔九〕。以天地爲本，故物可舉〔一〇〕；以陰陽爲端，故情可睹〔一一〕；以四時爲柄，故事可勸〔一二〕；以日星爲紀，故業可别〔一三〕；月以爲量，故功有藝〔一四〕；鬼神以爲徒，故事有守〔一五〕；五行以爲質，故事可復也〔一六〕；禮義以爲器，故事行有考〔一七〕；人情以爲田，四靈以爲畜〔一八〕。

【校注】

〔一〕作則：制作法則。王肅注：「作爲則法。」

〔二〕以四時爲柄：把柄，依據。禮記禮運孔穎達疏：「『以四時爲柄』者，春生夏長，秋斂冬藏，是法四時爲柄也。劍戟須柄而用之，聖人爲教象，須法四時而通也。」

〔三〕以日星爲紀：備要本、百子本同，玉海堂本、同文本、四庫本無「以」字。禮記禮運孔穎達疏：「紀，綱紀也。日行有次度，星有四方列宿，分部昏明，敬授民時，是法日星爲綱紀也。」

〔四〕月以爲量：禮記禮運孔穎達疏：「量，猶分限也。天之運行，每三十日爲一月，而聖人制教，亦隨人之才分，是法月爲教之限量也。」

〔五〕鬼神以爲徒：禮記禮運孔穎達疏：「鬼神，謂山川鬼神。助地以通氣，是以爲地之徒屬。聖王象之，樹立群臣，助己以施教，爲己徒屬也。」

〔六〕五行以爲質：禮記禮運孔穎達疏：「質，體也。五行循回不停，周而復始，聖人爲教，亦循還復始，是法五行爲體也。」

〔七〕禮義以爲器：禮記禮運孔穎達疏：「此以下二句，明聖人爲治政時事也。上既有法象爲先，故可執禮義爲器用，如農夫之執耒耜也。」

〔八〕人情以爲田：禮記禮運孔穎達疏：「禮義以爲器，可耕於人情。人情得禮義之耕，如田得耒耜之耕也。」

〔九〕四靈：指下節所説的麟、鳳、龜、龍四種動物。古人認爲四靈的出現是祥瑞的象徵。禮記禮運孔穎達疏：「『四靈以爲畜』者，此一句明徵報也。聖人既法象天地，用禮義耕人情，故獲天地應以徵報也。四靈並至，聖人畜之，如人養牛馬爲畜。」

〔一〇〕以天地爲本，故物可舉：舉，包舉。王肅注：「天地爲本，則萬物苞在於其中。」

〔一一〕以陰陽爲端，故情可睹：備要本、百子本同，玉海堂本、同文本、四庫本作「以陰陽爲端，故人情可睹」。王肅注：「陰陽之爲情始（玉海堂本、四庫本作「陰陽爲情之始」）。」

〔一二〕以四時爲柄，故事可勸：王肅注：「四時各有事，故事可得而勸也。」勸：勸勉人們按四時勞作。

〔一三〕以日星爲紀，故業可別：王肅注：「日以紀晝，星以紀夜，故事可得而分別也。」

〔一四〕月以爲量，故功有藝：備要本、百子本同，玉海堂本、同文本、四庫本作「以月爲量，故功有藝」。王肅注：「有度量以成四時，猶功業各有分理也。藝，猶理。」王國軒、王秀梅譯曰：「以月份爲限量，事功就可以分理。」張濤譯曰：「以月亮爲標準，因而做事能有條理。」

〔一五〕鬼神以爲徒，故事有守：王肅注：「鬼神不相干，各有守。」

〔一六〕五行以爲質，故事可復也：備要本、百子本同，玉海堂本、同文本、四庫本無「也」字。王肅注：「五行，終則復始，故事可修復也。」

〔一七〕考：成就，成效。王肅注：「考，成。」

〔一八〕人情以爲田，四靈以爲畜：備要本、百子本、同文本同，四庫本、玉海堂本作「人情以爲田，故人以爲奥」，四靈以爲畜，故飲食有由」。王肅注：「四靈，鳥獸之長。四靈爲畜，則飲食可用。」以四靈以爲家畜，飲食就有了來源。

「何謂四靈？麟、鳳、龜、龍謂之四靈。故龍以爲畜，而魚鮪不諗〔一〕；鳳以爲畜，而鳥不⿰犭氏；麟以爲畜，而獸不⿰犭越〔二〕；龜以爲畜，而人情不失〔三〕。先王秉蓍龜，列祭祀，瘞繒，宣祝嘏，設制度，祝嘏辭説〔四〕。故國有禮，官有御〔五〕，職有序〔六〕。

【校注】

〔一〕魚鮪：泛指魚類。鮪：音「偉」。諗：王肅注：「諗，潛藏也。」諗，音「審」，通「淰」（音「閃」），魚驚駭貌。禮記禮運作「淰」，鄭玄注：「淰之言閃也。」孔穎達疏：「淰，水中驚走也。」

〔二〕鳳以爲畜，而鳥不⿰犭氏；麟以爲畜，而獸不⿰犭越：王肅注：「⿰犭氏、⿰犭越，飛走之貌也。」⿰犭氏：音「西」，飛貌。⿰犭越：備要本、百子本同，玉海堂本作「⿰彳越」，同文本、四庫本作「狘」。狘：音「謔」，獸驚走貌。

〔三〕龜以爲畜，而人情不失：由於龜甲可用來占卜，所以養龜作爲家畜，人情真僞、善惡的判斷就不會出現過失。王肅注：「易曰：『定天下之吉凶，成天下之亹亹者，莫善於蓍龜。』」人情不失也。」亹亹：音「偉偉」，勤勉、連續不倦怠的樣子。

〔四〕瘞繒，宣祝嘏，設制度，祝嘏辭說：備要本、百子本同，玉海堂本、同文本、四庫本作「瘞繒，宣祝嘏辭説，設制度」。王肅注：「瘞，謂祭祀之瘞。繒，謂若增封太山。宣，謂播宣揚之。」瘞：音「意」，埋葬。繒：絲織品。嘏：音「假」，又音「古」。古代祭祀時，執事人爲受祭者致福於主人。

〔五〕御：王肅注：「治也。」

〔六〕職有序：備要本、百子本同，玉海堂本、同文本、四庫本作「事有職，禮有序」。

「先王患禮之不達於下，故饗〔一〕帝于郊，所以定天位也；祀社於國，所以列地利也；禘〔二〕祖廟，所以本仁也；旅山川，所以儐鬼神也；祭五祀，所以本事也。故宗祝在廟，三公在朝，三老在學〔三〕，王前巫而後史，卜著瞽侑〔四〕，皆在左右，王中心無爲也〔五〕，以守至正。是以禮行於郊，而百神受職；禮行於社，而百貨可極〔六〕；禮行於祖廟，而孝慈服焉〔七〕；禮行於五祀，而正法則焉。故郊社、宗廟、山川、五祀，義之脩而禮之藏〔八〕。

【校注】

〔一〕饗：祭祀。

〔二〕禘：音「帝」，帝王或諸侯在始祖廟中舉行的一種祭祀祖先的盛大祭禮。

〔三〕三公在朝，三老在學：三公：人臣中最高的三個官位的統稱，周代以太師、太傅、太保或司馬、司徒、司空爲三公。三老：推舉年紀大且有德行的人爲三老，以掌教化。王肅注：「王養三老在學。」

〔四〕卜著瞽侑：備要本、百子本同，玉海堂本、同文本、四庫本作「卜筮鼓侑」。瞽：音「鼓」，盲人，因古時樂官常以盲人擔任，因此成爲樂官的代稱。侑：音「又」，輔佐，這裏指輔佐君王的諫官。

〔五〕王中心無爲也：備要本、百子本同，玉海堂本、同文本、四庫本作「王中心無違也」。禮記禮運作「王中心無爲也」。

〔六〕極：説文解字：「極，驢上負也。」這裏是負載的意思。

〔七〕孝慈服焉：備要本、百子本同，玉海堂本、同文本、四庫本作「慈孝服焉」。王肅注：「孝慈之道，爲遠近所服焉。」

〔八〕義之脩而禮之藏：王肅注：「言禮之寶藏。」王國軒、王秀梅譯曰：「義得到修治而禮也藴藏其中了。」張濤譯曰：「道義得到發揚而禮制也得以寄託其中。」

「夫禮必本於太一〔一〕，分而爲天地，轉而爲陰陽，變而爲四時，列而爲鬼神。其降曰命〔二〕，其官於天也〔三〕，協於分藝〔四〕。其居於人也曰養〔五〕。所以講信修睦，而固人之肌膚之會、筋骸之束者〔六〕；所以養生送死，事鬼神之大端；所以達天道，順人情之大竇〔七〕。唯聖人爲知禮之不可以已也，故破國喪家亡人，必先去其禮。

【校注】

〔一〕太一：王肅注：「太一者，元氣也。」禮記禮運孔穎達疏：「謂天地未分，混沌之元氣也。」

〔二〕其降曰命：王肅注：「即上所爲命，降於天地、祖廟也。」禮記禮運孔穎達疏：「降，下也。言聖人制禮，皆仰法太一以下之事，而下之以爲教命也。」

〔三〕其官於天也：王肅注：「官爲職分也，言禮職分皆從天下來也。」

〔四〕協於分藝：王肅注：「藝，理。」禮記禮運孔穎達疏：「協，合也；分，是日月之量也；藝，人之才也。言制禮以月爲量，合人才之長短也。」

〔五〕其居於人也曰養：王肅注：「言禮之於人身，所以養成人也。」

〔六〕者：備要本、百子本同，玉海堂本、同文本、四庫本作「也」。

〔七〕竇：孔穴。楊朝明、宋立林注曰：「這裏是比喻通達天道、順應人情的孔道。」

「禮之於人，猶酒之有糵〔一〕也，君子以厚，小人以薄。聖人〔二〕脩義之柄、禮之序，以治人情。人情者，聖王之田也，修禮以耕之，陳義以種之，講學以耨之〔三〕，本仁以聚之，播樂以安之。故禮者，義之實也。協諸義而協〔四〕，則禮雖先王未有〔五〕，可以義起焉。義者，藝之分，仁之節。協於〔六〕藝，講於仁，得之者强，失之者喪。仁者，義之本，順之體，得之者尊。故治國不以禮，猶無耜而耕。爲禮而不本於義，猶耕之而弗種〔七〕。爲〔八〕而不講於學，猶種而弗〔九〕耨。講之以學而不合以仁〔一〇〕，猶耨而不穫。合之以仁而不安之以樂，猶穫而弗〔一一〕食。安之以樂而不達於順，猶食而不肥。四體既正，膚革〔一二〕充盈，人之肥也；父子篤，兄弟睦，夫婦和，家之肥也；大臣法，小〔一三〕臣廉，官職相序，君臣相正，國之肥也；天子以德爲車，以樂爲御，諸侯以禮相與，大夫以法相序，士以信相考，百姓以睦相守，天下之肥也。是謂大順。順〔一四〕者，所以養生送死，事鬼神之常也。故事大積焉而不苑〔一五〕，並行而不謬，細行而不失，深而通，茂而有間〔一六〕，連而不相及〔一七〕，動而不相害，此順之至也。明於順，然後乃能守危〔一八〕。

【校注】

〔一〕蘖：音「涅」，釀酒用的酵母，酒曲。

〔二〕聖人：備要本同，玉海堂本、同文本、四庫本、百子本作「聖王」。禮記禮運作「聖王」。

〔三〕講學以耨之：王肅注：「耨，除穢也。」禮記禮運鄭玄注：「存是去非類也。」孔穎達疏：「『講學以耨之』者，農夫種苗既畢，勤力耘鋤，去草養苗，則苗善矣。聖王以善道教民既畢，又須講説學習以勸課之，存是去非，則善也。」耨：小手鋤。本義指用耨除草。

〔四〕協諸義而協：禮記禮運鄭玄注：「協，合也。合禮於義，則與義合，不乖刺。」

〔五〕未有：備要本、百子本同，玉海堂本、同文本、四庫本作「未之有」。

〔六〕於：備要本、百子本同，玉海堂本、同文本、四庫本作「諸」。

〔七〕猶耕之而弗種：備要本、百子本同，玉海堂本、同文本、四庫本作「猶耕而不種」。

〔八〕爲：備要本同，玉海堂本、四庫本、同文本、百子本作「爲義」。

〔九〕弗：備要本、百子本同，玉海堂本、同文本、四庫本作「不」。

〔一〇〕不合以仁：備要本同，玉海堂本、同文本、四庫本、百子本作「不合之以仁」。

〔一一〕弗：備要本、百子本同，玉海堂本、同文本、四庫本作「不」。

〔一二〕膚革：指人體的皮膚。

〔一三〕「小」，備要本、百子本同，玉海堂本、同文本、四庫本「小」上有「而」字。

〔一四〕「順」，備要本、百子本同，玉海堂本、同文本、四庫本「順」上有「大」字。

〔一五〕苑：音「允」，鬱結。王肅注：「苑，滯積也。」

〔一六〕茂而有間：備要本同，玉海堂本、同文本、四庫本、百子本作「茂而不間」。王肅注：「言有理也。」禮記禮運孔穎達疏：「『茂而有間』者，謂萬國貢賦，庭實密茂，而國朝之間，自不廁雜。」

〔一七〕連而不相及：王肅注：「言有叙也。」

〔一八〕守危：王肅注：「高而不危，以長守危。」位高而危，能安守高位。

「夫禮之不同不豐殺〔一〕，所以持情而合危〔二〕也。山者不使居川，渚〔三〕者不使居原。用水、火、金、木，飲食必時〔四〕。冬合男女〔五〕，春頒爵位，必當年德〔六〕，皆所〔七〕順也。用民必順〔八〕，故無水旱昆蟲之災，民無凶饑妖孽之疾〔九〕。天不愛其道，地不愛其寶，人不愛其情，是以天降甘露，地出醴泉，山出器車〔一〇〕，河出馬圖〔一一〕，鳳凰麒麟皆在郊棷〔一二〕，龜龍在宫沼〔一三〕。其餘鳥獸及卵胎，皆可俯而窺也。則是無故，先王能循禮以達義，體信以達順，此順之實也。」

【校注】

〔一〕夫禮之不同不豐殺：備要本同，玉海堂本、同文本、四庫本、百子本作「夫禮之不同不豐不殺」，是。禮記禮運孔穎達疏：「『不豐也』者，禮應須少，不可求多也。『不殺也』者，禮應須多，不可殺少也。」殺：減少，降等。

〔二〕合危：王肅注：「合禮，安也。」禮記禮運鄭玄注：「豐、殺，謂天子及士，名位不同，禮亦異數，所以拱持其情，合安其危。」

〔三〕渚：音「主」，水中可以居住的小塊陸地。爾雅釋水：「水中可居者曰洲，小洲曰渚。」

〔四〕用水火金木，飲食必時：王肅注：「用水，漁人以時入澤梁，乃溉灌。用火，季春出火，季秋納火也。用金，以時采銅鐵。用木，斧斤以時入山林。飲食各隨四時之宜者也。」

〔五〕冬合男女：禮記禮運鄭玄注：「謂媒氏『令男三十而取，女二十而嫁』。」

〔六〕必當年德：一定要和年齡與德行相稱。禮記禮運孔穎達疏：「合男女使當其年，頒爵位必當其德。」

〔七〕所：備要本同，玉海堂本、同文本、四庫本、百子本作「所謂」。

〔八〕用民必順：王肅注：「悦以使民。」

〔九〕凶：莊稼收成不好。妖孽：反常的徵兆或現象。疢：痛苦，疢苦。

〔一〇〕山出器車：王肅注：「出銀甕、丹甑之器及象車也。」禮記禮運孔穎達疏：「山出器車，按禮緯斗威儀云：『其政大平，山車垂鉤。』注云：『山車，自然之車。垂鉤，不揉治而自圓曲。』」

〔一一〕河出馬圖：王肅注：「龍似馬，負圖出。」禮記禮運孔穎達疏：「按中候握河紀：『堯時受河圖，龍銜赤文緑色。』注云：『龍而形象馬，故云馬圖。』是龍馬負圖而出。又云：『伏羲氏有天下，龍馬負圖出於河，遂法之，畫八卦。』又龜書，洛出之也。」

〔一二〕郊棷：備要本、百子本同，玉海堂本、同文本、四庫本作「近郊」。棷：誤，當爲「棷」，音、義同「藪」，草澤。禮記禮運鄭玄注：「棷，聚草也。」

〔一三〕宫沼：帝王宫苑中的池沼。

孔子家語卷第八

冠頌第三十三

邾隱公〔一〕既即位，將冠〔二〕，使大夫因孟懿子〔三〕問禮於孔子。子曰：「其禮如世子〔四〕之冠。冠於阼者，以著代也〔五〕。醮於客位，加其有成〔六〕，三加彌尊，導喻其志〔七〕。冠而字之，敬其名也。雖天子之元子，猶士也，其禮無變。天下無生而貴者，故也行冠事必於祖廟。以祼享之禮以將之〔八〕，以金石之樂節之〔九〕，所以自卑而尊先祖，示不敢擅。」

（此記載又見於儀禮士冠禮、禮記郊特牲、左傳襄公九年）

【校注】

〔一〕邾隱公：春秋時邾國國君，名益，曹姓。邾，周武王時所封，後爲魯附庸，在今山東鄒城境内。

〔二〕冠：男子的成人禮。男子二十加冠曰冠。

〔三〕因：通過。孟懿子：孔子弟子，仲氏，名何忌。

〔四〕世子：天子、諸侯的嫡長子。

〔五〕冠於阼者，以著代也：王肅注：「阼，主人之階，以明其代父。」阼：大堂前東面的臺階。古時主人見賓客，主人由東階，賓客由西階升堂，故阼階又稱主人之階。著：表明。

〔六〕醮於客位，加其有成：王肅注：「冠於階，若不體（四庫本作「醴」）則醮，用酒於客位，敬而成之。户西爲客位。」醮：音「叫」，冠禮、婚禮中的一種簡單儀式，尊者對卑者酌酒，卑者接受敬酒後飲盡，不需要回敬。

〔七〕三加彌尊，導喻其志：三加：三次加冠。王肅注：「喻其志，使加彌尊。宜敬成，始緇布，次皮弁，次爵弁。」導喻：教導。

〔八〕以裸享之禮以將之：王肅注：「裸，灌鬯也。灌鬯以享神，享獻將行也。」裸：音義同「灌」，祭祀的一種儀式，酌酒澆地以享神。

〔九〕以金石之樂節之：王肅注：「金石者，鐘磬也。」下「之」字，備要本、百子本同，玉海堂本、同文本、四庫本作「也」。

懿子曰：「天子未冠即位，長亦冠也？」孔子曰：「古者王世子雖幼，其即位，則尊爲人君。人君治成人之事者，何冠之有？」懿子曰：「然則諸侯之冠異天子與〔一〕？」孔子曰：「君薨而世子主喪，是亦冠也已。人君無所殊也〔二〕。」

【校注】

〔一〕然則諸侯之冠異天子與：王肅注：「怪天子無冠禮，如諸侯之冠，故問之。」

〔二〕人君無所殊也：王肅注：「諸侯亦人君，與天子無異。」

懿子曰：「今邾君之冠，非禮也〔一〕？」孔子曰：「諸侯之有冠禮也，夏之末造也〔二〕。有自來矣，今無譏焉〔三〕。天子冠者，武王崩，成王年十有三而嗣立。周公居冢宰，攝政以治天下。明年夏六月，既葬〔四〕。冠成王而朝于祖，以見諸侯，亦〔五〕有君也。周公命祝雍作頌〔六〕，曰：『祝王達而未幼。』祝雍辭曰：『使王近於民〔七〕，遠於年〔八〕，嗇於時〔九〕，惠於財，親賢而任能。』其頌曰：『令月吉日，王始加元服〔一〇〕。去王幼志，服衮職〔一一〕。欽若昊命〔一二〕，六合是式〔一三〕。率爾祖考〔一四〕，永永無極。』此周公之制也。」

【校注】

〔一〕今郗君之冠，非禮也：王肅注：「懿子亦諸侯無冠（亦，玉海堂本、四庫本作「以」），則郗君之冠非也。」

〔二〕諸侯之有冠禮也，夏之末造也：王肅注：「夏之末世乃造諸侯冠禮。」

〔三〕有自來矣，今無譏焉：王肅注：「言有所從來，故今無所譏。」

〔四〕王肅注：「周書亦曰：『歲十有三，武王崩，元年六月葬。』與此若合符。而説者横爲年紀，蹙促成年少，又命周公、武王崩後五月乃攝政，良可爲冠與，痛哉！」

〔五〕亦：備要本、百子本同，玉海堂本、同文本、四庫本作「示」。

〔六〕祝雍：周大夫。頌：古代的一種文體。詩周南關雎序：「頌者，美盛德之形容，以其成功告于神明者也。」

〔七〕使王近於民：王肅注：「常得民之心也。」

〔八〕遠於年：王肅注：「壽長。」孫志祖疏證曰：「説苑作『遠於佞』。『年』、『佞』聲相近。注以爲壽，非。」

〔九〕嗇於時：王肅注：「嗇，愛也。於時，不奪民時也。」

〔一〇〕令：美好。元服：冠，帽子。元：首也。冠者首之所戴，故謂之元服。古稱行冠禮爲加元服。

〔一一〕服衮職：王肅注：「衮職，盛服有禮文也。」服：備要本、百子本同，玉海堂本、同文本、四庫本作「心」。

〔一二〕欽若昊命：王肅注：「欽，敬。若，順。」昊命：天命。備要本同；玉海堂本、同文本、四庫本、百子本作「昊天」，是。

〔一三〕六合是式：王肅注：「天地四方謂之六合。言爲之法式。」

〔一四〕率：語助詞。爾：你，你們。祖考：祖先。

懿子曰：「諸侯之冠，其所以爲賓主，何也？」孔子曰：「公冠則以卿爲賓，無介。公自爲主，迎賓，揖升自阼，立于席北。其醴也則如士，饗之以三獻之禮〔一〕。既醴，降自阼階〔二〕。諸侯非公而自爲主者，其所以異，皆降自西階〔三〕。玄端與皮弁〔四〕，異朝服素畢〔五〕，公冠四加〔六〕，玄冕祭〔七〕，其酬幣于賓，則束帛乘馬〔八〕，王太子、庶子之冠擬焉〔九〕，皆天子自爲三〔一〇〕，其禮與士無變，饗食賓也皆同。」

【校注】

〔一〕三獻之禮：祭祀時獻酒三次，即初獻爵、亞獻爵、終獻爵，合稱三獻。

〔二〕阼階：備要本同，玉海堂本、同文本、四庫本、百子本無「階」字。

〔三〕西階：王肅注：「西階，賓也。」

〔四〕玄端與皮弁：王肅注：「玄端，緇布冠之服。皮弁，自服其服也。」玄端：緇布衣，即黑色禮服。皮弁：白鹿皮製作的冠。

〔五〕異朝服素畢：王肅注：「服朝（當爲「朝服」）而畢，示不忘古。」畢：通「韠」，朝服上的護膝，以白色皮革製成。

〔六〕公冠四加：王肅注：「公四加冠。」孫志祖疏證曰：「儀禮目録疏云：公冠四加者，緇布、皮弁、爵弁，後加玄冕。天子亦四加，後當加衮冕矣。」

〔七〕玄冕祭：王肅注：「加玄冕，着祭服。」玄冕：天子、諸侯祭祀的禮服。

〔八〕其酬幣于賓，則束帛乘馬：王肅注：「已冠而饗，既饗，與賓幣，謂之人幣（玉海堂本、四庫本作「謂之酬幣」）。乘馬，駟馬也。」酬幣：主人獻給賓的禮物。束帛：帛五匹爲束。

〔九〕王太子、庶子之冠擬焉：王肅注：「王之太子、庶子皆擬諸侯冠禮也。」

〔一〇〕三：玉海堂本、同文本、四庫本、百子本、備要本作「主」，是。

懿子曰：「始冠必加緇布之冠，何也？」孔子曰：「示不忘〔一一〕古。太古冠布，齋則緇之，其緌也，吾未之聞〔二〕。今則冠而幣之〔三〕可也。」

【校注】

〔一〕忘：備要本、百子本同，玉海堂本、同文本、四庫本作「亡」。

〔二〕其緌也，吾未之聞：王肅注：「言今有緌，未聞之於古，古無緌也。緌，冠之飾也。」緌：帽帶的下垂部分。

〔三〕今則冠而幣之：王肅注：「今不復冠幣布，幣之不復者也（四庫本作「今不復冠白布，敝之不復著也」）。」幣：通「敝」，丢棄，棄置。

懿子曰：「三王〔一〕之冠，其異何也？」孔子曰：「周弁，殷哻，夏收，一也〔二〕。三王共皮弁素緌〔三〕。委貌，周道也；章甫，殷道也；毋追，夏后氏之道也〔四〕。」

【校注】

〔一〕三王：指夏、商、周三代君王。

〔二〕周弁，殷哻，夏收，一也：王肅注：「皆祭服也。」哻：玉海堂本、同文本、四庫本、百子本、備要本作「冔」，是。冔：音「許」。詩大雅文王：「厥作裸將，常服黼冔。」鄭玄注：「冔，殷冠也。」

〔三〕素緌：備要本、百子本同，玉海堂本、同文本、四庫本作「素績」。

〔四〕委貌，周道也；章甫，殷道也；毋追，夏后氏之道也：王肅注：「常所服之冠也。」委貌：也作「委皃」，用皂絹做的冠。儀禮士冠禮：「委貌，周道也。」鄭玄注：「委，猶安也，言所以安正容貌。」章甫：即緇布冠。毋追：音「牟堆」，夏代冠名。

廟制第三十四

衛將軍文子將立三軍之廟於其家〔一〕，使子羔〔二〕訪於孔子。子曰：「公廟〔三〕設於私家，非古禮之所及，吾弗知。」

【校注】

〔一〕文子：王肅注：「文子，名彌牢（玉海堂本、四庫本作「彌牟」，是）。」衛靈公之孫，公子郢之子，曾立悼公，集衛國軍政大權於一身。三軍：備要本同，百子本作「三將軍」，玉海堂本、同文本、四庫本作「先君」，是。

〔二〕子羔：姓高，名柴，字子羔。孔子弟子。

〔三〕公廟：指諸侯國君之廟。

子羔曰：「敢問尊卑上下立廟之制可得而聞乎？」孔子曰：「天下有王，分地建國，設祖宗〔一〕，乃爲親踈貴賤多少之數。是故天子立七廟，三昭三穆〔二〕，與太祖之廟七〔三〕。太祖近廟〔四〕，皆月祭之。遠廟爲祧，有二祧焉〔五〕，享嘗〔六〕乃止。諸侯立五廟〔七〕，二昭二穆，與太祖之廟而五，曰祖考廟〔八〕，享嘗乃止。大夫立三廟〔九〕，一昭一穆，與太廟而三〔一〇〕，曰皇考廟，享嘗乃止。士立一廟〔一一〕，曰考廟，王考無廟，合而享嘗乃止〔一二〕。庶人無廟，四時祭於寢〔一三〕。此自有虞以至于周之所不變也〔一四〕。凡四代帝王之所謂郊者，皆以配天。其所謂禘〔一五〕者，皆五年大祭之所及也〔一六〕。應爲太祖者，則其廟不毁。不及太祖，雖在禘郊，其廟則毁矣〔一七〕。古者祖有功而宗有德，謂之祖宗者，其廟皆不毁〔一八〕。」

（此記載又見於禮記祭法、禮記王制）

【校注】

〔一〕設祖宗：王肅注：「祖有功，宗有德。」

〔二〕三昭三穆：昭、穆，古代宗法制度，宗廟中神主的排列次序，始祖居中，以下父子（祖、父）遞爲昭穆，左爲昭，右爲穆。周禮春官小宗伯：「辨廟祧之昭穆。」鄭玄注：「祧，遷主所藏之廟。自始祖之後，父曰昭，子曰穆。」

〔三〕與太祖之廟七：備要本同，玉海堂本、同文本、四庫本、百子本作「與太祖之廟而七」。

〔四〕近廟：高祖以下祖先的廟。王肅注：「近謂高祖，下親爲近。」

〔五〕遠廟爲祧，有二祧焉：王肅注：「祧，遠意，親盡爲祧。二祧者，高祖及父母祖是也。」祧：音「挑」，遠祖的廟。

〔六〕享嘗：王肅注：「四時祭也。」四時之祭，春祭曰享，夏祭曰禘，秋祭曰嘗，冬祭曰蒸。又爾雅釋天：「春祭曰祠，夏祭曰礿，秋祭曰嘗，冬祭曰蒸。」

〔七〕諸侯立五廟：王肅注：「降天子二也。」

〔八〕祖考廟：王肅注：「始祖廟也。」

〔九〕三廟：王肅注：「降諸侯二也。」

〔一〇〕與太廟而三：備要本同，百子本作「與太祖之廟」，玉海堂本、同文本、四庫本作「與太祖之廟而三」。

〔一一〕士立一廟：王肅注：「降大夫二也。」

〔一二〕王考無廟，合而享嘗乃止：王肅注：「祖合於父廟中。」王考：對已故祖父的尊稱。

〔一三〕寢：寢室、卧室。爾雅釋宫：「無東西廂有室曰寢。」

〔一四〕此自有虞以至于周之所不變也：王肅注：「自有虞以至於周，周禮不異，而説者以周有廟，以有文武，故祧當遷者，而以爲文廟（玉海堂本、四庫本作「而以爲文武之廟」），或有甚矣。禮典皆有七廟之文，唯喪服小記云：『王者禘其祖之所自，以其祖所出，以其祖配之，而立四廟。』謂始王者未有始祖，故立四廟。今有虞亦始王者，而既立七廟矣，則喪服小記之言亦妄矣。」

〔一五〕禘：古代重大的祭典之一。禮記王制：「天子諸侯宗廟之祭，春曰礿，夏曰禘，秋曰嘗，冬曰烝。」

〔一六〕皆五年大祭之所及也：王肅注：「殷周禘嚳，五年大祭而及。」

〔一七〕不及太祖，雖在禘郊，其廟則毁矣：王肅注：「諸禘享考無廟，郊亦無廟。后稷之所以有廟，自以太祖。故曰不爲太祖，雖在禘郊，其廟則毁。據后稷而言，殷人不郊冥，以冥有大功。契既爲太祖之廟，若復郊，則冥永不與於祀典，是以郊冥者也。」

〔一八〕古者祖有功而宗有德，謂之祖宗者，其廟皆不毁：「謂之」，備要本、百子本、同文本同，玉海堂本、四庫本作「諸見」。王肅注：「祖宗者，不毁之名。其廟有功者謂之祖，至於周文王是也；有德者謂之，周武王是。二廟自有祖宗，乃謂之二祧，又以爲配食明堂之名，亦可謂違聖指（玉海堂本作「亦可謂違聖指」），失寔事也。」

子羔問曰：「祭典〔一〕云：『昔有虞氏〔二〕祖顓頊而宗堯，夏后氏亦祖顓頊而宗禹，殷人祖契〔三〕而宗湯，周人祖文王而宗武王。』此四祖四宗，或乃異代，或其考祖之有功德，其廟可也。若有虞宗堯，夏祖顓頊，皆異代之有功德者也，亦可以存其廟乎？」孔子曰：「善，如汝所聞〔四〕也。如殷周之祖宗，其廟可以不毀，其他祖宗者，功德不殊，雖在殊代，亦可以無疑矣。詩云：『蔽芾甘棠，勿翦勿伐，邵伯所憩〔五〕。』周人之於邵公也，愛其人，猶敬其所舍之樹，況祖宗其功德而可以不尊奉其廟焉。」

【校注】

〔一〕祭典：祭祀禮儀法度一類書籍的合稱。

〔二〕有虞氏：古部落名，居於蒲阪（今山西永濟西蒲州縣），其首領爲舜。

〔三〕契：音「謝」，商朝的祖先，傳説是舜的臣子，因幫助禹治水有功而封於商（今河南商丘南）。

〔四〕聞：玉海堂本、同文本、四庫本、百子本、備要本皆作「問」。

〔五〕蔽芾甘棠，勿翦勿伐，邵伯所憩：語出詩召南甘棠。王肅注：「蔽芾，小貌。甘棠，杜也。憩，席（當爲「息」）也。」蔽芾：形容枝葉茂密。芾：音「費」，備要本、百子本同，玉海堂本、同文本、四庫本作「茀」。甘棠：即杜梨，棠梨樹。邵：玉海堂本、同文本、百子本、備要本同，四庫本作「召」，今本毛詩亦作「召」。邵伯，即召康公姬奭，西周初人。初受采邑於召。朱熹注：「召伯巡行南國，以布文王之政，或舍甘棠之下。其後人思其德，故愛其樹，而不忍傷也。」憩：「憇」的異體，休憩。

辯樂解第三十五

孔子學琴於師襄子〔一〕。襄子曰：「吾雖以擊磬爲官，然能於琴。今子於琴已習，可以益矣。」孔子曰：「丘未得其數〔二〕也。」（此及以下記載又見於史記孔子世家、韓詩外傳卷五）

【校注】

〔一〕師襄子：春秋時魯國人，善彈琴、擊磬。

〔二〕數：技術，技藝。孟子告子上：「今夫弈之爲數，小數也。」趙岐注：「數，技也。」焦循正義：「數之爲技，猶數之於術，即數之爲藝。」

有間〔一〕，曰：「已習其數，可以益矣。」孔子曰：「丘未得其志〔二〕也。」有間，曰：「已習其志，可以益矣。」孔子曰：「丘未得其爲人〔三〕也。」有間，曰〔四〕，孔子有所謬然〔五〕思焉，有所睪然高望而遠眺〔六〕。曰：「丘迨得其爲人矣，近黮而黑〔七〕，頎〔八〕然長，曠如望羊〔九〕，奄有四方〔一〇〕，非文王，其孰能爲此？」師襄子避席葉拱〔一一〕而對曰：「君子聖人也，其傳曰文王操〔一二〕。」

【校注】

〔一〕有間：過了一段時間。

〔二〕志：思想内涵，旨趣。

〔三〕爲人：作者是甚麽樣的人。

〔四〕「曰」字衍，當删。

〔五〕謬然：王肅注：「謬然，深思貌。」

〔六〕睪然：高遠的樣子。睪：音「高」，也寫作「睾」，通「皋」。眺：王肅注：「眺，見也。」

〔七〕丘迨得其爲人矣，近黮而黑：玉海堂本、同文本、四庫本作「黮而黑」，「矣」下有王肅注「迨，近」二字，可見是四部叢刊本將王肅注「近」字竄爲正文。黮：音「疸」。王肅注：「黮，黑貌。」

〔八〕頎：王肅注：「頎，長貌。」

〔九〕曠如望羊：王肅注：「曠，用志廣遠。望羊，遠視也。」望羊：也作「望洋」、「望陽」。

〔一〇〕奄有四方：王肅注：「奄，同也。文王之時，三分天下有其二。後周有四方，文王之功也。」奄：備要本、百子本同，玉海堂本、同文本、四庫本作「掩」。「奄」和「掩」皆有「覆蓋」、「囊括」義。詩魯頌閟宮：「奄有下國，俾民稼穡。」鄭玄箋：「奄猶覆也。」淮南子脩務訓：「萬物至衆，而不足以奄之。」高誘注：「奄，蓋之也。」漢書叙傳下：「掩有東土，自岱徂海。」

〔一一〕葉拱：王肅注：「葉拱，兩手薄其心也。」葉拱：行禮的一種形式，用兩手環拱靠近胸口。尚書大傳卷五：「子夏葉拱而進。」

〔一二〕文王操：琴曲名，相傳爲周文王所作。

子路鼓琴，孔子聞之，謂冉有曰：「甚矣！由之不才也。夫先王之制音也，奏中聲〔一〕以爲節，流入〔二〕於南，不歸於北。夫南者，生育〔三〕之鄉；北者，殺伐之城〔四〕。故君子之音，温柔居中，以養生育之氣，憂愁之感不加于心也，暴厲之動不在于體也。夫然者，乃所謂治安之風也。小人之音則不然，亢麗微末〔五〕，以象殺伐之氣，中和之感不載於心，温和之動不存于體。夫然者，乃所以爲亂之風。昔者舜彈五絃之琴，造南風之詩，其詩曰：『南風之薰兮，可以解吾民之慍兮。南風之時兮，可以阜吾民之財兮〔六〕。』唯脩此化，故其興也勃焉，德如泉流，至于今，王公大人述而弗忘。殷紂好爲北鄙之聲〔七〕，其廢也忽焉，至于今，王公大人舉以爲誡。夫舜起布衣，積德含和，而終以帝。紂爲天子，荒淫暴亂，而終以亡。非各所修之致乎？由今也匹夫之徒，曾無意于先王之制，而習亡國之聲，豈能保其六七尺之體哉？」冉有以告子路，子路懼而自悔，靜思不食，以至骨立。夫子曰：「過而能改，其進矣乎。」

（此及以下記載又見於禮記樂記）

【校注】

〔一〕中聲：中和之聲，和諧、適中的音樂。左傳昭公元年：「先王之樂，所以節百事也。故有五節，遲速本末以相及，中聲以降，五降之後，不容彈矣。」杜預注：「此謂先王之樂得中聲，聲成，五降而息也。」楊伯峻注：「宮商角徵羽五聲，有遲有速，有本有末，調和而得中和之聲，然後降於無聲。」

〔二〕流入：備要本、百子本同，玉海堂本、同文本、四庫本作「入」。

〔三〕生育：生育萬物。

〔四〕城：玉海堂本、同文本、四庫本、備要本同，百子本作「域」。

〔五〕亢麗微末：指音調激烈尖細。亢麗：猶言激烈。

〔六〕南風之時兮，可以阜吾民之財兮：王肅注：「得其時。阜，盛也。」

〔七〕北鄙之聲：一種粗俗放蕩的音樂。史記樂記：「紂爲朝歌北鄙之音，身死國亡……夫朝歌者不時也，北者敗也，鄙者陋也，紂樂好之，與萬國殊心，諸侯不附，百姓不親，天下畔之，故身死國亡。」

周賓牟賈〔一〕侍坐於孔子，孔子與之言，及樂，曰：「夫武之備誡之以久〔二〕，何也？」對曰：「病疾不得其衆〔三〕。」

【校注】

〔一〕賓牟賈：朱彝尊孔子弟子考認爲是孔子弟子，精通音樂。

〔二〕夫武之備誡之以久：王肅注：「武，謂周武。備誡，擊鼓警衆也。」周武：備要本同，玉海堂本、同文本、四庫本作「周舞」。禮記樂記鄭玄注：「武，謂周舞也。備戒，擊鼓警衆。」孔穎達疏：「武，謂周之武樂。欲作武樂之前，先擊鼓備戒其衆。備戒之後，久始作舞，故孔子問之云：『武樂先擊鼓備戒已久，乃始作舞何？』『對曰：病不得其衆也』者，此賓牟賈所答，亦有五，但三答是，二答非，今此答是也。」

〔三〕病疾不得其衆：備要本同，玉海堂本、同文本、四庫本、百子本無「疾」字。王肅注：「病，憂也。憂恐不得其士衆之心敬者也。」禮記樂記鄭玄注：「病，猶憂也，以不得衆心爲憂，憂其難也。」孔穎達疏：「病，謂憂也。言武王伐紂之時，憂病不得士衆之心，故先鳴鼓以戒士衆，久乃出戰。今武樂故令舞者久而不即出，是象武王憂不得衆心故也。『憂其難也』者，憂其不得士衆之難，故擊鼓久而不舞。」

「詠歎之，淫液〔一〕之，何也？」對曰：「恐不逮事〔二〕。」

【校注】

〔一〕淫液：王肅注：「淫液，歆淫滋味。」禮記樂記鄭玄注：「詠歎淫液，歌遲之也。」孔穎達疏：「淫液，謂音連延而流液不絶之意。」宋王應麟困學紀聞詩云：「朱子謂詠歎淫液，其味深長，最宜潛玩。」

〔二〕恐不逮事：王肅注：「言汲汲欲及此安民和衆事。」禮記樂記鄭玄注：「逮，及也。事，戎事也。」孔穎達疏：「此是賓牟賈答孔子之詞。所以舞前有此詠歎淫液之歌者，象武王伐紂，恐諸侯不至，不逮及戰事，故歌聲吟詠而歆羨。此答是也。」

「發揚蹈厲之已蚤〔一〕，何也？」對曰：「及時事〔二〕。」

【校注】

〔一〕發揚蹈厲之已蚤：王肅注：「厲，病。備戒雖久，至其發作又疾。」蚤：通「早」。發揚蹈厲：此指揮手頓足的舞蹈動作。

〔二〕及時事：王肅注：「欲令事及其時。」意爲把握時機進行戰事。

「武坐致右而軒左〔一〕，何也？」對曰：「非武坐〔二〕。」

【校注】

〔一〕武坐致右而軒左：王肅注：「右膝至地，左膝不至地也。」武：此處指表演武舞蹈的演員。坐：跪坐，雙膝跪地，臀部坐在脚後跟上。致右：右膝着地。軒左：左膝擡起。軒：擡起，提起。

〔二〕非武坐：王肅注：「言無武坐。」不是武的跪法。

「聲淫及商〔一〕，何也？」對曰：「非武音也〔二〕。」

【校注】

〔一〕聲淫及商：王肅注：「言聲歆淫貪商。」商：指商調，聲音淒厲，主殺伐。

〔二〕非武音也：王肅注：「武王之事，不得已爲天下除殘賊，非苟貪商。」禮記樂記鄭玄注：「言武歌在正其軍，不貪商也。時人或説其義爲貪商也。」孔穎達疏：「『言武歌在正其軍，不貪商』者，解經『非武音』，言武歌象武王正其軍事，不得有貪商之歌，故知貪商者非武樂之音也。云『時人或説其義爲貪商也』者，解經中『聲淫及商』之義，言當時人不曉武音，謂此歌聲爲貪商，故云『或説其義爲貪商』。孔子以時人之意而問賓牟賈，然時人之説非也。孔子大聖，應知其非，而問之者，孔子雖知其非，而問賓牟賈，是知非而故問矣。」

孔子曰：「若非武音，則何音也？」對曰：「有司〔一〕失其傳也。」

【校　注】

〔一〕有司：職有專司，故稱爲有司。這裏指樂官。

孔子曰：「唯，丘聞諸萇弘〔一〕，若非〔二〕吾子之言是也。若非有司失其傳，則武王之志荒〔三〕矣。」

【校　注】

〔一〕萇弘：周敬王時大夫。相傳孔子曾向他學音樂。

〔二〕若非：玉海堂本、同文本、備要本、四庫本、百子本皆作「亦若」。

〔三〕荒：迷亂、昏瞶。

賓牟賈起，免席而請曰：「夫武之備誡之以久，則既聞命矣，敢問遲矣而又久立於綴，何也〔一〕？」

【校注】

〔一〕敢問遲矣而又久立於綴，何也：禮記樂記作「敢問遲之遲而又久，何也」。鄭玄注：「遲之遲，謂久立於綴。」可見「立於綴」是注文，四部叢刊本誤將其入正文。綴：指表演者所處的位置。

子曰：「居，吾語爾。夫樂者，象成者也〔一〕。總干而山立〔二〕，武王之事也〔三〕；發揚蹈厲，太公之志也〔四〕；武亂皆坐〔五〕，周邵之治也〔六〕。且夫武，始成而北出〔七〕，再成而滅商，三成而南反〔八〕，四成而南國是疆〔九〕，五成而分陝，周公左，邵公右〔一〇〕，六成而復綴，以崇其天子焉〔一一〕。衆夾振焉而四伐〔一二〕，所以盛威於中國；分陝而進，所以事蚤濟〔一三〕；久立於綴，所以待諸侯之至也。

【校注】

〔一〕夫樂者，象成者也：王肅注：「象成功而爲樂。」

〔二〕總干而山立：王肅注：「總持干若山立不動。」總：持，拿。干：盾牌。禮記樂記鄭玄注：「山立，猶正立也，象武王持盾正立待諸侯也。」

〔三〕也：備要本、百子本同，玉海堂本、同文本、四庫本無此字。

〔四〕發揚蹈厲，太公之志也：王肅注：「志在鷹揚。」太公：即姜太公，名尚，號太公望，曾輔助武王滅商。

〔五〕武亂皆坐：王肅注：「武亂，武治，皆坐而以象安民之事也。」亂：指樂曲的最後一章，樂舞進入尾聲。坐：跪坐。

〔六〕周邵之治也：禮記樂記孔穎達疏：「象周公、召公以文德治之。」

〔七〕此及以下諸句：禮記樂記鄭玄注：「成，猶奏也。每奏武曲一終爲一成。始奏，象觀兵盟津時也。再奏，象克殷時也。三奏，象克殷有餘力而反也。四奏，象南方荆蠻之國侵畔者服也。五奏，象周公、召公分職而治也。六奏，象兵還振旅也。復綴，反位止也。崇，充也。凡六奏以充武樂也。」

〔八〕三成而南反：王肅注：「誅紂已而南也。」

〔九〕四成而南國是疆：王肅注：「言有南國以爲疆界。」

〔一〇〕五成而分陝，周公左，邵公右：王肅注：「分東西而治也。」西周初年，以陝（今河南省陝縣）爲界，周公旦統轄以東的東方諸侯，召公奭統轄以西的西方諸侯。

〔一一〕六成而復綴，以崇其天子焉：王肅注：「以象尊天子也。六成，謂舞之節解也。」禮記樂記孔穎達疏：「『六成復綴以崇』者，綴，謂南頭初位，舞者從第三位南至本位，故言復綴以崇。崇，充也。謂六奏充其武樂，象武王之德充滿天下。……云『凡六奏以充武樂也』者，充，謂充備。言六奏其曲，武樂充備，故云『六奏以充武樂』，言武樂充備，是功成大平，周德充滿於天下也。」

〔一二〕眾夾振焉而四伐：王肅注：「夾武王，四面會振威武。四伐者，伐四方與紂同惡也。」振：振動金鐸（古代用來傳佈命令的大鈴）。焉：備要本、百子本同，玉海堂本、四庫本、同文本作「之」。四伐：指舞者按照金鐸聲的節奏向四方擊刺，以表示周武王威震四方。

〔一三〕分陝而進，所以事蚤濟：陝，他本同，四庫本作「夾」，禮記樂記也作「夾」。王肅注：「所以分陝而蚤進者，欲事蚤成。」張濤依據「分陝」，譯作：「分成兩隊如同分陝而治，這是象徵事業早成。」王國軒、王秀梅依據「分夾」，注「分夾」爲「分列」，譯作：「分列前進，表示戰事已經成功。」「夾」是，有「左右相持」義。

「今汝獨未聞牧野之語〔一〕乎？武王克殷而反商之政，未及下車，則封黄帝之後於薊〔二〕，封帝堯之後於祝〔三〕，封帝舜之後於陳〔四〕。下車，又封夏后氏之後於杞〔五〕，封殷之後於宋〔六〕，封王子比干〔七〕之墓，釋箕子〔八〕之囚，使人行商容之舊，以復其位〔九〕。庶民弛政〔一〇〕，庶士倍禄〔一一〕。既濟河西，馬散之華山之陽而弗復乘，牛散之桃林〔一二〕之野而弗復服。車甲則釁之而藏之諸府庫〔一三〕，以示弗復用。倒載干戈，而包之以虎皮。將率之士，使爲諸侯，命之曰鞬櫜〔一四〕。然後天下知武王之不復用兵也。散軍而修郊射〔一五〕，左射以貍首，右射以騶虞〔一六〕，而貫革之射息也；裨冕搢笏，而虎賁之士脱劍〔一七〕；郊祀〔一八〕后稷，而民知尊父焉；配明堂〔一九〕，而民知孝焉；朝覲，然後諸侯知所以臣；耕籍〔二〇〕，然後民知所以敬親。六者，天下之大教也。食三老五更於太學〔二一〕，天子袒而割牲，執醬而饋，執爵而酳〔二二〕，冕而總干〔二三〕，所以教諸侯之弟也〔二四〕。如此，則周道四達，禮樂交通。夫武之遲久，不亦宜乎？」

【校注】

〔一〕牧野之語：指關於牧野之戰的傳説。牧野：地名，今河南淇縣西南。周武王曾在牧野大敗殷紂王。史記周本紀對牧野之戰有簡略記述：帝紂聞武王來，亦發兵七十萬人距武王。武王使師尚父與百夫致師，以大卒馳帝紂師。紂師雖衆，皆無戰之心，心欲武王亟入。紂師皆倒兵以戰，以開武王。武王馳之，紂兵皆崩畔紂。紂走，反入登於鹿臺之上，蒙衣其殊玉，自燔於火而死。武王持大白旗以麾諸侯，諸侯畢拜武王，武王乃揖諸侯，諸侯畢從。武王至商，商百姓咸待於郊。於是武王使群臣告語商百姓曰：「上天降休！」商人皆再拜稽首，武王亦答拜。遂入，至紂死所。武王自射之，三發而後下車，以輕劍擊之，以黄鉞斬紂頭，懸大白之旗。已而至紂之嬖妾二女，二女皆經自殺。武王又射三發，擊以劍，斬以玄鉞，懸其頭於小白之旗。武王已乃出復軍。

〔二〕薊：地名，在今北京西南。

〔三〕祝：國名，在今濟南西南。

〔四〕陳：國名，在今河南淮陽與安徽亳縣一帶。

〔五〕杞：國名，在今河南杞縣。

〔六〕封殷之後於宋：王肅注：「武王伐殷，封其子禄父。武王崩，禄父叛，周公誅之。封微子於宋，以爲殷後。禄父不成殷後，故成言之。」封：備要本、百子本同，玉海堂本、同文本、四庫本無此字。宋：國名，在今河南商丘。

〔七〕王子比干：紂王的叔父，因直言勸諫，被剖心而死。

〔八〕箕子：紂王的叔父，官至太師，封於箕（今山西太古東北），因勸諫紂王被囚禁。

〔九〕使人行商容之舊，以復其位：王肅注：「商容，商之禮儀（當爲「禮官」）。其位，舊居也。傳説多以商容爲殷之賢人，或使箕子求商容乎？行，猶索也。」

〔一〇〕庶民弛政：王肅注：「解其力役之事。」指解除百姓在殷紂時所負擔的苛政。

〔一一〕庶士倍禄：備要本同，玉海堂本、同文本、四庫本、百子本無此四字。

〔一二〕桃林：王肅注：「桃林，西方塞也。」

〔一三〕車甲則釁之而藏之諸府庫：下「之」字衍，玉海堂本、同文本、四庫本、百子本、備要本皆無。釁：音「信」，古代用牲畜的血塗在器物的縫隙中，以血祭新製成的器皿。

〔一四〕將率之士，使爲諸侯，命之曰鞬櫜：備要本、百子本同，玉海堂本、同文本、四庫本無「曰」字。王肅注：「言所以藏弓矢而不用者，將率之士力也，故使以爲諸侯，爲之鞬櫜也。」率：通「帥」，主將。鞬櫜：音「監陀」，本指盛弓箭的器具，此指閉藏兵甲。

〔一五〕散軍而修郊射：王肅注：「郊有學官，可以習禮。」禮記樂記孔穎達疏：「『散軍而郊射』者，還鎬京，止武而習文也。郊射，射於射宫，在郊學之中也。天子於郊學而射，所以擇士簡德也。」

〔一六〕左射以貍首，右射以騶虞：王肅注：「左東學，右西學，貍首、騶虞所爲節也。」禮記樂記孔穎達疏：「『左射貍首』者，左，東學也，亦在於東郊。貍首，諸侯之所射詩也。周立虞庠之學於西郊，故知使諸侯習射於東，學歌貍首詩也。……『右射騶虞』者，右是西學，在西郊也。騶虞，天子於西學中習射也。騶虞，白虎黑文，義應之獸也，故知唯天子射歌之詩。其騶虞篇云：『彼茁者葭，一發五豝。』鄭注射義云：『一發五豝，喻得賢者多也。』」

〔一七〕 裨冕搢笏，而虎賁之士脱劍：王肅注：「衮冕之屬，通謂之裨冕。脱劍，解劍也。」裨：音「皮」，古代祭祀時穿的次等禮服。虎賁之士：勇猛的武士。

〔一八〕 祀：備要本、百子本同，玉海堂本、同文本、四庫本作「配」。

〔一九〕 明堂：帝王宣明政教、舉行大典的地方。

〔二〇〕 耕籍，然後民知所以敬親：王肅注：「親耕籍田，所以奉祠祀之粢盛。」籍田，天子、諸侯徵用民力耕種的田。相傳天子籍田千畝，諸侯百畝。每逢春耕前，由天子、諸侯執耒耜在籍田上三推或一撥，稱爲「籍禮」，也即親耕儀式，以示對農業的重視。

〔二一〕 食三老五更於太學：食：通「飼」，拿食物給人吃，引申爲招待、供養。三老五更：相傳古代朝廷設三老五更各一人，皆爲致仕的官吏，天子以父兄之禮對待，以示敬老。

〔二二〕 執爵而酳：王肅注：「食已飲酒，謂之酳也。」酳：音「印」，以酒漱口。

〔二三〕 冕而總干：王肅注：「親在舞位。」指親自戴上帽子，手持盾牌跳舞。

〔二四〕 弟：同「悌」，敬順長上。也：備要本、百子本同，玉海堂本、同文本、四庫本無此字。

問玉第三十六

子貢問於孔子曰：「敢問君子貴玉而賤珉〔一〕，何也？爲玉之寡而珉多歟？」孔子曰：「非爲玉之寡故貴之，珉之多故賤之。夫昔者君子比德於玉：温潤而澤，仁也；縝密以栗〔二〕，智也；廉而不劌〔三〕，義也；垂之如墜，禮也〔四〕；叩之，其聲清越而長，其終則詘〔五〕然，樂矣；瑕不掩瑜〔六〕，瑜不掩瑕，忠也；孚尹旁達，信也〔七〕；氣如白虹，天也；精神見于山川，地也〔八〕；珪璋特達〔九〕，德也；天下莫不貴者，道也。詩〔一〇〕云：『言念君子，温其如玉。』故君子貴之也。」

（此記載又見於禮記聘義、荀子法行）

【校注】

〔一〕貴玉而賤珉：備要本、百子本同，玉海堂本、同文本、四庫本作「玉貴而珉賤」。珉：王肅注：「珉，石似玉。」説文解字：「珉，石之美者。」

〔二〕縝密以栗：王肅注：「縝密，緻塞貌。栗，堅也。」指玉細緻精密而堅實。

〔三〕廉而不劌：王肅注：「劌而有廉隅，而不劌傷也。」廉：有棱角。劌：音「貴」，傷、割。

〔四〕禮也：王肅注：「禮尚謙卑。」

〔五〕詘：備要本、百子本、四庫本同，玉海堂本、同文本作「絀」。王肅注：「詘，斷絶貌，似樂之息。」詘：音「曲」，形容聲音戛然而止。

〔六〕瑕不掩瑜：王肅注：「瑜，其忠美者也（四庫本、玉海堂本作「其中美者也」）。」禮記聘義鄭玄注：「瑕，玉之病也。瑜，其中間美者。玉之性，善惡不相揜，似忠也。」瑕：玉的斑點。瑜：玉的光澤。

〔七〕孚尹旁達，信也：王肅注：「孚尹，玉貌。旁達，言似者無不通（四庫本、玉海堂本作「似信者無不通」）。」禮記聘義鄭玄注：「孚，讀爲浮。尹，讀如竹箭之筠。浮筠，謂玉采色也。采色旁達，不有隱翳，似信也。」尹，音「云」，通「筠」，竹子上的青色。孚尹：指玉的色彩晶瑩剔透。旁達：發散到四方。

〔八〕精神見于山川，地也：王肅注：「精神本出山川，是故地也（四庫本、玉海堂本作「是故象地」）。」

〔九〕珪璋特達：珪、璋，玉制的禮器。古代用于朝聘、祭祀。聘享之禮所用玉器有珪、璋、璧、琮。獻璧、琮時都需要有襯墊物，即加放在束帛上奉獻；而珪、璋因其貴重，無需襯墊，而是直接奉上，故曰「特達」。禮記聘義鄭玄注：「特達，謂以朝聘也。璧琮則有幣，惟有德者無所不達，不有須而成也。」

〔一〇〕詩：指詩秦風小戎。

孔子曰：「入其國，其教可知也。其爲人也，温柔敦厚，詩教也；疏通知遠，書教也〔一〕；廣博易良，樂教也〔二〕；潔靜精微〔三〕，易教也；恭儉莊敬，禮教也；屬辭比事〔四〕，春秋教也。故詩之失愚〔五〕，書之失誣〔六〕，樂之失奢〔七〕，易之失賊〔八〕，禮之失煩，春秋之失亂〔九〕。其爲人也，温柔敦厚而不愚，則深於詩者矣；疏通知遠而不誣，則深於書者矣；廣博易良而不奢，則深於樂者矣；潔靜精微而不賊，則深於易者矣；恭儉莊敬而不煩，則深於禮者〔一〇〕；屬辭比事而不亂，則深於春秋者矣。天有四時者〔一一〕，春夏秋冬，風雨霜露，無非教也；地載神氣〔一二〕，吐納雷霆，流形庶物〔一三〕，無非教也。清明在躬，氣志如神〔一四〕，有物將至，其兆必先〔一五〕。是故天地之教，與聖人相參〔一六〕。其在詩曰：『嵩高惟嶽，峻極于天。惟嶽降神，生甫及申。惟申及甫，惟周之翰。四國于蕃，四方于宣〔一七〕。』此文、武之德〔一八〕；『矢其文德，協此四國〔一九〕。』此文王〔二〇〕之德也。凡三代之王，必先其令問〔二一〕。詩〔二二〕云：『明明天子，令問不已。』三代之德也。」

（此記載又見於禮記經解、禮記孔子閒居）

【校注】

〔一〕疏通知遠，書教也：禮記經解孔穎達疏：「『疏通知遠，書教也』者，書録帝王言誥，舉其大綱，事非繁密，是疏通；上知帝皇之世，是知遠也。」

〔二〕廣博易良，樂教也：禮記經解孔穎達疏：「『廣博易良，樂教也』者，樂以和通爲體，無所不用，是廣博；簡易良善，使人從化，是易良。」

〔三〕潔靜精微，易教也：内心潔淨，精察隱微。禮記經解孔穎達疏：「『絜靜精微，易教也』者，易之於人，正則獲吉，邪則獲凶，不爲淫濫，是絜靜。窮理盡性，言入秋毫，是精微。」

〔四〕屬辭比事：連綴文辭，排比史實。

〔五〕詩之失愚：王肅注：「敦厚（玉海堂本、四庫本作「敦厚之失」）。」禮記經解孔穎達疏：「『詩之失愚』者，詩主敦厚，若不節之，則失在於愚。」意爲過於誠樸敦厚，不知變通，就會導致憨直。

〔六〕書之失誣：王肅注：「知遠之失。」禮記經解孔穎達疏：「『書之失誣』者，書廣知久遠，若不節制，則失在於誣。」張濤譯曰：「書教的缺陷在於容易導致誣妄不實。」

〔七〕樂之失奢：禮記經解孔穎達疏：「『樂之失奢』者，樂主廣博和易，若不節制，則失在於奢。」張濤譯曰：「樂教的缺陷在於容易導致過度奢侈。」

〔八〕易之失賊：王肅注：「精微之失。」禮記經解孔穎達疏：「『易之失賊』者，易主絜靜嚴正，遠近相取，愛惡相攻，若不節制，則失在於賊害。」張濤注曰：「賊：謂入於怪誕，害於正理。」

〔九〕春秋之失亂：王肅注：「屬辭比事之失。」王國軒、王秀梅注曰：「亂加褒貶，意指褒貶失當。」張濤注曰：「謂妄爲褒貶，至於紊亂。」

〔一〇〕「者」下：備要本同，玉海堂本、百子本、同文本、四庫本有「矣」字。

〔一一〕者：備要本同，玉海堂本、同文本、四庫本、百子本無此字。

〔一二〕神氣：神妙靈異之氣。

〔一三〕流形庶物：指萬物在自然的滋養下生長繁育。

〔一四〕清明在躬，氣志如神：王肅注：「清明之德在身也，則其氣志如神也。」

〔一五〕有物將至，其兆必先：王肅注：「物，事也。言有事將至，必先有兆應之者也。」

〔一六〕參：配合，參驗。

〔一七〕語出詩大雅嵩高。王肅注：「岳降神靈和氣，生申、甫之大功也（玉海堂本、四庫本作「生申、甫成大功也」）。翰，幹。美其宗族世有大功於周。甫侯相穆王，制祥刑。申伯佐宣王，成德教。言能藩屏四國，宣王德化於天下也。」毛詩正義崧高毛亨傳曰：「崧，高貌。山大而高曰崧。嶽，四嶽也。東嶽岱，南嶽衡，西嶽華，北嶽恒。堯之時，姜氏爲四伯，掌四嶽之祀，述諸侯之職。於周則有甫、有申、有齊、有許也。峻，大。極，至也。嶽降神靈和氣，以生申、甫之大功。」鄭玄箋曰：「降，下也。四嶽，卿士之官，掌四時者也。……申，申伯也。甫，甫侯也。皆以賢知入爲周之楨幹之臣。四國有難，則往扞禦之，爲之蕃屏。四方恩澤不至，則往宣暢之。甫侯相穆王，訓夏贖刑，美此俱出四嶽，故連言之。」

〔一八〕此文、武之德：備要本同，玉海堂本、同文本、四庫本、百子本句末有「也」字。王肅注：「言文、武聖德，篤佐周家，正爲先王良佐，成中興之功。」

〔一九〕矢其文德，協此四國：王肅注：「毛詩：『矢其文德。』矢，陳。協，和。」矢：施佈，施行。矢：備要本、百子本、玉海堂本、同文本同，四庫本作「弛」。弛：音「施」，通「施」。

〔二〇〕文王：備要本、百子本、玉海堂本、同文本同，四庫本作「太王」。孫志祖疏證曰：「文王，禮記作『太王』。上文已有文武之德，當從禮記爲是。」

〔二一〕令問：美譽。令：美好。問：通「聞」，聲譽。

〔二二〕詩：指詩大雅江漢。

子張〔一〕問聖人之所以教。孔子曰：「師〔二〕乎，吾語汝，聖人明於禮樂，舉而措〔三〕之而已。」子張又問，孔子曰：「師，爾以爲必布几筵〔四〕，揖讓升降，酌獻酬酢〔五〕，然後謂之禮乎？爾以必行綴兆〔六〕，執羽籥〔七〕，作鐘鼓，然後謂之樂乎？言而可履，禮也；行而可樂，樂也。聖人力此二者，以躬己〔八〕南面。是故天下太平，萬民順伏，百官承事，上下有禮也。夫禮之所以興，衆之所以治也；禮之所以廢，衆之所以亂也。目巧之室，則有隩阼〔九〕，席則有上下，車則有左右，行則並隨，立則有列序，古之義也。室而無隩阼，則亂於堂室矣；席而無上下，則亂於席次〔一〇〕矣；車而無左右，則亂於車上矣；行而無並隨，則亂於階塗矣〔一一〕；列而無次序，則亂於著〔一二〕矣。昔者明王聖人，辯〔一三〕貴賤長幼，正男女內外，序親踈遠近，而莫敢相踰越者，皆由此塗出也。」

（此記載又見於禮記仲尼燕居）

【校注】

〔一〕子張：姓顓孫，名師，字子張，陳國人，孔子弟子。

〔二〕師：指顓孫師。

〔三〕措：施行，運用。

〔四〕几筵：也稱几席，古人憑依、坐卧的坐具。周禮春官：「司几筵掌五几、五席之名物，辨其用與其位。」几席乃祭祀的席位，後亦因以稱靈座。

〔五〕酌：斟酒。獻：獻酒。酬：主人向客人敬酒。酢：客人向主人敬酒。

〔六〕爾以必行綴兆：備要本同，玉海堂本、同文本、四庫本作「爾以爲必行綴兆」。綴兆：樂隊的行列位置。

〔七〕羽籥：祭祀或宴饗時舞者所持的舞具和樂器。羽：指雉羽。籥：音「越」，管樂器，有吹籥、舞籥兩種，吹籥似笛而短小，三孔；舞籥長而六孔，可執作舞具。

〔八〕躬己：孫志祖疏證曰：「案五帝德亦云：『率堯舊職，躬己而已。』躬己，蓋即恭己之意。」

〔九〕目巧之室，則有隩阼：王肅注：「言目巧作室，必有隩阼之位。室西南隅謂之隩。阼，阼階也。」目巧之室：指用目測巧思建造的房子。隩：音「澳」，通「奥」，指室中的西南角，是尊貴的位置。

〔一〇〕亂於席次：王肅注：「亂於席上之次第。」

〔一一〕行而無並隨，則亂於階塗矣：王肅注：「升階塗無並隨，則階塗亂。」塗：即「途」。階塗：臺階道路。

〔一二〕著：王肅注：「著，所立之位也。門屏之間謂之著也。」

〔一三〕辯：同「辨」，分辨。備要本、同文本、玉海堂本同，四庫本作「辨」。

屈節解第三十七

子路問於孔子曰：「由聞丈夫居世，富貴不能有益於物〔一〕，處貧賤之地而不能屈節以求伸，則不足以論乎人之域矣。」孔子曰：「君子之行己〔二〕，期〔三〕於必達於己。可以屈則屈，可以伸則伸。故屈節者所以有待〔四〕，求伸者所以及時〔五〕。是以雖受屈而不毁其節，志達而不犯於義〔六〕。」

【校注】

〔一〕富貴不能有益於物：王肅注：「以道濟物，不爲身也。」物：指人，衆人。左傳昭公十一年：「晉荀吴謂韓宣子曰：『不能救陳，又不能救蔡，物以無親。』」楊伯峻注引顧炎武曰：「物，人也。」

〔二〕行己：立身行事。

〔三〕期：備要本、百子本同，玉海堂本、同文本、四庫本作「其」。

〔四〕待：王肅注：「待，知求也。」等待有人瞭解和任用。

〔五〕及時：王肅注：「及良時也。」

〔六〕志達而不犯於義：王肅注：「合於義也乃行。」犯：違背、違犯。

孔子在衛，聞齊國田常將欲爲亂〔一〕，而憚鮑、晏〔二〕，因欲移其兵以伐魯。孔子會諸弟子而告之曰：「魯，父母之國，不可不救，不忍視其受敵。今吾欲屈節於田常以救魯，二三子誰爲使？」於是子路曰：「請往齊〔三〕。」孔子弗許。子張請往，又弗許。子石請往，又弗許。三子退，謂子貢曰：「今夫子欲屈節以救父母之國，吾三人請使而不獲往，此則吾子用辯之時也，吾子盍請行焉？」子貢請使，夫子許之。

【校注】

〔一〕聞齊國田常將欲爲亂：田常：又名陳恒、陳成子、田成子，春秋時齊國人。齊簡公四年，攻殺齊簡公，立簡公弟鰲爲平公，自爲相，專齊國政。爲亂：王肅注：「專齊，有無君之心也。」

〔二〕鮑、晏：王肅注：「鮑氏、晏氏，齊之卿大夫也。」

〔三〕子路曰「請往齊」：備要本同，玉海堂本、同文本、四庫本作「子路請往焉」，百子本作「子路曰：『請往焉』」。

遂如齊，説田常曰：「今子欲收功於魯，實難。不若移兵於吴，則易。」田常不悦。子貢曰：「夫憂在内者攻强，憂在外者攻弱，吾聞子三封而三不成，是則大臣不聽令〔一〕。戰勝以驕主，破國以尊臣，而子之功不與焉〔二〕，則交日疏於主，而與大臣争，如此則子之位危矣。」田常曰：「善！然兵甲〔三〕已加魯矣，不可更，如何？」子貢曰：「緩師，吾請於吴〔四〕，令救魯而伐齊，子因以兵迎之。」田常許諾。

（此及以下記載又見於史記仲尼弟子列傳）

【校注】

〔一〕子三封而三不成，是則大臣不聽令：您三次受封都没有成功，是因爲大臣們不聽命令。

〔二〕戰勝以驕主，破國以尊臣，而子之功不與焉：王肅注：「鮑、晏等率師，若破國，則益尊者也。」此語是説：戰勝了敵國會使國君更爲驕横，攻破了敵國會使鮑、晏等率師功臣更加尊貴，而您的功勞不會得到獎賞。與：獎賞。商君書君臣：「上以功勞與，則民戰；上以詩書與，則民學問。」

〔三〕兵甲：備要本、百子本同，玉海堂本、同文本、四庫本作「兵業」。

〔四〕請於吳：備要本同，玉海堂本、同文本、四庫本作「請救於吳」，百子本作「請往見吳王」。

子貢遂南説吳王曰：「王者不滅國，霸者無强敵，千鈞之重，加銖兩而移〔一〕。今以齊國而私千乘之魯，與吾〔二〕爭强，甚爲王患之。且夫救魯以顯名，以撫泗上〔三〕諸侯，誅暴齊以服晉，利莫大焉。名存亡魯，實困强齊，智者不疑。」吳王曰：「善！然吳常困越，越王今苦身養士，有報吳之心，子待我先〔四〕越，然後乃可。」子貢曰：「越之勁不過魯，吳之彊不過齊，而王置齊而伐越，則齊必〔五〕私魯矣。王方以存亡繼絶之名，棄齊而伐小越〔六〕，非勇也，勇而不避難〔七〕，仁者不窮約〔八〕，智者不失時，義者不絶世。今存越示天下以仁，救魯伐齊，威加晉國，諸侯必相率而朝，霸業盛矣。且王必惡越。臣請見越君，令出兵以從，此則實害越，而名從諸侯以伐齊。」

吴王悦，乃遣子貢之越。

【校注】

〔一〕千鈞之重，加銖兩而移：鈞、銖、兩均爲古代計算重量的單位。二十四銖爲一兩，十六兩爲一斤，三十斤爲一鈞。千鈞的重量，加上很輕的重量，形勢就會發生變化。

〔二〕吾：備要本、百子本同，玉海堂本、同文本、四庫本作「吴」。

〔三〕泗上：王肅注：「泗，水名也。」泗水，河川名，源出山東省泗水縣陪尾山，因四源並發而得名。泗上，泛指泗水北面的廣大地域。

〔四〕先：備要本同，玉海堂本、同文本、四庫本、百子本作「伐」。

〔五〕必：備要本、百子本同，玉海堂本、同文本、四庫本作「以」。

〔六〕棄齊：備要本同，玉海堂本、同文本、四庫本作「棄强齊」。百子本此句作「伐小越而畏强齊」。

〔七〕而：備要本同，玉海堂本、同文本、四庫本、百子本作「者」。

〔八〕窮約：貧賤、困窘。

越王郊迎，而自爲子貢御，曰：「此蠻夷之國，大夫何足儼然辱而臨之？」子貢曰：「今者吾説〔一〕吴王以救魯伐齊，其志欲之，而心畏越，曰『待我伐越而後可』，則破越必矣。且無報人之志而令人疑之，拙矣；有報人之意而使人知之，殆乎〔二〕；事未發而先聞者，危矣〔三〕。三者，舉事之患矣〔四〕。」勾踐頓首曰：「孤嘗不料力而興吴難〔五〕，受困會稽，痛於骨髓，日夜焦脣乾舌，徒欲與吴王接踵而死，孤之願也。今大夫幸告以利害。」子貢曰：「吴王爲人猛暴，群臣不堪。國家疲弊，百姓怨上，大臣内變。申胥〔六〕以諫死，大宰嚭〔七〕用事，此則報吴之時也。王誠能發卒佐之，以邀射〔八〕其志，而重寶以悦其心，卑辭以尊其禮，則其伐齊必矣。此聖人所謂屈節求其達者也。彼戰不勝，王之福；若勝，則必以兵臨晉。臣還，北請見晉君共攻之，其弱吴必矣。鋭兵盡於齊，重甲困於晉，而王制其弊焉。」越王頓首許諾。

【校注】

〔一〕説：勸説，遊説。

〔二〕乎：四庫本同，玉海堂本、同文本、備要本作「矣」，百子本作「也」。

〔三〕矣：玉海堂本、同文本、四庫本、備要本同，百子本作「也」。

〔四〕矣：備要本同，玉海堂本、同文本、四庫本、百子本作「也」。

〔五〕難：发難，戰亂。

〔六〕申胥：王肅注：「申胥，伍子胥也。」

〔七〕嚭：音「匹」。王肅注：「嚭，吴王佞臣也。」

〔八〕邀射：追求，謀取。王肅注：「邀，激其志。」

子貢返〔一〕五日，越使大夫文種〔二〕頓首言於吴王曰：「越悉境内之士三千人以事吴。」吴王告子貢曰：「越王欲身從寡人，可乎？」子貢曰：「悉人之率衆〔三〕，又從其君，非義也。」吴王乃受越王卒，謝留勾踐。遂自發國内之兵以伐齊，敗之。子貢遂北見晉君，令承其弊，吴、晉遂遇於黄池。越王襲吴之國，吴王歸與越戰，滅焉〔四〕。孔子曰：「夫其亂齊存魯，吾之始願，若能强晉以弊吴，使吴亡而越霸者，賜之説之也〔五〕。美言傷信，慎言哉〔六〕。」

【校注】

〔一〕返：備要本、四庫本同，玉海堂本、同文本作「反」。

〔二〕文種：人名，字少禽（一作子禽）。楚國郢人。後入越，爲越大夫，與范蠡同事越王勾踐，出計滅吴，功成，范蠡勸之去，不聽。後勾踐聽信讒言，賜劍令自殺。

〔三〕率衆：備要本、百子本同，玉海堂本、同文本、四庫本作「衆」。

〔四〕滅焉：吴國滅亡。

〔五〕賜之説之也：是子貢遊説的結果。説之：備要本同，玉海堂本、同文書局、四庫本作「説」。

〔六〕美言傷信，慎言哉：王肅注：「孔子以哀公十六年卒，吴以二十二年滅。時吴知己將亡而言之也。」

孔子弟子有宓子賤〔一〕者，仕於魯，爲單父宰〔二〕。恐魯君聽讒言，使己不得行其政，於是辭行，故請君之近史〔三〕二人與之俱至官。宓子戒其邑吏，令二史書。方書，輒掣〔四〕其肘。書不善，則從而怒之。二史患之，辭請歸魯。宓子曰：「子之書甚不善，子勉而歸矣。」

【校注】

〔一〕宓子賤：姓宓，字子賤，名不齊。魯國人，孔子弟子。宓：音「密」。

〔二〕單父宰：單父，魯國邑名，故城在今山東單縣南。宰：官名，一邑之長。

〔三〕史：官名。周禮天官宰夫：「六曰史，掌官書以贊治。」鄭玄注：「贊治，若今起文書草也。」

〔四〕掣：拉，拽。

二史歸，報於君曰：「宓子使臣書而掣肘〔一〕，書惡，而又怒臣，邑吏皆笑之，此臣所以去之而來也。」魯君以問孔子。子曰：「宓不齊，君子也，其才任霸王之佐，屈節治單父，將以自試也。意者以此爲諫乎？」公寤〔二〕，太息而歎曰：「此寡人之不肖，寡人亂宓子之政而責其善者，非〔三〕矣。微〔四〕二史，寡人無以知其過；微夫子，寡人無以自寤。」遽發所愛之使告宓子曰：「自今已往，單父非吾有也，從子之制。有便於民者，子決爲之，五年一言其要。」宓子敬奉詔，遂得行其政，於是單父治焉。躬敦厚，明親親，尚篤敬，施至仁，加懇誠，致忠信，百姓化之。

【校注】

〔一〕掣肘：備要本、百子本同，玉海堂本、同文本、四庫本作「掣臣肘」。

〔二〕寤：通「悟」，醒悟。

〔三〕非：備要本、百子本同，玉海堂本、同文本、四庫本作「數」。

〔四〕微：無，如果没有。

齊人攻魯，道由單父。單父之老請曰：「麥已熟矣，今齊寇至，不及人人自收其麥，請放民出，皆穫傅郭〔一〕之麥，可以益糧，且不資於寇。」三請而宓子不聽。俄而齊寇逮于麥，季孫聞之怒，使人以讓宓子曰：「民寒耕熱耘，曾不得食，豈不哀哉？不知猶可，以告者而子不聽，非所以爲民也〔二〕。」宓子蹵然〔三〕曰：「今茲〔四〕無麥，明年可樹，若使不耕者穫，是使民樂有寇。且得單父一歲之麥，於魯不加强，喪之不加弱。若使民有自取之心，其創必數世不息。」季孫聞之，赧然〔五〕而愧曰：「地若可入，吾豈忍見宓子哉！」

【校注】

〔一〕傅郭：靠近外城。傅：靠近。郭：外城。

〔二〕也：備要本同，玉海堂本、同文本、四庫本、百子本無此字。

〔三〕蹵然：驚慚不安的樣子。備要本、百子本同，玉海堂本、同文本、四庫本作「蹙然」。

〔四〕今茲：今年。對於「年」，唐虞稱載，夏稱歲，殷稱祀，周稱茲。

〔五〕赧然：難爲情的樣子。赧，音「南」。

三年，孔子使巫馬期遠〔一〕觀政焉。巫馬期陰免衣，衣弊裘〔二〕，入單父界。見夜漁者得魚輒舍之，巫馬期問焉，曰：「凡漁者爲得，何以得魚即舍之？」漁者曰：「魚之大者名爲鱄，吾大夫愛之；其小者名爲鱦〔三〕，吾大夫欲長之，是以得二者輒舍之。」巫馬期返，以告孔子曰：「宓子之德，至使民闇行若有嚴刑於旁。敢問宓子何行而得於是？」孔子曰：「吾嘗與之言曰：『誠於此者刑乎彼。』宓子行此術於單父也。」

（此記載又見於吕氏春秋具備、淮南子道應訓）

【校注】

〔一〕巫馬期：孔子弟子，姓巫馬，字子期，名施，陳國人。遠：備要本、百子本同，玉海堂本、同文本、四庫本作「往」。

〔二〕陰免衣，衣弊裘：暗暗地脱去好衣服，穿上破皮裘。陰：暗地裏，偷偷的。

〔三〕鱄、鱦：王肅注：「鱄，宜爲鱣（玉海堂本、四庫本作「鱣」）。新序作『鱨』，鮑魚之懷任之者也（四庫本作「鱦魚之懷妊也」）。」鰆：音「愁」，大魚。鱦：音「硬」，小魚。

孔子之舊曰原壤，其母死，夫子將助之以沐槨[一]。子路曰：「由也昔者聞諸夫子曰[二]：『無友不如己者，過則勿憚改。』夫子憚矣，姑已[三]若何？」孔子曰：「『凡民有喪，匍匐救之[四]。』況故舊乎？非友也，吾其往。」

【校注】

〔一〕沐槨：整治棺材。百子本同，玉海堂本、同文本、四庫本、備要本作「木槨」。禮記檀弓下：「孔子之故人曰原壤，其母死，夫子助之沐槨。」鄭玄注：「沐，治也。」

〔二〕曰：備要本、百子本同，玉海堂本、同文本、四庫本無此字。

〔三〕姑已：王肅注：「姑，且也。已，止也。」

〔四〕凡民有喪，匍匐救之：語出詩邶風谷風。鄭玄箋：「匍匐，言盡力也。」

及爲槨，原壤登木[一]曰：「久矣，予之不託於音[二]也。」遂歌曰：「狸首之班然，執女手之卷然[三]。」夫子爲之隱，佯不聞以過之。子路曰：「夫子屈節而極於此，失其與矣，豈未可以已〔四〕乎？」孔子曰：「吾聞之，親者不失其爲親也，故者不失其爲故也。」

【校注】

〔一〕登木：敲打棺木。

〔二〕託於音：指用歌聲寄託感情。

〔三〕狸：狸貓。班：通「斑」，斑紋。女：你。卷：音「拳」。卷然：柔軟的樣子。

〔四〕已：此指絶交。

孔子家語卷第九

七十二弟子解第三十八

顔回，魯人，字子淵，年二十九而髮白〔一〕，三十一早死〔二〕。孔子曰：「自吾有回，門人日益親〔三〕。」回之〔四〕德行著名，孔子稱其仁焉〔五〕。

（此及以下記載又見於史記仲尼弟子列傳）

【校注】

〔一〕「字子淵」下，備要本同，玉海堂本、同文本、四庫本、百子本有「少孔子三十歲」一語。史記仲尼弟子列傳記曰：「回年二十九，髮盡白，蚤死。孔子哭之慟，曰：『自吾有回，門人益親。』魯哀公問：『弟子孰爲好學？』孔子對曰：『有顔回者好學，不遷怒，不貳過，不幸短命死矣，今也則亡。』」

〔二〕三十一早死：四庫本王肅注：「此書久遠，年數錯誤，未可詳校其年。則顔回死時，孔子年六十一歲，然伯魚五十，先孔子卒，卒時孔子且七十。此謂顏回先伯魚死，而論語云：顏回死，顏路請子之車以爲之槨。子曰：『鯉也死，有棺而無槨。』或爲設事之辭。」楊朝明、宋立林按曰：「『三十一』當爲『四十一』之訛。」

〔三〕親：備要本、百子本同，玉海堂本、同文本、四庫本無此字。四庫本王肅注：「顏回爲孔子疏附之友，能使門人益親夫子。」

〔四〕之：備要本同，玉海堂本、同文本、四庫本、百子本作「以」。

〔五〕孔子稱其仁焉：在孔門十哲中，顏回排在「德行」科之首。孔子稱讚曰：「賢哉，回也！一簞食，一瓢飲，在陋巷，人不堪其憂，回也不改其樂。」「回也，其心三月不違仁，其餘則日月至焉而已矣。」（論語雍也）

閔損，魯人，字子騫〔一〕，以德行著名，孔子稱其孝焉〔二〕。

【校注】

〔一〕「字子騫」下，玉海堂本、同文本、四庫本、百子本有「少孔子五十歲」一語。孫志祖疏證曰：「案索隱引作十五歲。」李啓謙孔門弟子研究曰：「『閔子騫……生於公元前五三六年（比孔子少十五歲）。」

〔二〕孔子稱其孝焉：論語先進篇記載：子曰：「孝哉，閔子騫！人不間於其父母昆弟之言。」孔子稱讚説：「真孝順啊，閔子騫！外人没有非議他父親、繼母、兄弟的言論。」二十四孝記載：「閔損，字子騫，早喪母。父娶後母，生二子，衣以棉絮；妒損，衣以蘆花。父令損御車，體寒，失紖。父察知故，欲出後母。損曰：『母在，一子寒；母去，三子單。』母聞，悔改。」這是説：後母虐待閔損，給親生兒子穿綿絮襖，給閔損穿蘆花衣。天氣寒冷，閔損凍得手僵，駕車時拿不住牛韁繩，遭到父親鞭打。結果打破衣服，露出蘆花，實情暴露。父親要休掉後母，閔損苦苦勸阻。後母感動，痛改前非。

冉耕〔一〕，魯人，字伯牛，以德行〔二〕著名，有惡疾，孔子曰：「命也夫〔三〕！」

【校注】

〔一〕冉耕：四庫本、備要本、百子本同，玉海堂本、同文本作「冉有」。

〔二〕德行：備要本同，玉海堂本、四庫本、同文本、百子本作「德」，無「行」字。

〔三〕命也夫：論語雍也篇記載：「伯牛有疾，子問之，自牖執其手，曰：『亡之，命矣夫！斯人也而有斯疾也！斯人也而有斯疾也！』」意思是説：弟子伯牛得了重病，孔子去探問，從窗外握着他的手，説：「没辦法啊，這是命呀！這人竟有這樣的病！這人竟有這樣的病！」孔子面對重病中的弟子，感到束手無策，只能着急和惋歎。

冉雍，字仲弓，伯牛之宗族〔一〕，生於不肖〔二〕之父，以德行著名〔三〕。

【校注】

〔一〕宗族：同一父系的家族。四庫本、備要本、玉海堂本、同文本同，百子本下有「少孔子二十九歲」一語。李啓謙孔門弟子研究曰：「仲弓……生於公元前五二二年（少孔子二十九歲）。」

〔二〕不肖：指貧賤，没出息。史記仲尼弟子列傳記曰：「仲弓父，賤人。孔子曰：『犁牛之子騂且角，雖欲勿用，山川其舍諸？』」意思是：耕牛的兒子長着赤色的毛和周正的角，雖然不想用它來做祭祀的犧牲，山川之神難道會捨棄它嗎？

〔三〕以德行著名：論語先進篇記載：「德行：顔淵、閔子騫、冉伯牛、仲弓。」公冶長篇記載：「或曰：『雍也仁而不佞。』」顔淵篇記載：「仲弓問仁。子曰：『出門如見大賓，使民如承大祭。己所不欲，勿施於人。在邦無怨，在家無怨。』」雍也篇記載：「子曰：『雍也可使南面。』」孔子是説，冉雍這個人，可以讓他去做官。

宰予，字子我，魯人，有口才著名〔一〕。

【校注】

〔一〕有口才著名：備要本同，玉海堂本、同文本、百子本、四庫本作「有口才，以言語著名」。仕齊，爲臨淄大夫，與田常爲亂，夷其三族。孔子耻之曰：『不在利病，其在宰予』」。在孔門十哲中，宰予屬於「言語」科。司馬遷評價他「利口辯辭」（史記仲尼弟子列傳）。就論語所記來看，宰予曾多次受到過孔子的批評：「宰予晝寢。子曰：『朽木不可雕也，糞土之牆不可杇也。』」（論語公冶長）宰予反對守三年之喪，被孔子批評爲：「予之不仁也！」（論語陽貨）宰予給孔子出刁鑽難題：「仁者，雖告之曰：『井有仁焉。』其從之也？」遭孔子駁斥：「何爲其然也？君子可逝也，不可陷也。可欺也，不可罔也。」（論語雍也）宰予問孔子：「有仁德的人，假如告訴他説井裏有可以行仁之事，他會馬上跳下去救人嗎？」孔子駁斥説：「爲甚麼要這樣做呢？君子可以爲求仁而死，但不可以被陷害。可以被欺騙，但不可以被愚弄。」

端木賜，字子貢，衛人〔二〕，有口才著名〔三〕。

【校注】

〔一〕「衛人」，備要本同，玉海堂本、同文本、百子本、四庫本「衛人」下有「少孔子三十一歲。有口才著名。孔子每詘其辯。家富累千金，常結駟連騎以造原憲。憲居蒿廬蓬户之中，與之言先王之義。原憲衣弊衣冠，并日蔬食，衎然有自得之志。子貢曰：『甚矣，子如何之病也。』原憲曰：『吾聞無財者謂之貧，學道不能行者謂之病，吾貧也，非病也。』子貢慙，終身耻其言之過。子貢行販，與時轉貨。歷相魯、衛而終齊」等語。

〔二〕有口才著名：史記仲尼弟子列傳記載：「子貢利口巧辭，孔子常黜其辯。問曰：『汝與回也孰愈？』對曰：『賜也何敢望回！回也聞一以知十，賜也聞一以知二。』……又問曰：『孔子適是國必聞其政，求之與？抑與之與？』子貢曰：『夫子温良恭儉讓以得之。夫子之求之也，其諸異乎人之求之也。』……子貢問曰：『富而無驕，貧而無諂，何如？』孔子曰：『可也；不如貧而樂道，富而好禮。』」

冉求，字子有，仲弓之族〔一〕，有才藝，以政事著名〔二〕。

【校注】

〔一〕族：備要本同，玉海堂本、同文本、四庫本、百子本作「宗族，少孔子二十九歲」。

〔二〕「以政事著名」下，備要本同，玉海堂本、同文本、四庫本、百子本有「仕爲季氏宰，進則理其官職，退則受教聖師，爲性多謙退。故孔子曰：『求也退，故進之』」等語。論語公治長記曰：「孟武伯問：『求也何如？』子曰：『求也，千室之邑，百乘之家，可使爲之宰也，不知其仁也。』」

仲由，弁〔一〕人，字子路〔二〕，有勇力才藝〔三〕，以政事著名〔四〕。

【校注】

〔一〕弁：春秋時魯邑，備要本、百子本、玉海堂本、同文本同，四庫本作「卞」。卞邑，即今山東省泗水縣東五十里之卞橋鎮。

〔二〕「字子路」下，備要本同，玉海堂本、同文本、四庫本、百子本有「一字季路，少孔子九歲」之語。

〔三〕有勇力才藝：史記仲尼弟子列傳記曰：「子路性鄙，好勇力，志伉直，冠雄雞，配豭豚，陵暴孔子。孔子設禮稍誘子路，子路後儒服委質，因門人請爲弟子。」對於子路過於剛勇的性格，孔子多有教誨：「由也好勇過我，無所取材。」（論語公冶長）「子路曰：『君子尚勇乎？』子曰：『君子義以爲上。君子有勇而無義爲亂，小人有勇而無義爲盜。』」（論語陽貨）「子路爲蒲邑大夫，辭孔子。孔子曰：『蒲多壯士，又難治。然吾語汝：恭以敬，可以執勇；寬以正，可以比衆；恭正以静，可以報上。』」（史記仲尼弟子列傳）

〔四〕「以政事著名」下，備要本同，玉海堂本、同文本、四庫本、百子本有「爲人果烈而剛直，性鄙而不達於變通，仕衛爲大夫，遇蒯聵與其子輒爭國，子路遂死輒難。孔子痛之曰：『自吾有由，而惡言不入於耳』」等語。關於蒯聵與其子輒爭國之事，史記仲尼弟子列傳有述：「初，衛靈公有寵姬曰南子。靈公太子蕢聵得過南子，懼誅出奔。及靈公卒，而夫人欲立公子郢。郢不肯，曰：『亡人太子之子輒在。』於是衛立輒爲君，是爲出公。出公立十二年，其父蕢聵居外，不得入。子路爲衛大夫孔悝之邑宰。蕢聵乃與孔悝作亂，謀入孔悝家，遂與其徒襲攻出公。出公奔魯，而蕢聵入立，是爲莊公。方孔悝作亂，子路在外，聞之而馳往。遇子羔出衛城門，謂子路曰：『出公去矣，而門已閉，子可還矣，毋空受其禍。』子路曰：『食其食者不避其難。』子羔卒去。有使者入城，城門開，子路隨而入。造蕢聵，蕢聵與孔悝登臺。子路曰：『君焉用孔悝？請得而殺之。』蕢聵弗聽。於是子路欲燔臺，蕢聵懼，乃下石乞、壺黶攻子路，擊斷子路之纓。子路曰：『君子死而冠不免。』遂結纓而死。孔子聞衛亂，曰：『嗟乎，由死矣！』已而果死。故孔子曰：『自吾得由，惡言不聞於耳。』」

言偃，魯人〔一〕，字子游〔二〕，以文學著名〔三〕。

【校注】

〔一〕魯人：孫志祖疏證曰：「案史記作吴人，索隱曰：『家語云魯人。偃仕魯爲武城宰耳。今吴郡有言偃塚，蓋吴郡人是也。』」李啓謙孔門弟子研究曰：「吴郡志古跡記載在常熟縣還保留有『言偃宅』的古跡，並説『宅有井，井邊有洗衣石，周四尺，皆其故物』。」

〔二〕「字子游」下，備要本同，玉海堂本、同文本、四庫本、百子本有「少孔子三十五歲，時習於禮」二句。史記仲尼弟子列傳所記有異：「言偃，吴人，字子游，少孔子四十五歲。」司馬貞索隱曰：「家語云魯人。按：偃仕魯爲武城宰耳。今吴郡有言偃塚，蓋吴郡人是也。」言偃生於公元前五〇六年，少孔子四十五歲。

〔三〕「以文學著名」下，備要本同，玉海堂本、同文本、四庫本、百子本有「仕爲武城宰，嘗從孔子適衛，與將軍之子蘭相善，使之受學於夫子」四句。史記仲尼弟子列傳記曰：「子游既已受業，爲武城宰。孔子過，聞弦歌之聲。孔子莞爾而笑曰：『割雞焉用牛刀？』子游曰：『昔者偃聞諸夫子曰：君子學道則愛人，小人學道則易使。』孔子曰：『二三子，偃之言是也。前言戲之耳。』孔子以爲子游習於文學。」論語先進篇記：「文學：子游、子夏。」

卜商，衛人〔一〕，無以尚〔二〕之。嘗返衛，見讀史志者云：「晉師伐秦，三豕〔三〕渡河。」子夏曰：「非也，己亥耳。」讀史志曰：「問諸晉史，果曰己亥。」於是衛以子夏爲聖。孔子卒後，教於西河〔四〕之上，魏文侯〔五〕師事之，而諮國政焉。

【校注】

〔一〕「衛人」下，備要本同，玉海堂本、同文本、四庫本、百子本有「字子夏，少孔子四十四歲，習於詩，能通其義，以文學著名。爲人性不弘，好論精微，時人無以尚之」等語。

〔二〕尚：超過。

〔三〕三豕：三頭豬。

〔四〕西河：戰國魏地。在今河南安陽。其時黄河流經安陽之東，西河意即河西。一説在今晉、陝間黄河左右。

〔五〕魏文侯：名斯，戰國時期魏國的建立者，公元前四四五至前三九六年在位。

顓孫師，陳人，字子張，少孔子四十八歲。爲人有容貌資質〔一〕，寬冲博接〔二〕，從容自務〔三〕，居不務立於仁義之行〔四〕，孔子門人友之而弗敬。

【校注】

〔一〕資質：謂人的天資、稟賦。

〔二〕寬冲博接：寬厚謙和，結交廣泛。

〔三〕自務：從事於自己的事業和理想。

〔四〕居不務立於仁義之行：王肅注：「子張不侮鰥寡，性凱悌寬冲，故子貢以爲未仁。然不務立仁義之行，故子貢激之，以爲未仁也。」論語子張曾子曰：「堂堂乎張也，難與並爲仁矣。」這是説：子張儀表堂堂，盛氣凌人，難以和他一同行仁。實際上，子張是嚮往行仁的：「子張問仁於孔子。孔子曰：『能行五者於天下，爲仁矣。』『請問之。』曰：『恭、寬、信、敏、惠。恭則不侮，寬則得衆，信則人任焉，敏則有功，惠則足以使人。』」（論語陽貨）並且具有一般人達不到的思想境界，他曾説：「君子尊賢而容衆，嘉善而矜不能。我之大賢與，於人何所不容？」（論語子張）

曾參，南武城〔一〕人，字子輿，少孔子四十六歲。志存孝道，故孔子因之以作孝經。齊嘗聘，欲與〔二〕爲卿而不就，曰：「吾父母老，食人之禄則憂人之事，故吾不忍遠親而爲人役。」

參後母遇之無恩，而供養不衰，及其妻以藜烝〔三〕不熟，因出之。人曰：「非七出〔四〕也。」參〔五〕曰：「藜烝，小物耳，吾欲使熟而不用吾命，況大事乎！」遂出之，終身不取妻。其子元請焉，告其子曰：「高宗以後妻殺孝己〔六〕，尹吉甫以後妻放伯奇〔七〕，吾上不及高宗，中不比吉甫，庸知其得免於非乎！」

【校注】

〔一〕南武城：春秋魯地，一説在今山東平邑，一説在今山東嘉祥。

〔二〕與：玉海堂本、同文本、四庫本、備要本、百子本作「以」。

〔三〕藜烝：採藜的嫩葉蒸熟爲食。藜：灰菜，嫩葉可食。烝：通「蒸」。宋代汪晫曾子全書三省篇作「蒸梨」，百子本作「梨烝」。

〔四〕七出：古代社會丈夫休妻的七種理由：一、無子；二、淫泆；三、不事公婆；四、口舌；五、盜竊；六、妬忌；七、惡疾。

〔五〕參：備要本、百子本同，玉海堂本、同文本、四庫本作「答」。

〔六〕高宗以後妻殺孝己：孝己爲殷高宗武丁太子，有至孝之行。其母早死，高宗惑於後妻之言，將他放逐，憂苦而死。

〔七〕尹吉甫以後妻放伯奇：伯奇爲周宣王大臣尹吉甫之子。母早死，因後母設計陷害，伯奇被放逐於野外。後由於宣王干預而得救，吉甫感悟，射殺其後妻。

澹臺滅明，武城〔一〕人，字子羽，少孔子四十九歲〔二〕，有君子之姿〔三〕。孔子嘗以容貌望其才，其才不充〔四〕孔子之望。然其爲人，公正無私，以取與去就，以諸爲名〔五〕。仕魯爲大夫也〔六〕。

【校注】

〔一〕武城：春秋魯地，在今山東平邑。

〔二〕四十九歲：史記仲尼弟子列傳作「三十九歲」。

〔三〕姿：備要本、百子本同，四庫本、玉海堂本、同文本作「資」。

〔四〕不充：不能滿足。

〔五〕取與去就：獲取與給予，離去或歸從。以諸爲名：以遵守諾言聞名。此人正直，論語雍也記載：「子游爲武城宰。子曰：『女得人焉爾乎？』曰：『有澹臺滅明者，行不由徑，非公事，未嘗至於偃之室也。』」這是説，子游做武城邑宰。孔子説：「你在此地得到人才了嗎？」子游回答説：「有個叫澹臺滅明的人，走路不抄小道，不是公事，從不到我屋裏來。」史記仲尼弟子列傳記載：「澹臺滅明……狀貌甚惡。欲事孔子，孔子以爲材薄。既已受業，退而修行，行不由徑，非公事不見卿大夫。南遊至江，從弟子三百人，設取予去就，名施乎諸侯。孔子聞之，曰：『吾以言取人，失之宰予；以貌取人，失之子羽。』

〔六〕也：備要本同，玉海堂本、同文本、四庫本、百子本無此字。

高柴，齊人，高氏之别族，字子羔，少孔子四十歲〔一〕，長不過六尺，狀貌甚惡。爲人篤孝而有法正〔二〕，少居魯，見知名於孔子之門，仕爲武城宰〔三〕。

【校注】

〔一〕四十歲：史記仲尼弟子列傳作「三十歲」。

〔二〕法正：禮法規矩。

〔三〕武城宰：武城的長官。

宓不齊〔一〕，魯人，字子賤，少孔子四十九歲〔二〕。仕爲單父宰〔三〕，有才智，仁愛百姓不忍欺，孔子大〔四〕之。

【校注】

〔一〕宓：姓，古讀「伏」，今讀「秘」。

〔二〕四十九歲：備要本、百子本同，玉海堂本、同文本、四庫本作「四十歲」，史記仲尼弟子列傳作「三十歲」。李啓謙孔門弟子研究從史記説，認爲宓子賤「生於公元前五二一年」。

〔三〕單父：春秋魯國邑名，在今山東單縣南。

〔四〕大：讚美。備要本、百子本同，玉海堂本、同文本、四庫本作「美」。

樊須，魯人，字子遲，少孔子四十六歲〔一〕，弱仕於季氏。

【校注】

〔一〕四十六歲：史記仲尼弟子列傳作「三十六歲」。李啓謙孔門弟子研究曰：「左傳哀公十一年記載，是歲齊伐魯，冉求率『左師』禦齊，當用樊遲爲車右時，季氏不同意，理由是『須（樊遲）也弱』。這裏的『弱』字是甚麽意思呢？禮記曲禮上説：『二十曰弱。』弱，也就是泛指二十歲左右的青年。哀公十一年（公元前四八四年），孔子六十八歲），樊遲二十歲左右，這和家語的説法（即生於前五〇五年），是相符合的。」

有若，魯人，字子有，少孔子三十六歲。爲人强識〔一〕，好古道也〔二〕。

【校注】

〔一〕强識：强記，博聞强識，指記憶力好。

〔二〕古道：古代之道，泛指古代的禮制、學術、思想、風尚等。論語學而記載：「有子曰：『禮之用，和爲貴，先王之道，斯爲美。小大由之，有所不行，知和而和，不以禮節之，亦不可行也。』」又載：「有子曰：『信近於義，言可復也。恭近於禮，遠耻辱也。因不失其親，亦可宗也。』」史記仲尼弟子列傳載：「孔子既没，弟子思慕，有若狀似孔子，弟子相與共立爲師，師之如夫子時也。」

公西赤，魯人，字子華，少孔子四十二歲。束帶立朝〔一〕，閑〔二〕賓主之儀。

【校注】

〔一〕束帶立朝：備要本、百子本同，玉海堂本、四庫本、同文本作「束帶立於朝」。

〔二〕閑：通「嫺」，嫺熟。

原憲，宋人，字子思，少孔子三十六歲。清淨守節，貧而樂道，孔子爲魯司寇，原憲嘗爲孔子宰[一]。孔子卒後，原憲退隱，居于衛[二]。

【校注】

〔一〕宰：家臣，管家。

〔二〕原憲退隱，居于衛：史記仲尼弟子列傳載：「孔子卒，原憲遂亡在草澤中。子貢相衛，而結駟連騎，排藜藿入窮閻，過謝原憲。憲攝敝衣冠見子貢。子貢耻之，曰：『夫子豈病乎？』原憲曰：『吾聞之，無財者謂之貧，學道而不能行者謂之病。若憲，貧也，非病也。』子貢慚，不懌而去，終身耻其言之過也。」

公冶長，魯人[一]，字子長，爲人能忍耻，孔子以女妻之[二]。

【校注】

〔一〕魯人：史記仲尼弟子列傳作「齊人」。

〔二〕以女妻之：把女兒嫁給他。論語公冶長載：「子謂公冶長：『可妻也，雖在縲絏之中，非其罪也。』以其子妻之。」

南宫韜〔一〕，魯人，字子容，以智自將〔二〕，世清不廢，世濁不洿〔三〕，孔子以兄子妻之〔四〕。

【校注】

〔一〕南宫韜：他本同，四庫本作「南宫縚」，史記仲尼弟子列傳作「南宫括」。

〔二〕自將：自己保全。

〔三〕洿：同「污」，污染。

〔四〕兄子：哥哥的女兒。史記仲尼弟子列傳記載：「南宫括字子容。問孔子曰：『羿善射，奡盪舟，俱不得其死然；禹稷躬稼而有天下？』孔子弗答。容出，孔子曰：『君子哉若人！上德哉若人！』『國有道，不廢；國無道，免於刑戮。』三復『白珪之玷』，以其兄之子妻之。」

公析哀〔一〕，齊人，字季沉〔二〕，鄙天下多仕於大夫家者，是故未嘗屈節人臣。孔子特歎貴之。

【校注】

〔一〕公析哀：通常作「公晳哀」。姓公晳，名哀，字季次。

〔二〕季沉：史記仲尼弟子列傳作「公皙哀字季次」。孫志祖疏證曰：「案索隱引家語作『公皙克』。季次，毛本作『季沉』，訛。」

曾點〔一〕，曾參父，字子皙，疾〔二〕時禮教不行，欲修之，孔子善焉。論語所謂「浴乎沂，風乎舞雩」〔三〕之下。

【校注】

〔一〕曾點：史記仲尼弟子列傳作「曾蒧」。

〔二〕疾：痛心、痛恨。

〔三〕浴乎沂，風乎舞雩：論語先進：「（孔子曰）『點，爾何如？』」（曾點）曰：『莫春者，春服既成，冠者五六人，童子六七人，浴乎沂，風乎舞雩，詠而歸。』夫子喟然歎曰：『吾與點也！』」沂：沂水，河名，源於山東鄒城東北，西流經曲阜與洙水合，入於泗水。舞雩：即舞雩臺，祈雨時舉行歌舞儀式之處，今曲阜城南一公里處有其舊址。

顏由〔一〕，顏回父，字季路〔二〕，孔子始教學於闕里〔三〕而受學，少孔子六歲。

【校注】

〔一〕顔由：他本同，百子本作「顔繇」。史記仲尼弟子列傳作「顔無繇」。

〔二〕季路：史記仲尼弟子列傳作「路」。孫志祖疏證曰：「此『季』字衍。」

〔三〕闕里：備要本、百子本同，玉海堂本、同文本、四庫本作「閭里」。今曲阜城内有闕里街，因有兩石闕，故名。

商瞿，魯人，字子木，少孔子二十九歲。特好易，孔子傳之〔一〕，志焉。

【校注】

〔一〕特好易，孔子傳之：史記仲尼弟子列傳記曰：「孔子傳易於瞿，瞿傳楚人馯臂子弘，弘傳江東人矯子庸疵，疵傳燕人周子家豎，豎傳淳于人光子乘羽，羽傳齊人田子莊何，何傳東武人王子中同，同傳菑川人楊何。何，元朔中以治易爲漢中大夫。」。

漆雕開〔一〕，蔡人，字子若〔二〕，少孔子十一歲，習尚書，不樂仕。孔子曰：「子之齒〔三〕可以仕矣，時將過。」子若報〔四〕其書曰：「吾斯之未能信〔五〕。」孔子悦焉。

【校注】

〔一〕漆雕開：孫志祖疏證曰：「案四書釋地三續曰：讀漢藝文志，孔子弟子漆雕啓，則知史列傳漆雕開字子開，上開本啓字，避漢景帝諱也。家語開字子若，失之。」

〔二〕子若：史記仲尼弟子列傳作「子開」，是。

〔三〕齒：指年齡。

〔四〕報：回答，回復。

〔五〕吾斯之未能信：王肅注：「言未能明信此書意。」論語公冶長記：「子使漆雕開仕。對曰：『吾斯之未能信。』子説。」孔子讓弟子漆雕開去做官。漆雕開回答説：「我對爲官之道還未弄明白（還需繼續學習）。」孔子聽了很高興。

公良儒〔一〕，陳人，字子正，賢而有勇。孔子周行〔二〕，常〔三〕以家車五乘從。

【校注】

〔一〕公良儒：備要本同，四庫本、同文本、玉海堂本、百子本作「公良孺」。

〔二〕周行：周遊列國。

〔三〕常：通「嘗」，曾經。

秦商，魯人，字不慈〔一〕，少孔子四歲。其父菫父〔二〕，與孔子父叔梁紇俱力聞〔三〕。

【校注】

〔一〕不慈：備要本、百子本、玉海堂本、同文本同，四庫本作「丕茲」，史記仲尼弟子列傳作「子丕」。李啓謙孔門弟子研究曰：「秦商……姓秦，名商，字子丕。孔子家語作『字不慈』，後人考證，『不慈』應爲『丕茲』。左傳哀公十年：『孟獻子以秦菫父爲右。生秦丕茲，事仲尼。』這裏説的秦丕茲，應就是秦商。」

〔二〕菫父：秦菫父，春秋時期魯國孟獻子家臣。

〔三〕叔梁紇：魯國大夫，孔子的父親。名紇（音「河」），字叔梁，治郰邑（今山東曲阜東南），稱郰大夫。俱力聞：備要本、百子本、四庫本、玉海堂本、同文本作「俱以力聞」。據説孔子的父親叔梁紇是一位武士，身長十尺，武力絶倫，任郰邑宰，作戰勇猛，攻打逼陽，力舉閘門，解救兵士。

顔刻〔一〕，魯人，字子驕，少孔子五十歲。孔子適衛，子驕爲僕〔二〕，衛靈公與夫人南子同車出，而令宦者雍梁參乘〔三〕，使孔子爲次乘，遊過市，孔子恥之。顔刻曰：「夫子何恥之？」孔子曰：「詩云：『覯爾新婚，以慰我心〔四〕。』」乃歎曰：「吾未見好德如好色者也。」

【校注】

〔一〕顔刻：備要本、玉海堂本、百子本、同文本同，四庫本作「顔亥」，史記仲尼弟子列傳作「顔高」。

〔二〕僕：駕車的人。

〔三〕雍梁：備要本、百子本同，四庫本、玉海堂本、同文本作「雍渠」。參乘：亦作「驂乘」，即陪乘。古時乘車，尊者在左，御者在中，一人在右陪乘，成爲參乘或車右。

〔四〕覯爾新婚，以慰我心：語出詩小雅車舝（音「霞」）。覯：音「够」，遇見。王肅注：「慰，安。」

司馬黎耕〔一〕，宋人，字子牛。牛爲性躁，好言語〔二〕，見兄桓魋行惡〔三〕，牛常憂之。

【校注】

〔一〕司馬黎耕：備要本、百子本同，四庫本、玉海堂本、同文本作「司馬耕」。

〔二〕性躁，好言語：史記仲尼弟子列傳記：「司馬耕字子牛。牛多言而躁。問仁於孔子，孔子曰：『仁者其言也訒。』曰：『其言也訒，斯可謂之仁乎？』子曰：『爲之難，言之得無訒乎！』問君子，子曰：『君子不憂不懼。』曰：『不憂不懼，斯可謂之君子乎？』子曰：『内省不疚，夫何憂何懼！』」

〔三〕桓魋（音「頹」）：春秋時宋國大夫，曾任司馬，爲人兇惡。孔子周遊列國路經宋國時，欲加害孔子。論語述而記：「子曰：『天生德於予，桓魋其如予何！』」後來作亂，敗而奔齊。

巫馬期〔一〕，陳人，字子期〔二〕，少孔子三十歲。孔子將近行，命從者皆持蓋〔三〕，已而果雨。巫馬期問曰：「旦無雲，既日出，而夫子命持雨具，敢問何以知之？」孔子曰：「昨暮月宿畢〔四〕，詩不云乎：『月離於畢，俾滂沱矣〔五〕。』以此知之。」

【校注】

〔一〕巫馬期：備要本、百子本同，玉海堂本、同文本、四庫本作「巫馬施」。

〔二〕子期：史記仲尼弟子列傳作「子旗」。

〔三〕蓋：遮陽障雨的用具，指傘蓋。

〔四〕月宿畢：備要本、百子本同，玉海堂本、同文本、四庫本作「月宿于畢」。

〔五〕月離於畢，俾滂沱矣：語出詩小雅漸漸之石。離：通「麗」，附着，靠近。畢：星名，二十八星宿之一，古人以爲此星主兵、主雨。

梁鱣，齊人，字叔魚，少孔子三十九歲〔一〕。年三十未有子，欲出〔二〕其妻。商瞿謂曰：「子未也，昔吾年三十八無子，吾母爲吾更取〔三〕室，夫子使吾之齊，母欲請留吾，夫子曰：『無憂也，瞿過四十，當有五丈夫〔四〕。』今果然。吾恐子自晚生耳，未必妻之過。」從之，二年而有子。

【校注】

〔一〕三十九歲：史記仲尼弟子列傳作「二十九歲」。

〔二〕出：休掉。

〔三〕取：通「娶」。

〔四〕丈夫：指男孩。

琴牢，衛人，字子開，一字張。與宗魯〔一〕友，聞宗魯死，欲往弔焉。孔子弗許，曰：「非義也。」

【校注】

〔一〕宗魯：衛國人，衛靈公兄衛公孟的驂乘。左傳昭公二十年記載：「初，齊豹見宗魯於公孟，爲驂乘焉。將作亂，而謂之曰：『公孟之不善，子所知也，勿與乘，吾將殺之。』對曰：『吾由子事公孟，子假吾名焉，故不吾遠也。雖其不善，吾亦知之。抑以利故，不能去，是吾過也。今聞難而逃，是僭子也。子行事乎，吾將死之，以周事子，而歸死於公孟，其可也。』丙辰，衛侯在平壽，公孟有事於蓋獲之門外，齊子氏帷於門外，而伏甲焉。使祝鼃置戈於車薪以當門，使一乘從公孟以出；使華齊御公孟，宗魯驂乘。及閎中，齊氏用戈擊公孟，宗魯以背蔽之，斷肱，以中公孟之肩。皆殺之。……琴張聞宗魯死，將往弔之。仲尼曰：『齊豹之盜，而孟縶之賊，女何弔焉？君子不食姦，不受亂，不爲利疚於回，不以回待人，不蓋不義，不犯非禮。』」

冉儒〔一〕，魯人，字子魚〔二〕，少孔子五十歲。

【校注】

〔一〕冉儒：備要本、百子本同，四庫本、玉海堂本、同文本作「冉孺」。

〔二〕子魚：備要本、玉海堂本、同文本、百子本同，四庫本作「子魯」。

顔辛〔一〕，魯人，字子柳，少孔子四十六歲。

【校注】

〔一〕顔辛：備要本、百子本同，四庫本、玉海堂本、同文本作「顏幸」。

伯虔，字楷〔一〕，少孔子五十歲。

【校注】

〔一〕楷：備要本、百子本同，四庫本、玉海堂本、同文本作「揩」。

公孫寵〔一〕，衛人，字子石，少孔子五十三歲。

【校注】

〔一〕公孫寵：備要本、百子本同，四庫本、玉海堂本、同文本作「公孫龍」。

曹邺〔一〕，少孔子五十歲。

【校注】

〔一〕曹卹：史記仲尼弟子列傳曰：「曹卹，字子循。」孫志祖疏證曰：「曹卹，春秋末蔡國人。姓曹，名卹，字子循。」

陳亢〔一〕，陳人，字子亢〔二〕，一字子禽，少孔子四十歲。

【校注】

〔一〕陳亢：論語季氏篇記載：「陳亢問於伯魚曰：『子亦有異聞乎？』對曰：『未也。嘗獨立，鯉趨而過庭。曰：「學詩乎？」對曰：「未也。」「不學詩，無以言。」鯉退而學詩。他日，又獨立，鯉趨而過庭。曰：「學禮乎？」對曰：「未也。」「不學禮，無以立。」鯉退而學禮。聞斯二者。』陳亢退而喜曰：『問一得三，聞詩，聞禮，又聞君子之遠其子也。』」

〔二〕子亢：備要本、百子本同，四庫本、玉海堂本、同文本作「子元」。

叔仲會，魯人，字子期，少孔子五十歲〔一〕，與孔琁〔二〕年相比。每孺子之執筆記事於夫子，二人迭侍〔三〕左右。孟武伯〔四〕見孔子而問曰：「此二孺子之幼也於學，豈能識於壯哉？」孔子曰：「然。少成則若性也，習慣若自然也。」

【校注】

〔一〕五十歲：備要本、百子本、玉海堂本、同文本同，四庫本作「五十四歲」。

〔二〕孔琁：備要本同，四庫本、玉海堂本、同文本、百子本作「孔璇」。

〔三〕孺子：兒童，後生。迭侍：輪流侍奉。

〔四〕孟武伯：春秋時魯國大夫，即孟孺子。

秦祖〔一〕，字子南。

【校注】

〔一〕秦祖：李啓謙孔門弟子研究曰：「秦祖，秦國人。姓秦，名祖，字子南。」

奚蒧，字子偕〔一〕。

【校注】

〔一〕奚蒧，字子偕：備要本、百子本同，四庫本、玉海堂本、同文本作「奚箴，字子楷」。蒧：

音「點」。

公祖茲〔一〕，字子之。

【校注】

〔一〕「公祖茲」下，百子本有「魯人」二字，四庫本、備要本、玉海堂本、同文本無。史記仲尼弟子列傳作「公祖句茲」。

廉潔，字子曹〔一〕。

【校注】

〔一〕廉潔，字子曹：史記仲尼弟子列傳作「廉絜，字庸」。

公西與，字子上〔一〕。

【校注】

〔一〕公西與，字子上：李啓謙孔門弟子研究曰：「公西與如，春秋末年人（大成通志作「魯國人」）。姓公西，名與如，字子上。」

宰父黑〔一〕，字子黑〔二〕。

【校注】

〔一〕宰父黑：備要本、百子本、玉海堂本、同文本同，四庫本作「罕父黑」，史記仲尼弟子列傳也作「罕父黑」。

〔二〕子黑：備要本、百子本同，四庫本、玉海堂本、同文本作「子索」，史記仲尼弟子列傳也作「子索」。

公西減〔一〕，字子尚。

【校注】

〔一〕公西減：備要本、玉海堂本、同文本同，四庫本、百子本作「公西蒧」。

穰駟赤，字子從〔一〕。

【校注】

〔一〕穰駟赤，字子從：李啓謙孔門弟子研究曰：「壤駟赤，春秋末年秦國人。姓壤駟，名赤，字子徒。」

冉季，字子産〔一〕。

【校注】

〔一〕「冉季」下，四庫本、備要本、玉海堂本、同文本同，百子本有「魯人」二字。

薛邦，字子從。

石處，字里之〔一〕。

【校注】

〔一〕「里之」：備要本、百子本同，四庫本、玉海堂本、同文本作「子里」。

懸亶，字子象。

左郢，字子行。

狄黑，字哲之。

商澤，字子秀〔一〕。

【校注】

〔一〕商澤，字子秀：李啓謙孔門弟子研究曰：「商澤，春秋末年魯國人（亦説吴國人）。姓商，名澤，字子季。」

任不齊，字子選〔一〕。

【校注】

〔一〕任不齊，字子選：李啓謙孔門弟子研究曰：「任不齊，春秋末年楚國人。姓任，名不齊，字子選（亦作字選）。」

榮祈，字子祺。

顏噲，字子聲。

原桃〔一〕，字子籍。

【校注】

〔一〕原桃：備要本、百子本同，四庫本作「原忼」，玉海堂本、同文本作「原抗」，史記仲尼弟子列傳作「原亢籍」。史記集解：「家語曰：『名亢，字籍。』」

公肩〔一〕，字子仲。

【校注】

〔一〕公肩：備要本、百子本同，四庫本、玉海堂本、同文本作「公賓」。

秦非，字子之。

漆雕從，字子文。

燕級〔一〕，字子思。

【校注】

〔一〕燕級：百子本同，四庫本、備要本、玉海堂本、同文本作「燕伋」。

公夏守，字子乘[一]。

【校注】

[一] 公夏守，字子乘：李啓謙孔門弟子研究曰：「公夏首，春秋末年魯國人。姓公夏，名首，字子乘（亦説字乘）。」

勾井疆，字子疆[一]。

【校注】

[一] 字子疆：備要本同，玉海堂本、同文本、四庫本、百子本無此三字。

步叔乘，字子車。

石子蜀[一]，字子明。

【校注】

[一] 石子蜀：備要本、百子本同，四庫本作「石作蜀」，玉海堂本、同文本作「右作蜀」。李啓謙孔門弟子研究曰：「石作蜀，春秋末年秦國人。姓石作，名蜀，字子明（有説姓石，名

作蜀)。」

邽選，字子斂[一]。

【校注】

〔一〕邽選，字子斂：備要本、百子本同，玉海堂本、同文本、四庫本作「邽巽，字子斂」。「邽」：音「圭」。

施之常，字子常[一]。

【校注】

〔一〕子常：備要本同，百子本無此二字，玉海堂本、同文本、四庫本作「子恒」。

申績[一]，字子周。

【校注】

〔一〕申績：備要本、百子本、同文本同，玉海堂本、四庫本作「申續」。

樂欣〔一〕，字子聲。

【校注】

〔一〕樂欣：備要本、百子本同，玉海堂本、同文本、四庫本作「樂欬」。

顏之僕，字子叔。

孔弗〔一〕，字子蔑。

【校注】

〔一〕孔弗，字子蔑：王肅注：「孔子兄弟。」備要本、百子本同，四庫本、玉海堂本、同文本作「孔忠，字子蔑」，附小字注：「孔子兄之子。」

漆雕侈〔一〕，字子斂。

【校注】

〔一〕漆雕侈：備要本、百子本同，玉海堂本、同文本、四庫本作「漆雕哆」，史記仲尼弟子列傳也作「漆雕哆」。史記集解：「鄭玄曰魯人。」侈、哆同音，皆音「耻」。

懸成，字子横[一]。

【校注】

〔一〕懸成，字子横：史記仲尼弟子列傳作「縣成，字子祺」。史記正義：「縣音玄。」

顔相，字子襄[一]。

【校注】

〔一〕顔相，字子襄：史記仲尼弟子列傳作「顔祖，字襄」。史記正義：「魯人。」

右件[一]夫子七十二人，弟子皆升堂入室[二]者。

【校注】

〔一〕件：備要本同，玉海堂本、同文本、四庫本、百子本無此字。

〔二〕升堂入室：典出論語先進：「子曰：『由之瑟，奚爲於丘之門？』門人不敬子路。子曰：『由也升堂矣，未入於室也。』」堂：正廳。室：内室。升堂入室，比喻學識技藝的深淺程度，升堂喻已有所成就，入室喻已得其奥妙，或説達到了很高的境界。後以「升堂入室」喻人學問造詣精深。

本姓解第三十九

孔子之先，宋之後也。微子啓〔一〕，帝乙之元子〔二〕，紂之庶兄，以圻〔三〕内諸侯入爲王卿士。微，國名；子，爵。初，武王尅殷，封紂之子武庚於朝歌〔四〕，使奉湯祀。武王崩，而與管、蔡、霍三叔作難〔五〕，周公相成王東征之。二年，罪人斯得，乃命微子於殷後，作微子之命由之〔六〕。與國于宋，徙殷之子孫，唯微子先往仕周，故封之賢。其弟曰仲思，名衍，或名泄，嗣微之〔七〕後，故號微仲。生宋公稽，冑子〔八〕雖遷爵易位，而班級〔九〕不及其故者，得以故官爲稱。故二微雖爲宋公，而猶以微之號自終。至于稽，乃稱公焉。宋公生丁公申，申公生緡公共及襄公熙〔一〇〕，熙生弗父何及厲公方祀，方祀以下，世爲宋卿。

（此記載又見於史記宋微子世家）

【校注】

〔一〕微子啓：殷紂王同母庶兄，宋國國君。微：畿内國名。子：封爵。啓：名。紂王淫亂，啓數諫不從，遂出走。周武王滅商，投周朝，封於宋。孔子稱之，將其與箕子、比干譽爲殷之「三仁」。

〔二〕帝乙：殷代帝王，爲微子與紂王之父。元子：天子或諸侯的長子。

〔三〕圻：畿，京畿。古稱天子直轄之地。

〔四〕武庚：紂王之子，名禄父。周武王滅商，封其於殷故地，以奉殷祀。武王死後，武庚與管叔、蔡叔、霍叔等叛亂，被周公所滅。朝歌：殷代末期的别都，在今河南淇縣。爲武乙所建，紂因之。武王滅商，封康叔於此，是爲衛國。

〔五〕管、蔡、霍三叔作難：管叔、蔡叔、霍叔皆爲周文王之子，武王、周公之弟。滅商後，武王封管、蔡、霍於殷故地，以監視武庚，號稱「三監」。武王崩，成王嗣立，年幼，周公攝政。三監散佈流言，謂周公有篡位之心，並與武庚發動叛亂。後周公東征，武庚、管叔被殺，蔡叔被流放。

〔六〕微子之命：古文尚書中的一篇，是成王封微子的誥命。武庚被殺之後，微子代武庚爲殷之後裔，成王命其遵從舊典，管東臣民，擁戴周王室。由，當爲「申」，史記宋微子世家作「乃命微子開代殷之後，奉其先祀，作微子之命以申之」。

〔七〕之：備要本同，玉海堂本、四庫本、百子本、同文本作「子」。

〔八〕胄子：帝王或貴族的長子。

〔九〕班級：爵位等級。

〔一〇〕申公生緡公共及襄公熙：孫志祖疏證曰：「案史記宋世家是煬公，非襄公也。弗父何爲緡公世子，非煬公熙子。」

弗父何生宋父周〔一〕，周生世子勝，勝生正考甫，考甫生孔父嘉。五世親盡，别爲公族〔二〕，故後以孔爲氏焉。一曰孔父者，生時所賜號也，是以子孫遂以氏族。孔父生子木金父，金父生睪夷，睪夷生防叔，避華氏之禍而奔魯〔三〕。方叔〔四〕生伯夏，伯夏〔五〕生叔梁紇，曰雖有九女，是無子。其妾生孟皮，孟皮一字伯尼，有足病，於是乃求婚於顏氏。顏氏有三女，其小曰徵在。顏父問三女曰：「陬大夫〔六〕雖父祖爲士，然其先聖王之裔，今其人身長十尺，武力絶倫，吾甚貪〔七〕之。雖年長〔八〕性嚴，不足爲疑，三子孰能爲之妻？」二女莫對。徵在進曰：「從父所制〔九〕，將何問焉？」父曰：「即爾能矣。」遂以妻之。徵在既往，廟見〔一〇〕，以夫之年大，懼不時有勇〔一一〕，而私禱尼丘之山〔一二〕以祈焉。生孔子，故名丘，字仲尼。孔子三歲而叔梁紇卒，葬於防。至十九，娶于宋之并官氏〔一三〕，一歲而生伯魚〔一四〕。魚之生也，魯昭公以鯉魚賜孔子，榮君之貺〔一五〕，故因以名曰〔一六〕鯉，而字伯魚。魚年五十，先孔子卒。

（此記載又見於史記孔子世家）

【校注】

〔一〕宋父周：備要本、百子本同，玉海堂本、同文本、四庫本作「送父周」。史記孔子世家司馬貞索隱引家語作「弗父何生宋父周」。

〔二〕五世親盡，別爲公族：古代實行嫡長子繼承制、五服制，五世之後，血緣關係漸疏，故分出別爲一族，另立氏號。

〔三〕避華氏之禍而奔魯：孔父嘉爲宋大司馬，其妻貌美，太宰華督欲奪之，後遂殺孔父嘉。其子木金父降爲士，孔氏受排壓，不容於華氏，防叔遂奔魯。孫志祖疏證曰：「案左傳杜注，孔父嘉爲宋華督所殺，其子奔魯。朱鶴齡讀左日抄引陸粲曰：世本、家語並云孔父嘉曾孫防叔始奔魯，以避華氏之禍。案嘉爲華督所殺，其子避禍，應即出奔，何得至曾孫乃奔魯？杜說較近理，特未詳所據耳。」

〔四〕方叔：備要本、百子本、玉海堂本、同文本、四庫本作「防叔」，是。

〔五〕伯夏：備要本、百子本同，玉海堂本、同文本、四庫本作「夏」，無「伯」字。

〔六〕陬大夫：即叔梁紇。陬：魯國邑，在今山東曲阜東南五十里，叔梁紇因功封陬邑大夫。

〔七〕貪：欲，希望。

〔八〕年長：備要本、百子本同，玉海堂本、同文本、四庫本作「年大」。

〔九〕制：裁斷。

〔一〇〕廟見：古婚禮，婦到夫家，次日天明，始見夫之父母；若夫之父母已死，則於三月後到廟中參拜，稱廟見。

〔一一〕不時：不及時。勇：百子本、玉海堂本、同文本、四庫本、備要本作「男」，是。

〔一二〕尼丘之山：尼丘山，在今山東曲阜東南約五十里。有夫子洞，傳爲孔子出生地。之：備要本、百子本同，四庫本、玉海堂本、同文本無此字。

〔一三〕并官氏：備要本作「亓官氏」，玉海堂本、同文本、四庫本作「上官氏」。「亓官氏」是。

〔一四〕一歲而生伯魚：備要本、百子本同，玉海堂本、四庫本、同文本作「生伯魚」，無「一歲而」三字。

〔一五〕榮君之貺：以國君的恩賜爲榮耀。貺：音「況」，贈送，恩賜。

〔一六〕曰：備要本、百子本同，玉海堂本、同文本、四庫本無此字。

齊太史子與適魯，見孔子。孔子與之言道〔一〕，子與悦，曰：「吾鄙人〔二〕也，聞子之名，不覩子之形久矣。而求知之寶貴也〔三〕，乃今而後知泰山之爲高，淵海之〔四〕爲大。惜乎夫子之不逢明王，道德不加于民，而將垂寶以貽後世。」

【校注】

〔一〕道：王道。孔子一生孜孜以求的是堯、舜、禹、湯、文、武、周公之道，即以仁政、德治爲核心的王道政治思想。

〔二〕鄙人：粗淺鄙薄的人，乃自謙之辭。

〔三〕求知之寶貴也：備要本、百子本同，玉海堂本、同文本、四庫本作「未知寶貴也」。

〔四〕之：備要本、百子本同，玉海堂本、同文本、四庫本無此字。

遂退而謂南宫敬叔〔一〕曰：「今孔子先聖之嗣〔二〕，自弗父何以來，世有德讓〔三〕，天所祚〔四〕也。成湯以武德王天下，其配在文。殷宗以下〔五〕，未始有也。孔子生於衰周，先王典籍錯亂無紀，而乃論百家之遺記，考正其義，祖述堯舜，憲章〔六〕文武，删詩述書，定禮理樂，制作春秋，讚明〔七〕易道，垂訓後嗣，以爲法式，其文德著矣。然凡所教誨，束脩已上三千餘人，或者天將欲與素王〔八〕之乎？夫何其盛也！」敬叔曰：「殆〔九〕如吾子之言，夫物莫能兩大。吾聞聖人之後，而非繼世之統，其必有興者焉。今夫子〔一〇〕之道至矣，乃將施之〔一一〕無窮，雖欲辭天之祚，故未得耳。」

【校注】

〔一〕南宫敬叔：魯國貴族孟僖子之子，孔子弟子，嘗與孔子一起適周問禮於老聃。

〔二〕今孔子先聖之嗣：意指孔子爲商湯後裔宋微子的後代。湯爲古聖王，微子啓爲古賢人。

〔三〕世有德讓：孔子先祖弗父何本襄公太子，辭王位，讓於厲公。

〔四〕祚：賜福，保佑。

〔五〕文：文德。殷宗：殷朝。以下：備要本、百子本同，玉海堂本、同文本、四庫本作「已下」。

〔六〕祖述：師法前人，加以陳説。憲章：效法。

〔七〕讚明：佐助彰明。

〔八〕素王：指有帝王之德而無帝王之位的人，後專指孔子。

〔九〕殆：大概。

〔一〇〕夫子：備要本、百子本同，玉海堂本、同文本、四庫本作「孔子」。

〔一一〕之：備要本、百子本同，玉海堂本、同文本、四庫本作「乎」。

子貢聞之，以二子之言〔一〕告孔子。子曰：「豈若是哉？亂而治之，滯而起之，自吾志，天何與焉〔二〕？」

【校注】

〔一〕之言：備要本、百子本同，玉海堂本、同文本、四庫本無此二字。

〔二〕滯：積滯，停滯。與：賜予。

終記解第四十

孔子蚤晨作，負手曳杖〔一〕，逍遥於門，而歌曰：「泰山其頹乎！梁木〔二〕其壞乎！喆人其萎〔三〕乎！」既歌而入，當户而坐。

子貢聞之，曰：「泰山其頹，則吾將安仰？梁木其壞，吾將安杖〔四〕？喆人其萎，吾將安放〔五〕？夫子殆將病也。」遂趨而入。夫子歎而言曰：「賜，汝來何遲？予疇昔夢坐奠於兩楹之間〔六〕。夏后氏殯於東階之上，則猶在阼〔七〕；殷人殯於兩楹之間，即〔八〕與賓主夾之；殯於西階之上〔九〕，則猶賓之。而丘也即殷人。夫明王不興，則天下其孰能宗余〔一〇〕？余逮〔一一〕將死。」遂寢病，七日而終，時年七十二矣。

（此記載又見於禮記檀弓上）

【校注】

〔一〕蚤：通「早」。作：王肅注：「作，起。」曳：拖。

〔二〕梁木：棟梁之才。王肅注：「梁木，木主爲梁者。」

〔三〕喆人其萎：萎，植物枯萎，引申爲人的死亡。王肅注：「萎，頓。」

〔四〕吾將安杖：備要本同，百子本作「吾將安仗」，玉海堂本、同文本、四庫本「吾」上有「則」字。杖：通「仗」，依靠。

〔五〕放：通「仿」，效仿、效法。王肅注：「放，法。」

〔六〕予疇昔夢坐奠於兩楹之間：他本同，四庫本無「予」字。疇昔：日前，往昔。兩楹之間：堂屋正中的位置。楹：廳堂的前柱。王肅注：「疇昔，猶近昨夜。兩楹之間，殷人所殯處。而具奠於殯處，故自知死也。」

〔七〕夏后氏：即夏代，古史稱禹受舜禪，建夏王朝，也稱夏后氏、夏后或夏氏。殯：殮而未葬。階：臺階。阼：堂前東階，主人的位置。古代賓主相見，賓自西階上，主人立於東階。

〔八〕即：備要本、百子本同，玉海堂本、同文本、四庫本作「則」。

〔九〕殯於西階之上：備要本、百子本同，玉海堂本、同文本、四庫本句前有「周人」二字。

〔一〇〕夫明王不興，則天下其孰能宗余：宗：尊奉，取法。王肅注：「言天下無明主，莫能宗己道。臨終其有命，傷道之不行也。」

〔一一〕逮：及，及至。備要本同，玉海堂本、同文本、四庫本、百子本作「殆」，「殆」是「大概」的意思。

哀公誄〔一〕曰：「昊天不弔，不憖遺一老〔二〕，俾屏〔三〕余一人以在位，煢煢余在疚〔四〕，於乎哀哉尼父！無自律〔五〕。」子貢曰：「公其不没〔六〕於魯乎！夫子有言曰：『禮失則昏，名失則愆〔七〕。』失志爲昏，失所爲愆，生不能用，死而誄之，非禮也；稱一人〔八〕，非名。君兩失之矣〔九〕。」

（此記載又見於左傳哀公十六年、禮記檀弓上）

【校注】

〔一〕誄：音「磊」，古時用來表彰死者的德行並表示哀悼的文辭，只能用於上對下。禮記曾子問：「賤不誄貴，幼不誄長，禮也。」後來演化爲哀祭文的一種。禮記檀弓上孔穎達疏：「孔子以哀公十六年夏四月己丑日卒，哀公欲爲作謚。作謚宜先列其生時行狀，謂之爲誄。」

〔二〕昊天不弔，不憖遺一老：王肅注：「弔，善也。憖，願。一老，孔子也。」憖：音「印」。

〔三〕俾：音「比」，使。屏：音「平」，遮擋，保護。

〔四〕煢煢：音「窮」，同「惸惸」，孤獨貌，孤單無靠。疚：內心痛苦。王肅注：「疚，病。」

〔五〕於乎哀哉尼父！無自律：於乎：同「嗚呼」。王肅注：「父，丈夫之顯稱。律，法。言無以自爲法。」無自律，猶言失去了效法的榜樣。

〔六〕没：通「殁」，死亡。

〔七〕僁：音「千」，同「愆」，罪過，過失。

〔八〕稱一人：王肅注：「一人，天子之稱也。」

〔九〕矣：備要本、百子本同，玉海堂本、同文本、四庫本作「也」。

既卒，門人所以服夫子者〔一〕。子貢曰：「昔夫子之喪〔二〕顏回也，若喪其子而無服，喪子路亦然。今請喪夫子如喪父而無服。」於是弟子皆弔服而加麻〔三〕，出有所之，則由絰〔四〕。子夏曰：「入宜絰可居〔五〕，出則不絰。」子游曰：「吾聞諸夫子：喪朋友，居則絰，出則否。喪所尊，雖絰而出可也。」

（此記載又見於禮記檀弓上）

【校注】

〔一〕門人所以服夫子者：備要本同，百子本作「門人疑所服夫子者」，玉海堂本、同文本、四庫本作「門人疑所以服夫子者」。服：穿喪服。

〔二〕「喪」上：備要本、百子本同，玉海堂本、同文本、四庫本無「之」字。

〔三〕弔服：弔喪之服。麻：指喪服中用的麻帶。

〔四〕由：用。絰：音「疊」，喪服中的麻帶，紮於頭上或腰間，在頭上的叫首絰，在腰間的叫腰絰。

〔五〕入宜絰可居：備要本、百子本同，玉海堂本、同文本、四庫本作「入宜絰可也」。

孔子之喪，公西〔一〕掌殯葬焉，唅以踈米三貝〔二〕，襲衣十有一稱〔三〕，加朝服一，冠章甫之冠〔四〕，珮象環〔五〕，徑五寸，而綦組綬〔六〕。桐棺四寸，柏棺五寸。飭廟，置翣〔七〕，設披，周也；設崇，殷也；綢練設旐，夏也〔八〕。兼用三王禮，所以尊師，且備古也。葬於魯城北泗水上，藏入地，不及泉〔九〕。而封爲偃斧之形，高四尺，樹松柏

爲志〔一〇〕焉。弟子皆家於墓，行心喪之禮。（此記載又見於禮記檀弓上、禮記玉藻）

【校注】

〔一〕公西：備要本同，玉海堂本、同文本、四庫本、百子本作「公西赤」。公西赤，孔子弟子，字子華。

〔二〕唅：納珠、玉、貝、米等入死者口中。疏米：也作「疏米」。王肅注：「疏，粳米。禮記曰『稻曰嘉疏』。」三貝：百子本同，備要本、玉海堂本、同文本、四庫本作「三具」。

〔三〕襲衣：全套的衣服。衣服一套爲一襲，包括衣和裳。稱：音「趁」，量詞，指配合齊全的一套衣服。

〔四〕朝服：周代玄冠服之一，專門指玄冠、緇衣、素裳的服飾。章甫：商代的一種帽子。禮記儒行：「丘少居魯，衣逢掖之衣；長居宋，冠章甫之冠。」由於孔子喜歡戴此冠，後世用「章甫」特指儒者之冠。

〔五〕珮象環：佩帶象牙環。

〔六〕綦：音「其」，同「綦」，蒼白色或青黑色。組綬：繫玉的絲帶。王肅注：「綦，雜色。組綬，所以繫象環。」

〔七〕飭廟，置翣：備要本同，百子本作「飾牆，置翣」，玉海堂本、同文本、四庫本作「飭棺牆，置翣」，禮記檀弓上作「飾棺牆，置翣」。鄭玄注：「牆之障柩，猶垣牆障家。牆，柳衣。翣，以布衣木，如攝與？」孔穎達正義曰：「『牆之障柩，猶垣牆障家』，故謂障柩之物爲牆。障柩之物，即柳也。外旁惟荒，中央材木，總而言之，皆謂之爲柳也。……云『翣，以布衣木』者，鄭注喪大記云：『漢禮，翣以木爲筐，廣三尺，高二尺四寸，方，兩角高，衣以白布，畫雲氣，柄長五尺。』云『如攝與』者，攝與，漢時之扇。與，疑辭。鄭恐人不識翣體，故云如今攝與。」翣：音「啥」，出殯時棺木的裝飾。

〔八〕設披，周也；設崇，殷也；綢練設旐，夏也：王肅注：「披，樞（四庫本作「柩」）行夾引棺者。崇，崇牙，旌旗飾。綢練，以旌之杜（四庫本作「以練綢旌之杠」），於葬乘車所建也。踈練（四庫本作「旌之旒緇布」）廣充長尋曰旐也。」披：禮記檀弓上鄭玄注：「柩行夾引棺者。」即用布帛做成的喪具，先用它拴着棺木，再結於柩車兩旁，供送葬的人或牽或挽，以防傾側。崇：禮記檀弓上鄭玄注：「崇牙，旌旗飾也。」崇牙，旌旗四周的齒狀裝飾物。綢練設旐，以白色布纏裹旗杆。綢：音「逃」，通「韜」，纏裹。練：白色的布帛。旐：音「兆」，出喪時爲棺柩引路的旗，俗稱魂幡。

〔九〕藏：音「葬」，埋葬。泉：地下水。

〔一〇〕封：堆土爲墳稱作「封」。樹：種樹作標志叫做「樹」。這是古代對士以上人的葬禮規定，而一般平民，禮記王制曰「庶人……不封不樹」。偃：仰。偃斧之形，即墳頂像仰斧之形。

既葬，有自燕來觀者，舍於子夏氏。子貢〔一〕謂之曰：「吾亦人之葬聖人，非聖人之葬人，子奚觀焉？昔夫子言曰：『見吾封若夏屋者〔三〕，見〔三〕若斧矣，從若斧者〔四〕也。』馬鬣封〔五〕之謂也。今徒一日三斬板而以封〔六〕，尚〔七〕行夫子之志而已，何觀乎哉？」

二三子〔八〕三年喪畢，或留或去，惟子貢廬於墓〔九〕六年。自後群弟子及魯人處於〔一〇〕墓如家者，百有餘家，因名其居曰孔里焉。

（此記載又見於禮記檀弓上、史記孔子世家）

【校注】

〔一〕子貢：備要本、百子本、玉海堂本、同文本同，四庫本作「子夏」，是。

〔二〕見吾：備要本同，玉海堂本、同文本、四庫本、百子本作「吾見」。夏屋：王肅注：「夏屋，今之殿形，中高而四方下也。」

〔三〕見：備要本、玉海堂本、百子本同，四庫本、同文本無此字。

〔四〕從若斧者：我讚同那種像斧形的。王肅注：「上難登，狹又易爲功。」

〔五〕馬鬣封：墳墓封土的一種形狀。馬鬣：同「馬鬛」（音「烈」），即馬鬃。王肅注：「俗間之名。」

〔六〕今徒一日三斬板而以封：王肅注：「板蓋廣二尺（四庫本作「三尺」），長六尺。斬板，謂斬其縮，縮斬上（四庫本作「三斬上」）。傍殺，蓋高四尺也。」楊朝明、宋立林注曰：「指爲孔子築墳是用的板築法，板長六尺，寬二尺，圍成要求的形狀，以繩子捆紮（即縮），當中置土，壘實後，砍斷繩索，抽去木板，即固定爲要求的形狀。三斬板，如上連做三次。」

〔七〕尚：王肅注：「尚，庶。」庶幾，差不多。

〔八〕二三子：指孔子諸弟子。

〔九〕廬於墓：服喪期間，爲守護墳墓，在墓前搭建小屋居住。廬：臨時搭建的小屋。

〔一〇〕於：備要本、百子本同，玉海堂本、同文本、四庫本無此字。

正論解第四十一

孔子在齊，齊侯出田〔一〕，招虞人以旌〔二〕，不進，公使執之。對曰：「昔先君之田也，旌〔三〕以招大夫，弓以招士，皮冠以招虞人。臣不見皮冠，故不敢進。」乃舍之。孔子聞之，曰：「善哉！守道不如守官〔四〕。君子韙〔五〕之。」

（此記載又見於左傳昭公二十年）

【校注】

〔一〕田：田獵。王肅注：「田，獵。」

〔二〕虞人：王肅注：「虞人，掌山澤之官也。」旌：用牦牛尾和彩色鳥羽作竿飾的旗子。按古代禮節，君有所命，召喚大夫用旌。旌，備要本、百子本同，玉海堂本、同文本、四庫本作「弓」。寧鎮疆今傳宋本孔子家語源流考略（中國典籍與文化二〇〇九年總七十一期）云：「汲古閣本家語正論解『招虞人以弓，不進』，劉氏玉海堂本同，但黄本『弓』作『旌』。宋楊簡先聖大訓卷三云：『孟子及孔子家語皆作「招虞人以旌，不至」，唯左氏傳「旌」作「弓」。』楊氏所見自當屬『宋本』，而汲古閣、劉本雖以『宋本』相標榜，此處却與左傳同，説明其已不復『宋本』原貌，此處『旌』作『弓』，又説明它們據他書妄改家語正文（二本下文之「旍」，顯然是「旌」之形訛，又説明改之未盡也）。」

〔三〕旌：備要本、百子本同，玉海堂本、同文本、四庫本作「旍」。

〔四〕守道不如守官：遵守恭敬之道不如遵守爲官之道。王肅注：「道爲恭敬之道，見君召便往。守官，非守，召不往也。」

〔五〕韙：認爲是對的，肯定。王肅注：「韙，是。」

齊國師〔一〕伐魯，季康子使冉求率左師禦之，樊遲爲右。「非不能也，不信子〔二〕。請三刻而踰之〔三〕。」如之，衆從之，師入齊軍，齊軍遁〔四〕。冉有用戈，故能入焉。孔子聞之曰：「義也〔五〕。」

既戰，季孫謂冉有曰：「子之於戰，學之乎？性〔六〕達之乎？」對曰：「學之。」季孫曰：「從事孔子，惡乎學？」冉有曰：「即學之孔子也。夫孔子者，大聖，無不該〔七〕，文武並用兼通，求也適聞其戰法，猶未之詳也。」季孫悦。樊遲以告孔子，孔子曰：「季孫於是乎可謂悦人之有能矣。」

（此記載又見於左傳哀公十一年）

【校注】

〔一〕國師：王肅注：「國師，齊卿。」備要本同，玉海堂本、同文本、四庫本、百子本作「國書」。左傳哀公十一年記載：「國書、高無丕帥師伐我。」「國書」是。趙燦良孔子家語版本一文指出：「『齊國師伐魯，季康子使冉求帥左師禦之，樊遲爲右。非不能也，不信子。』這一段文字有明顯的脱誤之處，按照太平御覽所引孔子家語作：『齊國書伐魯（書，齊卿也），季康子使冉求帥左師衛之，樊遲爲右。季氏曰：「須也弱（須，遲名；弱，幼也。）」有子曰：「能用命矣。」及齊師戰於郊，未踰溝（前有溝，衆不肯踰也）。樊遲曰：「非不能也，不信子也（言季孫德不素著，不爲民所信也）。」』」

〔二〕非不能也，不信子：左傳哀公十一年作「師不逾溝，樊遲曰：『非不能也，不信子』」。不信子：百子本同，玉海堂本、同文本、四庫本、備要本作「不信乎」。王肅注：「言季孫德不素著，爲民所信也。」

〔三〕請三刻而踰之：王肅注：「與衆要信，三刻而踰蒲也（蒲，玉海堂本、四庫本作「溝」）。」刻：爲「限定」之意，引申爲命令、申明號令。句意爲：請申明號令三次，帶頭越過壕溝。

〔四〕遁：王肅注：「遁，逃。」

〔五〕義也：王肅注：「在軍能却敵，合於義（玉海堂本、四庫本作「合法義」）」。

〔六〕性：天賦、本性。

〔七〕該：通「晐」，完備。王肅注：「該，包。」指孔子才智過人，無所不通。

之。南容説、仲孫何忌既除喪〔一〕，而昭公在外〔二〕，未之命也〔三〕。定公即位，乃命之。辭曰：「先臣有遺命焉〔四〕，曰：『夫禮，人之幹也，非禮則無以立。』囑家老〔五〕，使命二臣，必事孔子而學禮，以定其位。」公許之。二子學於孔子。孔子曰：「能補過者，君子也。詩云：『君子是則是傚〔六〕。』孟僖子可則傚矣，懲己所病〔七〕，以誨其嗣，大雅所謂『詒厥孫謀，以燕翼子〔八〕』，是類也夫。」

（此記載又見於左傳昭公七年）

【校注】

〔一〕南容説：即仲孫閱，又稱南宫敬叔。仲孫何忌：即孟懿子。二人皆爲孟僖子之子。除喪：除去喪禮之服，意謂服喪完畢。王肅注：「除父禧子（當爲「僖子」）之喪。」

〔二〕昭公在外：昭公受季孫氏逼迫逃亡國外。王肅注：「時爲季孫所逐。」

〔三〕未知命也：王肅注：「未命二人爲卿大夫。」

〔四〕先臣有遺命焉：王肅注：「僖子病不知禮，及其將死，而屬其二子使事孔子。」先臣：指孟僖子。孟僖子是魯國大臣，故二人對魯定公稱自己父親爲先臣。左傳昭公七年記載：「九月，公至自楚。孟僖子病不能相禮，乃講學之，苟能禮者從之。及其將死也，召其大夫，曰：『禮，人之幹也。無禮，無以立。吾聞將有達者曰孔丘，聖人之後也，而滅於宋。其祖弗父何，以有宋而授厲公。及正考父，佐戴、武、宣，三命兹益共（通「恭」）。故其鼎銘云：「一命而僂，再命而傴，三命而俯。循牆而走，亦莫余敢侮。饘於是，鬻於是，以糊余口。」其共也如是。臧孫紇有言曰：「聖人有明德者，若不當世，其後必有達人。」今其將在孔丘乎？我若獲没，必屬説與何忌於夫子，使事之，而學禮焉，以定其位。』故孟懿子與南宮敬叔師事仲尼。」

〔五〕家老：大夫家中的宰臣。

〔六〕君子是則是傚：君子是被仿效的楷模。見詩小雅鹿鳴。

〔七〕懲己所病：懲戒自己所犯的錯誤。

〔八〕詒厥孫謀，以燕翼子：語出詩大雅文王有聲。詒：傳給。他本同，四庫本作「貽」。王肅注：「詒，遺也。燕，安也。翼，敬也。言遺其子孫加（當爲「嘉」）謀，學安敬之道也。」

衛孫文子得罪於獻公，居戚〔一〕。公卒未葬，文子擊鐘焉。延陵季子〔二〕適晉過戚，聞之，曰：「異哉！夫子之在此，猶燕子巢于幕也〔三〕，懼猶未〔四〕也，又何樂焉？君又在殯，可乎？」文子於是終身不聽琴瑟〔五〕。

孔子聞之，曰：「季子能以義正人，文子能克己服義，可謂善改矣。」

（此記載又見於左傳襄公二十九年）

【校注】

〔一〕居戚：王肅注：「文子，衛卿林父。得罪，以戚叛也。」孫文子，衛國大夫。獻公，衛獻公。戚：地名，爲孫文子采邑，在今河南濮陽北。

〔二〕延陵季子：王肅注：「吴公子札。」即季札，春秋時吴國貴族，吴王諸樊之弟，封於延陵（今江蘇常州），故稱延陵季子。

〔三〕猶燕子巢于幕也：王肅注：「燕巢于幕，言至危矣。」

〔四〕未：不足，來不及。

〔五〕左傳襄公二十九年記載：延陵季子自衛如晉，將宿於戚，聞鐘聲焉，曰：「異哉！吾聞之也：『辯而不德，必加於戮。』夫子獲罪於君以在此，懼猶不足，而又何樂？夫子之在此也，猶燕之巢於幕上。君又在殯，而可以樂乎？」遂去之。文子聞之，終身不聽琴瑟。

孔子覽晉志〔一〕，晉趙穿殺靈公〔二〕，趙盾〔三〕亡，未及山〔四〕而還。史〔五〕書「趙盾弑君」。盾曰：「不然。」史曰：「子爲正卿，亡不出境，返不討賊，非子而誰？」盾曰：「嗚呼！『我之懷矣，自詒伊戚〔六〕』，其我之謂乎！」孔子嘆曰：「董狐，古之良史也，書法〔七〕不隱。趙宣子，古之良大夫也，爲法受惡。惜也，越境乃免〔八〕。」

（此記載又見於左傳宣公二年）

【校注】

〔一〕晉志：王肅注：「晉之史記。」即晉國史書。

〔二〕趙穿：春秋時晉國大夫，曾爲將軍。王肅注：「穿，趙盾從弟也。」靈公：即晉靈公，名夷皋，公元前六二〇年至前六〇七年在位。

〔三〕趙盾：即趙宣子。晉國正卿，曾執掌國政。爲避靈公殺害而出走，但還未出境，靈公就被趙穿所殺，趙盾於是返回，擁立成公，並繼續執政。

〔四〕山：即温山。王肅注：「山，晉之境。」

〔五〕史：太史，春秋時管法典和記事的官，掌建邦之六典。此指下文之董狐。

〔六〕我之懷矣，自詒伊慼：見詩邶風雄雉。意爲：我的懷戀之情，給自己帶來這憂愁。伊：猶「是」、「這」、「此」。慼：憂，憂愁。

〔七〕書法：古代史官修史，對材料處理、史事評論、人物褒貶各有原則、體例，謂之書法。

〔八〕惜也，越境乃免：四庫本、百子本、備要本同，玉海堂本，同文本作「受惡，惜也。越境乃免」。王肅注：「惜盾不越境以免於譏，而受弑君之責也。」意謂：趙宣子受到惡名真是可惜啊，他當時如果走出國境就能免於惡名了。

鄭伐陳，入之，使子産獻捷于晉〔一〕。晉人問陳之罪焉。子産對曰：「陳亡周之大德〔二〕，介恃楚衆〔三〕，馮陵弊邑〔四〕，是以有往年之告〔五〕。未獲命〔六〕，則又有東門之役〔七〕。當陳隧者，井陻木刊〔八〕，弊邑大懼，天誘其衷〔九〕，啓弊邑心。知其罪，校首〔一〇〕於我，用敢獻功。」晉人曰：「何故侵小？」對曰：「先王之命，惟罪所在，各致其辟〔一一〕。且昔天子一圻，列國一同〔一二〕，自是以衰，周之制也〔一三〕。今大國多數圻矣，若無侵小，何以至焉？」晉人曰：「其辭順。」孔子聞之，謂子貢曰：「志〔一四〕有之，『言以足志，文以足言』〔一五〕，不言，誰知其志？言之無文，行之不遠〔一六〕。晉爲鄭，伯入陳〔一七〕，非文辭不爲功。小子慎哉〔一八〕！」

（此記載又見於左傳襄公二十五年）

【校注】

〔一〕子産：名僑，字子産，鄭穆公之孫。因居東里，又稱東里子産。執掌鄭國國政，善外交。獻捷：大勝後進獻所獲的俘虜及戰利品。

〔二〕陳亡周之大德：意謂陳國攻打同爲周朝藩屬之臣的鄭國，是忘記了周王的恩德。大德：指武王把女兒大姬許配胡公，封於陳這件事。王肅注：「武王以元女大姬以配胡公，而封諸陳。」亡：通「忘」，忘記。

〔三〕介恃楚衆：備要本、百子本同，玉海堂本，同文本、四庫本作「豕恃楚衆」。王肅注：「介，大（四庫本作「豕，犬」）。」介恃：依憑，仗恃。

〔四〕馮陵：進迫，侵淩。馮，音「平」。獘邑：對自己國家的謙稱。

〔五〕有往年之告：王肅注：「告曾爲陳所侵。」指陳國曾經攻打鄭國。

〔六〕未獲命：王肅注：「未得晉平陳之成命。」即鄭國欲攻打陳國，徵求晉國意見，而晉國没有同意。

〔七〕東門之役：王肅注：「與楚共伐陳（玉海堂本、四庫本作「伐鄭」），至其東門也。」

〔八〕當陳隧者，井陻木刊：王肅注：「勝，陳人陻塞刊斫也。」隧：道路。陻：塞。刊：砍。意謂陳國打敗了鄭國，凡是路過的地方，把井都填塞了，把樹木都砍了。

〔九〕天誘其衷：衷：善也。王肅注：「誘，進（玉海堂本、四庫本作「導」）。衷，善也。天導其善，大執（玉海堂本、四庫本作「尅」）陳者也。」楊朝明、宋立林注：「意謂上天引導陳國人從善，使陳國人認識到自己攻打鄭國不對，自願受到鄭國的懲罰。這是子產爲鄭國攻打陳國辯解的外交辭令。」

〔一〇〕校首：備要本、百子本、玉海堂本、同文本、四庫本作「授首」，是。授首：謂投降或被殺。

〔一一〕辟：法，這裏引申爲懲罰。王肅注：「辟，誅。」

〔一二〕天子一圻，列國一同：王肅注：「地方千里曰圻，方百里曰同也。」圻：音「其」。

〔一三〕自是以衰，周之制也：王肅注：「大國方百里，從是以爲差。伯方七十里，子男五十里，周之制也。而説學者以周大國方七百里，失之矣。」衰：遞減，遞降。

〔一四〕志：古時記事的書。王肅注：「志，古之書也。」

〔一五〕言以足志，文以足言：王肅注：「言以足成其志。加以文章，以足成其言。」志：志向。

〔一六〕言之無文，行之不遠：王肅注：「有言而無文章，雖行而不遠也。」意謂言語没有文采，就不會傳播久遠。

〔一七〕晉爲鄭，伯入陳：備要本、百子本同，玉海堂本、同文本、四庫本作「晉爲伯，鄭入陳」，是。伯：通「霸」，霸主。

〔一八〕小子慎哉：備要本、百子本同，玉海堂本、同文本、四庫本作「慎辭哉」。

楚靈王汰侈〔一〕，右尹子革〔二〕侍坐，左史倚相〔三〕趨而過。王曰：「是良史也，子善視之，是能讀三墳、五典、八索、九丘〔四〕。」對曰：「夫良史者，記君之過，揚君之善。而此子以潤辭爲官，不可爲良史。」曰〔五〕：「臣又乃嘗聞焉〔六〕：昔周穆王欲肆其心〔七〕，將過行天下，使皆有車轍並〔八〕馬迹焉。祭公謀父作祈昭〔九〕，以止王心〔一〇〕，王是以獲殆於文宮〔一一〕。臣聞〔一二〕其詩焉而弗知，若問遠焉，其焉能知？」王曰：「子能乎？」對曰：「能，其詩曰：『祈昭之愔愔乎，式昭德音〔一三〕。思我王度，式如玉，式如金〔一四〕。刑民之力，而無有醉飽之心〔一五〕。』」靈王揖而入，饋不食，寢不寐，數日，則固不能勝其情，以及於〔一六〕難。孔子讀其志〔一七〕，曰：「古者有志〔一八〕，克己復禮爲仁〔一九〕，信善哉！楚靈王若能如是，豈期辱於乾谿〔二〇〕？子革之非左史，所以風也，稱詩以諫，順哉！」（此記載又見於左傳昭公十二年）

【校注】

〔一〕楚靈王：春秋時楚國國君，名圍，公元前五四〇年至前五二九年在位。汏侈：王肅注：「驕汏奢侈。」

〔二〕右尹子革：王肅注：「右尹，官名。子革，煞丹（玉海堂本、四庫本作「然丹」，是）。」即鄭丹，鄭穆公孫。

〔三〕左史：周代史官分左史和右史。倚相：人名，楚國史官。

〔四〕三墳、五典、八索、九丘：王肅注：「三墳，三皇之書。五典，五帝之典。八索，索法。丘丘（當爲「九丘」），國聚也。」相傳皆爲遠古典籍。

〔五〕曰：備要本、百子本同，玉海堂本、同文本、四庫本無此字。

〔六〕臣又乃嘗聞焉：備要本同，百子本作「臣又嘗聞焉」，玉海堂本、同文本、四庫本作「臣又嘗問焉」。

〔七〕肆其心：隨心所欲。肆：縱恣，放肆。王肅注：「肆，極。」

〔八〕並：備要本、百子本同，玉海堂本、同文本、四庫本無此字。

〔九〕祭公謀父作祈昭：王肅注：「謀父，周卿士。祈昭，詩名，猶齊景公作君臣相説之樂，蓋曰徵招、角招是也。昭，宜爲招耳，補作招（玉海堂本、四庫本作「昭，宜爲招，左傳作招」）。」

祭：音「寨」。

〔一〇〕止王心：王肅注：「止王心之逸遊。」

〔一一〕獲殆於文宫：獲殆，備要本、百子本同，玉海堂本、同文本、四庫本作「獲殁」。獲殁，也作「獲没」，謂壽終正寢，得以善終，未被篡弑。文宫：宫名，爲周穆王所居。左傳作「祇宫」。原址在南鄭，即今陜西華縣北。

〔一二〕聞：備要本、百子本、玉海堂本同，同文本、四庫本作「問」。

〔一三〕祈昭之愔愔乎，式昭德音：王肅注：「祈昭愔愔，言祈昭樂之安和，其法足以昭其德音者也。」愔：音「因」，和諧，安詳。

〔一四〕思我王度，式如玉，式如金：王肅注：「思王之法度，如金玉純美。詩云：『追琢（玉海堂本、同文本作「琢玉」）其章，金玉其相。』」式：語助詞。

〔一五〕刑民之力，而無有醉飽之心：王肅注：「長而字（四庫本無此三字），刑傷民力，用之不勝不節。無有醉飽之心，言無厭足。」

〔一六〕於：備要本、百子本、四庫本同，玉海堂本、同文本作「其」。

〔一七〕志：記載。

〔一八〕古者有志：備要本、百子本同，玉海堂本、同文本、四庫本無此四字。

〔一九〕克己復禮爲仁：王肅注：「克，勝。言能勝己私情，復之於禮，則爲仁也。」

〔二〇〕豈期辱於乾谿：王肅注：「靈王起章華之臺於乾谿，國人潰畔，遂死焉。」期：助詞，表示疑問，猶「其」。備要本、同文本同，四庫本、玉海堂本、百子本作「其」。

叔孫穆子避難奔齊〔一〕，宿於庚宗之邑〔二〕。庚宗寡婦通焉而生牛〔三〕。穆子返魯，以牛爲内豎〔四〕，相家〔五〕。牛讒叔孫二人〔六〕，殺之。叔孫有病，牛不通其饋〔七〕，不食而死。牛遂輔叔孫庶子昭〔八〕而立之。昭子既立，朝其家衆曰：「豎牛禍叔孫氏，使亂大從〔九〕，殺適〔一〇〕立庶，又被其邑〔一一〕，以求舍〔一二〕罪，罪莫大焉，必速殺之。」遂殺豎牛。孔子曰：「叔孫昭子之不勞〔一三〕，不可能也。周任〔一四〕有言曰：『爲政者不賞私勞，不罰私怨。』詩云：『有覺德行，四國順之〔一五〕。』昭子有焉。」

（此記載又見於左傳昭公四年、五年）

【校注】

〔一〕叔孫穆子避難奔齊：王肅注：「穆子，叔孫豹，其兄僑如淫亂，故避之而出奔齊。」叔孫穆子：春秋時魯國大夫，見兄僑如與魯成公之母穆姜私通，恐招禍，故奔齊。

〔二〕庚宗之邑：即庚宗邑，魯地，在今山東泗水東。

〔三〕牛：王肅注：「名牛。」

〔四〕内豎：王肅注：「豎通内外之命。」即宫中傳達命令的小吏。周禮天官内豎：「内豎掌内外之通令，凡小事。」

〔五〕相家：負責家政。王肅注：「長，遂命爲相家。」

〔六〕二人：備要本、玉海堂本、同文本同，四庫本、百子本作「二子」。叔孫穆子在奔齊時，與庚宗寡婦生牛，又娶於國氏，生嫡子孟丙、仲壬。然左傳謂仲壬被逐奔齊，後在穆子返楚奔喪時被季孫氏家臣司空所射殺。與此異。

〔七〕饋：食，指牛不給叔孫穆子送吃的。

〔八〕叔孫庶子昭：王肅注：「子，叔孫婼。」叔孫豹死後，牛立婼嗣大夫職。昭：叔孫婼謚號，稱叔孫昭子。

〔九〕從：和順，安順。指各安其位、各守其職的局面或秩序。王肅注：「從，順。」

〔一〇〕適：通「嫡」，正妻所生子女。此指孟丙、仲壬。

〔一一〕被其邑：被，備要本同，玉海堂本、四庫本、百子本、同文本作「披」。左傳昭公五年也作

「披」。披：分割。王肅注：「牛取叔氏鄙三十邑以行賂也。」

〔一二〕舍：通「赦」。

〔一三〕不勞：王肅注：「勞，力也（玉海堂本、四庫本作「功也」）。不以立己爲功。」

〔一四〕周任：王肅注：「周任，古之賢人。」

〔一五〕有覺德行，四國順之：語出詩大雅抑。王肅注：「覺，直。」

晉邢侯與雍子〔一〕爭田，叔魚攝理〔二〕，罪在雍子。雍子納〔三〕其女於叔魚，叔魚弊獄邢侯〔四〕。邢侯怒，殺叔魚與雍子於朝。韓宣子〔五〕問罪於叔向，叔向曰：「三姦同坐〔六〕，施生戮死〔七〕可也。雍子自知其罪，而賂以置直〔八〕，鮒也鬻獄〔九〕，邢侯專殺，其罪一也。己惡而掠美爲昏〔一〇〕，貪以敗官爲默〔一一〕，殺人不忌〔一二〕爲賊。夏書曰：『昏、默、賊，殺〔一三〕。』咎陶〔一四〕之刑也。請從之。」乃施邢侯，而尸雍子、叔魚於市。

孔子曰：「叔向，古之遺直也。治國制刑，不隱於親。三數叔魚之罪，不爲末〔一五〕，或〔一六〕曰義，可謂直矣。平丘之會，數其賄也，以寬衛國，晉不爲暴〔一七〕。歸魯季孫，稱其詐也，以寬魯國，晉不爲虐〔一八〕。邢侯之獄，言其貪也，以正刑書，晉不爲頗〔一九〕。三言而除三惡，加三利〔二〇〕。殺親益榮，由義也夫。」

（此記載又見於左傳昭公十四年）

【校注】

〔一〕邢侯與雍子：二人皆爲春秋時晉國大夫。刑侯之父申公巫臣本爲楚國貴族，後奔晉，爲刑（今河南温縣東北）大夫。雍子本亦爲楚國大夫，後奔晉。

〔二〕叔魚攝理：王肅注：「叔魚，叔向弟。理，獄官之名。」叔魚即羊舌鮒，與兄叔向即羊舌肸同爲晉國大夫。叔向曾任太傅。攝理：即代理獄官之職。

〔三〕納：貢獻，送。

〔四〕獘獄邢侯：備要本同，百子本作「蔽獄邢侯」，玉海堂本、四庫本、同文本作「弊其邢獄」。王肅注：「弊，斷，斷罪歸邢侯。」獘：作弊。

〔五〕韓宣子：王肅注：「宣子，晉正卿韓起也。」

〔六〕三姦同坐：備要本同，玉海堂本、同文本、四庫本、百子本作「三奸同罪」。

〔七〕施生戮死：王肅注：「施，宜爲與。與猶行，行生者之罪也。」戮：陳列屍體，曝屍。

〔八〕置直：行賄以求勝訴。置：買。直：正當，有理。

〔九〕鬻獄：貪贓枉法，司法官吏受賄而不以情理判斷曲直。鬻：賣。

〔一〇〕己惡而掠美爲昏：王肅注：「掠美善，昏亂也。己惡即以賂求善，爲惡也（四庫本作「爲亂也」）。」

〔一一〕貪以敗官爲默：敗官：備要本、百子本同，玉海堂本、四庫本、同文本作「賂官」。默：貪污。王肅注：「默猶冒，苟貪不畏罪。」

〔一二〕忌：王肅注：「忌憚。」

〔一三〕夏書曰昏、默、賊，殺：王肅注：「夏書，夏家之書。三者宜皆殺者也。」犯昏、默、賊三罪的，皆應誅殺。

〔一四〕咎陶：音「高堯」，即皋陶。舜之臣，掌刑獄。

〔一五〕末：輕。王肅注：「末，薄。」

〔一六〕或：王肅注：「或，左傳作『咸』也。」

〔一七〕平丘之會，數其賄也，以寬衛國，晉不爲暴：王肅注：「諸侯會于平丘，晉人淫蒭蕘者於衛，衛人患之，賂叔向。叔向使與叔魚，客末追而禁之（末追，四庫本作「未追」，玉海堂本作「未退」）。」

〔一八〕歸魯季孫，稱其詐也，以寬魯國，晉不爲虐：王肅注：「魯季孫見執，譖於晉，晉人歸之。季孫貴禮不肯歸，叔向言叔魚能歸之，叔魚説季孫，季孫懼，乃歸也。」季孫：指季平子。

〔一九〕頗：王肅注：「頗，偏。」

〔二〇〕三言而除三惡，加三利：王肅注：「暴衛虐魯，殺三罪，去三惡，加三利也。」三惡：此指暴、虐、頗。

鄭有鄉校〔一〕，鄉校之士非論執政〔二〕。鬷明〔三〕欲毁鄉校。子産曰：「何以毁爲也〔四〕？夫人朝夕退而遊焉，以議執政之善否〔五〕。其所善者，吾則行之；其所否者，吾則改之。若之何其毁也？我聞忠言〔六〕以損怨，不聞立威以防怨。防怨猶防水也，大决所犯，傷人必多，吾弗克救也。不如小决使導之，不如吾所聞而藥〔七〕之。」

孔子聞是言也，曰：「吾以是觀之，人謂子産不仁，吾不信也。」

（此記載又見於左傳襄公三十一年）

【校注】

〔一〕鄉校：王肅注：「鄉之學校。」

〔二〕非論執政：議論執政。

〔三〕鬷明：鄭國大夫，字然明。王肅注：「鬷明，然明。」鬷，音「宗」。

〔四〕也：備要本、百子本同，玉海堂本、同文本、四庫本無此字。

〔五〕否：音「匹」，惡，壞。

〔六〕忠言：備要本同，玉海堂本、同文本、四庫本、百子本作「忠善」。

〔七〕藥：王肅注：「藥，治療也。」

晉平公會諸侯于平丘〔一〕，齊侯及盟。鄭子産爭貢賦之所承〔二〕，曰：「昔日天子班貢〔三〕，輕重以列尊卑貢〔四〕，周之制也。卑而貢重者，甸服〔五〕。鄭伯，男也〔六〕，而使從公侯之貢，懼弗給也，敢以爲請。」自日中爭〔七〕之，以至于昏，晉人許之。

孔子曰：「子産於是行也，是以爲國基〔八〕也。詩云：『樂只君子，邦家之基〔九〕。』子産，君子之於樂者〔一〇〕。」且曰：「合諸侯而藝〔一一〕貢事，禮也。」

（此記載又見於左傳昭公十三年）

【校注】

〔一〕平丘：地名，在今河南封丘東。

〔二〕承：承擔。王肅注：「所承之輕重也。」

〔三〕班貢：制定貢獻的標準和次序。

〔四〕輕重以列尊卑貢：備要本、百子本同，玉海堂本、同文本、四庫本作「輕重以列，列尊卑而貢」。

〔五〕甸服：古制稱離王城五百里的區域。王肅注：「甸服，王圻之内與圻外諸侯異，故貢重也。」

〔六〕男南也：備要本、百子本同，玉海堂本、同文本、四庫本作「南也」。王肅注：「南，左輔作『男』（左輔，玉海堂本、四庫本作「左氏」），古字作『南』，亦多有作此『南』，連言之，猶言公侯也。」孫志祖疏證曰：「案古南、男字通，周語『鄭伯，南也』，鄭司農云：『南謂子男。』左傳正義云：據地小大分爲二等，則侯同於公，伯同子男。僖九年在喪之例云：公侯曰子，言不及伯，是不得同於侯也。僖二十九年大夫會國君之例云：在禮，卿不會於諸侯，會伯子男可也，是伯國下同子男也。子産自言其君爵卑，下引子男爲例，故云『鄭伯，男也』。」

〔七〕爭：備要本、百子本同，玉海堂本、同文本、四庫本作「諍」。

〔八〕基：備要本、百子本同，玉海堂本、同文本、四庫本無此字。

〔九〕樂只君子，邦家之基：語出詩小雅南山有臺。句意是：君子快樂啊，成爲國家根基。基：王肅注：「本也。」

〔一〇〕君子之於樂者：王肅注：「能爲國之本，則人樂藝也。」

〔一一〕藝：王肅注：「藝，分别貢獻之事也。」

鄭子産有疾，謂子太叔〔一〕曰：「我死，子必爲政，唯有德者能以寬服民，其次莫如猛。夫火烈，民望而畏之，故鮮死焉；水濡弱〔二〕，民狎而翫之〔三〕，則多死焉，故寬難。」子産卒，子太叔爲政，不忍猛而寬，鄭國多掠〔四〕盜。太叔悔之曰：「吾早從夫子，必不及此。」

孔子聞之曰：「善哉！政寬則民慢〔五〕，慢則糾〔六〕於猛，猛則民殘〔七〕，民殘則施之以寬。寬以濟猛，猛以濟寬，寬猛相濟，政是以和。詩曰〔八〕：『民亦勞止，汔可小康〔九〕。惠此中國，以綏四方。』施之以寬。『毋縱詭隨，以謹無良〔一〇〕。式遏寇虐，慘不畏明〔一一〕。』糾之以猛也。『柔遠能邇〔一二〕，以定我王〔一三〕。』平之以和也。又曰：

『不競不絿〔一四〕，不剛不柔。布政優優，百禄是遒〔一五〕。』和之至也。」

子産之卒也，孔子聞之，出涕曰：「古之遺愛〔一六〕。」

（此記載又見於左傳昭公二十年）

【校注】

〔一〕太叔：游氏，名吉，鄭國正卿。

〔二〕濡弱：柔弱，怯懦。備要本、百子本、玉海堂本、同文本同，四庫本作「懦弱」。

〔三〕狎而翫之：王肅注：「狎，易。翫，習。」狎：親近而態度不莊重。翫：音「玩」，戲弄。

〔四〕掠：王肅注：「抄掠。」

〔五〕慢：怠慢，散慢。

〔六〕糺：同「糾」，同文本作「糾」。王肅注：「糺，猶攝也。」

〔七〕猛則民殘：王肅注：「猛政民殘（玉海堂本、四庫本作「猛政殘民」）。」

〔八〕詩曰：備要本、百子本同，玉海堂本、同文本、四庫本作「詩云」。此詩見於詩大雅民勞。

〔九〕民亦勞止，汔可小康：王肅注：「汔，危也。勞民人病，汔可小變，故以安也。」汔：音「器」。春秋左傳正義杜預注：「汔，其也。康、綏皆安也。周厲王暴虐，民勞於苛政，故詩人刺之，欲其施之以寬。」孔穎達正義曰：「此詩大雅民勞之篇，刺厲王之詩也。其下十句，詩之文也。仲尼分爲三段，每以一句釋之。汔，其也。康、綏皆安也。止，辭也。於是厲王以苛政勞民，故言當今之民亦大疲勞止，其可以小息之。」

〔一〇〕毋縱詭隨，以謹無良：王肅注：「詭人、隨人，遺人小惡者也。謹以小懲之也。」孔穎達正義曰：「詭、隨謂詭人爲善，隨人小惡，此雖惡之小者，其事不可舍從也，毋得從此詭隨之人，以謹敕彼無善之人。無善之惡大於詭隨，詭隨不從，則無善息止，是謹敕之也。」詭隨：不顧是非而妄隨人意。

〔一一〕式遏寇虐，慘不畏明：王肅注：「慘，曾也。當用遏止爲寇虐之人也。曾不畏天之明道者，言威也。」孔穎達正義曰：「寇虐之惡人又大於無善。式，用也。遏，止也。慘，曾也。王當嚴爲刑威，用止臣民之間有爲寇盜苛虐，曾不畏明白之刑者。」慘：副詞，曾，乃。

〔一二〕柔遠能邇：王肅注：「言能者能安近（玉海堂本、四庫本作「言能安遠者能安近」）。」孔穎達正義曰：「柔，安也。邇，近也。能，謂才能也。王者當以寬政安慰遠人，使之懷附，則各以才能自進者，是近人也。遠者懷而歸，近者以能自進，用此以定我爲王之功。」

〔一三〕以定我王：王肅注：「以定安王位也。」

〔一四〕不競不絿：王肅注：「不競不絿，中和。」絿：急。

〔一五〕布政優優，百禄是遒：王肅注：「優優，和。遒，聚。」孔穎達正義曰：「詩商頌長發之篇，述成湯之德也。湯之爲政，不大强，不大急，不大剛，不大柔，布行政教，優優然和綏，百種福禄於是聚而歸之。言其和之至也。」

〔一六〕古之遺愛：春秋左傳正義杜預注：「子産見愛，有古人之遺風。」

孔子適齊，過泰山之側，有婦人哭於野者而哀，夫子式〔一〕而聽之，曰：「此哀一似重有憂者〔二〕。」使子貢往問之。而曰：「昔舅〔三〕死於虎，吾夫又死焉，今吾子又死焉。」子貢曰：「何不去乎？」婦人曰：「無苛政。」子貢以告孔子。子曰：「小子識之，苛政〔四〕猛於暴虎。」

（此記載又見於禮記檀弓下）

【校注】

〔一〕式：通「軾」，車前用爲扶手的横木。以手扶軾，表示敬意的一種禮節。

〔二〕此哀一似重有憂者：這種哀痛，好似有好幾重憂傷。

〔三〕舅：公公，丈夫的父親。

〔四〕苛政：指賦税繁重，法令苛刻。

晉魏獻子〔一〕爲政，分祁氏及羊舌氏之田，荀櫟滅〔二〕，以賞諸大夫及其子成〔三〕，皆以賢舉也。又將〔四〕賈辛曰：「今汝有力於王室〔五〕，吾是以舉汝，行乎？敬〔六〕之哉，毋墮乃力〔七〕。」

孔子聞之，曰：「魏子之舉也，近不失親，遠不失舉〔八〕，可謂美矣。」又聞其命賈辛，以爲忠。「詩云：『永言配命，自求多福〔九〕。』忠也。魏子之舉也義，其命也忠，其長有後於晉國乎！」

（此記載又見於左傳昭公二十八年）

【校注】

〔一〕魏獻子：王肅注：「獻子，魏舒。」魏獻子爲春秋時晉國卿，繼韓宣子之後執政。

〔二〕荀櫟滅：三字爲注文誤竄入正文者。王肅注：「荀櫟滅晉大夫祁氏、羊舌氏，故獻子分其田。」

〔三〕成：魏獻子之子。

〔四〕將：玉海堂本、同文本、四庫本、備要本作「謂」。

〔五〕有力於王室：王肅注：「周有子朝之亂，賈辛帥師救周。」左傳昭公二十二年記載：「王子朝、賓起有寵於景王，王與賓孟説之，欲立之。劉獻公之庶子伯蚠事單穆公，惡賓孟之爲人也，願殺之；又惡王子朝之言，以爲亂，願去之。……丁巳，葬景王。王子朝因舊官、百工之喪職秩者，與靈、景之族以作亂。帥郊、要、餞之甲以逐劉子。……冬十月丁巳，晉籍談、荀躒帥九州之戎及焦、瑕、温、原之師以納王於王城。……十二月庚戌，晉籍談、荀躒、賈辛、司馬督帥師軍於陰，於侯氏，於谿泉，次於社。王師軍於汜，於解，次於任人。閏月，晉箕遺、樂徵、右行詭濟師，取前城，軍其東南。王師軍於京楚（子朝所在地）。辛丑，伐京，毁其西南。」

〔六〕敬：謹慎，不怠慢。

〔七〕墮：損毁。力：功勞。

〔八〕近不失親，遠不失舉：王肅注：「子可舉而舉也，不以遠故不舉。」

〔九〕永言配命，自求多福：語出詩大雅文王。王肅注：「言，我。文王之詩。我長配天命而行庶國，亦當求多福。人多福，忠也（玉海堂本、四庫本作「大雅文王之詩，言能長配天命，而魏獻子亦能永天命以求多福，忠也」）。」

趙簡子賦晉國一鼓鐘〔一〕，以鑄刑鼎，著范宣子所爲刑書〔二〕。孔子曰：「晉其亡乎，失其度矣。夫晉國將守唐叔[三]之所受法度，以經緯[四]其民者也。卿大夫以序[五]守之，民是以能遵其道而守其業。貴賤不愆[六]，所[七]謂度也。文公是以作執秩之官，爲被廬之法[八]，以爲盟主。今棄此度也而爲刑鼎，銘在鼎矣，何以尊貴[九]？何業之守也[一〇]？貴賤無序，何以爲國？且夫宣子之刑，夷之蒐也，晉國亂制[一一]，若之何其爲法乎？」

（此記載又見於左傳昭公二十九年）

【校注】

[一] 趙簡子：晉國正卿，名鞅。鼓鐘：王肅注：「三十斤謂之鐘，鐘四謂之石（二句，玉海堂本、四庫本作「三十斤謂之鈞，鈞四謂之石」），石四謂之鼓。」鼓：重量單位名。左傳昭公二十九年此語作「遂賦晉國一鼓鐵，以鑄刑鼎」。

[二] 著范宣子所爲刑書：著，刻，記。范宣子，晉國大夫，長期執掌國政。王肅注：「范宣子，晉卿，范自銘其刑書著鼎也（二句，玉海堂本、四庫本作「晉卿范匄，銘其刑書著鼎也」）。」

[三] 唐叔：王肅注：「唐叔，成王母弟，始封於晉者也。」楊朝明、宋立林注：「（王肅注）誤。唐叔爲周武王子，成王同母弟。疑『母』前脱『同』字。」

[四] 經緯：織物的縱綫和橫綫，引申爲治理。王肅注：「經緯，猶織以成文也。」

〔五〕序：王肅注：「序，次序也。」

〔六〕僁：音「千」，同「愆」，過失，錯亂。

〔七〕所：備要本、百子本同，玉海堂本、同文本、四庫本無此字。

〔八〕文公是以作執秩之官，爲被廬之法：王肅注：「晉文公既霸彊于時，蓋作執秩之官，以爲晉國法也。」秩：官吏的職位或品級。被廬：地名。

〔九〕銘在鼎矣，何以尊貴：銘，百子本同，玉海堂本、同文本、四庫本、備要本作「民」。左傳昭公二十九年也作「民」。王肅注：「民將棄神（玉海堂本作「棄禮」，同文本、四庫本作「禮棄」）而徵於書，不復戴奉上也。」

〔一〇〕何業之守也：王肅注：「民不奉上，則上無所守也。」業：基業。

〔一一〕夷之蒐也，晉國亂制：王肅注：「夷蒐之時，變易軍師，陽唐父爲賈季所殺，故曰亂制也。」夷：地名。蒐：音義同「搜」，檢閱，閱兵。亂制：春秋左傳杜預注：「范宣子所用刑，乃夷蒐之法也。夷蒐在文六年，一蒐而三易中軍帥，賈季、箕鄭之徒遂作亂，故曰亂制。」孔穎達正義曰：「於時晉侯將以士縠、梁益耳將中軍。先克曰：『狐、趙之勳，不可廢也。』以狐射姑將中軍，趙盾佐之。陽處父改蒐於董，更以趙盾將中軍，狐射姑佐之。是一蒐而三易中軍帥。三易者，士縠、梁益耳將中軍，是易代前人，是一易也；狐射姑將中軍，是二易也；

又趙盾將中軍，是三易也。致使賈季、箕鄭之徒怨恨而作亂。」

楚昭王有疾，卜曰：「河神爲祟〔一〕。」王弗祭。大夫請祭諸郊。王曰：「三代命祀，祭不越望〔二〕。江、漢、沮、漳〔三〕，楚之望也。禍福之至，不是過乎？不穀〔四〕雖不德，河非所獲罪也。」遂不祭。孔子曰：「楚昭王知大道矣〔五〕，其不失國也，宜哉〔六〕！夏書曰：『維彼陶唐，率彼天常〔七〕，在此冀方〔八〕。今失厥道〔九〕，亂其紀綱，乃滅而亡〔一〇〕。』又曰：『允出兹在兹〔一一〕。』由己率常〔一二〕，可矣。」

（此記載又見於左傳哀公六年）

【校注】

〔一〕河神爲祟：備要本、百子本同，玉海堂本、同文本、四庫本無「神」字。河，黄河。

〔二〕祭不越望：王肅注：「天子望祀天地，諸侯（玉海堂本、四庫本「侯」下有「望」字）祀境内，故曰祭不越望也。」望：古代祭祀山川的專名，望而祭之，故曰望。王國軒、王秀梅譯曰：「楚昭王説：『三代時規定的祭祀制度，祭祀不超越本國山川。』」

〔三〕江、漢、沮、漳：王肅注：「四水名也。」沮：沮水。漳：漳水。二水均在今湖北中部偏西，在當陽境内匯合，今稱沮漳河，南流入長江。

〔四〕不穀：諸侯的謙稱。

〔五〕知大道矣：意謂楚昭王做事合乎禮制，所以能够復國。王肅注：「求（玉海堂本、同文本、四庫本作「取」）之於己，不越祀也。」

〔六〕不失國也，宜哉：宜，應當。王肅注：「楚爲吴所滅，昭王出奔，已復國者也。」

〔七〕維彼陶唐，率彼天常：王肅注：「陶唐，堯。率，猶循。天常，天之常道。」

〔八〕在此冀方：王肅注：「中國爲冀。」古稱，指今中原一帶地方。

〔九〕今失厥道：備要本、百子本同，玉海堂本、同文本、四庫本作「今失其行」。

〔一〇〕亂其紀綱，乃滅而亡：王肅注：「謂變夏桀（玉海堂本、四庫本作「謂夏桀」）。」

〔一一〕允出兹在兹：語出尚書大禹謨。王肅注：「言善惡各有類，信出此則在此，以能循常道，可也。」意謂付出甚麽就會得到甚麽樣的結果。允：信，確實，果真。

〔一二〕率：遵循。常：法典，倫常。

衛孔文子使太叔疾出其妻，而以其女妻之〔一〕。疾誘其初妻之娣〔二〕，爲之立宫，與文子女，如〔三〕二妻之禮。文子怒，將攻之。孔子舍璩伯玉〔四〕之家，文子就而訪焉。

孔子曰：「簠簋之事〔五〕，則嘗聞學之矣。兵甲之事，未之聞也。」退而命駕而行，曰：「鳥則擇木，木豈能擇鳥乎？」文子遽自止之，曰：「圉也豈敢度其私哉〔六〕？亦訪衛國之難也。」將止，會季康子問冉求之戰，冉求既對之，又曰：「夫子播之百姓，質諸鬼神而無憾〔七〕，用之則有名。」康子言於哀公，以幣〔八〕迎孔子，曰：「人之於冉求，信之矣，將大用之。」

（此記載又見於左傳哀公十一年、史記孔子世家）

【校注】

〔一〕衛孔文子使太叔疾出其妻，而以其女妻之：孔文子：春秋時衛國卿，名圉。太叔疾：即世叔齊，衛國大夫。王肅注：「初，疾娶於宋子朝，其歸孽，子朝出，文子使疾出其妻，而己妻之（此注，玉海堂本、四庫本作「初，疾娶於宋子朝，其婦嬖子朝，文子使疾出其妻，而己妻之」）。」左傳哀公十一年記曰：「冬，衛大叔疾出奔宋。初，疾娶於宋子朝，其娣嬖。子朝出，孔文子使疾出其妻而妻之。疾使侍人誘其初妻之娣，置於犁，而爲之一宫，如二妻。文子怒，欲攻之。仲尼止之。遂奪其妻。或淫於外州，外州人奪之軒以獻。耻是二者，故出。衛人立遺，使室孔姞。疾臣向魋納美珠焉，與之城鉏。宋公求珠，魋不與，由是得罪。及桓氏出，城鉏人攻大叔疾，衛莊公復之。使處巢，死焉。殯於鄖，葬於少禘。」

〔二〕娣：女弟，妹妹。古時女子出嫁，常以娣隨嫁。

〔三〕如：依照。備要本、四庫本、百子本同，玉海堂本、同文本作「加」。

〔四〕璩伯玉：即蘧伯玉，孔子的友人。蘧：音「渠」。

〔五〕簠簋之事：指祭祀之事。簠簋：音「甫鬼」，祭祀用的食器。

〔六〕圉：音「雨」，人名，指孔文子。度：王肅注：「度，謀。」

〔七〕質：詢問，質證。憾：王肅注：「恨也。」

〔八〕幣：財物，禮品。

齊陳恒弑其簡公〔一〕，孔子聞之，三日沐浴〔二〕而適朝，告於哀公曰：「陳恒弑其君，請伐之。」公弗許，三請，公曰：「魯爲齊弱〔三〕久矣，子之伐也，將若之何？」對曰：「陳恒弑其君，民之不與〔四〕者半。以魯之衆，加齊之半，可克也。」公曰：「子告季氏。」孔子辭〔五〕，退而告人曰：「以吾從大夫之後〔六〕，吾〔七〕不敢不告也。」

（此記載又見於左傳哀公十四年、論語憲問）

【校注】

〔一〕齊陳恒弒其簡公：陳恒：即田常。簡公：即齊簡公，齊國國君，在位四年。玉海堂本、同文本、四庫本「其」下有「君」字。

〔二〕沐浴：濯髮曰沐，澡身曰浴。指孔子上朝前沐浴以示嚴肅莊重。

〔三〕弱，削弱，欺凌。

〔四〕與：親附，跟從。

〔五〕辭：王肅注：「不告季氏。」

〔六〕以吾從大夫之後：孔子曾作過大夫，此説「從大夫之後」，意謂忝列大夫，謙辭也。

〔七〕吾：備要本同，玉海堂本、同文本、四庫本、百子本無此字。

子張問曰：「書云：『高宗三年不言，言乃雍。』有諸？」孔子曰：「胡爲其不然也？古者天子崩，則世子委政於冢宰三年〔一〕。成湯既没〔二〕，太甲聽於伊尹〔三〕；武王既喪，成王聽於周公。其義一也。」

（此記載又見於禮記檀弓下）

【校注】

〔一〕高宗：殷高宗武丁。「三年不言，言乃雍」，原文見尚書無逸。王肅注：「雍，歡聲貌。尚書云『言乃雍』，和。有諸，問有之也。」論語憲問記載：子張曰：「書云：『高宗諒陰，三年不言。』何謂也？」子曰：「何必高宗，古之人皆然。君薨，百官總己，以聽於冢宰三年。」這是説：高宗守喪於凶廬，三年不言政事。百官總攝己職，聽命於太宰三年。冢宰：周代官名，爲六卿之首，一稱太宰。

〔二〕没：備要本同，玉海堂本、同文本、四庫本、百子本作「殁」。

〔三〕太甲聽於伊尹：太甲，王肅注：「太甲，湯孫。」伊尹，商初大臣，名伊，一説名摯，尹爲官名。助湯滅夏，後又歷佐湯之子卜丙、仲壬和湯孫（太丁子）太甲三王。

衛孫桓子侵齊，遇，敗焉〔一〕。齊人乘之，執〔二〕。新築〔三〕大夫仲叔于奚以其衆救桓子，桓子乃免。衛人以邑賞仲叔于奚，于奚辭，請曲懸之樂〔四〕，繁纓以朝〔五〕。許之，書在三官〔六〕。子路仕衛，見其故〔七〕，以訪孔子。

孔子曰：「惜也！不如多與之邑。惟器與名〔八〕，不可以假人，君之所司〔九〕。名以出信，信以守器，器以藏禮〔一〇〕，禮以行義，義以生利，利以平民，政之大節也。

若以假人，與人政也。政亡，則國家從之〔三〕，不可止也〔四〕。」

（此記載又見於左傳成公二年）

【校注】

〔一〕衛孫桓子侵齊，遇，敗焉：王肅注：「桓子，孫良夫也。侵齊，與齊師遇，爲齊所敗也。」孫桓子爲春秋時衛國大夫。

〔二〕乘：追逐。執：抓捕，捉拿。備要本、百子本同，玉海堂本、同文本、四庫本無「執」字。

〔三〕新築：春秋衛地，在今河北魏縣南。

〔四〕曲縣之樂：王肅注：「諸侯軒懸，軒懸闕一向（向，玉海堂本、同文本、四庫本、備要本作「面」）也，故謂之曲懸之樂。」春秋左傳杜預注：「周禮：天子樂，宫縣四面；諸侯軒縣，闕南方。」孔穎達正義曰：「周禮小胥：『正樂縣之位：王宫縣，諸侯軒縣，卿大夫判縣，士特縣。』鄭衆云：宫縣，四面縣。軒縣，去其一面。判縣，又去一面。特縣，又去一面。四面象宫室，四面有牆，故謂之宫縣。軒縣三面，其形曲，故春秋傳曰『請曲縣、繁纓以朝』，諸侯之禮也。」這是説：天子樂器四面懸掛，以象宫室四面有牆，謂之宫懸；諸侯去其南面樂器，三面懸掛，稱「軒懸」，也稱「曲懸」。此處仲叔于奚請曲懸之樂，是以大夫而僭用諸侯之禮。

〔五〕繁纓以朝：王肅注：「馬纓當膺以索群，銜以黄金爲飾也。」繁纓爲天子、諸侯所用輅馬的帶飾，而仲叔于奚請求用繁纓裝飾的馬匹上朝，是僭越禮制的行爲。

〔六〕書：書寫。三官：指司徒、司馬、司空。王肅注：「司徒書名，司馬書服，司空書勳也。」

〔七〕故：舊典，以往的文書記録。備要本、百子本同，玉海堂本、同文本、四庫本作「政」。

〔八〕惟器與名：王肅注：「器，禮樂以器；名，尊卑以名（二「以」字，玉海堂本、四庫本皆作「之」）。」

〔九〕司：掌管。王肅注：「司，主。」

〔一〇〕器以藏禮：王肅注：「有器然後得行其禮，故曰器以藏禮。」

〔一一〕之：備要本、百子本同，玉海堂本、同文本、四庫本無此字。

〔一二〕也：備要本、百子本同，玉海堂本、同文本、四庫本作「已」。

公父文伯之母紡績不解〔一〕，文伯諫焉。其母曰：「古者王后親織玄紞〔二〕，公侯之夫人加之紘綖〔三〕，卿之内子爲大帶〔四〕，命婦〔五〕成祭服，列士〔六〕之妻加之以朝服。自庶士已下，各衣其夫。社而賦事，烝而獻功〔七〕，男女紡績，僁則有辟〔八〕，聖王之制也。今我寡也，爾又在位，朝夕恪勤，猶恐忘〔九〕先人之業，况有怠墮〔一〇〕，其何以避辟？」

孔子聞之，曰：「弟子志之：季氏之婦，可謂不過矣。」

（此記載又見於國語魯語下）

【校注】

〔一〕公父文伯之母：公父文伯，名公父歜，魯國大夫。王肅注：「文伯母，敬姜也。」敬姜爲春秋時魯國大夫公父穆伯之妻，文伯之母，季康子從叔祖母。穆伯早死，敬姜守寡養孤。解：通「懈」，停止。

〔二〕玄紞：冠冕上用以繫瑱（玉）的黑絲帶。王肅注：「紞，冠垂者。」左傳桓公二年孔穎達疏：「紞者，縣瑱之繩，垂於冠之兩旁。」紞，音「丹」。

〔三〕紘綖：音「紅延」。王肅注：「纓屈而上者謂之紘。綖，冠之上覆也。」左傳桓公二年「衡、紞、紘、綖」杜預注：「衡，維持冠者。紞，冠之垂者。紘，纓從下而上者。綖，冠上覆。」孔穎達疏：「此四物者，皆冠之飾也。……紘纓皆以組爲之，所以結冠於人首也。纓用兩組，屬之於兩旁，結之於頷下，垂其餘也。紘用一組，從下屈而上，屬之於兩旁，垂其餘也。紘、纓同類，以之相形，故云『紘，纓從下而上者』。弁師『掌王之五冕』，皆玉笄朱紘。鄭玄云：有笄者，屈組爲紘，垂爲飾。無笄者，纓而結其條。以其有笄者用紘力少，故從下而上屬之」；無笄者用纓力多，故從上而下結之。冕弁皆有笄，故用紘；緇布冠無笄，故用纓也。魯語稱公侯夫人織紘綖，知紘亦織而爲之。士冠禮言組纓、組紘，知天子諸侯之紘亦用組也。綖，冠上覆者，冕以木爲幹，以玄布衣其上，謂之綖。論語、商書皆云麻冕，知其當用布也。弁師『掌王之五冕』皆玄冕，知其色用玄也。孔安國論語注言『績麻三十升布以爲冕』，即是綖也。」

〔四〕內子爲大帶：王肅注：「卿之妻爲內子。」大帶：祭祀用帶，有革帶和大帶。革帶用以繫佩紱，大帶置於革帶之上，以絲織的素和練織成。

〔五〕命婦：受有封號的婦女。王肅注：「大夫之妻爲命婦。」

〔六〕列士：古時上士、中士、下士的統稱。此指元士。天子之上士爲元士，以別於諸侯之上士。

〔七〕社而賦事，烝而獻功：社而賦事，四庫本、百子本、備要本同，玉海堂本、同文本作「秋而戎事」。王肅注：「男女春秋而勤歲事，各祭（二字，玉海堂本、四庫本作「冬烝」）祭而獻其功也。」社：春分祭祀土地神。賦事：從事農桑之事。烝：冬祭。禮記祭統曰：「凡祭有四時：春祭曰礿，夏祭曰禘，秋祭曰嘗，冬祭曰烝。」

〔八〕男女紡績，僁則有辟：王肅注：「績，功也。辟，法也。」紡績：古代紡多指紡絲，此處引申爲建功立業。僁：通「愆」，過錯。意謂人們爭相創立功業，犯錯則會受到法律的懲罰。

〔九〕忘：備要本、百子本同，玉海堂本、同文本、四庫本作「亡」。

〔一〇〕墮：通「惰」，懈怠。備要本、百子本同，玉海堂本、同文本、四庫本作「惰」。

樊遲問於孔子曰：「鮑牽事齊君，執政不撓，可謂忠矣〔一〕。而君刖〔二〕之，其爲至闇〔三〕乎？」孔子曰：「古之士者，國有道則盡忠以輔之，國無道則退身以避之。今鮑疾子〔四〕食於淫亂之朝，不量主之明暗，以受大刖〔五〕，是智之不如葵，葵猶能衛其足〔六〕。」

（此記載又見於左傳成公十七年）

【校注】

〔一〕鮑牽事齊君，執政不撓，可謂忠矣：王肅注：「齊慶克通於夫人，鮑牽知之，以告匡武子（玉海堂本、四庫本作「國武子」）。武子召慶克而讓之。慶克告夫人，夫人怒。閔子子因需公（上六字，玉海堂本、四庫本作「國子相靈公」）以會於諸侯，高、鮑去（玉海堂本、四庫本作「處」）守，還，將及至，閉門而牽（玉海堂本、四庫本作「索」）客。夫人訴之曰：『高、鮑將不納君。』遂刖鮑牽之足。」鮑牽：即鮑莊子，春秋時齊國大夫，鮑叔牙曾孫。左傳成公十七年記載：「齊慶克通於聲孟子，與婦人蒙衣乘輦而入於閎。鮑牽見之，以告國武子，武子召慶克而謂之。慶克久不出，而告夫人曰：『國子讁我！』夫人怒。國子相靈公以會，高、鮑處守。及還，將至，閉門而索客。孟子訴之曰：『高、鮑將不納君，而立公子角。國子知之。』秋七月壬寅，刖鮑牽而逐高無咎。無咎奔莒，高弱以盧叛。齊人來召鮑國而立之。」

〔二〕刖：砍掉脚的酷刑。

〔三〕闇：愚昧不明。

〔四〕鮑疾子：備要本同，玉海堂本、同文本、四庫本、百子本作「鮑莊子」，是。

〔五〕大刖：備要本同，玉海堂本、同文本、四庫本、百子本作「大刑」。

〔六〕葵猶能衛其足：王肅注：「葵傾葉隨日轉，故曰衛其足也。」

季康子欲以一井田出法賦〔一〕焉，使訪孔子。子曰：「丘弗識也。」冉有三發，卒曰：「子爲國老〔二〕，待子而行，若之何子之不言？」孔子不對，而私於冉有曰：「求，汝來。汝弗聞乎，先王制土，藉田以力〔三〕，而底其遠近〔四〕；賦里以入，而量其無有〔五〕；任力以夫，而議其老幼〔六〕。於是鰥寡孤疾老者，軍旅之出則徵之，無則已〔七〕。其歲〔八〕收，田一井出穫禾秉缶米芻藁〔九〕，不是過，先王以爲之〔一〇〕足。君子之行，必度於禮，施取其厚〔一一〕，事舉其中〔一二〕，斂從其薄。若是，其已丘亦足矣〔一三〕。不度於禮而貪冒〔一四〕無厭，則雖賦田，將有不足。且子孫〔一五〕若以行之而取法，則有周公之典在。若欲犯法，則苟行之，又何訪焉？」

（此記載又見於左傳昭公十一年）

【校注】

〔一〕井田：周代的一種土地制度。地方一里爲井，四井爲邑，四邑爲丘。法賦：法定的田賦，常賦，即田畝税。

〔二〕國老：告老退休的卿大夫。

〔三〕藉田以力：王肅注：「田有税收，藉力以治公田也。」即天子、諸侯徵用民力耕種公田，作爲税收。

〔四〕底其遠近：王肅注：「底，平。平其遠近，俱十一而中。」意謂俱用十分之一的抽税比例爲宜。底：平衡。

〔五〕賦里以入，而量其無有：王肅注：「里，廛。里有税，度其有無爲多少之入也。」無有：備要本同，玉海堂本、同文本、四庫本、百子本作「有無」。

〔六〕任力以夫，而議其老幼：夫，古代井田，一夫受田百畝，故稱田百爲夫。王肅注：「力作度之事，丁夫任其長幼，或重或輕。」

〔七〕鰥寡孤疾老者，軍旅之出則徵之，無則已：「軍旅」上，玉海堂本、四庫本有「有」字。王肅注：「於軍旅之役，則鰥寡孤疾或有所共，無軍事則止之。」這是説：對於鰥寡孤疾和老人，有軍旅之事就徵收點，無軍旅之事則停止徵收。

〔八〕其歲：王肅注：「其歲，軍旅之歲。」

〔九〕獲禾秉缶米芻藁：據國語魯語下，當爲稯禾、秉芻、缶米。稯：音「總」，計算禾把的單位，四十把爲一稯。秉：禾滿把曰秉，四秉曰莒，十莒曰稯。秉芻：國語魯語下韋昭注引聘禮：「十庾曰秉。」即十庾數量的草把。缶：十六斗爲一缶。王肅注：「一把曰秉，四秉固稜，穗連藁芻不可分，故曰步缶。十六斗曰秉也。」王注有誤。

〔一〇〕之：備要本、玉海堂本、同文本同，四庫本、百子本無此字。

〔一一〕施取其厚：王肅注：「施以厚爲德也。」

〔一二〕事舉其中：做事把握分寸。王肅注：「事以中爲節。」

〔一三〕已：備要本、玉海堂本、同文本同，四庫本、百子本作「以」。左傳哀公十一年亦作「以」。

〔一四〕丘：王肅注：「丘，十六井。」以丘，指按丘徵税。

貪冒：貪圖財利。

〔一五〕子孫：備要本、玉海堂本、同文本同，四庫本、百子本作「季孫」。左傳哀公十一年作「子季孫」。

子游問於孔子曰：「夫子之極言子產之惠〔一〕也，可得聞乎？」孔子曰：「惠〔二〕在愛民而已矣。」子游曰：「愛民謂之德教，何翅〔三〕施惠哉？」孔子曰：「夫子產者，猶衆人之母也，能食之，弗〔四〕能教也。」子游曰：「其事可言乎？」孔子曰：「子產以所乘之輿濟冬涉者〔五〕，是愛〔六〕無教也。」

（此記載又見於禮記仲尼燕居）

【校注】

〔一〕惠：仁惠。

〔二〕惠：備要本、百子本同，玉海堂本、同文本、四庫本作「謂」。

〔三〕翅：通「啻」，只有，僅，止。

〔四〕弗：備要本、百子本同，玉海堂本、同文本、四庫本作「而不」。

〔五〕輿：備要本、百子本同，玉海堂本、同文本、四庫本作「車」。者：備要本、百子本同，玉海堂本、同文本、四庫本無此字。

〔六〕「愛」下，備要本、百子本同，玉海堂本、同文本、四庫本有「而」字。

哀公〔一〕問於孔子曰：「二三大夫皆勸寡人使隆敬於高年〔二〕，何也？」

孔子對曰：「君之及此言，將天下實賴之，豈唯魯哉！」

公曰：「何也？其義可得聞乎？」

孔子曰：「昔者有虞氏貴德而尚齒〔三〕，夏后氏貴爵而尚齒，殷人貴富〔四〕而尚齒，周人貴親而尚齒。虞、夏、殷、周，天下之盛王〔五〕也，未有遺年者焉。年者貴於天下久矣，次于事親。是故朝廷同爵而尚齒，七十杖於朝，君問則席〔六〕；八十則不仕朝，君問則就之〔七〕，而悌達乎朝廷矣。其行也，肩而不並〔八〕，不錯則隨〔九〕，斑白者不以其任於道路〔一〇〕，而悌達乎道路矣。居鄉以齒，而老窮不匱，强不犯弱，衆不暴寡，而悌達乎州巷〔一一〕矣。古之道，五十不爲甸役〔一二〕，頒禽隆之長者，而悌達乎蒐狩〔一三〕矣。軍旅什伍〔一四〕，同爵〔一五〕則尚齒，而悌達乎軍旅矣。夫聖王〔一六〕之教，孝悌發諸朝廷，行於道路，至於州巷，放〔一七〕於蒐狩，循於軍旅，則衆感以義死之而弗敢犯。」

公曰：「善哉，寡人雖聞之，弗能成。」

（此記載又見於禮記祭義）

【校注】

〔一〕哀公：備要本、百子本同，玉海堂本、同文本、四庫本作「定公」。

〔二〕隆敬於高年：崇敬年紀大的人。

〔三〕尚齒：意謂敬重長者。齒：年齡。

〔四〕富貴：王肅注：「富貴，世禄之家。」

〔五〕盛王：備要本、百子本同，玉海堂本、同文本、四庫本作「上王」。

〔六〕君問則席：王肅注：「君欲問之，則爲之設席而問焉。」

〔七〕八十則不仕朝，君問則就之：八十歲可以不上朝，國君詢問就到家裏請教。

〔八〕肩而不並：王肅注：「不敢與長者並肩也。」

〔九〕不錯則隨：王肅注：「錯，鴈行。父黨隨行，兄黨鴈行也。」

〔一〇〕斑白者不以其任於道路：王肅注：「任，負也。少者代之也。」意謂不讓年齡大的人擔負重物行路。

〔一一〕州巷：州閭。州與閭皆爲古時地方基層行政單位，泛指鄉里。

〔一二〕五十不爲甸役：王肅注：「五十始老，不爲力役之事，不爲田獵之徒也。」甸役：指田獵。天子田獵則徵發徒役，故稱。甸：通「田」。

〔一三〕蒐狩：田獵。春獵稱蒐，冬獵稱狩。蒐：音「搜」。

〔一四〕什伍：備要本、百子本同，玉海堂本、同文本作「五什」，四庫本作「伍什」。什伍：軍隊編制，五人爲伍，十人爲什，稱什伍，泛指軍隊的基層建制。

〔一五〕同爵：備要本、百子本同，玉海堂本、同文本作「同齒」，四庫本作「同列」。

〔一六〕聖王：備要本、百子本同，玉海堂本、同文本、四庫本作「聖人」。

〔一七〕放：至，到。

哀公問之〔一〕於孔子曰：「寡人聞東益〔二〕不祥，信有之乎？」孔子曰：「不祥有五，而東益不與焉。夫損人自益，身之不祥；棄老而取幼〔三〕，家之不祥；擇賢而任不肖〔四〕，國之不祥；老者不教，幼者不學，俗之不祥；聖人伏匿，愚者擅權，天下不祥。不祥有五，東益不與焉。」

（此記載又見於新序雜事五、淮南子人間訓）

【校注】

〔一〕之：備要本同，玉海堂本、同文本、四庫本、百子本無此字。

〔二〕東益：向東擴建房屋。益：增加。王肅注：「東益之宅。」

〔三〕棄老而取幼：遺棄老人而只愛子女。

〔四〕擇賢：備要本同，玉海堂本、同文本、四庫本、百子本作「釋賢」，是。不肖：不賢。

孔子適季孫，季孫之宰謁〔一〕曰：「君使求假於田，特與之乎〔二〕？」季孫未言。孔子曰：「吾聞之，君取於臣謂之取，與於臣謂之賜；臣取於君謂之假，與於君謂之獻。」季孫色然〔三〕悟曰：「吾誠未達此義。」遂命其宰曰：「自今已往，君有取之〔四〕，一切不得復言假也。」

（此記載又見於新序雜事五、韓詩外傳卷五）

【校注】

〔一〕宰：古時官吏的通稱。周禮有冢宰、大宰、小宰、宰夫、内宰、里宰。春秋時卿大夫的家臣和采邑的長官也稱宰。此指家臣。謁：禀告，陳説。

〔二〕假：借。田：韓詩外傳、新序作「馬」。特：百子本、玉海堂本、同文本、四庫本、備要本作「將」。

〔三〕色然：變色貌。

〔四〕之：備要本、百子本同，玉海堂本、同文本、四庫本無「之」字。

孔子家語卷第十

曲禮子貢問第四十二

子貢問於孔子曰：「晉文公實召天子，而使諸侯朝焉〔一〕。夫子作春秋〔二〕云：『天王狩于河陽〔三〕。』何也？」孔子曰：「以臣召君，不可以訓〔四〕，亦書其率諸侯事天子而已。」

（此記載又見於左傳僖公二十八年）

【校注】

〔一〕晉文公實召天子，而使諸侯朝焉：王肅注：「晉文公會諸侯于温，召襄王，且使狩於河陽，因使諸侯朝。」左傳僖公二十八年：「冬，會於温。……是會也，晉侯召王，以諸侯見，且使王狩。仲尼曰：『以臣召君，不可以訓。』故書曰：『天王狩於河陽。』言非其地也，且明德也。」晉文公：即重耳。天子：指周襄王，因王子帶之亂而出奔在外，借晉文公之力，於僖公二十五年平定叛亂。

〔二〕春秋：我國第一部編年體史書，孔子根據魯國國史春秋整理删訂而成，記録了從魯隱公元年（前七二二年）到魯哀公十四年（前四八一年）共二百四十二年的歷史。

〔三〕河陽：晉邑，在今河南孟縣西。

〔四〕訓：常規，法則。

孔子在宋，見桓魋自爲石槨〔一〕，三年而不成，工匠皆病〔二〕。夫子愀然〔三〕曰：「若是其靡〔四〕也，死不如朽之速愈〔五〕。」冉子僕〔六〕，曰：「禮，凶事不豫〔七〕，此何謂也〔八〕？」夫子曰：「既死而議謚，謚定而卜葬〔九〕，既葬而立廟，皆臣子之事，非所豫屬也，況自爲之哉！」

（此記載又見於禮記檀弓上）

【校注】

〔一〕桓魋：即向魋（音「頽」），宋國的司馬，因爲是宋桓公的後代，故稱桓魋。槨：棺材外面的套棺。此爲石製之槨。

〔二〕病：疲憊，困乏。

〔三〕愀然：憂戚變色貌。

〔四〕靡：王肅注：「靡，侈。」

〔五〕死不如朽之速愈：備要本同，玉海堂本、同文本、四庫本、百子本作「死不如速朽之愈」。此語是説：像這樣奢侈，死了還不如快點腐朽的好。

〔六〕僕：駕車。

〔七〕凶事：喪事。豫：通「預」，事先有所準備。

〔八〕「也」下，備要本、百子本同，玉海堂本、同文本、四庫本有「乎」字。

〔九〕卜葬：占卜葬日。

南宮敬叔〔一〕以富得罪於定公，奔衛。衛侯請復〔二〕之，載其寶以朝。夫子聞之，曰：「若是其貨〔三〕也，喪〔四〕不若速貧之愈。」子游侍，曰：「敢問何謂如此？」孔子曰：「富而不好禮，殃也。敬叔以富喪矣，而又弗改，吾懼其將有後患也。」敬叔聞之，驟如孔氏〔五〕，而後循禮施散〔六〕焉。

（此記載又見於禮記檀弓上）

【校注】

〔一〕南宫敬叔：南宫閲，魯國大夫。

〔二〕復：恢復。指恢復官位。

〔三〕貨：賄賂。

〔四〕喪：王肅注：「喪，失位也。」

〔五〕驟如孔氏：疾速到孔子那裏求教。

〔六〕施散：向百姓佈施散發財物。

孔子在齊，齊大旱，春饑。景公問於孔子曰：「如之何？」孔子曰：「凶年則乘駑馬〔一〕，力役不興，馳道〔二〕不修，祈以幣玉〔三〕，祭祀不懸〔四〕，祀以下牲〔五〕，此〔六〕賢君自貶以救民之禮也。」

（此記載又見於禮記雜記下）

【校注】

〔一〕凶年：荒年。駑馬：劣馬。

〔二〕馳道：王肅注：「馳道，君行之道。」

〔三〕祈以幣玉：王肅注：「君所祈請，用幣及玉，不用牲也。」

〔四〕祭祀不懸：備要本、百子本同，玉海堂本、同文本、四庫本作「祭事不懸」。懸：懸掛鐘、磬等樂器，即奏樂。王肅注：「不作樂也。」

〔五〕祀以下牲：王肅注：「當用大牢者用少牢（大牢，玉海堂本、四庫本作「太牢」）。」

〔六〕「此」下，備要本、百子本同，玉海堂本、同文本、四庫本有「則」字。

孔子適季氏，康子晝居内寢〔一〕。孔子問其所疾，康子出見之。言終，孔子退。子貢問曰：「季孫不疾，而問諸疾，禮與？」孔子曰：「夫禮，君子不有大故〔二〕，則不宿於外。非致齊〔三〕也，非疾也，則不晝處於内。是故夜居外，雖弔之，可也；晝居於内，雖問其疾，可也。」

（此記載又見於禮記檀弓上）

【校注】

〔一〕晝居内寢：白天在内室睡覺。

〔二〕大故：大的變故，如父母之喪、災禍等。

〔三〕致齊：祭祀前清心潔身的禮式。齊：同「齋」，齋戒。

孔子爲大司寇，國厩焚〔一〕。子退朝而之火所，鄉人有自爲火來者，則拜之，士一，大夫再。子貢曰：「敢問何也？」孔子曰：「其來者，亦相弔之道〔二〕也。吾爲有司〔三〕，故拜之。」

（此記載又見於禮記雜記下）

【校注】

〔一〕國厩焚：國家馬圈失火。孫志祖疏證曰：「案論語、禮記俱無『國』字，故論語釋文云：『家廄也。』」

〔二〕相弔之道：互相慰問的禮儀之道。

〔三〕有司：主管的官員。

子貢問曰：「管仲失於奢，晏子失於儉。與其俱失矣〔一〕，二者孰賢？」孔子曰：「管仲鏤簋而朱紘〔二〕，旅樹而反坫〔三〕，山節藻棁〔四〕。賢大夫也，而難爲上〔五〕。晏平仲祀其先祖，而豚肩不揜豆〔六〕，一狐裘三十年。賢大夫也，而難爲下〔七〕。君子上不僭下，下不偪上〔八〕。」

（此記載又見於禮記雜記下）

【校注】

〔一〕矣：備要本，百子本同，玉海堂本、同文本、四庫本作「也」。

〔二〕鏤簋而朱紘：王肅注：「鏤，刻而飾之。朱紘，天子冕之紱（玉海堂本、四庫本作「紘」）。」簋：古代食器，青銅或陶製品，盛行於西周時期，用以盛黍稷稻粱。紘：古時冠冕上的帽帶，由頷下挽上而繫在笄的兩端。

〔三〕旅樹而反坫：王肅注：「旅，施也。樹，屏也。天子外屏，諸侯内屏。反坫，在兩楹之間，人君好會，獻酢禮畢，反爵於其上。」坫：音「店」，設在兩楹之間的土臺，供諸侯相會飲酒時置放空杯。論語八佾記：「『然則管仲知禮乎？』曰：『邦君樹塞門，管氏亦樹塞門。邦君爲兩君之好，有反坫，管氏亦有反坫。管氏而知禮，孰不知禮？』」這是孔子批評管仲的僭禮行爲。

〔四〕山節藻棁：王肅注：「節，栭也，刻爲山雲。棁，梁上楹也，畫藻文也。」山節：刻成山形或伴有雲彩的斗拱，即柱頂上支撐屋梁的方木。藻棁（音「桌」）：畫有水草花紋的梁上短柱。

〔五〕賢大夫也，而難爲上：他雖爲賢大夫，但要做他的君上是很爲難的。

〔六〕豚肩不揜豆：王肅注：「言陋小也。」豚肩：豬腿。揜：同「掩」。豆：古代食器，形似高足盤。

〔七〕下：居於下位的人，此處指下屬。

〔八〕僭：音「建」，超越本分。偪：同「逼」。

冉求曰：「昔文仲知〔一〕魯國之政，立言垂法，于今不亡〔二〕，可謂知禮〔三〕矣。」孔子曰：「昔臧文仲安知禮？夏父弗綦逆祀而不止〔四〕，燔柴於竈以祀焉。夫竈者，老婦之所祭〔五〕，盛於甕，尊於瓶，非所柴〔六〕也。故曰禮也者，由〔七〕體也。體不備，謂之不成人。設之不當，猶不備也。」

（此記載又見於禮記禮器）

【校注】

〔一〕昔文仲：備要本同，玉海堂本、同文本、四庫本作「臧文仲」，百子本作「冉有曰：『昔臧文仲』」。知：主持。

〔二〕不亡：備要本、百子本同，玉海堂本、同文本、四庫本作「不可亡」。

〔三〕「知禮」下，備要本、百子本同，玉海堂本、同文本、四庫本有「者」字。

〔四〕夏父弗綦逆祀而不止：夏父弗綦，或作夏父弗忌、夏父不忌，春秋時魯國大夫。魯文公時曾任宗伯，主持祭祀先公的廟祭，尊崇僖公，升其享祀之位於閔公之上。僖公入繼閔公，依據傳統禮制，閔公當在上。這種失禮行爲，時人稱之爲逆祀。

〔五〕夫竈者，老婦之所祭：王肅注：「謂祭竈報其功，老婦主祭也。」

〔六〕柴：備要本、百子本同，玉海堂本、同文本、四庫本作「祭」，是。

〔七〕由：百子本同，備要本、玉海堂本、同文本、四庫本作「猶」。由：通「猶」。

子路問於孔子曰：「臧武仲率師與郕人戰于狐鮐〔一〕，遇，敗焉。師人多喪而無罰〔二〕，古之道然與？」孔子曰：「凡謀人之軍，師敗則死之；謀人之國邑，危則亡之，古之正〔三〕也。其君在焉者，有詔則無討〔四〕。」

（此記載又見於禮記檀弓上）

【校注】

〔一〕臧武仲：即臧孫紇。臧孫許（臧宣叔）之子，臧文仲之孫。魯襄公四年，邾人、莒人伐鄫，臧武仲率師救鄫侵邾，敗於狐鮐，未受處罰，後因出謀爲季武子廢長立幼，而於魯襄公二十三年出奔齊國。狐鮐（音「臺」）：也作狐駘，在今山東滕州東南。

〔二〕師人多喪而無罰：左傳襄公四年：「冬，十月，邾人、莒人伐鄫。臧紇救鄫，侵邾，敗於狐駘。國人逆喪者皆髽。魯於是乎始髽。國人誦之曰：『臧之狐裘，敗我于狐駘。我君小子，朱儒是使。朱儒朱儒，使我敗於邾。』」

〔三〕正：同「政」，政令制度。備要本、百子本同，玉海堂本、同文本、四庫本作「道」。

〔四〕有詔則無討：王肅注：「詔，君之教也。有君教，則臣無討。」討：討伐，此指懲治有罪者。

晉將伐宋，使人覘〔一〕之。宋陽門之介夫死〔二〕，司城子罕〔三〕哭之哀。覘之〔四〕反，言於晉侯曰：「陽門之介夫死，而子罕哭之哀，民咸悦〔五〕，宋殆〔六〕未可伐也。」孔子聞之，曰：「善哉！覘國乎！詩云：『凡民有喪，匍匐救之〔七〕。』子罕有焉。雖非晉國，其天下孰能當之〔八〕！是以周任有言曰：『民悦其愛者，弗可敵也。』」

（此記載又見於禮記檀弓下）

【校注】

〔一〕覘：音「攙」，偷偷察看。王肅注：「觀也。」

〔二〕宋陽門之介夫死：王肅注：「陽門，宋城門也。介夫，被甲御門者。」

〔三〕司城：即司空。因宋武公名司空，爲避諱而改稱司城。子罕：宋戴公之後，名樂喜，字子罕，任司城期間，以其賢而有才主持國政。

〔四〕之：百子本同，玉海堂本、同文本、四庫本、備要本作「者」。

〔五〕民咸悦：民衆都很悦服。

〔六〕殆：恐怕。

〔七〕凡民有喪，匍匐救之：語出詩邶風谷風。意思是：凡百姓有喪亡，竭盡全力去救助。

〔八〕其天下孰能當之：百子本同，玉海堂本、同文本、四庫本、備要本作「天下其孰能當之」。王肅注：「言雖非晉國，使天下有强者，猶不能當也。」

楚伐吴，工尹商陽與陳棄疾追吴師〔一〕。及之，棄疾曰：「王事也，子手弓〔二〕而可。」商陽手弓。棄疾曰：「子射諸〔三〕！」射之，斃一人，韔〔四〕其弓。又及，棄疾謂之。又及，棄疾復謂之〔五〕，斃二人。每斃一人，輒掩其目。止其御曰：「吾朝不坐，燕不與〔六〕，殺三人，亦足以反命矣。」

孔子聞之，曰：「殺人之中，又有禮焉。」子路怫然〔七〕進曰：「人臣之節，當君大事，唯力所及，死而後已，夫子何善此？」子曰：「然，如汝言也。吾取其有不忍殺人之心而已。」

（此記載又見於禮記檀弓下）

【校注】

〔一〕工尹：楚國官名。商陽：人名。陳棄疾：禮記檀弓下鄭玄注：「楚公子棄疾也。」楚共王幼子，楚靈王七年（前五三四年）奉命率師滅陳，得楚人稱譽，遂號陳棄疾。後領有陳、蔡，成爲最有實力的楚公子。後繼位，即楚平王。

〔二〕手弓：以手執弓。

〔三〕諸：作代詞，相當於「之」。

〔四〕韔：音「唱」，弓袋。此處作動詞用，謂裝弓於弓袋。王肅注：「韔，韜。」

〔五〕又及，棄疾復謂之：備要本、百子本同，玉海堂本、同文本、四庫本無此語。

〔六〕吾朝不坐，燕不與：我朝見國君時没有座位，宴會也不能參加。王肅注：「亡畀（玉海堂本、四庫本作「士卑」）故也。」指地位卑下。

〔七〕佛然：發怒變色貌。佛：音「弗」。

孔子在衛，司徒敬之〔一〕卒，夫子弔焉。主人不哀，夫子哭不盡聲而退。蘧伯玉〔二〕請曰：「衛鄙俗不習喪禮，煩吾子辱相焉〔三〕。」孔子許之，掘中霤〔四〕而浴，毁竈而綴足，襲於牀〔五〕。及葬，毁宗而躐行〔六〕也，出于大門。及墓，男子西面，婦人東面，既封而歸，殷道也。孔子行之。子游問曰：「君子行禮，不求變俗，夫子變之矣。」孔子曰：「非此之謂也，喪事則從其質而已矣〔七〕。」

（此記載又見於禮記檀弓上、檀弓下）

【校注】

〔一〕司徒敬之：衛國大夫。司徒乃因官爲氏。之，備要本、百子本、玉海堂本、同文本同，四庫本、禮記檀弓下作「子」。

〔二〕璩伯玉：備要本同，玉海堂本、同文本、四庫本、百子本作「蘧伯玉」，是。蘧伯玉：姓蘧，名瑗，字伯玉，衛國人，靈公時大夫。孔子周遊至衛，寄居其家。蘧：音「渠」。

〔三〕煩吾子辱相焉：煩請先生您屈就主持禮儀。辱：謙辭，指使對方屈尊。相：贊禮者。

〔四〕掘中霤而浴：在室中央挖坑，架牀於上，爲死者洗浴。中霤：王肅注：「室中。」屋室正中央。遠古穴居，在穴頂開洞取光，雨水從洞口滴下，故謂之「中霤」。

〔五〕毁竈而綴足，襲於牀：王肅注：「胡（玉海堂本、四庫本作「明」）不復有事於此也。綴足，不欲令僻戾長（玉海堂本、四庫本作「不欲解戾矣」）。」禮記正義檀弓上：「『毁竈以綴足』者，亦義兼二事：一則死而毁竈，示死無復飲食之事，故毁竈也。二則恐死人冷强，足辟戾不可著屨，故用毁竈之甓連綴死人足，令直可著屨也。」襲於牀：在牀上爲死者穿衣。

〔六〕毁宗而躐行：王肅注：「毁宗廟而出行，神位在廟門之外也。」禮記正義檀弓上：「『及葬，毁宗躐行，出於大門』者，亦義兼二事也。『毁宗』，毁廟也。殷人殯於廟，至葬，柩出，毁廟門西邊牆而出於大門。所以然者，一則明此廟於死者無事，故毁之也。二則行神之位在廟門西邊，當所毁宗之外，若生時出行，則爲壇幣告行神，告竟，車躐行壇上而出，使道中安穩如在壇。今向毁宗處出，仍得躐此行壇，如生時之出也。故云『毁宗躐行，出於大門』也。」躐：音「烈」，同「躐」。躐行：謂靈柩經過行路神壇，如生時祈求途中安穩。

〔七〕已矣：備要本、百子本同，玉海堂本、同文本無「已」字，四庫本無「矣」字。

子游〔五〕見其故，以問孔子曰：「禮與？」孔子曰：「非禮也，卿卒不繹。」

宣公〔一〕八年六月辛巳，有事于太廟〔二〕，而東門襄仲〔三〕卒，壬午猶繹〔四〕。

（此記載又見於禮記檀弓下）

【校注】

〔一〕宣公：魯宣公，文公庶子，名倭（音「腿」），一作倭。文公死，襄仲（公子遂）殺文公嫡子惡及視，立宣公。

〔二〕有事：指舉行禘祭。太廟：始祖之廟。魯以周公爲始祖，故周公廟爲太廟。

〔三〕襄仲：即公子遂，亦稱仲遂。魯國卿，曾主持國政。

〔四〕壬午猶繹：壬午日（辛巳的次日）又祭祀。王肅注：「繹，祭之明日又祭也。」天子、諸侯於祭祀之明日又祭，並行儐尸之禮，謂之繹。

〔五〕子游：備要本、百子本同，玉海堂本、同文本、四庫本作「子由」。

季桓子〔一〕喪，康子練而無衰〔二〕。子游問於孔子曰：「既服練服，可以除衰乎？」孔子曰：「無衰衣者不以見賓，何以除焉？」

【校注】

〔一〕季桓子：季孫斯，季平子之子。魯國自定公到哀公初年的執政上卿。「桓」爲謚號。

〔二〕康子：季桓子的兒子。練：喪服名，練祭所服。父母死後一周年祭爲練祭，亦稱小祥。衰：音「崔」，衰衣。父母喪，穿斬衰。

郕人以同母異父之昆弟〔一〕死，將爲之服〔二〕，因顔克〔三〕而問禮於孔子。子曰：「繼父同居者，則異父昆弟從爲之服；不同居，繼父且猶不服，况其子乎？」（此記載又見於儀禮喪服、禮記檀弓上）

【校注】

〔一〕昆弟：兄弟。

〔二〕服：作動詞用，穿喪服。

〔三〕顔克：孔子弟子，即顔刻，或作顔高，字子驕，魯人，少孔子五十歲。

齊師侵魯〔一〕，公叔務人遇人入保，負杖而息〔二〕。務人泣曰：「使之雖病〔三〕，任之雖重〔四〕，君子弗能謀，士弗能死〔五〕，不可也。我則既言之矣，敢不勉乎？」與其鄰嬖童〔六〕汪錡乘往奔敵，死焉，皆殯。魯人欲勿殤〔七〕童汪錡，問於孔子。孔子曰〔八〕：「能執干戈以衛社稷，可無殤乎〔九〕。」（此記載又見於左傳哀公十一年、禮記檀弓下）

【校注】

〔一〕齊師侵魯：據左傳哀公十一年記，此侵伐之事在魯哀公十一年春季。

〔二〕公叔務人：王肅注：「昭公之子公爲。」因昭公欲去季氏，失敗而出奔於外。昭公卒，季氏以昭公弟即位而爲定公，公爲及其兄公衍皆不得立。遇人入保，負杖而息：王肅注：「見先避入齊師，將入保，疲倦，加杖頸上，兩手掖之休息者也。保，縣邑小城也。」意思是：見到一個人躲入小城堡，扛着兵器休息。

〔三〕使之雖病：王肅注：「謂時徭役。」謂徭役使百姓痛苦。

〔四〕任之雖重：王肅注：「謂時賦税。」謂賦税使百姓負擔沉重。

〔五〕死：謂盡忠效死。

〔六〕鄰嬖童：喜歡的鄰居少年。嬖：音「閉」，寵愛。

〔七〕勿殤：不用殤者之禮，而用成人之禮爲之治喪。殤：未成年而死。爲殤者舉行的喪禮，較成人簡略。

〔八〕「曰」上：備要本同，玉海堂本、同文本、四庫本、百子本有「子」字。

〔九〕可無殤乎：可以不用殤者之禮。

魯昭公夫人吳孟子〔一〕卒，不赴〔二〕于諸侯。孔子既致仕〔三〕，而往弔焉。適于季氏〔四〕，季氏不絰〔五〕，孔子投絰而不拜〔六〕。子游問曰：「禮與？」孔子曰：「主人未成服，則弔者不絰焉，禮也。」

（此記載又見於左傳哀公十二年）

【校注】

〔一〕魯昭公：名裯，襄公庶子，前五四二年繼襄公而爲君，前五一七年因謀去季氏失敗而出奔國外，寄居於齊、晉八年，卒於乾侯。吳孟子：昭公夫人。昭公娶於吳，與夫人同姓，據當時國君夫人的稱號慣例，應稱爲吳姬，爲避同姓不婚之禮法，改稱「吳孟子」。

〔二〕赴：同「訃」，報喪。

〔三〕致仕：退休，辭去官職。

〔四〕季氏：指季康子。

〔五〕絰：音「蝶」，喪服所繫之帶，以麻爲之。在首爲首絰，在腰爲腰絰。

〔六〕投絰而不拜：王肅注：「以季氏無，故己亦不成禮。」此語，左傳哀公十二年作「放絰而拜」，杜預注：「孔子以小君禮往弔，季氏不服喪，故去絰，從主節制。」

公父穆伯〔一〕之喪，敬姜〔二〕晝哭；文伯〔三〕之喪，晝夜哭。孔子曰：「季氏之婦，可謂知禮矣。愛而無〔四〕，上下有章〔五〕。」

（此記載又見於國語魯語下）

【校注】

〔一〕公父穆伯：季悼子之子，季平子之弟。

〔二〕敬姜：公父穆伯之妻。

〔三〕文伯：公父歜（音「處」），公父穆伯之子。

〔四〕愛而無：備要本、百子本、玉海堂本、同文本、四庫本作「愛而無私」。

〔五〕上下有章：王肅注：「上謂夫，下謂子也。章，别也。哭夫晝哭，哭子晝夜哭，哭夫與子各有别也。」

南宫縚〔一〕之妻，孔子兄之女〔二〕，喪其姑〔三〕，而誨之髽〔四〕，曰：「爾毋從從爾，毋扈扈爾〔五〕。」蓋榛以爲笄〔六〕，長尺，而總八寸〔七〕。

（此記載又見於禮記檀弓上）

【校注】

〔一〕南宫縚：姓南，名宫适，字子容，亦稱南容。魯人，孔子弟子。論語公冶長記載：「子謂南容『邦有道，不廢；邦無道，免於刑戮』。以其兄之子妻之。」

〔二〕孔子兄之女：備要本、百子本同，玉海堂本、同文本、四庫本作「孔子之兄女」。

〔三〕姑：丈夫的母親，即婆婆。

〔四〕而誨之髽：備要本、百子本同，玉海堂本、同文本、四庫本作「夫子誨之髽」。誨：教誨。髽：音「抓」，婦女的喪髻，即用麻和頭髮合紮而成的髮髻。

〔五〕爾毋從從爾，毋扈扈爾：王肅注：「從從，高；扈扈，大也。扈言喪百無容節也（玉海堂本作「扈言喪者無容飾也」，四庫本作「皆言喪者無容飾也」）。」

〔六〕榛以爲笄：用榛木做簪子。笄：音「基」，盤頭髮用的簪子。

〔七〕總八寸：王肅注：「總，束髮。束髮垂爲飾者，齊衰之總八寸也。」

子張〔一〕有父之喪，公明儀相〔二〕焉，問啓顙〔三〕於孔子。孔子曰：「拜而後啓顙，頹乎其順〔四〕；啓顙而後拜，頎〔五〕乎其至也。三年之喪，吾從其至也〔六〕。」

（此記載又見於禮記檀弓上）

【校注】

〔一〕子張：名顓孫師，孔子弟子。

〔二〕公明儀：曾子弟子，又爲子張弟子，魯國人。相：禮相，主持禮儀。

〔三〕啓顙：即稽顙。一種跪拜禮，屈膝下跪，以額觸地，居喪答拜賓客時行之，表示極度的悲痛和感謝。

〔四〕顙：恭順貌。「順」下，百子本同，玉海堂本、同文本、四庫本、備要本有「也」字。

〔五〕頎：音「肯」，通「懇」，形容懇切之至。禮記檀弓上「稽顙而後拜，頎乎其至也」，鄭玄注：「頎，至也。先觸地無容，哀之至。」

〔六〕也：備要本、百子本同，玉海堂本、同文本、四庫本作「者」。

孔子在衛，衛之人有送葬者，而夫子觀之，曰：「善哉爲喪乎，足以爲法〔一〕也，小子識之！」子貢問曰：「夫子何善爾〔二〕？」「其往也如慕，其返也如疑〔三〕。」子貢曰：「豈若速返而虞〔四〕哉？」子曰：「此情之至者也，小子識之，我未之能也。」

（此記載又見於禮記檀弓上）

【校注】

〔一〕法：標準，模式。

〔二〕「爾」下，備要本、百子本同，玉海堂本、同文本、四庫本有「也」字。

〔三〕「其往也如慕，其返也如疑」句上，百子本同，玉海堂本、同文本、四庫本、備要本有「曰」字，是。此爲孔子曰。慕：依戀。此語是説：孝子往墓地送靈柩時，像小孩子那樣對父母戀戀不捨；從墓地返回時，又留戀父母而遲遲疑疑不願回家。

〔四〕虞：王肅注：「返葬而祭，謂之虞也。」

卞〔一〕人有母死，而孺子之泣者〔二〕。孔子曰：「哀則哀矣，而難繼〔三〕也。夫禮，爲可傳〔四〕也，爲可繼也，故哭踊有節〔五〕，而變除〔六〕有期。」

（此記載又見於禮記檀弓上）

【校注】

〔一〕卞：魯邑，在今山東泗水東。

〔二〕孺子：兒童、小孩子。此處意爲像小孩子一樣無節制地嚎哭。

〔三〕難繼：難以承繼，難以接續，即别人學不來。

〔四〕傳：傳佈，流傳。

〔五〕哭踊：跺着脚哭泣。有節：有節制。

〔六〕除：除喪服。

孟獻子禫〔一〕，懸而不樂〔二〕，可御而處内〔三〕。子游問於孔子曰：「若是則過禮也？」孔子曰：「獻子可謂加〔四〕於人一等矣。」

（此記載又見於禮記檀弓上）

【校注】

〔一〕孟獻子：即仲孫蔑，公孫敖之孫，文伯穀之子。春秋時魯國大夫，歷仕宣公、成公、襄公三朝。禫：音「旦」，除喪服之祭。

〔二〕懸而不樂：將樂器懸掛起來而不奏樂。

〔三〕可御而處内：百子本、玉海堂本、同文本、四庫本、備要本作「可御而不處内」。意爲可以和妻妾同房共寢，却没有心思住進内寢。根據禮制，君子有父母之喪，則應宿於外，禫祭之後方可宿於内，所以説孟獻子是「可御而不處内」。

〔四〕加：逾，超過。

魯人有朝祥〔一〕而暮歌者，子路笑之。孔子曰：「由，爾責於人終無已〔二〕。夫三年之喪，亦以〔三〕久矣。」子路出，孔子曰：「又多乎哉，踰月則其善也〔四〕。」

（此記載又見於禮記檀弓上）

【校注】

〔一〕祥：祥祭。如果爲三年之喪，父母死後十三個月而祭叫小祥，二十五個月而祭叫大祥。如果爲一年之喪，則十一個月而小祥，十三個月而大祥。這裏指三年之喪的大祥。

〔二〕無已：沒完沒了。

〔三〕以：通「已」，太，過。

〔四〕又多乎哉，踰月則其善也：其實也等不了多久，過一個月再唱歌就更好了。王肅注：「又，復也。言其可以歌不復久也。」踰：超過。

子路問於孔子曰：「傷哉貧也！生而無以供養，死則無以爲禮也。」孔子曰：「啜菽飲水〔一〕，盡其歡心，斯爲之孝乎〔二〕。斂手足形〔三〕，旋葬而無槨〔四〕，稱其財〔五〕，爲之禮〔六〕，貧何傷乎？」

（此記載又見於禮記檀弓下）

【校注】

〔一〕啜菽飲水：以豆爲食，以水爲飲，謂生活清苦。菽：豆類的總稱。

〔二〕斯爲之孝乎：備要本同，百子本作「斯謂之孝乎」，玉海堂本、同文本、四庫本作「斯謂之孝」。

〔三〕斂手足形：死後，用衣被遮住身體，使形體不外露。斂：通「殮」，爲死者加衣衾，將屍體裝入棺材謂之殮。

〔四〕旋葬而無槨：殮後隨即安葬，没有外槨。槨：棺材外的套棺。王肅注：「旋，便。」

〔五〕稱其財：和自己的財力相稱。

〔六〕爲之禮：備要本、百子本同，玉海堂本、同文本、四庫本作「斯謂之禮」。

吴延陵季子聘于上國〔一〕，適齊，於其返也，其長子死於嬴、博〔二〕之間。孔子聞之，曰：「延陵季子，吴之習於禮者也。」往而觀其葬焉。其斂以時服〔三〕而已；其壙掩坎〔四〕，深不至於泉；其葬無盟器〔五〕之贈。既葬，其封廣輪〔六〕揜坎，其高可時隱〔七〕也。既封，則季子乃左袒〔八〕，右還其封〔九〕，且號者三，曰：「骨肉歸于土，命也。若魂氣則無所不之，則無所不之〔一〇〕。」而遂行。孔子曰：「延陵季子之禮〔一一〕，其合矣。」

（此記載又見於禮記檀弓下、説苑修文）

【校注】

〔一〕延陵季子：即吴公子季札，吴王壽夢第四子。初封延陵，故禮記、史記稱之爲延陵季子。後加封州來，故左傳襄公十一年稱之爲延州來季子。聘：訪問别國。上國：春秋時期，對吴楚諸國而言，齊晉等中原諸侯國稱爲「上國」。此指齊國。

〔二〕嬴、博：王肅注：「嬴、博，地名也（玉海堂本、四庫本作「嬴、博，齊地，今泰山縣是也）。」嬴、博皆爲春秋時齊邑。嬴：故城在今山東萊蕪西北，有延陵季子長子墓。博：故城在今山東泰安東南。後世以「嬴博」爲葬於異鄉的代稱。

〔三〕時服：王肅注：「隨冬夏之服，無所加。」

〔四〕壙：墓穴。掩：掩埋。坎：墓坑。

〔五〕盟器：即明器，冥器，隨葬的器物。備要本、百子本同，玉海堂本、同文本、四庫本作「明器」。

〔六〕封：堆土爲墳，叫「封」。廣輪：指墳頭的長寬。

〔七〕其高可時隱：百子本同，玉海堂本、同文本、四庫本、備要本作「其高可肘隱」，是。即墳頭高度與肘齊。隱：音「印」，憑依，依據。

〔八〕乃：備要本、百子本同，玉海堂本、同文本、四庫本無此字。左袒：袒露左臂。

〔九〕右還其封：從右向左繞墳頭走。還：通「環」，環繞。

〔一〇〕則：備要本同，玉海堂本、同文本、四庫本、百子本無此字。無所不之：無所不至。

〔一一〕之禮：備要本、百子本同，玉海堂本、同文本、四庫本作「之於禮」。

子游問喪之具〔一〕。孔子曰：「稱家之有亡〔二〕焉。」子游曰：「有亡惡於齊〔三〕？」孔子曰：「有也，則無過禮。苟亡矣，則斂手足形，還葬〔四〕，懸棺〔五〕而封，人豈有非之者哉？故夫喪亡〔六〕，與其哀不足而禮有餘，不若禮不足而哀有餘也；祭祀〔七〕，與其敬不足而禮有餘，不若禮不足而敬有餘也。」

（此記載又見於禮記檀弓上）

【校注】

〔一〕喪之具：喪葬的用具。

〔二〕稱家之有亡：與家資的多少、豐薄相稱。亡：音、義同「無」。

〔三〕有亡惡於齊：備要本、百子本同，玉海堂本、同文本、四庫本作「有亡惡乎齊」。王肅注：

「惡，何。齊，限。」惡：音「巫」，疑問代詞，何。齊：音「季」，限度。句意是：衡量有無，有何限度呢？

〔四〕還葬：隨即安葬。還：通「旋」，速，立刻。

〔五〕懸棺：用繩子懸吊着棺材下到墓坑。

〔六〕喪亡：備要本、百子本、玉海堂本、同文本同，四庫本作「喪禮」。

〔七〕祭祀：備要本、百子本同，玉海堂本、同文本、四庫本作「祭禮」。

伯高死於衛，赴〔一〕於孔子。子曰：「吾惡乎哭諸〔二〕？兄弟，吾哭諸廟；父之友，吾哭諸廟門之外；師，吾哭之寢；朋友，吾哭之寢門之外；所知，吾哭之諸野。今於野則已踈，於寢則已重。夫由賜也而見我〔三〕，吾哭於賜氏。」遂命子貢爲之主，曰：「爲爾哭也，來者汝拜之，知伯高而來者，汝勿拜。」既哭，使子張往弔焉。未至，冉求在衛，攝束帛乘馬而以將之〔四〕。孔子聞之，曰：「異哉！徒使我不成禮於伯高者〔五〕，是冉求也。」

（此記載又見於禮記檀弓上）

【校注】

〔一〕赴：通「訃」，報喪。

〔二〕吾惡乎哭諸：我怎麽去哭他呢？惡：音「巫」，疑問代詞，相當於「怎麽」。諸：「之於」的合音。

〔三〕夫由賜也而見我：伯高是通過端木賜結識我的。賜：指端木賜，即子貢。見：會見，相識。

〔四〕攝束帛乘馬而以將之：冉求代孔子準備一束帛、四匹馬，裝作奉孔子之命去吊喪。攝：代理。束帛：帛五匹爲一束。將：將命，奉命。

〔五〕徒使我不成禮於伯高者：禮記檀弓上作「徒使我不誠於伯高」，義較勝。徒：徒然。

子路有姊之喪，可以除〔一〕之矣，而弗除。孔子曰：「何不除也？」子路曰：「吾寡兄弟，而弗忍也。」孔子曰：「行道〔二〕之人皆弗忍。先王制禮，過之者俯而就之，不至者企而及之〔三〕。」子路聞之，遂除之。

（此記載又見於禮記檀弓上）

【校注】

〔一〕除：服喪期滿，除去喪服。禮制規定，姊妹已嫁而死，兄弟應該爲她服大功九月。

〔二〕道：指仁義之道。

〔三〕過之者俯而就之，不至者企而及之：做得過分的，就要降低要求來俯就禮；做得不够的，就要企望達到禮的標準。企而及之：備要本、百子本同，玉海堂本、同文本、四庫本作「企而望之」。

伯魚之喪母〔一〕也，期〔二〕而猶哭。夫子聞之，曰：「誰也？」門人曰：「鯉也。」孔子曰：「嘻！其甚也，非禮也〔三〕。」伯魚聞之，遂除之。

（此記載又見於禮記檀弓上）

【校注】

〔一〕伯魚之喪母：伯魚爲母親服喪。伯魚即孔鯉，孔子的兒子。

〔二〕期：音「基」，一周年。

〔三〕非禮也：根據禮的規定，母死父在，子女服喪時間可以減少，一年就可以除服。

衛公使其大夫求婚於季氏，桓子問禮於孔子。子曰："同姓爲宗，有合族之義，故繫之以姓而弗別，綴之以食而弗殊〔一〕，雖百世，婚姻不得通，周道然也。"桓子曰："魯衛之先雖寡兄弟〔二〕，今已絶遠矣，可乎？"孔子曰："固非禮也。夫上治祖禰，以尊尊之〔三〕；下治子孫，以親親〔四〕之；旁治昆弟，所以教〔五〕睦也。此先王不易〔六〕之教也。"

（此記載又見於禮記大傳）

【校注】

〔一〕繫之以姓而弗別，綴之以食而弗殊：即以同一個姓氏繫連而没有區別，以同族會餐的形式聯結而没有不同。王肅注："君有食族人之禮，雖親盡，不異之族食多少也。"綴：備要本、百子本同，玉海堂本、同文本、四庫本作"啜"。

〔二〕魯衛之先雖寡兄弟：魯國始祖周公旦與衛國始祖康叔皆爲周文王之子，故稱魯衛爲兄弟。寡：謙稱。

〔三〕上治祖禰，以尊尊之：在上確立祖先的名分地位，以尊崇正統至尊。禰：爲亡父在宗廟中立主之稱。

〔四〕親親：上"親"爲動詞，親愛。下"親"爲名詞，親人。

〔五〕教：備要本、百子本同，玉海堂本、同文本、四庫本作「敦」。

〔六〕易：更改，改變。

有若問於孔子曰：「國君之於百姓〔一〕，如之何？」孔子曰：「皆有宗道〔二〕焉。故雖國君之尊，猶百姓〔三〕不廢其親，所以崇愛也。雖以〔四〕族人之親而不敢戚君〔五〕，所以謙也。」

（此記載又見於禮記大傳）

【校注】

〔一〕百姓：備要本、百子本同，玉海堂本、同文本、四庫本作「同姓」。

〔二〕宗道：宗族法則。

〔三〕百姓：百子本、玉海堂本、同文本、四庫本、備要本作「百世」，是。

〔四〕以：備要本同，玉海堂本、同文本、四庫本、百子本作「於」。

〔五〕不敢戚君：不敢把國君作爲親戚來對待。王肅注：「戚，親也。尊敬君不敢如其親也。」

曲禮子夏問第四十三

子夏問於孔子曰：「居〔一〕父母之仇，如之何？」孔子曰：「寢苫枕干〔二〕，不仕，弗與共天下也。遇於朝市，不返兵而鬬〔三〕。」曰：「請問居昆弟之仇，如之何？」孔子曰：「仕，弗與同國，銜君命而使〔四〕，雖遇之，不鬬。」曰：「請問從昆弟〔五〕之仇，如之何？」曰：「不爲魁〔六〕，主人〔七〕能報之，則執兵而陪其後。」

（此記載又見於禮記檀弓上）

【校注】

〔一〕居父母之仇：對待父母的仇人。居：處在，此指對待。

〔二〕寢苫枕干：睡在草苫子上，枕着盾牌。王肅注：「干，楯。」

〔三〕不返兵而鬬：不返回家取兵器就和他決鬬。王肅注：「兵常不離於身。」

〔四〕銜君命而使：奉受國君的命令而出使。銜：同「銜」，領受、奉受。君命：備要本、百子本同，玉海堂本、同文本、四庫本作「國命」。

〔五〕從昆弟：備要本、百子本同，玉海堂本、同文本、四庫本作「從父昆弟」。指叔伯兄弟。

〔六〕魁：首，首領。意思是自己不做帶頭人。

〔七〕主人：指死者的家人。

子夏問：「三年之喪既卒哭〔一〕，金革之事無避〔二〕，禮與？初有司爲之乎〔三〕？」孔子曰：「夏后氏之喪三年，既殯而致仕〔四〕，殷人既葬而致事，周人既卒哭而致事〔五〕。記曰：『君子不奪人之親，亦不奪故也。』」子夏曰：「金革之事無避〔六〕，非與？」孔子曰：「吾聞諸〔七〕老聃曰：『魯公伯禽有爲爲之也〔八〕。』公以三年之喪從利者〔九〕，吾弗知也。」

（此記載又見於禮記曾子問）

【校注】

〔一〕三年之喪既卒哭：三年之喪，父母之喪。卒哭：古時喪禮，百日祭後，止無時之哭爲朝夕一哭，名「卒哭」。

〔二〕金革之事無避：征戰之事不逃避。金：兵戈之屬。革：甲胄之屬。

〔三〕初有司爲之乎：這規矩是當初具體負責的官吏制定的嗎？王肅注：「有司，當吏職也（此二句，玉海堂本、同文本、四庫本作「有司，當職吏也」）。」

〔四〕致仕：備要本同，玉海堂本、同文本、四庫本、百子本作「致事」。

〔五〕周人既卒哭而致事：王肅注：「致事，還政於君也。子哭，之無時之哭（此二句，玉海堂本、四庫本作「卒哭，止無時之哭」）。大夫三月而葬，三月而卒哭，士既葬而卒哭也。」

〔六〕無避：備要本、百子本同，玉海堂本、同文本、四庫本作「無避者」。

〔七〕諸：備要本、百子本同，玉海堂本、同文本、四庫本無此字。

〔八〕魯公伯禽有爲爲之也：王肅注：「伯禽有母之喪，東方有戎爲不義，伯禽爲方伯，以不得不誅之。」

〔九〕公以三年之喪從利者：百子本、玉海堂本、同文本、四庫本、備要本作「今以三年之喪從利者」。從利者：指企圖通過戰爭謀取利益。

子夏問於孔子曰：「記云『周公相成王，教之以世子〔一〕之禮』，有諸？」

孔子曰：「昔者成王嗣立，幼，未能蒞阼〔二〕，周公攝政〔三〕而治，抗〔四〕世子之法於伯禽，欲王之知父子君臣之道，所以善成王也。夫知爲人子者，然後可以爲人父〔五〕；知爲人臣者，然後可以爲人君；知事人者，然後可以使人。是故抗世子法於〔六〕伯禽，使成王知父子、君臣、長幼之義焉。凡君之於世子，親則父也，尊則君也。有父之親，有君之尊，然後兼天下而有之，不可不慎也。行一物而三善皆得〔七〕，唯世子齒於學〔八〕之謂也。世子齒於學，則國人觀之，曰：『此將君我，而與我齒讓，何也？』曰：『有父在，則禮然。』然而衆知父子之道矣。其一〔九〕曰：『此將君我，而與我齒讓，何也？』曰：『有臣在，則禮然。』而〔一〇〕衆知君臣之義矣。其三曰：『此將君我，而與我齒讓，何也？』曰：『長長〔一一〕也，則禮然。』然而衆知長幼之節矣。故父在，斯爲子；君在，斯〔一二〕爲臣。居子與臣之位，所以尊君而親親也。在學，學之爲父子焉，學之爲君臣焉，學之爲長幼焉。父子、君臣、長幼之道得，而後國治。語曰：『樂正司業〔一三〕，父師司成〔一四〕。一有元良，萬國以貞〔一五〕。』世子之謂。聞之曰：『爲人臣者，殺其身而〔一六〕有益於君則爲之。』況于其身〔一七〕以善其君乎？周公優爲〔一八〕也。」

（此記載又見於禮記文王世子）

【校注】

〔一〕世子：天子、諸侯的嫡長子。

〔二〕蒞阼：臨朝治理政事。蒞：同「莅」，治理。阼：大堂前東面的臺階。天子、諸侯、大夫、士皆以阼爲主人之位，臨朝覲、揖賓客、承祭祀皆由此。天子登位稱踐祚。

〔三〕攝政：代君主處理國政。

〔四〕抗：舉，立。

〔五〕夫知爲人子者，然後可以爲人父：備要本、百子本同，玉海堂本、同文本、四庫本無二「人」字。

〔六〕於：備要本、百子本同，玉海堂本、同文本、四庫本無此字。

〔七〕行一物而三善皆得：備要本、百子本同，玉海堂本、同文本、四庫本作「行一物而善者」。

〔八〕齒於學：在學校按年齡長幼而不按尊卑、等級爲序。齒：年齡。

〔九〕一：備要本、百子本同，玉海堂本、同文本、四庫本作「二」。

〔一〇〕而：百子本同，玉海堂本、同文本、四庫本、備要本作「然而」。

〔一一〕長長：尊敬比自己年長的人。上「長」字，意爲尊崇、崇敬。下「長」字，指年長。

〔一二〕斯：備要本、百子本同，玉海堂本、同文本、四庫本作「則」。

〔一三〕樂正司業：樂正負責學業。樂正：樂官名。據周禮，大樂正掌大學，小樂正掌小學。禮記王制：「樂正崇四術，立四教，順先王詩、書、禮、樂以造士，春秋教以禮、樂，冬夏教以詩、書。」禮記文王世子孔穎達疏：「樂正，主太子詩、書之業。」

〔一四〕父師司成：王肅注：「師有父道，成生人者。」禮記文王世子孔穎達疏：「父師，主太子成就其德行也。」父師：太子的師傅。

〔一五〕一有元良，萬國以貞：王肅注：「一謂天子也。元善（二字，玉海堂本、同文本、四庫本作「大善」），太子也。」尚書太甲：「一人元良，萬邦以貞。」元良：大善。貞：正。

〔一六〕殺其身而有益於君則爲之：備要本、百子本同，玉海堂本、同文本、四庫本作「曰殺其身有益於君則爲之」。

〔一七〕于其身：指不必犧牲自身。于：通「迂」。王肅注：「于，寬也，大也。」

〔一八〕優爲：做得最好。

子夏問於孔子曰：「居君〔一〕之母與妻之喪，如之何？」孔子曰：「居處、言語、飲食衎爾〔二〕，於喪所，則稱其服〔三〕而已。」

「敢問伯母之喪，如之何？」孔子曰：「伯母、叔母疏衰期〔四〕，而踊不絕地。姑、姊、妹之大功〔五〕，踊絕於地。若知此者，由文〔六〕矣哉。」

（此記載又見於禮記檀弓上、禮記雜記下）

【校注】

〔一〕君：國君。

〔二〕衎爾：從容、安定的樣子。衎：音「看」。

〔三〕稱其服：穿着合適、相稱的衣服。

〔四〕疏衰期：服齊衰一年的喪服。疏衰：即齊衰，用粗麻布做成的喪服。期：一周年。

〔五〕姑、姊、妹之大功：王肅注：「言如禮，文意當言姑姊妹而已。姊上長姑自也（玉海堂本、同文本、四庫本作「妹上長姑字也」）。」大功：喪服名，五服之第三等，服期九個月。其服用熟麻布做成，比齊衰稍細，較小功爲粗。舊時堂兄妹、未婚的堂姊妹、已婚的姑、姊妹、姪女及衆孫、衆子婦、侄婦等之喪，皆服大功。

〔六〕由文：遵從禮文。由：從。文：禮文，禮法。

子夏問於夫子曰：「凡喪，小功〔一〕已上，虞、祔、練、祥〔二〕之祭皆沐浴。於三年之喪，子則盡其情矣。」

孔子曰：「豈徒祭而已哉！三年之喪，身有瘍〔三〕則浴，首有瘡則沐，病則飲酒食肉。毀瘠而病〔四〕，君子不爲也。毀則死者，君子爲之無子〔五〕。則〔六〕祭之沐浴，爲齊潔〔七〕也，非爲飾也。」

（此記載又見於禮記雜記下）

【校注】

〔一〕小功：古代喪服名，五服之第四等，服期五個月。其服用熟麻布做成，比大功爲細，較緦麻爲粗。凡本宗爲曾祖父母、伯叔祖父母、堂伯叔祖父母，未嫁祖姑、堂姑，已嫁堂姊妹，兄弟之妻，從堂兄弟及未嫁從堂姊妹；外親爲外祖父母、母舅、母姨等，均服小功。

〔二〕虞、祔、練、祥：皆祭名。虞：父母葬後，迎魂安於殯宮，爲安神之祭。祔：新死者與祖先合享之祭。止哭之次日，奉死者之神主祭於祖廟。練：父母喪後周年之祭稱小祥，孝子穿練過（生絲煮熟）的布帛，故小祥之祭稱「練」。祥：居父母、親人之喪，滿一年或二年而祭的統稱。周年祭稱小祥，兩周年祭稱大祥。

〔三〕瘍：瘡、癰、疽、癤等的通稱，創傷。

〔四〕毀瘠而病：過度哀傷憔悴而致病。毀：指因悲哀過度而損毀身体。瘠：因疾病而憔悴瘦弱。而病：備要本、百子本同，玉海堂本、同文本、四庫本作「而爲病」。

〔五〕君子爲之無子：玉海堂本、同文本、四庫本無「無子」二字，備要本、百子本作「君子謂之無子」。孫志祖疏證曰：「案禮記作『君子謂之無子』，是。」

〔六〕則：百子本同，玉海堂本、同文本、四庫本、備要本作「且」。

〔七〕齊潔：猶齋戒。

子夏問於孔子曰：「客至無所舍，而夫子曰：『生於我乎館。』客死無所殯矣，夫子曰：『於我乎殯〔一〕。』敢問禮與？仁者之心與？」孔子曰：「吾聞諸老聃曰：『館人，使若有之，惡有之，惡有之而不得殯乎〔二〕？』夫仁者，制禮者也。故禮者，不可不省〔三〕也。禮不同不異，不豐不殺〔四〕，稱其義以爲之宜，故曰：『我戰則剋，祭則受福。』蓋得其道矣。」

（此記載又見於禮記檀弓上、禮記禮器）

【校注】

〔一〕於我乎殯：論語鄉黨：「朋友死，無所歸。曰：『於我殯。』」意思是：朋友死了，無家可歸。孔子說：「在我家給他料理喪葬之事。」

〔二〕館人，使若有之，惡有之，惡有之而不得殯乎：備要本同，玉海堂本、同文本、四庫本、百子本作「館人，使若有之，惡有有之而不得殯乎」。張濤譯曰：「讓人在一個地方住宿，就得讓他覺得那個地方歸自己所有，怎麽能歸自己所有却不能殯殮呢？」惡：音「巫」，疑問代詞，相當於「怎麽」。

〔三〕省：省察。

〔四〕不豐不殺：不增加不減少。豐：增加。殺：減少。

孔子食於季氏，食祭〔一〕。主人不辭，不食，亦不飲，而飡〔二〕。子夏問曰：「禮也〔三〕？」孔子曰：「非禮也，從主人也。吾食於少施氏〔四〕而飽，少施氏食我以禮。吾食祭，作〔五〕而辭曰：『疏食〔六〕，不足祭也。』吾飡，而作辭曰：『疏食，不敢以傷吾子之性。』主人不以禮，客不敢盡禮；主人盡禮，則客不敢不盡禮也。」

（此記載又見於禮記玉藻、禮記雜記下）

【校注】

〔一〕食祭：古禮，飲食前取少量所食之物祭獻先人。

〔二〕孔子食於季氏，食祭。主人不辭，不食，亦不飲，而飡：禮記玉藻作「孔子食於季氏，不辭，不食肉，而飧」。王國軒、王秀梅譯曰：「孔子在季氏家吃飯，食前作祭。主人没有致祝辭，不吃肉，不飲酒，而只吃飯。」亦：備要本、百子本同，玉海堂本、同文本、四庫本作「客」。飡：同「餐」。

〔三〕也：備要本、百子本同，玉海堂本、同文本、四庫本作「與」。

〔四〕少施氏：春秋時期魯國貴族，魯惠公之子施父的後代。

〔五〕作：起。

〔六〕疏食：粗疏的飯食。

子夏問曰：「官於大夫〔一〕，既升於公〔二〕，而反爲之服〔三〕，禮與？」孔子曰：「管仲遇盜，取二人焉，上之爲公臣〔四〕。曰：『所以遊僻者，可人也〔五〕。』公許。管仲卒，桓公使爲之〔六〕。官於大夫者爲之服，自管仲始也，有君命焉。」

（此記載又見於禮記雜記下）

【校注】

〔一〕官於大夫：在大夫手下做官，即做大夫的家臣。

〔二〕既升於公：已經被舉薦到公家、朝廷做官。升：備要本、四庫本、百子本同，玉海堂本、同文本作「外」。

〔三〕反爲之服：反過來爲原來的大夫服喪。

〔四〕上之爲公臣：向上舉薦給朝廷爲臣。備要本、百子本同，玉海堂本、同文本、四庫本無「公」字。

〔五〕遊僻者：交遊邪僻之人，可人：意思是，在這些邪僻盜賊中，這二人是可用之人。

〔六〕「爲之」下，備要本同，玉海堂本、同文本、四庫本、百子本有「服」字。意爲使二人爲管仲服喪。

子貢問居父母喪。孔子曰：「敬爲上，哀次之，瘠〔一〕爲下。顔色稱情，戚容稱服〔二〕。」曰：「請問居兄弟之喪。」孔子曰：「則存乎書筴已〔三〕。」

（此記載又見於禮記雜記下）

【校注】

〔一〕瘠：消瘦。此指因哀傷過度而毁損身體。

〔二〕顔色稱情，戚容稱服：面色要和内心的情感相稱，哀戚的表情要和喪服的等級相稱。

〔三〕書筴：書册。筴：同「策」。已：備要本、百子本同，玉海堂本、同文本、四庫本作「矣」。

子貢問於孔子曰：「殷人既定而弔於壙〔一〕，周人反〔二〕哭而弔於家，如之何？」孔子曰：「反哭之弔也，喪之至也。反而亡矣，失之矣，於斯爲甚，故弔之。死，人卒事也。殷以慤〔三〕，吾從周。殷人既練之明日而祔于祖，周人既卒哭之明日祔于祖〔四〕。祔，祭神之始事也。周以戚〔五〕，吾從殷。」

（此記載又見於禮記檀弓下）

【校注】

〔一〕殷人既定而弔：禮記檀弓下作「殷既封而弔」。鄭玄注：「『封』當爲『窆』，窆，下棺也。」壙：墓穴，亦指墳墓。

〔二〕反：同「返」，自墓地返回家中。

〔三〕愨：音「却」，質樸。

〔四〕卒哭：古喪禮，百日祭後，止無時之哭，變爲朝夕一哭，稱卒哭。祔：對新死者與祖先合享之祭。「祔」上，備要本、百子本同，玉海堂本、同文本、四庫本有「而」字。

〔五〕戚：音「促」，促迫，倉促。王肅注：「戚，猶促也。」

子貢問曰：「聞諸晏子，少連、大連〔一〕善居喪，其有異稱〔二〕乎？」孔子曰：「父母之喪，三日不怠，三月不解〔三〕，朞〔四〕悲哀，三年憂。東夷〔五〕之子，達於禮者也。」

（此記載又見於禮記雜記下）

【校注】

〔一〕少連、大連：皆人名，據下文，蓋爲東夷人。

〔二〕異稱：特別的名聲。

〔三〕解：通「懈」，謂哭號、祭祀不懈怠。

〔四〕朞：音「基」，一周年。

〔五〕東夷：古代華夏族對東方諸民族的稱呼。

子游問曰："諸侯之世子喪慈母〔一〕如母，禮與？"孔子曰："非禮也。古者男子外有傅父〔二〕，内有慈母，君命所使教子者也。何服之有？昔魯孝公〔三〕少喪其母，其慈母良。及其死也，公弗忍，欲喪之。有司曰：『禮，國君慈母無服，今也君爲之服，是逆古之禮，而亂國法也。若終行之，則有司將書之，以示後世，無乃不可乎〔四〕。』公曰：『古者天子喪慈母，練冠以燕居〔五〕。』遂練〔六〕以喪慈母。喪慈母如母，始則魯孝公之爲也。"

（此記載又見於禮記曾子問）

【校注】

〔一〕慈母：古時稱撫育自己成長的庶母或保母爲慈母。

〔二〕男子：此指國君之子。傅父：稱保育、輔導貴族子女的老年男子爲傅父。

〔三〕魯孝公：魯國第十二位國君，公元前七九六年至前七六九年在位。

〔四〕無乃不可乎：恐怕不行吧。無乃：恐怕，表示委婉測度的語氣。

〔五〕練冠以燕居：王肅注："謂庶子王爲其母也。"練冠：喪一周年小祥祭之冠。冠用練治之布爲之，故稱。燕居：即閑居，避人獨居，又指退朝而處。

〔六〕練：備要本、百子本同，玉海堂本、同文本、四庫本作「練冠」。

孔子適衛，遇舊館人〔一〕之喪，入而哭之哀。出，使子貢脱驂以贈之〔二〕。子貢曰：「所於識〔三〕之喪，不能有所贈。贈於舊館，不已多乎？」孔子曰：「吾向入哭之，遇一哀而出涕〔四〕。吾惡夫涕而無以將之〔五〕。小子行焉。」

（此記載又見於禮記檀弓上）

【校注】

〔一〕舊館人：從前孔子在衛國時的館舍主人。

〔二〕脱驂以贈之：解開驂馬贈給人家。驂：駕車時在兩邊的馬。

〔三〕所於識：百子本、玉海堂本、同文本、四庫本、備要本作「於所識」。

〔四〕遇一哀而出涕：正趕上觸動了哀情而流下了眼淚。

〔五〕吾惡夫涕而無以將之：我厭惡只哭泣而没東西相送的做法。將：奉送。

子路問於孔子曰：「魯大夫練而杖，禮也〔一〕？」孔子曰：「吾不知也。」子路出，謂子貢曰：「吾以爲夫子無所不知，夫子亦徒〔二〕有所不知也。」子貢曰：「子所問何哉〔三〕？」子路曰：「止〔四〕，吾將爲子問之。」遂趨而進，曰：「練而杖，禮與？」孔子曰：「非禮也。」子貢出，謂子路曰：「子謂夫子而弗知之乎？夫子徒無所不知也，子問非也。禮，居是邦則不非〔五〕其大夫。」

（此記載又見於荀子子道）

【校注】

〔一〕魯大夫練而杖，禮也：荀子子道作「魯大夫練而牀，禮邪」。禮記問傳：「父母之喪，既虞卒哭，柱楣翦屏，芐翦不納。期而小祥，居堊室，寢有席。又期而大祥，居復寢。中月而禫，禫而牀。」據此，「杖」當爲「牀」。練而杖：指練祭、禫（音「旦」）祭後睡在牀上。禮也：百子本、玉海堂本、同文本、四庫本、備要本作「禮與」。

〔二〕徒：乃，竟。

〔三〕子貢曰子所問何哉：此問話之後，荀子子道有「子路曰：由問魯大夫練而牀，禮邪，夫子曰吾不知也」的回答語。

〔四〕止：等一下。

〔五〕非：非議，非難，詆毁。

叔孫母叔〔一〕之母死，既小斂〔二〕，舉尸者出户。武孫〔三〕從之，出户乃袒〔四〕，投其冠而括髮〔五〕。子路歎之。孔子曰：「是禮也。」子路問曰：「將小斂則變服，今乃出户，而夫子以爲知禮，何也？」孔子曰：「由〔六〕，汝問非也。君子不舉人以質士〔七〕。」

（此記載又見於禮記檀弓上）

【校注】

〔一〕叔孫母叔：百子本、玉海堂本、同文本、四庫本、備要本作「叔孫武叔」。名州仇，春秋末期魯國大夫。

〔二〕小斂：喪禮之一，給死者沐浴、穿衣、覆衾。

〔三〕武孫：備要本、玉海堂本、同文本同，四庫本、百子本作「武叔」，是。

〔四〕袒：脱去左袖，露出胳膊。這是哀悼死者的一種禮儀。

〔五〕投其冠而括髮：摘掉喪冠，用麻繩束髮。

〔六〕由：備要本、百子本同，玉海堂本、同文本、四庫本無此字。

〔七〕質：王肅注：「質，猶正也。」士：備要本、百子本同，玉海堂本、同文本、四庫本作「事」。此語是説：君子不舉出具體人名而質正事情。楊朝明、宋立林解曰：「君子是不拿一般人的標準來質正士的。」

齊晏桓子〔一〕卒，平仲麤衰斬〔二〕，苴絰、帶、杖〔三〕，以菅屨〔四〕，食粥，居傍廬〔五〕，寢苫枕草。其老〔六〕曰：「非大夫喪父之禮也。」晏子曰：「唯卿大夫〔七〕。」曾子以問孔子。孔子曰：「晏平仲可謂能遠害矣。不以己知是駮人之非〔八〕，愻辭以避咎，義也夫〔九〕。」

（此記載又見於左傳襄公十七年、晏子春秋内篇雜上）

【校注】

〔一〕晏桓子：晏弱，春秋時期齊國卿，晏嬰之父。

〔二〕平仲：晏嬰字。麤衰斬：用粗麻布做成的斬衰。斬衰，左右和下邊不縫，五服中之最重的一種。子女爲父母，媳爲公婆，孫爲祖父母，妻爲夫，均服斬衰。衰：音「崔」，同「縗」。

〔三〕苴絰、帶、杖：苴絰、苴帶、苴杖皆服喪時所用。苴絰：指首絰，麻布製的無頂冠。帶：繫在腰間的麻帶。杖：喪棒。

〔四〕菅屨：音「兼具」，服喪時穿的草鞋。

〔五〕傍廬：居喪時，臨時所搭的草棚。

〔六〕老：指晏嬰家中總管家事的家臣。

〔七〕唯卿大夫：此語較難理解，王國軒、王秀梅注曰：「一解爲『只有卿大夫才這樣做』，一解爲『只有卿才是大夫』。」楊朝明、宋立林注曰：「只有諸侯之卿才相當天子之大夫，而晏嬰此時非卿。鄭玄以爲此乃晏氏自謙之辭。」左傳襄公十七年記有此節文字。杜預注此語曰：「晏子惡直己以斥時失禮，故孫辭略答家老。」孔穎達正義曰：「檀弓云：『魯穆公之母卒，使人問於曾申。曾申對曰：「哭泣之哀，齊斬之情，饘粥之食，自天子達。」』然則天子以下，其服父母，尊卑皆同，無大夫士之異。晏子所行，是正禮也。言唯卿得服大夫服，我是大夫，得服士服。又言己位卑，不得從大夫之法者，是惡其直己以斥時之失禮，故孫辭略答家老也。」

〔八〕知：百子本同，玉海堂本、同文本、四庫本、備要本作「之」，是。駮：同「駁」。

〔九〕孫辭以避咎，義也夫：王肅注：「記者乃舉人避害之孫以辭，而謂大夫士喪父母有異，亦怪也。」遜：同「遂」。

季平子〔一〕卒，將以君之璵璠〔二〕歛，贈以珠玉。孔子初爲中都宰，聞之，歷級而救焉〔三〕，曰：「送而以寶玉，是猶曝尸於中原〔四〕也。其示民以姦利之端，而有害於死者，安用之？且孝子不順情以危親，忠臣不兆姦以陷君〔五〕。」乃止。

（此記載又見於左傳定公五年、呂氏春秋安死）

【校注】

〔一〕季平子：季孫意如，魯國大夫，曾逐魯昭公，其卒在魯定公五年。

〔二〕璵璠：美玉。

〔三〕歷級：王肅注：「歷級，遽登階不聚足。」即快步登上臺階，不停步。救：制止，阻止。

〔四〕曝尸於中原：暴露尸骸於原野之中。中原：原野，平原。

〔五〕兆姦：奸邪的徵兆。王肅注：「兆姦，爲姦之兆成也。」此語意爲：忠臣不能聽任邪惡的徵兆來陷害國君。

孔子之弟子琴張與宗友〔一〕。衛齊豹見宗魯於公子孟縶〔二〕，孟縶以爲參乘〔三〕焉。及齊豹將殺〔四〕孟縶，告宗魯，使行。宗魯曰：「吾由子而事之，今聞難而逃，是僭〔五〕子也。子行事乎，吾將死以事周子〔六〕，而歸死於公孟可也。」齊氏用戈擊公孟，宗〔七〕以背蔽之，斷肱〔八〕，中公孟，宗魯皆死。

琴張聞宗魯死，將往弔之。孔子曰：「齊豹之盜，孟縶之賊也，汝何弔焉？君不食姦〔九〕，不受亂，不爲利病於回〔一〇〕，不以回事人，不蓋〔一一〕非義，不犯非禮，汝何弔焉？」琴張乃止。

（此記載又見於左傳昭公二十年）

【校注】

〔一〕琴張：即琴牢，孔子弟子。宗：備要本、玉海堂本、同文本同，四庫本、百子本作「宗魯」。

〔二〕齊豹見宗魯於公子孟縶：齊豹把宗魯推薦給公子孟縶。齊豹：春秋時衛國大夫，曾爲衛司寇。齊惡之子。見：通「現」，介紹，推薦。孟縶：又稱公孟縶、公孟，衛靈公之兄。

〔三〕參乘：又作「驂乘」，古時乘車，尊者在左，御者在中，又一人在右，稱車右或驂乘，由武士充任，負責警衛。

〔四〕殺：備要本、百子本同，玉海堂本、同文本、四庫本作「煞」。煞：義同「殺」。

〔五〕僭：王肅注：「僭，不信。使子言不信。」

〔六〕事周子：左傳昭公二十年作「周事子」。周事：濟事，成事。

〔七〕宗：備要本同，玉海堂本、同文本、四庫本、百子本作「宗魯」。

〔八〕肱：胳膊由肘到肩的部分。左傳昭公二十年記此事較詳，兹録之：「衛公孟縶狎齊豹，奪之司寇與鄄。有役則反之，無則取之。公孟惡北宫喜、褚師圃，欲去之。公子朝通於襄夫人宣姜，懼，而欲以作亂。故齊豹、北宫喜、褚師圃、公子朝作亂。初，齊豹見宗魯於公孟，爲驂乘焉。將作亂，而謂之曰：『公孟之不善，子所知也，勿與乘，吾將殺之。』對曰：『吾由子事公孟，子假吾名焉，故不吾遠也。雖其不善，吾亦知之；抑以利故，不能去，是吾過也。今聞難而逃，是僭子也。子行事乎，吾將死之，以周事子；而歸死於公孟，其可也。』丙辰，衛侯在平壽，公孟有事於蓋獲之門外，齊子氏帷於門外而伏甲焉。使祝鼃寘戈於車薪以當門，使一乘從公孟以出。使華齊御公孟，宗魯驂乘。及閎中，齊氏用戈擊公孟，宗魯以背蔽之，斷肱，以中公孟之肩，皆殺之。」

〔九〕食姦：享用壞人的俸禄。

〔一〇〕不爲利病於回：王肅注：「回，邪也。不以利放（玉海堂本、四庫本作「故」）而病於邪也。」

即不爲利益而做邪惡的事。

〔二〕蓋：掩蓋，隱藏。王肅注：「蓋，揜。」

郕人子革〔一〕卒，哭之呼滅〔二〕。子游曰：「若是哭也，其野哉〔三〕！孔子惡野哭者。」哭者聞之，遂改之。

（此記載又見於禮記檀弓上）

【校注】

〔一〕郕人子革：郕：魯孟氏邑。本古國，在今山東東平。子革：備要本同，玉海堂本、百子本、同文本、四庫本、禮記檀弓上作「子蒲」。

〔二〕呼滅：王肅注：「舊説以滅子蒲名。人少名滅者。又哭名其父，不近人情。疑以孤窮，自謂亡滅也。」

〔三〕若是哭也，其野哉：備要本、百子本同，玉海堂本、同文本、四庫本作「若哭其野」。野：粗野失禮。

公父文伯卒，其妻妾皆行哭失聲。敬姜〔一〕戒之曰：「吾聞好外〔二〕者士死之，好內〔三〕者女死之。今吾子早夭，吾惡其以好內聞也。二三婦人之欲供先祀者〔四〕，請無瘠色〔五〕，無揮涕，無拊膺〔六〕，無哀容，無加服，有降服，從禮而靜，是昭〔七〕吾子也。」

孔子聞之，曰：「女智無若婦，男智莫若夫。公文氏之婦智矣！剖情損禮〔八〕，欲以明其子爲令德〔九〕也。」

（此記載又見於國語魯語下）

【校注】

〔一〕敬姜：公父文伯的母親。

〔二〕好外：在外喜歡結交朋友。

〔三〕好內：在家貪戀女色。

〔四〕欲供先祀者：王肅注：「言欲留不改嫁，供奉先人之祀。」

〔五〕無瘠色：不要損其容色。

〔六〕無揮涕，無拊膺：王肅注：「揮涕，不哭，流涕以手揮之。拊，猶撫也。膺，謂胸也。」

〔七〕昭：昭明，顯揚。

〔八〕剖情損禮：分析人情，減損禮儀。

〔九〕令德：美好的德行。

子路與子羔仕於衛，衛有蒯聵〔一〕之難。孔子在魯聞之，曰：「柴〔二〕也其來，由也死矣。」既而衛使至，曰：「子路死焉〔三〕。」夫子哭之於中庭〔四〕。有人弔者，而夫子拜之。已哭，進〔五〕使者而問故，使者曰：「醢〔六〕之矣。」遂令左右皆覆醢，曰：「吾何忍食此！」

（此記載又見於左傳哀公十五年、禮記檀弓上）

【校注】

〔一〕蒯聵：衛靈公太子，因與靈公夫人南子不和，出奔。靈公死後，蒯聵之子輒被立爲出公。後蒯聵回國發動政變，出公奔魯，蒯聵即位爲莊公。

〔二〕柴：高柴，字子羔，孔子弟子。

〔三〕子路死焉：子路時爲衛大夫孔悝邑宰。蒯聵之亂時，子路爲救孔悝而入城。然其時孔悝已被蒯聵脅迫立盟，子路欲殺蒯聵及孔悝，結果被殺。

〔四〕中庭：正室的廳堂。

〔五〕進：招進。

〔六〕醢：音「海」，肉醬。此作動詞，把人殺死，剁成肉醬。

季桓子死，魯大夫朝服而弔。子游問於孔子曰：「禮乎？」夫子不答。他日，又問〔一〕：「墓而不墳？」孔子曰：「今丘也，東西南北之人，不可以弗識也，吾見封之若堂者矣，又見若坊者矣，又見履夏屋者矣，又見若斧形者矣。吾從斧者焉。」於是封之，崇四尺。孔子先反虞，門人後。雨甚至，墓崩，修之而歸。孔子問焉，曰：「爾來何遲？」對曰：「防墓崩。」孔子不應，三云，孔子泫然而流涕，曰：「吾聞之，古不修墓。及二十五月而大祥，五日而彈琴不成聲，十日過禫而成笙歌〔二〕。」

（此記載又見於禮記檀弓上）

【校注】

〔一〕「又問」下，玉海堂本、同文本、四庫本作「夫子曰：始死則已。羔裘玄冠者，易之而已，汝何疑焉」。「墓而不墳」以下文字竄亂，楊朝明、宋立林據四庫本，將「墓而不墳」至「十日過禫而成笙歌」這段文字，移至曲禮公西赤問第四十四「孔子之母既喪……遂合葬於防。曰：『吾聞之』」之下。

〔二〕王肅注：「孔子大祥二十五月，禫故十日，踰月而歌也。」

孔子有母之喪，既練，陽虎弔焉，私於孔子曰：「今季氏將大饗境内之士，子聞諸？」孔子答曰：「丘弗聞也。若聞之，雖在衰絰，亦欲與往。」陽虎曰：「子謂不然乎？季氏饗士，不及子也。」陽虎出，曾點問曰：「吾〔一〕之何謂也？」孔子曰：「己則衰服，猶應其言，示所以不非也〔二〕。」

【校注】

〔一〕吾：當爲「語」。

〔二〕示所以不非也：王肅注：「孔子衰服，陽虎之言犯禮。故孔子答之，以示不非其言者也。」此段文字，玉海堂本、同文本、四庫本收入曲禮公西赤問第四十四。

顏回死，魯定公〔一〕弔焉，使人訪於孔子。孔子對曰：「凡在封内，皆臣子也。禮，君弔其臣，升自東階，向尸而哭，其恩賜之，施不有笇〔二〕也。」

【校注】

〔一〕魯定公：楊朝明、宋立林注曰：春秋時期魯國國君，在位十五年（前五〇九年至前四九五年）。據史記仲尼弟子列傳、家語七十二弟子解第三十八，顔回少孔子三十歲，死時四十一歲，應在魯哀公十五年，此作定公誤。

〔二〕筭：音義同「算」。句意爲：這樣的恩賜無法計算。此段文字，玉海堂本、同文本、四庫本收入曲禮公西赤問第四十四。

原思〔一〕言於曾子曰：「夏后氏之送葬也，用盟器〔二〕，示民無知也〔三〕；殷人用祭器，示民有知也；周人兼而用之，示民疑也。」曾子曰：「其不然矣，夫以盟器，鬼器也；祭器，人器也。古之人胡爲而死其親也〔四〕？」

子游問於孔子。曰〔五〕：「之死而致死乎，不仁，不可爲也〔六〕；之死而致生乎，不智，不可爲也。凡爲盟器者，知喪道也。」

夫子始死則矣，羔裘玄冠者，易之而已，汝何疑焉〔七〕。

（此記載又見於禮記檀弓上）

【校注】

〔一〕原思：即原憲，字子思，又稱仲憲。魯國人，一説宋人。孔子弟子。

〔二〕盟器：即明器，隨葬品的統稱。

〔三〕示民無知也：讓人知道死者是無知覺的。示：指示，讓人看。

〔四〕胡爲而死其親也：怎麽知道死去的親人没有知覺呢？

〔五〕曰：孔子曰。

〔六〕之死而致死乎，不仁，不可爲也：送葬死者就認爲死者没有知覺了，這是不仁的，不可以這樣做。

〔七〕夫子始死則矣，羔裘玄冠者，易之而已，汝何疑焉：備要本、百子本同，玉海堂本、同文本、四庫本作「季桓子死，魯大夫朝服而弔。子游問於孔子曰：『禮乎？』夫子不答。他日又問。夫子曰：『始死則矣，羔裘玄冠者，易之而已，汝何疑焉』」。此文重出，前已有。

子罕〔一〕問於孔子曰：「始死之設重〔二〕也，何爲？」孔子曰：「重，主道也，殷主綴重〔三〕焉，周人徹重〔四〕焉。」

「請問喪朝〔五〕。」子曰：「喪之朝也，順死者之孝心，故至於祖者廟〔六〕而後行。

殷朝而後殯於祖，周朝而後遂葬。」

（此記載又見於禮記檀弓下）

【校注】

〔一〕子罕：宋戴公之後，名樂喜，字子罕。官至司城（司空）。備要本、百子本同，玉海堂本、同文本、四庫本作「子罕」。

〔二〕重：音「崇」，古喪禮指在木主未及雕製之前代以受祭之木。

〔三〕綴重：王肅注：「綴，連也。殷人作主而連其重，懸諸廟也。」

〔四〕徹重：王肅注：「周人作主，徹重，就所倚處而治。」徹：通「撤」，撤除。

〔五〕喪朝：王肅注：「喪，將葬，朝於廟而後行焉。」

〔六〕祖者廟：百子本、玉海堂本、同文本、四庫本、備要本作「祖考廟」。祖考廟，始祖之廟。

孔子之守狗〔一〕死，謂子貢曰：「路馬〔二〕死，則藏之以帷〔三〕，狗則藏之以蓋〔四〕，汝往埋之。吾聞：弊幃不棄，爲埋馬也；弊蓋不棄，爲埋狗也。今吾貧無蓋，於其封也與之蓆，無使其首陷於土焉。」

（此記載又見於禮記檀弓下）

【校注】

〔一〕守狗：看家狗。

〔二〕路馬：王肅注：「路馬，常所乘馬。」

〔三〕藏之以帷：用帷幔裹好。

〔四〕蓋：車蓋，車篷。

曲禮公西赤問第四十四

公西赤〔一〕問於孔子曰：「大夫以罪免〔二〕，卒，其葬也，如之何？」孔子曰：「大夫廢其事，終身不仕，死則葬之以士禮。老而致仕〔三〕者，死則從其列〔四〕。」

（此記載又見於禮記王制）

【校注】

〔一〕公西赤：字子華，孔子弟子。

〔二〕以罪免：因獲罪被免職。

〔三〕政仕：備要本、百子本作「致仕」，玉海堂本、同文本、四庫本作「致事」。致事：猶「致仕」，辭官，不擔任政事。

〔四〕從其列：按原來的等級來安葬。

公儀仲子〔一〕嫡子死，而立其弟〔二〕。檀弓問子服伯子〔三〕曰：「何居〔四〕？我未之前聞也。」子服伯子曰：「仲子亦猶行古人之道。昔者文王捨伯邑考〔五〕而立武王，微子捨其孫腯立其弟衍。」子游以聞〔六〕諸孔子，子曰：「否！周制立孫。」

（此記載又見於禮記檀弓上）

【校注】

〔一〕公儀仲子：魯國宗室，公儀氏，字仲子。

〔二〕立其弟：立嫡子的弟弟。禮記檀弓上作「仲子舍其孫而立其子」。其子：指仲子的庶子。

〔三〕問：備要本、百子本同，玉海堂本、同文本、四庫本作「謂」。子服伯子：即子服景伯，子服氏，名何。魯國大夫。

〔四〕何居：何故。居：音「基」，助詞。

〔五〕捨伯邑考：王肅注：「伯邑考，文王之長子也。言文王亦立子而不立孫也。」

〔六〕聞：備要本、百子本同，玉海堂本、同文本、四庫本作「問」。

孔子之母既葬〔一〕，將立葬〔二〕焉，曰：「古者不祔葬〔三〕，爲不忍先死者之復見也。詩云：『死則同穴。』自周公已來，祔葬矣。故衛人之祔也，離之，有以聞焉〔四〕。魯人之祔也，合之。美夫！吾從魯。」遂合葬於防〔五〕。曰：「吾聞之〔六〕，有備物而不可用也，是故竹不成用〔七〕，而瓦不成膝〔八〕，琴瑟張而不平，笙竽備而不和，有鐘磬而無簨簴〔九〕。其曰盟器，神明之也。哀哉！死者而用生者之器，不殆而用殉也〔一〇〕。」

（此記載又見於禮記檀弓上、檀弓下）

【校注】

〔一〕葬：百子本、玉海堂本、同文本、四庫本、備要本作「喪」，是。

〔二〕立葬：百子本、玉海堂本、同文本、四庫本、備要本作「合葬」，是。

〔三〕祔葬：合葬。

〔四〕離之：隔離，指夫妻合葬時，棺木分兩個墓穴並列下葬。有以聞焉：備要本同，玉海堂本、四庫本、百子本、同文本作「有以間焉」，是指中間有間隔。

〔五〕防：防山，在今曲阜城東二十里處。

〔六〕「吾聞之」以下，四庫本有下列文字：

「古者墓而不墳。今丘也，東西南北之人，不可以弗識也。吾見封之若堂者矣，又見若坊者矣，又見若覆夏屋者矣，又見若斧形者矣。吾從斧者焉。」於是封之，崇四尺。孔子先反虞，門人後。雨甚，至墓崩，修之而。孔子問焉，曰：「爾來何遲？」對曰：「防墓崩。」孔子不應。三云，孔子泫然而流涕，曰：「吾聞之，古不修墓，及二十五月而祥，五日而彈琴不成聲，十日過禫而成笙歌。」

孔子有母之喪，既練，陽虎弔焉，私於孔子曰：「今季氏將大饗境内之士，子聞諸？」孔子曰：「丘弗聞也。若聞之，雖在衰絰，亦欲與往。」陽虎曰：「子謂不然乎？季氏饗士，不及子也。」

陽虎出，曾參問曰：「語之何謂也？」孔子曰：「己則喪服，猶應其言，示所以不非也。」

顔回死，魯定公弔焉，使人訪於孔子。孔子對曰：「凡在封内，皆臣子也。禮，君弔其臣，升自東階，向尸而哭，其恩賜之施，不有筭也。」

原思言於曾子曰：「夏后氏之送葬也，用明器，示民無知也；殷人用祭器，示民有知也；周人兼而用之，示民疑也。」曾子曰：「其不然矣。夫以明器，鬼器也；祭器，人器也。古之人胡爲而死其親也。」子游問於孔子，曰：「之死而致死乎，不仁，不可爲也；之死而致生乎，不智，不可爲也。凡爲明器者，知喪道也。」

這些文字，玉海堂本、同文本也有，只是個別文字有所不同。這些文字，前曲禮子夏問第四十三篇已有。此屬於版本間的差異。

〔七〕竹不成用：竹器沒有編製成。王肅注：「謂籩之無緣也。」

〔八〕瓦不成膝：瓦器沒有燒製成。王肅注：「膝，鑌。」鑌指精煉的鐵，此處指燒煉、燒製。孫志祖疏證曰：「案『膝』疑『漆』字之訛。注『膝，鑌』，亦不可解。」

〔九〕簨簴：音「撰具」，懸掛鐘磬的木架。王肅注：「簨簴，可以懸鐘磬也。」

〔一〇〕殆：近於。殉：王肅注：「殺人以從死謂之殉。」即殉葬。

子游問於孔子曰：「葬者塗車芻靈〔一〕，自古有之。然今人或有偶〔二〕，是無益於喪。」孔子曰：「爲芻靈者善矣，爲偶者不仁，不殆於用人乎〔三〕？」

（此記載又見於禮記檀弓下）

【校注】

〔一〕塗車：泥車。芻靈：茅草紮成的人馬。皆爲送葬之物。

〔二〕偶：王肅注：「偶，亦人也（此注，玉海堂本、四庫本作「偶，木人也」）。」

〔三〕爲偶者不仁，不殆於用人乎：用木偶殉葬者不仁善，近於用活人殉葬。孔子對用木偶殉葬的做法深惡痛絶，曾説：「始作俑者，其無後乎！」（孟子梁惠王上）

顔淵之喪，既祥，顔路饋祥肉〔一〕於孔子。孔子自出而受之。入，彈琴以散情，而後乃食之。

（此記載又見於禮記檀弓上）

【校注】

〔一〕祥肉：祥祭用的肉。

孔子嘗〔一〕，奉薦而進其親也慤〔二〕，其行也趨趨以數〔三〕。已祭，子貢問曰：「夫子之言祭也，濟濟漆漆〔四〕焉。今夫子路爲季氏宰〔五〕。季氏祭，逮昏而奠〔六〕，終日不足，繼以燭。雖有彊力之容，肅敬之心，皆倦怠矣。有司跛倚以臨〔七〕，其爲不敬也大矣。」他日〔八〕，子路與焉，室事交于户〔九〕，堂事當于階〔一○〕，質明〔一一〕而始行事，晏朝而徹〔一二〕。孔子聞之，曰：「孰爲士〔一三〕也而不知禮！」

（此記載又見於禮記祭義）

【校注】

〔一〕嘗：王肅注：「嘗，秋祭也。」

〔二〕奉薦：捧着祭品進獻。慤：音「確」，樸實，誠篤。王肅注：「慤親之奉薦也。慈，質也（此二句，玉海堂本、四庫本作「慤，質也」）。」

〔三〕趨趨以數：王肅注：「言少威儀。」趨趨：音「促促」，義猶「促促」，急匆匆的樣子。鄭玄注：「趨，讀如促。數之言速也。」

〔四〕濟濟漆漆：莊敬貌。王肅注：「威儀容止。」濟：通「齊」，音「其」。漆：音「切」。

〔五〕今夫子路爲季氏宰：此句有脱文，且與下文交錯。四庫本作「今夫子之祭，無濟濟漆漆，何也？孔子曰：濟濟漆漆者，容也遠也。漆漆者，以自反。容以遠，若容以自反，夫何神明之及交？必如此，則何濟濟漆漆之有？回饋樂成，進則燕俎，序其禮樂，備其百官。於是君子致其濟濟漆漆焉。夫言豈一端而已哉？亦各有所當。子路爲季氏宰」，玉海堂本、同文本也有這段文字，只是個别字略有不同。

〔六〕逮昏而奠：到天黑還在祭奠。

〔七〕跛倚以臨：備要本同，玉海堂本、同文本、四庫本、百子本作「跛倚以臨事」。跛倚：倚靠着他物一條腿站立。指站立歪斜不正，不端莊。

〔八〕他日：備要本同，玉海堂本、同文本、四庫本、百子本作「他日祭」。

〔九〕室事交于户：在室内舉行正祭時，祭品由室外的人送進户内。

〔一〇〕堂事：在廳堂舉行的祭祀。當于階：在臺階上交接祭品。

〔一一〕質明：天剛亮。

〔一二〕晏朝而徹：傍晚撤除。晏朝：黄昏。朝：音「昭」。

〔一三〕士：備要本同，玉海堂本、同文本、四庫本、百子本作「由」。指仲由，即子路。

附録

孔子家語後序(孔安國)

孔子家語者,皆當時公卿士大夫及七十二弟子之所咨訪交相對問言語也。既而諸弟子各記其所問焉,與論語、孝經並時。弟子取其正實而切事者,别出爲論語,其餘則都集録之,名之曰孔子家語。凡所論辯,疏判較歸,實自夫子本旨也。屬文下辭,往往頗有浮説、煩而不要者,亦猶七十二子各共叙述首尾,加之潤色,其材或有優劣,故使之然也。

孔子既没而微言絶,七十二弟子終而大義乖。六國之世,儒道分散,游説之士各以巧意而爲枝葉,唯孟軻、荀卿守其所習。當秦昭王時,荀卿入秦,昭王從之問儒術,荀卿以孔子之語及諸國事、七十二弟子之言凡百餘篇與之,由此秦悉有焉。始皇之世,李斯焚書,而孔子家語與諸子同列,故不見滅。高祖克秦,悉斂得之,皆載於二尺竹簡,多有古文字。及吕氏專漢,取歸藏之,其後被誅亡,而孔子家語乃散在人間。好事者或各以意增損其言,故使同是一事而輒異辭。孝景皇帝末年，募求天下遺書，於時士大夫皆送官，得吕氏之所傳孔子家語，而與諸國事及七十二子辭妄相錯雜，不可得知，以付掌書，與曲禮衆篇亂簡合而藏之秘府。元封之時，吾仕京師，竊懼先人之典辭將遂泯滅，於是因諸公卿士大夫，私以人事，募求其副，悉得之，乃以事類相次，撰集爲四十四篇。又有曾子問禮一篇，自别屬曾子問，故不復録。其諸弟子書所稱引孔子之言者，本不存乎家語，亦以其已自有所傳也，是以皆不取也。將來君子不可不鑒。

（玉海堂本、四庫全書本後附此序）

孔子家語後孔安國序〔一〕

孔安國，字子國，孔子十二世孫也。孔子生伯魚，魚生子思，名伋，伋常遭困於宋，作中庸之書四十七篇，以述聖祖之業。授弟子孟軻之徒數百人，年六十二而卒。子思生子上，名白，年四十七而卒。自叔梁紇始出妻，及伯魚亦出妻，至子思又出妻，故稱孔氏三世出妻。子上生子家，名傲，後名永，年四十五而卒。子家生子直，名榼，年四十六而卒。子直生子高，名穿，亦著儒家語十二篇，名曰讕言，年五十七而卒。子高生武，字子順，名微，後名斌，爲魏文王相，年五十七而卒。子武生子魚，名鮒；及子襄，名騰；子文，名祔。子魚後名甲。子襄以好經書，博學，畏秦法峻急，乃壁藏其家語、孝經、尚書及論語於夫子之舊堂壁中。子魚爲陳王涉博士太師，卒陳下。生元路，一字元生，名育，後名隨。子文生冣，字子産，子産後從高祖，以左司馬將軍從韓信破楚於垓下，以功封蓼侯，年五十三而卒，謚曰夷侯。長子滅嗣官，至太常；次子襄，字子士，後名讓，爲孝惠皇帝博士，遷長沙王太傅，年五十七而卒。生季中，名員，年五十七而卒。生武及子國。

子國少學詩於申公，受尚書於伏生，長則博覽經傳，問無常師。年四十爲諫議大夫，遷侍中博士。天漢後，魯恭王壞夫子故宅，得壁中詩書，悉以歸子國。子國乃考論古今文字，撰衆師之義，爲古文論語訓十一篇、孝經傳二篇、尚書傳五十八篇，皆所得壁中科斗本也。又集録孔氏家語爲四十四篇，既成，會值巫蠱事，寢不施行。子國由博士爲臨淮太守，在官六年，以病免，年六十卒於家。其後孝成皇帝詔光禄大夫劉向校定衆書，都記録名古今文書、論語別録。

子國孫衍，爲博士，上書辨之曰：「臣聞明王不掩人之功，大聖不遺人小善，所以能其明聖也。陛下發明詔，諮群儒，集天下書籍，無言不悉，命通才大夫校定其義，使遐載之文以大著於今日，立言之士垂於不朽，此則蹈明王之軌，遵大聖之風者也。雖唐帝之焕然，周王之彧彧，未若斯之極也。故述作之士莫不樂測大倫焉。臣祖故臨淮太守安國，逮仕於孝武皇帝之世，以經學爲名，以儒雅爲官，贊明道義，見稱前朝。時魯恭王壞孔子故宅，得古文科斗尚書、孝經、論語，世人莫有能言者。安國爲之今文讀而訓傳其義。又撰孔子家語，既畢，會值巫蠱事起，遂各廢，不行於時。然其典雅正實，與世所傳者不同日而論也。光禄大夫向以爲其時所未施行，故尚書則不記於别録，論語則不使名家也，臣竊惜之。且百家章句無不畢記，况孔子家語古文正實，而疑之哉？又戴聖近世小儒，以曲禮不足，而乃取孔子家語雜亂者，及子思、孟軻、荀卿之書以裨益之，總名曰禮記。今尚見其已在禮記者，則便除家語之本篇，是滅其原而存其末，不亦難乎？臣之愚，以爲宜如此爲例，皆記録别見，故敢冒昧以聞。」奏上，天子許之。未即論定，而遇帝崩，向又病亡，遂不果立。

（此序附於玉海堂本、四庫全書本書末）

【校注】

〔一〕此序，四庫全書本、玉海堂本均將其排在孔安國孔子家語後序之後。楊朝明、宋立林孔子家語通解擬名爲孔子家語後孔安國序，此遵之。

孔子家語序（王肅）

鄭氏學行五十載矣，自肅成童，始志于學，而學鄭氏學矣。然尋文責實，考其上下，義理不安，違錯者多，是以奪而易之。然世未明其欵情，不謂其苟駮前師，以見異於前人，乃慨然而嘆曰：予豈好難哉？予不得已也。聖人之門，方壅不通；孔氏之路，枳棘充焉，豈得不開而辟之哉？若無由之者，亦非予之罪也。是以撰經禮，申明其義，及朝論制度，皆據所見而言。

孔子二十二世孫有孔猛者，家有其先人之書。昔相從學，頃還家，方取已來。與予所論，有若重規疊矩。昔仲尼曰：「文王既没，文不在兹乎？天之將喪斯文也，後死者不得與於斯文也！天之未喪斯文也，匡人其如予何！」言天喪斯文，故令已傳斯文於天下也。今或者天未欲亂斯文，故令從予學，而予從猛得斯論，以明相與孔氏之無違也。斯皆聖人實事之論，而恐其將絶，故特爲解，以貽好事之君子。

語云：「牢曰：『子云：吾不試，故藝。』」談者不知爲誰，多妄爲之説。孔子家語弟子有琴張，一名牢，字子開，子張，衛人也。宗魯死，將往吊，孔子止焉。春秋外傳曰：「昔堯臨民以五。」説者曰：「堯五載一巡狩。」五載一巡狩，不得稱臨民以五也。經曰「五載一巡狩」，此乃説舜之文，非説堯。孔子説論五帝，各道其異事。於舜云「巡狩天下，五載一始」，則堯之巡狩年數未明。周十二歲一巡，寧可言周臨民以十二乎？孔子曰：「堯以火（四庫全書本作「土」）德王天下，而色尚黄。」黄，土德；五，土之數，故曰臨民以五。此其義也。

（此序載於四部叢刊本書首）

孔子家語後序（黄魯曾）

嗚呼至哉！孔子之文德而有是書也。孔子生於過曆，上不逮於文武而爲大行，中不親於成康而爲共和，而欲行其道，周流於齊、楚、蔡、衛之邦，所遇者皆晏嬰、子西之徒，未獲多契。於東魯本國，乃卑秩膴仕，兩不辭焉。但相以攝而輕，會以兵而瀆，且有容璣之沮、懷寶之誚，不一也。終與門人小子相明道以傳後世，是以孔氏獨多述作，自魯論、齊論言之，又有家語，疑多鯉、伋所記，並門人先後裸附之者，要之，咸孔子之意也。故一典一事，莫非宗旨；一軌一物，莫非玄訓。信義美文，包二變於獨覺；禮樂刑政，歛四達於大鳴。何也？蓋孔子之道，傳者無幾，惟一貫發自聖思，卓爾闡於賢力，此數字可以忘言，略授可以絶口，粹昭而梗則廢，原得而支則舍。三墳五典，何必顯顯？八索九丘，何必優優？六經二論，何必諄諄？特以聖質罕聞，而淵參短列；睿心希觸，而冉閔續依。性天遐轍，高堅遠路。此所以必叢其辭，必繁其篇。譬之繫肩以妍珠，而珠存斯貴；帶腰以良玉，而玉在斯奇。此書雖若言之廣且曲，道則載焉。古人所謂載道之器，余敢以先歸諸。

今考之藝文志，有二十一卷，王肅所注，何乃至宋人梓傳者止十卷，已亡其太半？如由混簡錯衺，則又不可分拆。比之王廣謀句解者，又止三卷。近何氏孟春所注，則卷雖盈於前本，而文多不齊。余頗惜王肅所注之少播於世，力求宋刻者而校讎之，僅得十之七八，雖宋刻亦有訛謬者也。然此書乃孔氏久成之典，余距孔氏一千五百餘年，序之僭妄深矣，觀者勿以無取尤之。

（此序附於四部叢刊本書末）

毛晉題識

嗟乎！是書之亡久矣，一亡於勝國王氏，其病在割裂；一亡於包山陸氏，其病在倒顛。先輩每慶是書未遭秦焰，至於今日，何異與焦炬同煙銷耶？予每展讀，即長跪宣尼像前，誓願遘止。及見郴陽何燕泉叙中云云，不覺泣涕如雨。夫燕泉生於正德間，又極稽古，尚未獲一見，余又何望哉！余又何望哉！撫卷浩歎，愈久愈痛。

忽丁卯秋，吴興賈人持一編至，乃北宋板王肅注本子，大書深刻，與今本迥異。惜二卷十六葉已前皆已蠹蝕，因復向先聖焚香叩首，願窺全豹。幸己卯春從錫山酒家復覯一函，冠冕巋然，亦宋刻王氏注也。所逸者僅末二卷。余不覺合掌頓足，急倩能書者，一補其首，一補其尾，二册儼然雙璧矣。縱未必夫子舊堂壁中故物，已不失王肅本注矣。三百年割裂顛倒之紛紛，一旦而垂紳正笏於夫子廟堂之上矣。是書幸矣！余幸矣！亟公之同好。凡架上王氏、陸氏本，俱可覆諸醬瓿矣。

即何氏所注，亦是暗中摸索，疵病甚多，未必賢於王、陸二家也。但其一序亦可參考，因綴旒於跋之下。

虞山毛晉識。

（此識附於四庫全書本書末）

何孟春題識

何孟春曰：孔子家語，如孔衍言，則壁藏之餘，實孔安國爲之，而王肅代安國序未始及焉，不知何謂。此書源委流傳，肅序詳矣。愚考漢書藝文志載家語二十七卷，顔師古曰「非今所有家語也」。唐書藝文志有王肅注家語十卷，然則師古所謂今之家語者歟？班史所志大都劉向較録已定之書，肅序稱四十四篇，乃先聖二十一世孫猛之所傳者。肅辟鄭氏學，猛嘗學於肅，肅從猛得此書，遂行於世。然則肅之所注家語也，非安國之所撰次及向之所較者明矣。虞舜南風之詩，玄注樂記云：「其辭未聞。」今家語有之。馬昭謂王肅增加，非鄭玄所見，其言豈無據耶？肅之夸異於玄，蓋每如此。既於曾子問篇不録，又言諸弟子所稱引皆不取，而胡爲贅此？此自有爲云爾。

肅之注愚不獲見，而見其序。今世相傳家語殆非肅本，非師古所謂今之所有者。安國本世遠不復可得，今於何取正哉？司馬貞與師古同代人也，貞作史記索隱，引及家語，今本或有或無，有亦不同。愚有以知其非肅之全書矣。今家語，勝國王廣謀所句解也。注庸陋荒昧，無所發明，何足與語於述作家？而其本使正文漏略，復不滿人意，可恨哉！今本而不同於唐，未必非廣謀之妄庸有所删除而致然也。史記傳顏何字冉，索隱曰：家語字稱。仁山金氏考七十二子姓氏，以顏何不載於家語，論語「仲弓問子桑伯子」朱子注：「家語記伯子不衣冠而處。」張存中取説苑中語爲證顏何暨伯子事，廣謀本所無者，蓋金、張二人所見已是今本。以此而推，此書同事異辭，滅源存末，亂於人手，不啻在漢而已。安國及向之舊，至肅凡幾變，而今重亂而失真矣，今何所取正？而愚重爲之注，不亦廣謀之比乎？

嗟夫！先民有言：見稱聖人，聖有遺訓，誰其弗循！書莫古於三代，古莫聖於孔子。吾夫子之言，如雷霆之洞人耳，如日月之啓人目，六經外，孝經、論語後幸存此書，奈之何使其汶汶而可也？此書肅謂其煩而不要，大儒者朱子亦曰雜而不純，然實自夫子本旨，固當時書也，而吾何可焉而莫之重耶？論語出聖門高弟記録，正實而切事者。顏回死，顏路請子之車，子曰：「鯉也死有棺而無槨。」校以家語所紀歲年，子淵死時，伯魚蓋無恙也。或以論語爲設事之辭，論語且有不可信者矣，吾又何得於此書之不可信者而並疑其餘之可信者哉！學者就其所見而求其論於至當之地，斯善學者之益也。

春謹即他書有明著家語而今本缺略者以補綴之，今本不少概見，則不知舊本爲在何篇，而不敢以入焉。分四十四篇爲八卷，他書所記事同語異者箋其下，而一二愚得附焉。其不敢以入者仍別録之，並春秋、戰國、秦、漢間文字載有孔子語者，録爲家語外集，存之私塾，以俟博雅君子或得肅舊本而是正焉。是豈獨春之幸哉！

時大明正德二年，歲次丁卯仲春二月壬寅日識。

（此識附於四庫全書本書末）

劉世珩題識

右宋本孔子家語，十卷，每半頁九行，行十七字，字大悦目，蘇長公所謂蜀大字本也。爲虞山毛氏舊藏汲古閣。同時得兩宋本，一歸絳雲樓，並曾景刻流傳，近亦罕見；一即此本。天禄琳琅後目有宋本十卷，云書末載甲寅歲端陽吴時用書，黄周賢刊案，明嘉靖王敦祥刻。野客叢書亦署黄周賢名。其爲明刻無疑。肰則宋刻之存於今者止有此本，是亦天壤間之球壁耳。

光緒二十二年嘉平貴池劉世珩記。

（此識附於劉氏玉海堂本書末）